EIN
SPIEGEL
BUCH

Buch

Der Name Steffi Graf steht für eine der faszinierendsten Karrieren der Sportgeschichte – und seit der Inhaftierung ihres Vaters im August 1995 für einen der spektakulärsten Steuerskandale der Nachkriegszeit. Auf der Basis detaillierter Recherchen und unter Verwendung zahlreicher bisher unveröffentlichter Dokumente schildern die Autoren die sportlichen, privaten und geschäftliche Höhe- und Tiefpunkte im Leben der Steffi Graf.

Dieses Buch ist keine Anklage und schon gar kein Urteil. Es ist der Versuch, das Leben eines Sportidols und die Machenschaften in seinem familiären und geschäftlichen Umfeld so genau wie möglich zu rekonstruieren. Warum konnten Millionensummen aus Siegprämien und Werbeeinnahmen so lange unbehelligt in die Steueroasen verschoben werden? Warum halfen die Sponsoren so bereitwillig beim Steuerbetrug? Und nicht zuletzt: Was wußte Steffi wirklich? Die vorliegende Karrierechronik liefert Antworten nicht nur auf diese Fragen.

Autoren

Klaus Brinkbäumer, Jahrgang 1967, ist seit 1993 Redakteur im Sportressort des SPIEGEL. Er beschrieb unter anderem die Machenschaften des Schalker Klubpräsidenten Günter Eichberg.

Hans Leyendecker, Jahrgang 1949, ist seit 1979 politischer Redakteur des SPIEGEL und Spezialist für investigativen Journalismus. Er deckte zahlreiche Affären auf: Flick, Parteispenden, Waffenhandel, Mafia, BND.

Heiner Schimmöller, Jahrgang 1950, leitete bis 1996 das Sportressort des SPIEGEL. Der Mitautor der SPIEGEL-Enthüllungen über Doping in Ost und West ist jetzt Leiter des Ressorts Deutschland.

KLAUS BRINKBÄUMER · HANS LEYENDECKER
HEINER SCHIMMÖLLER

Reiche Steffi, armes Kind

DIE AKTE GRAF

GOLDMANN

Dieses Buch wäre ohne die akribische Mitarbeit des Dokumentationsjournalisten Ulrich Meier nicht möglich gewesen. Über Monate hat er das Projekt geduldig begleitet und – anders als die Beamten der Finanzverwaltung – angesichts der Flut von Daten, Fakten und Verträgen nie den Überblick verloren.

Für wertvolle Hilfe danken wir den SPIEGEL-Kolleginnen Gisela Friedrichsen und Sylvia Schreiber sowie den SPIEGEL-Kollegen Felix Kurz und Helmut Sorge, von deren Recherchen wir profitierten.

Der Goldmann Verlag
ist ein Unternehmen der Verlagsgruppe Bertelsmann

Aktualisierte und ergänzte Taschenbuchausgabe Mai 1997
Wilhelm Goldmann Verlag, München

Umschlaggestaltung: Design Team München
nach einem Entwurf von Thomas Bonnie
unter Verwendung eines Fotos von dpa/Kleefeld
C. Bertelsmann Verlag GmbH, München
Druck: Presse-Druck Augsburg
Satz: All-Star-Type Hilse, München
Verlagsnummer: 12950
KF · Herstellung: Sebastian Strohmaier / Martin Strohkendl
Made in Germany
ISBN 3-442-12950-8

1 3 5 7 9 10 8 6 4 2

Inhalt

Vorbemerkung

Wenn Menschen vor Gericht stehen, die als prominent gelten, wächst das öffentliche Interesse mitunter zur Hysterie. Es geht nämlich nicht nur um die angemessene Strafe. Ebenso wichtig ist die Frage, ob der oder die Prominente besser als der Normalbürger behandelt wird.

Am 24. Januar 1997 fällte die 24. Strafkammer des Mannheimer Landgerichts das Urteil über einen Mann, der glaubt, daß ihn 80 Prozent aller Deutschen kennen. Peter Graf, Vater der weltbesten Tennisspielerin, Steffi Graf, wurde wegen Steuerhinterziehung zu drei Jahren und neun Monaten Haft verurteilt. Die Steuerschuld taxierte der Vorsitzende Richter Joachim Plass auf knapp 16 Millionen Mark. Grafs langjähriger Adlatus Joachim Eckardt erhielt wegen Beihilfe zwei Jahre und sechs Monate Haft.

Die Strafe, die das Landgericht nach der 34 Tage währenden Hauptverhandlung verhängte, ist im Vergleich mit ähnlich dimensionierten Strafverfahren weder zu moderat noch zu hart ausgefallen. Ein Prominentenbonus wurde Peter Graf, der 15 Monate in Untersuchungshaft saß, nicht gewährt – so beinhart wie im Fall Graf hat sich der Steuerstaat lange nicht mehr gegeben.

Die Rolle des wachen, notorisch mißtrauischen, stets vorwärts- und vornewegmarschierenden Jungen von ganz unten, ist eine Inszenierung gewesen, die aufrecht- und durchzuhalten Peter Graf ruiniert hat. Ein Zeuge, sein früherer Steuerberater Hans Flick, zählte ihn mitleidlos zur »ersten Generation der Emporkömmlinge«. Dabei wollte Peter Graf, wie er vor Gericht erklärte, nur »nicht dümmer sein als die anderen«. Peter Graf, erkannte denn auch Richter Plass, wollte »die Quadratur des Kreises schaffen«.

Was dem Vater verwehrt wurde, bekam die Tochter in überreichem Maße. Das Gericht tat alles, um Steffi Graf draußen zu halten. Schon bei der Terminierung der ersten Hauptverhandlung hatte Richter Plass die Tennis-Termine des Stars im Kopf, obwohl von vornherein auf eine Zeugenvernehmung Steffis verzichtet worden war. Als Plass das Urteil sprach, stellte er fest, eine »aktive Tatbeteiligung« der Tennislady sei nicht auszumachen. Eine mehr als ungewöhnliche Einmischung in ein anderes Verfahren – denn die staatsanwaltlichen Ermittlungen gegen Steffi Graf selbst waren da noch nicht abgeschlossen. Plass nannte – einfach ignorierend, daß Steffis Anwälte vor Monaten noch das Angebot gemacht hatten, für eine Einstellung der Ermittlungen eine Geldzahlung von drei Millionen Mark zu akzeptieren – die Sportlerin »eine gute Botschafterin für Deutschland«. So war die Rollenverteilung, was den Star anging, in diesem Krimi früh festgelegt worden: Er da unten – sie da oben.

Und dennoch hat die Steueraffäre Graf das Klima in der Republik verändert. Der Fall Graf wurde auch zum Politikum. Im Stuttgarter Landtag mühte sich monatelang ein Untersuchungsausschuß, die Verstrickungen von Politik und Finanzverwaltung in dem Steuerfall aufzuhellen. Als die Ausschußmehrheit am Ende eine jahrelange Vorzugsbehandlung des Brühler Tenniskonzerns rügte, wertete Finanzminister Gerhard Mayer-Vorfelder dies als »Heuchelei« und »Ehrverletzung für die gesamte Belegschaft der Steuerverwaltung«. Doch dann fanden auch die Mannheimer Richter, daß Peter Graf nur mit Duldung der Beamten den Staat so lange um die Steuergroschen bringen konnte. Die Strafe für Graf ist gleichzeitig auch eine Ohrfeige für die zaudernden Staatsdiener.

Auch die Großkopferten sind nun wohl nicht mehr bedingungslos – wie einst der Bäderkönig Eduard Zwick in Bayern und der Finanzadel anderswo – vor staatlicher Verfolgung geschützt. In den Monaten nach Beginn der Graf-Affäre wurden so viele Verfahren gegen prominente Steuersünder eingeleitet wie noch nie. Boris Beckers Berater Axel Meyer-Wölden traf es ebenso wie die herzige Kelly Family; die beiden ehemaligen Fußballpräsidenten Rolf-Jürgen Otto (Dresden) und Gerhard Voack (Nürnberg) fanden sich hinter Gittern wieder; und unzählige wohlhabende Anonyme, vom Malermeister bis zum Chefarzt, baten bei Staatsanwälten um einen Termin – sie zeigten sich angesichts der intensiven Ermittlungen in den führenden deutschen Geldhäusern lieber gleich selbst an, ihr Kapital im Ausland versteckt zu haben.

Sogar bei Boris Becker, von dem die Grafs lange geglaubt hatten, er habe zusammen mit seinem ehemaligen Manager Ion Tiriac alles richtig gemacht, standen eines Morgens die Steuerfahnder vor der Tür. Kurz vor Weihnachten '96, das Graf-Urteil war noch nicht gesprochen, und Becker weilte gerade in Florida, durchsuchten sie die Villa in München ebenso wie das elterliche Domizil in Leimen. Auch hier geht es wie bei den Grafs um die vom deutschen Fiskus einbehaltene Quellensteuer: Tiriac fühlte sich ob seiner Holland-Konstruktion so sicher, daß er die Bundesrepublik auf Zahlung von rund sieben Millionen Mark verklagt hat.

Seitdem Sportübertragungen die höchsten TV-Einschaltquoten erzielen, haben die Stars in den kurzen Hosen und Röckchen Politiker und Manager als Helden der Wirklichkeit abgelöst und sogar Popmusiker und Schauspieler um die bisherige Idolfunktion gebracht. Längst leben die Athleten mit dem Unterschied zwischen Fiktion und Realität, der in der Showbranche zum Geschäft gehört, sie reklamieren für sich das doppelte Ich. Ein Star, behauptet der Sportmanager Werner Köster, der das Image der kessen Berliner Schwimmerin Franziska van Almsick prägte, »ist die Summe aus dem Stellenwert der Sportart, der Persönlichkeit und der Leistung«. Die Sportstars, glaubt der Frankfurter Soziologieprofessor Henning Haase, »verkörpern heute die sinnlichen Figuren, die die Menschheit immer bewegten«. Allgemeingültige Gebrauchsanweisungen zur Produktion athletischer Kultfiguren haben die Manager nicht parat. Sie streiten sich gar, ob ein Star ein Naturereignis ist oder auch aus der Retorte kommen kann. Nur eins ist sicher: Erfolg, sagt Haase, »ist conditio sine qua non«.

Und gibt es denn einen größeren Star als Steffi Graf, die am 13. Mai 1996 einen der letzten großen Rekorde des Sports brach? Sie stand die 332. Woche auf Platz eins der Weltrangliste und war auch noch im Frühjahr 1997 ganz vorn. Das war es, was den Deutschen am meisten imponierte, was sie auf die Seite des Tennisstars zog: Selbst der Wirbel um Haft und Verurteilung ihres Vaters, selbst die Unsicherheit über den Ausgang des eigenen Verfahrens haben die Nummer 1 nicht am Siegen gehindert. In diesen Tagen entwickelte Steffi eine geradezu meisterhafte Fähigkeit, sich in eine öffentliche und eine private Person zu spalten. »Wie ich wirklich bin«, glaubt Steffi Graf, »weiß niemand.«

Dennoch hat die Steueraffäre aus der Trutzburg des Graf-Clans in Brühl ein beinahe gläsernes Studio gemacht. Es geht um die Gier nach Macht und Geld, den Treibsatz des Lebens. Der Normalbürger wird Zeuge eines wüsten Wirtschaftskrimis. Mit schwarzen Konten in Liechtenstein, einem Gestrüpp aus Briefkastenfirmen und Scheinunternehmen und aufregend viel Barem, das in Koffern transportiert und in Küchenschränken aufbewahrt wird.

Die wechselseitigen Intrigen im Tenniszirkus laufen auf offener Bühne ab, und die Rolle des Schurken ist glanzvoll besetzt. Peter Graf, so hieß es in der Anklage, habe auf Steffi großen Druck »bis hin zu körperlicher Gewalt« ausgeübt. Er zeige »diktatorische Züge« und sei eine »klammernde Persönlichkeit«.

Und da ist Steffi, die lichte Gegenfigur zum dunklen Vater, die während der Urteilsverkündung von Mannheim über den Wolken zwischen Melbourne und Tokio dahinflog. Das Grüblerische, die Stimmungsschwankungen haben sie geheimnisvoll gemacht. Die Steueraffäre, kein Zweifel, hat das öffentliche Bild von Steffi Graf ins Wanken gebracht. Geblieben ist eine junge Frau, die verzweifelt dagegen ankämpfte, daß die Affäre zum negativen Wendepunkt einer beispiellosen Laufbahn wurde. Am Ende hat sie wohl gewonnen: an Distanz zu ihrem Vater ebenso wie an Distanz zu ihrem bisherigen, nur auf den Tenniscourt fixierten Leben – und damit an Lebensqualität. Doch der Preis ist hoch, vielleicht zu hoch: Steffi Graf hat bei ihrem Überlebenskampf möglicherweise ihren Körper ruiniert.

Das Kämpfen hat Steffi von klein auf gelernt, hat als Vierjährige im Wohnzimmer die Couch als Netzersatz benutzt. Mit 14 Jahren begann sie, als Profi den Unterhalt für die ganze Familie zu verdienen, mit 19 hatte sie den Grand Slam, also die vier wichtigsten Turniere in Melbourne, Paris, Wimbledon und New York, gewonnen und dazu auch noch bei Olympia Gold geholt. Die Geschichte der Tennisfamilie Graf, von den kleinen Anfängen bis zum Aufstieg in die Weltspitze einer Sportart, die Millionen Zuschauer begeistert und in die Sponsoren jährlich über 100 Millionen Mark Werbegelder pumpen, liest sich wie ein modernes Märchen. Die Grafs sind wohlhabend geworden, Steffi aber hat ihren Preis zahlen müssen – draußen auf dem Platz ebenso wie hinter den verschlossenen Türen der Familienvilla. Die reiche Stefanie Maria Graf ist so gesehen ein armes Kind geblieben.

1973–1981

1. Die erste Prämie ist eine Salzstange

Mein Name ist Graf«, sagt der Fremde, »ich habe mich über Sie erkundigt – Sie sind der richtige Trainer für meine Tochter.«

So ist dem slowenischen Tennistrainer Boris Breskvar noch keiner gekommen. Eltern hoffnungsvoller Kinder schmeicheln ihm gewöhnlich. Andere versuchen, ihn durch diskrete Dotationen gnädig zu stimmen, wenn er weniger hoffnungsvolle Sprößlinge in die Kunst des Tennisspiels einweisen soll. Angeblich hat er *den* Blick für die richtigen Bewegungsabläufe.

Peter Graf ist der erste, der die Sache andersherum betrachtet. Nicht seine Tochter Stefanie hat die Ehre, mit dem berühmten Förderer von Talenten üben zu dürfen; Boris Breskvar wird vielmehr die Gunst zuteil, mit der künftigen Berühmtheit Steffi Graf zusammenzuarbeiten. »Der spinnt«, denkt Breskvar, »ein Größenwahnsinniger.«

Damals, 1975, gibt es das Leistungszentrum in Leimen noch nicht. An eine Boris-Becker-Halle verschwendet niemand einen Gedanken, und die berühmtesten deutschen

Tennisspieler heißen immer noch Hilde Krahwinkel, verheiratete Sperling, und Gottfried Baron von Cramm. In den dreißiger Jahren standen beide häufiger in den Finals von Wimbledon. Tennis ist eine Randsportart in der Bundesrepublik, fast wie Volleyball; und Breskvar arbeitet als Klubtrainer bei Schwarz Gelb Heidelberg. Ein paar Mark extra verdient er sich mit Übungsstunden für den Badischen Tennisverband. Dreimal pro Woche mietet er dafür drei Plätze im Nachbarort Wiesloch. Auch nicht die große Welt.

In jenem Frühjahr '75 hat ihn Heinz Gröger, Bezirksjugendwart des Verbandes, angerufen und gesagt: »Boris, ich habe hier einen Verrückten, der will dir seine Tochter zeigen.« – »Soll er herkommen«, antwortete Breskvar, »soll er herkommen wie alle anderen auch.« Ein Problem, warf Gröger ein, gebe es allerdings zu bedenken. Das Mädchen sei noch nicht einmal sechs Jahre alt. Also deutlich jünger als die anderen in Breskvars Gruppe. »Aber«, fügte er schnell hinzu, »sie soll gut sein, sagt der Vater.«

Breskvar, der Angeber haßt, nimmt sich dennoch 20 Minuten Zeit. Peter und Stefanie Graf erscheinen pünktlich. Die Fünfjährige, spindeldürr, hat kaum Zeit für eine Begrüßung. Sie hüpft auf und ab und wackelt mit den Armen: »Warmmachen« nennt sie das. Als sie ein paar Bälle von T-Linie zu T-Linie geschlagen haben, fragt der Trainer skeptisch: »Kannst du auch schon von hinten spielen?« – »Ich spiele nur von hinten«, zischt die Kleine zurück. Sie retourniert jeden Ball von der Grundlinie. Sie erläuft jeden Ball. Sie schlägt fast jeden Ball mit einer sauberen Vorhand. Da sagt Breskvar jene zwei Worte, die bis dahin noch alle Kinder glücklich gemacht haben: »Sehr gut.«

Tatsächlich hat er ein solches Talent noch nie gesehen, und er ahnt, daß er ein ähnliches auch nie mehr erleben wird. Noch 20 Jahre später zucken die Schultern des Meisters vor Aufregung, wenn er sich an diese erste Begegnung mit Steffi Graf erinnert. Er beugt sich vor, schaut sich in der chromblitzenden Tennisakademie Boris Breskvar in Nußloch um, die er dem Triumphzug seiner Schülerin verdankt, und schwärmt: »Einen solchen Moment erlebst du als Trainer nur einmal im Leben.«

Damals aber nimmt Steffi Graf ihm das Lob nicht ab, sie beginnt bitterlich zu weinen. Die Kleine plärrt, weil sie »schon aufhören« soll. Es muß diese seltene Kombination aus Besessenheit und Begabung sein, die aus Steffi Graf später einen Weltstar macht. Nie wieder sieht Breskvar eine Spielerin, die den Ball besser trifft und sich flinker bewegt – und zugleich so penibel nach Fehlern sucht wie Steffi Graf. »Sie ist einfach maßlos ehrgeizig«, sagt er.

Steffi Graf ist drei Jahre und acht Monate alt, als Peter Graf sie mit einem abgesägten Tennisschläger ausrüstet. Im heimischen Wohnzimmer rückt ihr »Papa« die Couch von der Wand. Wenn die Kleine den Ball häufig genug über das abgewetzte Möbelstück zurückspielt, erhält sie eine Belohnung. Für 20 Schläge ohne Unterbrechung eine Salzstange. Für 50 ein Vanilleeis mit heißen Himbeeren. Flambage nennen sie diese Trophäe. »Flambage«, wird Steffi später sagen, »ist ein schönes Wort aus meiner Kindheit« – ein Symbol wie »Rosebud« in dem Film »Citizen Kane« von Orson Welles.

Später wird sie auch bekennen, sie sei »süchtig nach Tennis«. Der Weg in diese Abhängigkeit beginnt spielerisch. Kommt Peter Graf nach Hause, wartet Steffi bereits mit dem Schläger in der Hand auf ihn. Legt er sich erst einmal müde auf die Couch vor den Fernseher, spielt sie ihm die Bälle so lange gegen den Bauch, bis er aufsteht und mitmacht.

Bald spannen sie eine Schnur zwischen zwei Eichenstühle, exakt auf Höhe eines regulären Netzes. Dann, einige

Lampen sind zu Bruch gegangen, verkauft Peter Graf seinen Billardtisch, und Vater und Tochter machen im Keller weiter.

Sie habe Steffi zwingen müssen, Dinge zu tun, die andere Mädchen wie selbstverständlich taten, erinnert sich ihre Mutter Heidi. Einladungen zu Kindergeburtstagen beispielsweise lehnt Steffi strikt ab. Zeitverschwendung. Spannender ist es, die Tennisplätze der Erwachsenen zu erobern. Als sie dort zum erstenmal 50 Bälle in Serie übers Netz spielt, holt Papi eine Barbiepuppe hinter dem Netzpfosten hervor.

Videos von damals zeigen eine Steffi Graf, die zwar mit Storchenbeinen über den Platz stolpert, aber den Schläger bereits schulmäßig hält. Selbst hinter dem Rücken trifft sie den Ball mit erstaunlichem Gefühl. Peter Graf ahnt, daß er überfordert ist, dieses Talent allein nach oben zu bringen. Lange wehrt er sich gegen diese Erkenntnis. Doch dann macht er sich von heute auf morgen auf die Suche nach einem Trainer. Der plötzliche Sinneswandel hat einen Grund: Steffi hat in München ihr erstes offizielles Turnier gespielt – und in der ersten Runde verloren.

Dabei ist sich Peter Graf sicher, alles richtig gemacht zu haben. Sogar an einen adäquaten Transport hatte er gedacht, eigens einen Porsche 914 für die Fahrt nach München besorgt. Weil er an jenem Wochenende arbeiten mußte, fuhr Heidi Graf. Ihr Töchterchen saß stolz auf dem Beifahrersitz, als sie auf das Gelände des Sport-Scheck-Jugend-Turniers rollten. Jahr für Jahr bewerben sich dort 500 Kinder um Plätze in den Jugendkadern der Verbände. Das Mindestalter liegt bei sechs Jahren, doch Ludwig Leuthner, der Turnierdirektor, hatte Mitleid mit diesem Duo Seltsam, das über drei Stunden aus Mannheim hergefahren war. Steffi wurde zum »Zwergerl-Turnier« zugelassen – doch schon das erste Spiel war auch das letzte.

Peter Graf und Boris Breskvar werden handelseinig. Zunächst nur einmal, dann zweimal pro Woche trainiert Steffi von da an mit Breskvar. Zusätzlich übt auch Peter Graf mit seiner Tochter täglich in Leimen, wo er sie morgens um sieben Uhr auf den Platz schickt. »Ein anderer Vater«, glaubt er noch Jahre später stolz, »hätte das nicht auf sich genommen. Aber ich habe es genossen, dieses kleine Kind aufzubauen.«

Fachlich, darin sind sich die Experten der Branche einig, macht Peter Graf in den jungen Jahren fast alles richtig. Er läßt Steffi Zeit zur Entwicklung. Er ist offen für Kritik. Er ist bereit zu lernen. Täglich ruft er bei Breskvar an und fragt um Rat. Häufig geschieht das auch mitten in der Nacht, was die Ehefrau Breskvars bald nicht mehr spaßig findet. Ihr Mann aber läßt sich auch davon nicht irritieren. »Wenn ich will, daß aus Talenten etwas wird«, heißt das Credo des Boris Breskvar, »bin ich auf die Eltern einfach angewiesen.« Man könne Kinder allerdings nur eine Weile gegen ihren Willen ausbilden, »dann brennen sie aus und weigern sich. Doch Steffi Graf wollte alles selbst«.

Und da ist noch Peter Graf, der hoch hinaus will, ganz hoch hinaus.

2. Die Grafs – eine ganz normale deutsche Familie

Peter Graf ist am 18. Juni 1938 in Mannheim-Friedrichsfeld geboren – keine Reiche-Leute-Gegend. Vater Alfons Graf ist Leiter des Sport- und Bäderreferats der Stadt. Ein verschlossener Mann. Mutter Rosemarie begeht Selbstmord, sie schluckt Salzsäure, weil sie das Leben nicht mehr erträgt. Der Vater zieht zu einer Freundin, Peter Graf bleibt allein zu Hause, eine Tante sorgt für ihn. Zu Weihnachten sehen sich Vater und Sohn noch ein paarmal, sonst telefonieren sie hin und wieder – Wärme gibt das Peter Graf nicht.

Das Gymnasium verläßt er ein Jahr vor dem Abitur. Das wird einer, der ganz nach oben will, nie mehr los.

Peter Graf flüchtet in den Sport. Irgendwie verzettelt er sich aber auch da. Er boxt, stemmt Gewichte, spielt Fußball. Bundesliga-Profi wäre er gern geworden, doch Verletzungen stoppen ihn. Bei der Mannheimer Turn- und Sportgesellschaft trainiert er Fünfkampf. Der Mehrkämpfer Peter Graf – ein Synonym fürs Leben. Mit 25 Jahren entdeckt er schließlich Tennis. Bei Blau-Weiß Mannheim spielt der Autodidakt bald in der ersten Mannschaft. Die Trainer loben sein Talent, Schwachstellen anderer zu wittern und daraus Kapital zu schlagen.

Am 30. September 1968 heiratet Peter Graf. Seine Frau Heidi, geborene Schalk, stammt auch aus Mannheim. Mit fünf Jahren hat sie ihren Vater bei einem Verkehrsunfall verloren. Vielleicht sei daraus, sagt sie später, ihre große Bereitschaft erwachsen, sich »für die familiäre Harmonie zuständig zu fühlen«. Sie erkennt schon bald, daß nur sie »so etwas wie der ruhende Pol« der Familie sein könne. Dabei gibt Peter Graf sich noch alle Mühe. Als er die 26 Jahre alte schlanke Blonde in einer Mannheimer Disco erblickt, geht »alles ziemlich schnell«, wie ein Freund sagt. Peter spricht Heidi an, und er ist charmant, nicht so aufschneiderisch wie später. Der junge Herr Graf kommt interessiert und höflich daher. Er gefällt ihr sofort; sie mag, daß er so intensiv um sie wirbt. Peter und Heidi Graf ziehen nach Neckarau, in einen der ärmeren Stadtteile Mannheims. Am 14. Juni 1969 wird Stefanie Maria Graf geboren, am 4. September 1971 ihr Bruder Michael. Die Familie lebt in kleinen, engen Verhältnissen – wenig Raum für Wolkengeschiebe.

Peter Graf verkauft Versicherungen und auch Autos. Das Wort »Gebrauchtwagenhändler« mag er nicht. »Partner eines Autohauses« hört er viel lieber. Manchmal fahren Peter und Heidi Graf freitags 2. Klasse mit dem Zug nach Hamburg. Dort studieren sie die Zeitungsanzeigen, kaufen Autos, die im Norden billiger als im Südwesten sind, und verhökern sie daheim vor amerikanischen Kasernen an GIs. Nebenher gibt Peter Graf noch Trainerstunden im Tennis.

Doch die einzig wahre Perspektive der Grafs heißt Steffi. Die Tochter ist verbissen und willig. Sehr willig. Psychologen haben herausgefunden, daß Kinder erst mit sechs Jahren Ehrgeiz entwickeln. Was davor ist, nennt sich Erziehung. Im Kindesalter wurde Steffi zu jenem Ehrgeiz erzogen, der nicht nur Boris Breskvar imponiert.

Bald melden sich die ersten Sponsoren. Detlef Grosse, Manager der Schlägerfirma Dunlop, erlebt, wie Steffi beim Training während eines Mallorca-Urlaubs seinen Sohn Oliver mit 6:1, 6:0 niedermacht, und spekuliert mit einer goldenen Zukunft des Talents: Fortan stattet er das Mädchen mit Schlägern, Schuhen und Bällen aus. Breskvar überredet einen Freund, der beim Hersteller des Fruchtgetränks »Capri-Sonne« arbeitet, 3000 Mark aus seinem Werbeetat in die arme Familie Graf zu investieren. Steffi beginnt, auf ihre Art zurückzuzahlen: Als sie neun ist, hat sie den Sport-Scheck-Pokal viermal hintereinander gewonnen. Es sind jene Jahre, an die sich der Vater später gern erinnert: »Als die Steffi als kleines Mädchen die großen Jugendturniere« gewann, »waren wir immer allesamt eine Woche völlig aus dem Häuschen.«

Und es sind jene Jahre, in denen Steffi, glaubt man den Grafs, die Verhaltensmuster lernt, die sie später zur eiskalten Siegerin machen sollen. Einmal, berichtet der Vater, fällt sie im Wohnzimmer mit dem Kopf auf die Eckkante eines Schranks. Die Wunde über dem linken Auge muß genäht werden; Spritzen werden gesetzt; doch die kleine »Indianer-Steffi« (*Kicker*) hält alle Tränen zurück und tut keinen Mucks. Die Familie singt das Hohelied der »tapferen Steffi«, niemandem kommt der Gedanke, solches Verhalten auch als Angst vor Fehlern und als Zeichen der Schwäche zu interpretieren. Fortan verschweigt Steffi Graf immer wieder mal eine Verletzung – als könne sich eine wie sie auch nicht den geringsten Verdacht der Verwundbarkeit erlauben.

Ab und an verliert auch Steffi ein Spiel. Schuld daran sind aber stets andere. Mal paßt der Schiedsrichter nicht auf, mal schlägt sich das Publikum auf die Seite der Gegnerin – Steffi weint dann. Bundestrainer Richard Schönborn glaubt, die Kleine könne man deshalb vergessen: »Die hat ihre Nerven nicht im Griff.« Und Vater Graf gibt eine Anweisung, die seine Tochter bis zum letzten Tag ihrer Karriere ohne Murren erfüllen wird: »In Zukunft versuchen wir, auf dem Platz möglichst keine Emotionen mehr zu zeigen.«

Breskvars Trainingsgruppe beginnt schon bald unter der Neuen zu leiden. Alle 20 Minuten muß der Trainer die Gegner neu einteilen, denn niemand will mit Steffi spielen, die kaum einen Ball verschlägt. Alle fürchten eine Niederlage, mehr aber noch den Spott, gegen dieses kleine Mädchen verloren zu haben. Steffi ist zwölf Jahre alt, da gewinnt sie gegen Rüdiger Haas, der gerade Europameister geworden ist. Der Junge ist fix und fertig.

Geradezu persönlich nehmen die älteren Mädchen wie Myriam Schropp, Martina Reinhardt und Andrea Betzner ihre Niederlagen. Allesamt sind sie Auswahlspielerinnen, und sie hassen es, von dem Tennisküken vorgeführt zu werden. Steffi begreift schnell, was auf den Centre Courts dieser Welt, die für den Münchner Polizeipsychologen Georg Sieber »Brutkästen der Brutalität« sind, das Wort »Gegnerin« bedeutet.

Der Vater gerät häufig mit dem Trainer aneinander, weil Breskvar eine Sonderbehandlung des Graf-Sprößlings ablehnt. Peter Graf verlangt nach Einzeltraining und boykottiert auf beinahe infantile Weise die Gruppe. Auf Turnieren weigert er sich sogar, die Trainingszeiten für die anderen in den Plan einzutragen. Freundschaften schließt seine Tochter auf diese Art nicht – aber sie verbessert sich stetig. »Was möchtest du einmal werden, wenn du groß bist?« fragt der Trainer, als Steffi ihr erstes Lebensjahrzehnt noch nicht vollendet hat. »Die Nummer eins«, antwortet das kleine Mädchen.

Steffi kämpft weiterhin um jedes Lob. Wenn sie verliert, flennt sie. Später wird sie auch nach Niederlagen gegen Gabriela Sabatini oder Monica Seles heulen. Noch aber werden die Tränen als Ausdruck der enormen Willenskraft dieser Extrembegabung gefeiert. Wolf-Dieter Späth, Präsident des Badischen Tennisverbandes, hat aus den Karriereanfängen der Steffi Graf vor allem in Erinnerung, daß »das Mädle immer noch eine halbe Stunde Vorhand und eine halbe Stunde Rückhand extra üben wollte und weinte, wenn es nicht durfte«. So etwas heißt im Jargon der Branche »Bereitschaft zur Höchstleistung«. Davon träumt jeder Trainer.

»Das Mädchen war dürr, hatte ein schmales Becken und lange, schwache Beine.« So beschreibt der spätere Bundestrainer Klaus Hofsäss seine erste Begegnung mit der damals neunjährigen Steffi. Mit Zöpfchen und Zahnspange sieht sie aus wie all die anderen Kinder, die da im Frühling 1979 in Essen um Ranglistenpunkte kämpfen – »aber sie spielte anders«.

Hofsäss registriert schnell, daß »die Steffi keinerlei Reaktionen zeigt, was auch immer um sie herum passiert«. Konzentriert und psychisch stabil wie niemand sonst steht sie auf dem Platz, und ihre schnörkellose Vorhand deutet dem Experten an, was aus diesem Talent einmal werden kann. Auch für Boris Breskvar ist das Ergebnis eindeutig, als er die Konzentrationsfähigkeit seiner Schüler Boris Becker und Steffi Graf vergleicht: »Boris ist nichts gegen sie.« Selbst beim sogenannten Cooper-Test, einem Zwölf-Minuten-Lauf, schafft Steffi 350 Meter mehr als der junge Boris.

Bei einem der ersten Zusammentreffen mit Peter Graf lobt Hofsäss, Steffi könne »durchaus einmal unter die ersten drei der Weltrangliste kommen«. – »Die Steffi wird die Beste«, schnauzt der Vater zurück und geht nach den ersten kleinen Erfolgen das Projekt Nummer eins konkret an. Für Steffi entsteht, langsam aber doch zunehmend, echter Leistungsdruck. Die Familie macht Schulden, sie investiert in die Karriere der Tochter. 200 000 Mark, heißt es, habe Peter Graf ausgegeben – Rendite unbedingt erwünscht. Graf, so sieht es Breskvar, sei »fanatisch geworden und setzt alles auf eine Karte«.

Die Grafs ziehen von Mannheim nach Brühl, lassen sich zunächst in der Normannenstraße 14 im Stadtteil Rohrhof nieder. Die Normannenstraße wird von Garagen und Parkplätzen gesäumt; für den Spielplatz mit seiner armseligen Rutsche war da nicht mehr viel Raum frei. Die Nummer 14, ein weißes Reihenendhaus mit einem hübschen Beet an der Vorder- und einem kleinen Garten an der Rückseite, die Gästetoilette gleich rechts hinterm Eingang, wirkt so wie der ganze Ort: normal und kleinbürgerlich. Das Haus gehört je zur Hälfte Heidi und Peter Graf.

Alles ist genau geplant. Die Fahrt von Brühl nach Leimen dauert exakt 15 Minuten. Morgens, vor der Schule, trainiert Steffi 45 Minuten mit ihrem Vater. Nachmittags übt sie 120 Minuten mit Breskvar im neuen Leistungszentrum in Leimen, das direkt neben dem Gelände des Kleintierzuchtvereins C 116 liegt. Abends verpaßt ihr noch einmal der Vater den nötigen Feinschliff.

Es spricht für Graf, daß er nicht so hektisch ist wie andere Tennisväter und Breskvar zunächst vertraut. »Die meisten Kinder«, so Hofsäss, »geraten an Vereins-, Kreis- und Bezirkstrainer, und alle wollen ihnen etwas Unterschiedliches beibringen.« Steffi jedoch entwickelt ihren eigenen, unverwechselbaren Stil.

Der vom Gebrauchtwagenhändler zum Tennismanager aufgestiegene Papa feilt penibel an seinem Produkt. So befragt er führende Trainer der Welt. Vom Amerikaner Mike Estep, der Martina Navratilova betreut, bis zum australischen Daviscup-Kapitän Neale Fraser erfährt Peter Graf so manches über Biomechanik und Taktik. »Mit Augen und Ohren darf man stehlen« – das ist ein geflügeltes Wort im Team Graf.

Aus erster Hand informiert, stemmt der Vater sich den Lehrern des Verbandes entgegen, als diese Steffi einen durch Björn Borg populär gemachten Vorhandschlag mit viel Vorwärtsdrall antrainieren wollen. »Meine Tochter bleibt bei ihrem geraden Schlag«, verkündet Graf. Diese Entscheidung, werden später einmal die Experten sagen, ist Grafs womöglich beste gewesen. Hofsäss: »Steffis Vorhand wurde die stärkste Waffe im gesamten Profitennis.«

Steffi Graf, erkennen Mediziner, ist genetisch begünstigt wie wenige Sportler. Sie verfügt über ideale Hebelverhältnisse und ein Übermaß jener hellen Muskelfasern, die den Menschen schnell machen. »Sie ist«, sagt Hofsäss, »die geborene Athletin.« Weil aber für den Marsch nach ganz oben zu einem begabten Körper auch der Kopf eines Siegers gehört, übernimmt Peter Graf den psychischen Drill seiner Tochter selbst. Der Vater verlangt ein im Damentennis bis dahin unbekanntes Maß an Selbstentäußerung – was schließlich zu einem im weißen Sport auf lange Zeit unerreichten Professionalismus führt. Ähnlich wie einst der Boxer Muhammad Ali oder der Radfahrer Eddy Merckx soll Steffi Graf ihre Disziplin über Jahre beherrschen.

Nur Mutter Heidi kommen eines Tages Bedenken, ob die tägliche Plackerei ihrer Tochter guttut. Steffi darf wegen einer Kapselverletzung nicht auftreten, die Ärzte haben absolute Schonung verordnet. Als dann die Eltern vom Einkaufsbummel zurückkommen, liegt Steffi zwar auf der Couch –

drischt aber von dort Bälle durchs Zimmer, die sie sich von ihrem Bruder Michael zuwerfen läßt. »Das Kind«, fürchtet Heidi Graf, »ist doch nicht normal.«

Noch 1979 wird Steffi Graf in das Förderprogramm des Deutschen Tennis Bundes aufgenommen. Fünfmal im Jahr reist sie nun für eine Woche ins Trainingslager nach Hannover. 1981 gewinnt sie die Orange Bowl, die inoffizielle Jugendweltmeisterschaft, in Florida. Für Peter Graf ist das die Bestätigung, daß er das Talent seiner Tochter richtig eingeschätzt hat – konsequenterweise gibt er seine Jobs auf. Von nun an lebt der Vater, wie er so gern behauptet, »nur für Steffi«. Und die siegt weiter: 1981 gewinnt sie die Europameisterschaft der Unter-14jährigen und wenig später die EM der Unter-18jährigen. Der kritische Bundestrainer Schönborn bewundert die »enorme Vorhand«, verzweifelt aber gleichzeitig an dem Mädchen, das nie lacht. »Was soll ich tun«, fragt Steffi spitz zurück, »lachen oder Tennis spielen?«

1982

1. Profisport als Abenteuer

Die Grafs diskutieren die Zukunft ihrer Tochter. Zur Schule geht Steffi nur noch sporadisch, obgleich sie ohnehin schon die weniger anstrengende Realschule dem Gymnasium vorgezogen hat. Ihr Vater hat die Lehrerin Gabriele Geppert sehr früh und sehr stolz darüber aufgeklärt, daß Steffi »so eine gute Tennisspielerin ist« und deshalb nicht allzuoft kommen könne. Die Lehrerin hält das »ruhige, freundliche Mädchen« für »sehr diszipliniert, einfühlsam und frühreif«. Eine Eins in Sport schafft Steffi nicht, weil sie immer wieder vom Schwebebalken fällt. Sie mag Erdkunde, Biologie und Geschichte, aber immer öfter schläft sie während des Unterrichts ein.

Gabriele Geppert nennt Steffi dennoch »eine gute Schülerin«, weist aber auch auf ein Problem hin: »Sie hat kaum Freundinnen, weil sie soviel trainiert und spielt.« Tatsächlich kommt Steffi immer häufiger traurig von der Schule nach Hause – die Mitschüler haben sie wieder mal gehänselt. Die seien alle, schluchzt die Kleine, »neidisch, weil ich in Tennisklamotten rumlaufe und in der Freistunde auf dem

Schulhof Tennis gespielt habe«. An einen Ausbruch aus dem Käfig wird dennoch kein Gedanke verschwendet. »Ein besseres Leben als meines könnte man nicht haben«, glaubt Steffi, wenn sie sich wieder beruhigt hat. Mitunter, wenn es ganz schlimm ist, versucht Peter Graf es mit seiner Do-it-yourself-Psychologie: Er geht mit seiner Tochter in den Wald – dort darf sie laut und ausdauernd ihre Ängste herausschreien.

Die Familie betrachtet den Profisport keineswegs als Knochenmühle, sondern eher als tolles Abenteuer, das einem Talent wie Steffi nicht verwehrt werden dürfe. Also vereinbaren Vater und Tochter feierlich, daß Steffi erst einmal für ein Probejahr mit dem Tenniszirkus durch die Welt ziehen und dann über ihre Zukunft selbst entscheiden soll.

Der Tennisprofi Steffi Graf debütiert am 18. Oktober 1982, nicht allzuweit weg von daheim, in Filderstadt bei Stuttgart. Fast unbeachtet von den Medien, erzählt Papa Graf vor dem Turnier, daß er keine Hoffnung auf rasche Erfolge habe. Als seine Tochter, die wie eine begabte Nachwuchsspielerin aus der Region bei der Auslosung die Glücksfee spielen darf, sich als erste Gegnerin auch noch die Weltranglistenvierte Tracy Austin zulost, tippt der Vater das Ergebnis mit 0:6, 0:6. Das wird als die angenehme Zurückhaltung eines seriösen Tennisvaters gewertet; später wird sich zeigen, daß derartiges Understatement nur eine Marotte des Peter G. ist. Auch in ihren erfolgreichsten Jahren wettet der abergläubische Daddy immer gegen seine Tochter – wobei der Geizhals aber stets einkalkuliert, daß so mancher Wettpartner den 100-Dollar-Schein zu kassieren vergißt, um auch weiterhin vom mächtigen Graf gegrüßt zu werden.

Der Graf-Clan bereitet sich penibel auf das erste große Match gegen Tracy Austin vor. Der Vater übernimmt den psychologischen Part: Er wandert mit Steffi in einen nahen Wald, wo sie besonders tief Luft holen muß. Bundestrainer Klaus Hofsäss ist für die strategische Planung zuständig: »Spiel immer direkt auf Austin, möglichst in die Mitte. So verkleinerst du den Winkel, und sie kann dich nicht in die Ecken hetzen wie einen Hasen.« Doch das Mädchen aus Brühl, das mit Zahnspange und langen Haaren antritt, ist reichlich nervös – und tatsächlich noch chancenlos. Zunächst vergißt sie, ihre Trainingshose auszuziehen, was ihr die erste Ermahnung ihrer Karriere einbringt. Dann verliert sie gleich ihr erstes Aufschlagspiel.

Nach dem 6:4, 6:0 lobt Austin, damals 19 Jahre alt: »Die Kleine spielt verdammt gut. Die hat die harten Schläge drauf.« Aber die Amerikanerin fügt auch hinzu: »Daheim in den Staaten gibt es Hunderte wie Steffi.« Diese Bemerkung wird Steffi, die gerade ihre ersten 725 Dollar Profi-Preisgeld kassiert hat, »nie vergessen«. In drei Jahren, prophezeit sie der Austin, werde sie sie besiegen.

Vorerst aber ist die Starwelt des Sports noch eine Nummer zu groß für die kleine Graf. Sie beendet das Jahr 1982 auf dem wenig aufregenden Weltranglistenplatz 214. Ihr Preisgeld summiert sich auf ganze 10 728 Mark.

1983

1. Ein Mädchen auf dem Weg in die Weltklasse

Im Mai wird der Name Graf weltweit bekannt: Bei den Internationalen Französischen Meisterschaften spielt sich Steffi Graf durch die Qualifikation bis ins Hauptfeld. Ein Schiedsrichter verwechselt die kleine Deutsche dennoch mit einem Ballmädchen: Er ermahnt Steffi, während der Ballwechsel stillzustehen.

In der ersten Runde der French Open schlägt Steffi Graf die sechs Jahre ältere Schwedin Carina Karlsson mit 6:2, 6:1. Im Stade Roland Garros gibt Steffi ihre erste große Pressekonferenz. Die reichlich dekorierte Jugendmeisterin antwortet auf die Frage, was sie denn schon so alles erreicht habe: »Nichts, noch gar nichts.«

Auch dieses Verhaltensmuster wird sie nie mehr ablegen. Es ist, als brauche sie Skepsis und Zweifel an der eigenen Leistung als Antrieb. Gelassen, selbstzufrieden und mit sich im reinen wird Steffi Graf auch als Nummer eins der Welt nie wirken. Jetzt, am Anfang ihrer Karriere, ist dieser Wesenszug allerdings noch ausgeprägter. Als sie an ihrem 14. Geburtstag gleich in der ersten Runde von Wimbledon ausscheidet, jammert sie: »Ich möchte nie wieder auf Rasen spielen.«

Tatsächlich aber ist das »Unternehmen Nummer eins« nicht mehr zu stoppen. »Vater und Tochter leben konsequent in der gleichen Idee«, erkennt Hans-Jürgen Pohmann, der selbst einmal im Doppelfinale von Wimbledon stand und nun als Sportjournalist arbeitet. Bei einem Urlaub auf Fuerteventura begegnet ihm frühmorgens beim Jogging Steffi Graf, die am Strand ihr erstes Training absolviert. Pohmann ist überzeugt: »Hier ist ein Mädchen auf dem Weg in die Weltklasse.«

Im September 1983 kündigt Peter Graf die Zusammenarbeit mit Boris Breskvar auf. Von diesem Tag an kennt er den alten Lehrmeister nicht mehr. Auch Steffi grüßt nur noch gelegentlich – wenn der Vater es nicht sieht. Breskvar begreift, daß er »von nun an nicht mehr sagen sollte, ich hätte jemals mit den Erfolgen von Steffi etwas zu tun gehabt«. In jenen Wochen verläßt Steffi Graf die Schule. Das baden-württembergische Kultusministerium, damals unter Leitung von Gerhard Mayer-Vorfelder, erteilt eine Sondergenehmigung. In der Familie ist nicht lange über die Entscheidung diskutiert worden. Peter Graf ist dafür gewesen, so viele Brücken wie möglich abzubrechen, Steffi natürlich auch. Nur Mutter Heidi hatte ein paar Bedenken und hat sie, wie immer, diplomatisch vorgetragen. Doch Diplomaten haben gegen Peter Graf keine Chance.

Das Kind hat nun endgültig einen Beruf. Tennisprofi hat Steffi zwar immer werden wollen, aber sich plötzlich auch etwas ganz anderes vorstellen können: »Ich würde auch gerne ein Hotel eröffnen.« Sie, die systematisch in die Einsamkeit des Profitennis getrieben worden ist, hätte es »herrlich« gefunden, Gäste zu bewirten, »so ein Hotel zu managen«. Doch erst einmal hat ihr der Vater, »der alles für mich tut, um mir zu helfen«, eine wichtige Entscheidung abgenommen. Als Steffi bei fünf kleinen Turnieren über die zweite Runde nicht hinauskommt, kehren die Zweifel zurück. Wieder fürchtet sie, es werde nicht reichen für große Siege und für Papas Glück.

Für die Seelenmassage, da sind die Grafs aus Brühl eine ganz normale deutsche Familie, ist die Mama zuständig. Mutter und Tochter gehen auf große Fahrt, sie reisen im November '83 nach Australien und Neuseeland. Es sind stürmische, lustige Zeiten für Steffi. Kino, Bummeln, Sightseeing – »so schön«, wird sie Jahre später sagen, »war es nie wieder«. Heidi Graf hat beschlossen, »immer dazusein, wenn die Stefanie mich braucht«. Und sie baut vor. Ihr Mann weigert sich, über Niederlagen und den Umgang damit zu reden – er nennt das positives Denken. Die Mutter erklärt der Tochter, daß es auch andere begabte Mädchen gebe, möglicherweise sogar bessere – und daß man trotzdem Spaß haben könne. »Verlieren«, sagt die Mama noch, »mußt du auch können.«

Ist die Mutter bei den Turnieren dabei, sitzt sie in Regenpausen stundenlang bei der Tochter in der Kabine und spielt Backgammon mit ihr. Sie gehen einkaufen, kochen zusammen. Vor allem aber predigt die Mutter ihr Lebensmotto: »Auf dem Teppich bleiben, natürlich bleiben.« Was nütze denn, fragt Heidi Graf, der Erfolg, »wenn dabei die Entwicklung eines anständigen Charakters auf der Strecke bleibt?«

In Australien geht Steffi jeden Abend um acht Uhr ins Bett. Heidi Graf ist keine Frau, die alleine ausgeht und neue Freundschaften schließt. Oft sitzt sie abends an der Hotelbar. Ganz still hockt sie in der Ecke und grübelt. Steffi bekommt davon wenig mit. Morgens ist ihre Mutter wieder wie immer. Ein wenig spät kommt sie zum Frühstück, aber das kennt die Steffi; sie selbst ist morgens schon immer die erste gewesen. Ihre Mutter aber beschließt in diesen Wochen, daß künftig Hausfrau ihr Beruf sein soll: »Ich kann und will nicht pausenlos aus dem Koffer leben, in Hotels absteigen, meine Zeit in Aufenthaltsräumen und auf Tribünen verbringen.«

Weil die Grafs kaum Geld haben, übernachten sie in billigen Hotels. Das arme Duo tut vielen »richtig leid«. Kolleginnen wie die Saarbrückerin Claudia Kohde-Kilsch sorgen sich um die Fremdlinge am Ende der Welt und passen auf sie auf. Claudia übt mit der 14jährigen, weil sie ein bißchen Unterstützung unter Landsleuten für »ganz selbstverständlich« hält. Und Andrea Betzner empfindet Steffi als »immer freundlich«. Sie spielen Karten und Backgammon »und haben viel Spaß«. Doch die teutonische Solidargemeinschaft, das Soziotop, in dem Steffi Graf fröhlich gedeiht, kann sich nur entwickeln, weil einer zu Hause geblieben ist: Peter Graf, der später alle Kolleginnen wegekelt und Claudia Kohde-Kilsch gar wie eine Todfeindin bekämpft.

Auch als Steffi sich in der ersten Runde der Australian Open am Daumen verletzt, trauert sie nicht lange: Sie wird von ihren neuen Freundinnen gepflegt, und selbst die ganz Großen der Tenniswelt fühlen mit ihr. »Hi Steffi«, schreibt Martina Navratilova, die Nummer eins der Weltrangliste, »ich habe im Fernsehen gehört, daß Du Dir den Daumen gebrochen hast. Ich hoffe, es tut nicht zu sehr weh. Ärgere Dich nicht, ich bin sicher, daß es bald okay sein wird und Dein Daumen so gut wie neu.«

Dennoch möchte Steffi Graf ihre Profikarriere schon bald wieder beenden. Keine Siege, keine Pokale, so hat sich das Kind das Arbeitsleben nicht vorgestellt. Als das erste Jahr um ist, erinnert die Tochter den Vater an ihre Abmachung: Steffi will aufgeben und wieder zur Schule gehen. Doch die Entscheidungen bei Grafs, das hat sie früh gelernt, trifft nur einer. Und Peter Graf träumt noch immer. Von Glück, von Ruhm, von Ehre. Damentennis ist inzwischen zu einem lukrativen Geschäft geworden. Nicht nur Navratilova und Chris Evert-Lloyd haben die Grenze von einer Million Dollar

Preisgeld längst überschritten. Auch die Mittelmäßigen werden reich, seitdem nach den USA auch Europa den professionellen Sport lieben gelernt hat. Immer mehr Sponsoren steigen ein; im anbrechenden Zeitalter des Fernsehsports lockt der Zaster mächtig. In jenen frühen Achtzigern steigert sich Peter Grafs Ehrgeiz zur Manie. Er wittert Geld, viel Geld. Mit Liebesschwüren überzeugt er seine Tochter, doch weiterzumachen.

2. Advantage Steffi

Schließlich haben sich schon die Spürnasen der Marketingagentur »Advantage International« auf die Spur der Grafs gesetzt. Die Advantage-Leute kommen nach Brühl, sie folgen Steffi auf alle Turniere. Diese Hartnäckigkeit sagt dem Vater zu – so tough sieht er sich schließlich auch. Also stellt er den Amerikanern eine mögliche Zusammenarbeit in Aussicht. Schriftlich gibt er ihnen selbstredend noch nichts. Erst einmal sollen sie zeigen, was sie können, und Moneten heranschaffen. So beginnt die Jagd nach Reichtümern.

Philip Maurice de Picciotto, einer der hoffnungsvollsten Jungmanager der Firma Advantage, schreibt ein dringendes Telex an den ehemaligen Zehnkämpfer Werner von Moltke, bei Adidas für Public Relations zuständig. Die Schlägerfirma Dunlop und einige andere Firmen, so Picciotto, hätten bereits wegen Steffi angefragt. Wenn Adidas den kommenden Star mit den drei Streifen schmücken wolle, koste das 125 000 bis 150 000 Dollar im ersten Jahr. Picciotto muß noch tüchtig trommeln: Steffi, schreibt er, »ist ein außergewöhnliches Talent mit Intelligenz, Schnelligkeit, großartigen Grundschlägen, schnellen Händen und allen Eigenschaften, die es braucht, um die beste Spielerin der Welt zu werden«. Picciotto ist ein Naturtalent. Wenige beherrschen die Kunst der Gesprächsführung so wie der Sproß einer weitverzweigten Familie von Bankern und Juristen. Er wirkt stets höflich und ein bißchen naiv. Er ist klein und schmächtig. Aber er entscheidet blitzschnell. Und er kann auch, ohne sein unverbindliches Lächeln zu verlieren, massiv drohen. Ein Profi eben, der darauf baut, unterschätzt zu werden.

Picciotto, Jahrgang 1955, studierte am elitären Amherst-College Anthropologie. Das ist die Lehre vom Menschen und seiner Entwicklung. An der University of Pennsylvania machte der smarte junge Mann in Jura seinen zweiten Abschluß. Früh ahnte er, daß sich im Sport Revolutionäres tun würde: Sponsoren brachten Geld, die Gagen explodierten. Mit 24 Jahren wurde er Sportmanager. Zunächst arbeitete er für die Firma ProServ; aber schon vier Jahre später baute ein ehrgeiziges Quintett von ProServ-Managern das Konkurrenzunternehmen »Advantage International« auf: W. Dean Smith, A. Lee Fentress, Francis H. Craighill, Peter Lawler und Phil de Picciotto hießen die Herren.

Advantage wuchs zur zweitgrößten Sportagentur der Welt; 250 Mitarbeiter vertreiben in fünf Kontinenten die Ware Sport. Die Chefs sind längst reiche Leute. Picciotto aber fliegt dennoch lieber in der Economy als in der First Class. Vom Sandwich kratzt er die Butter, denn er ißt cholesterinarm. Mit edlen Hotels kann er auch nicht viel anfangen. Er will Geschäfte machen. Seine Ehe scheitert, »weil ich zuviel gearbeitet habe«.

Natürlich steht so einer staunend vor Peter Graf. Picciotto ist dem hektischen Autodidakten aus Brühl weit überlegen. Aber sein Talent, den Kopf einzuziehen, hilft ihm auch bei der Arbeit mit Steffis Vater. Am 1. Dezember 1983 unterschreiben der deutsche Advantage-Statthalter Klaus Wawer und Peter Graf Steffis ersten Managementkontrakt – auf Probe. Schlecht verhandelt hat der Papa damals nicht, wie der Vertragstext ausweist:

1. Herr Graf erklärt sich einverstanden, daß Herr Klaus M. Wawer für seine Tochter Steffi einen Schuhvertrag für die Dauer eines Jahres aushandelt, der einen Mindestbetrag von DM 40 000 für das Jahr 1984 ausmacht.

2. Herr Wawer vermittelt der Familie Graf die freie Benutzung eines fabrikneuen Audi Quattro, versteuert und versichert zunächst für die Dauer eines Jahres…

3. Die Firma Advantage garantiert der Familie Graf im Zeitraum eines Jahres, beginnend mit dem Abschluß dieser Vereinbarung, für Steffi im Non-Sport-Bereich Werbemöglichkeiten im Werte von mindestens DM 100-T. (i.W. einhunderttausend) nachzuweisen und abschlußfertig vorzulegen… Alle Aktivitäten müssen selbstverständlich durch die Familie Graf genehmigt werden… Für dieses Probejahr berechnet die Agentur Advantage Int. auf die abgeschlossenen Werbemöglichkeiten bis zum Betrage von DM 100 000 der Familie Graf keine Vermittlungs- und Bearbeitungsprovision. Bei den Abschlüssen über den Betrag von DM 100 000 hinaus zahlt die Familie Graf eine Vermittlungs- und Betreuungsprovision in Höhe von 20 %.

4. Weiterhin sagt die Fa. Advantage International zu, daß sie die steuerliche Beratung für Steffi Graf, falls erforderlich auch im internationalen Bereich, kostenlos durchführen wird.

5. Die Fa. Advantage Int. stellt für die Dauer eines Jahres …Frl. Steffi Graf kostenlos ihren weltweiten Turnier- und Betreuungsservice zur Verfügung. Weiterhin verpflichtet sich die Fa. Advantage Int. für die Dauer dieser Vereinbarung, alles in ihren Kräften Stehende zu tun, um die Tenniskarriere von Steffi zu fördern und der Familie jede nur mögliche Unterstützung zukommen zu lassen, d.h. auf Wunsch Beratung im Tennisbereich, Turnierplanung, Schaffung von Trainingsmöglichkeiten und geeigneten Partnern, falls erforderlich auch Trainern, freien Aufenthalt in den Tennis-

akademien von Nick Bollettieri, Bradenton/USA, Marbella/ Spanien, Competitive Edge/Texas, USA. Mindestens 14tägigen freien Urlaubsaufenthalt mit den Eltern in einem Club Mediterranee-Ferienhotel oder -Dorf, mit Flug und sonstigen Vergünstigungen . . ., wie mündlich besprochen.

Peter Graf ist stolz auf den Geschäftserfolg. Und immerhin 33 456 Mark beträgt das Preisgeld Ende 1983. Das ist ein Anfang.

1984

1. Der Herr der drei Streifen entdeckt Steffi

Schon ein halbes Jahr später haben die Grafs die berechtigte Aussicht, eines Tages wirklich wohlhabende Leute zu werden. Die Firma Adidas aus Herzogenaurach meldet sich bei der Familie. Munter gemacht haben den weltgrößten Sportausrüster zwei außergewöhnliche Erfolge des Mädchens, mit dem sie nur einen Probevertrag besitzen. In Wimbledon hat Steffi erstmals das Achtelfinale erreicht und im wohl besten Damenmatch des Jahres nur knapp mit 6:3, 3:6, 7:9 gegen die Engländerin Jo Durie verloren. »Oh, mein Gott, sie schlug einige unglaubliche Vorhandbälle«, hat John Barrett von der BBC kommentiert. Steffi war so aufgeregt, daß sie auf dem Centre Court den obligatorischen Knicks vor der Königlichen Loge vergaß. Es war ihr so peinlich, daß sie heulend in die Kabine lief. Wenig später dann erkämpfte sich Steffi den ersten großen Turniererfolg. Bei den Olympischen Spielen von Los Angeles gewann sie die Goldmedaille in der Demonstrationssportart Tennis und war rundum zufrieden: »Jetzt habe ich begonnen, wirklich gut zu spielen.«

Adidas-Chef Horst Dassler sieht in Steffi Graf die ideale

Athletin, die seine Firma in die Moderne des Sports führen könne. Dassler und mit ihm die Industrie mit ihren Werbemillionen haben begonnen, den Sport unter Kontrolle zu nehmen. Olympische Spiele – in Los Angeles liefen drei Viertel aller Sportler für Adidas Reklame –, Tennisturniere und andere Sportereignisse werden durch die Regie der Industrie mehr und mehr zum idealen Transportmittel für Werbebotschaften. Vor allem dann, wenn diese via Fernsehspektakel von Jungstars wie Steffi Graf überbracht werden. Erst einmal für drei Jahre, bis zum 31. August 1987, kommt Adidas mit dem Teenie aus Brühl ins Geschäft. Als »Vertragsgebiet« wird in dem Neun-Seiten-Papier »die ganze Welt« genannt. Was sonst?

»Graf verpflichtet sich«, heißt es in dem Schriftstück, »während der Vertragszeit und auf dem Vertragsgebiet Adidas-Tennisbekleidung und -Tennisschuhe zu tragen, wenn sie Tenniswettkämpfe bestreitet, für Tennisfotos posiert oder sich in Tennis-Werbemaßnahmen engagiert.« Peter Graf zeigt sich noch bescheiden: Er besteht lediglich darauf, daß seiner Tochter bei den vereinbarten sechs Adidas-Werbeveranstaltungen pro Jahr warme Mahlzeiten erstattet werden müssen. Die Spesen werden schriftlich fixiert. Ein klein bißchen Luxus soll aber auch schon sein: Sämtliche Sportartikel, soweit die Anfragen »in vernünftigen Maßen« bleiben, hat die sportliche Familie frei. Will sie bei Adidas Präsente für liebe Freunde erwerben, sind – laut Vertrag – 50 Prozent Rabatt drin.

125 000 Dollar soll Steffi pro Jahr fest verdienen. »Wenn Grafs Weltranglistenplatz im zweiten Vertragsjahr allerdings schlechter als Nummer 100 ist«, steht im Vertrag, könne Adidas die Zahlung für das dritte Jahr einfach halbieren. Vater Graf erweist sich auch hier als ein Anhänger des Leistungsgedankens. Doch im Gegenzug rettet er das Salzstangen-System aus Steffis Kindertagen auf seine Art in den Profi-

sport hinüber: Weltranglistenplatz eins soll 600 000 Dollar wert sein, Platz zwei 400 000 Dollar, Platz drei noch 300 000 Dollar. Ihre Leistungen in Wimbledon, bei den U. S. Open, den French Open und bei den Virginia Slims Championships (Masters) sollen ebenfalls extra belohnt werden: 60 000 Dollar pro Turniersieg, 30 000 für die Finalteilnahme, 15 000 für das Erreichen des Halbfinales.

Sämtliche Beträge, die fällig werden, sind an Advantage International, Washington, zu entrichten. Und damit unterwegs nichts verlorengeht, verpflichtet sich Adidas, keine Gelder »aus Steuergründen« zurückzuhalten. Eine Formulierung, die später einmal den Argwohn der Steuerfahnder wecken wird. Sie kann durchaus als Absicht gewertet werden, auf die Abführung gewisser gesetzlicher Abgaben, etwa der Quellensteuer, zu verzichten.

Peter Graf versucht, die Leute kaltzustellen, die ihm bei der Vermittlung des Adidas-Kontraktes so wichtige Dienste geleistet hatten. In einem »Erinnerungsprotokoll« halten Steffis Vater und der Adidas-Mann Alfred K. Schwarz fest: »Beide Parteien waren sich zum Zeitpunkt der Vertragsverlängerung darüber einig, daß ein Vertragsbeitritt der Firma Advantage International Inc. mit der Folge der Berechtigung zur Vornahme des Inkassos nicht gewünscht wird.« Das heißt nichts anderes als: keine Provision für die Amerikaner. Bei Advantage ahnt man, daß auf die Firma noch so einiges zukommen wird, ist verärgert und unterbindet den Deal. Da entwickelt Graf das Gefühl, die Amis wollten ihm sein schwer erschuftetes Geld klauen.

Aus dem Talent, in das Peter Graf jede sauer verdiente Mark investierte, ist nun eine Goldmine geworden, die das Familienoberhaupt in toto fordert. Mutter Heidi, die bis dahin meist mit auf Reisen gegangen war, bleibt daheim und erledigt die Autogrammpost. Der Vater übernimmt Reise-, Trainings- und Freizeitgestaltung – für Steffi wird daraus eine ganz besondere Form der Isolationshaft. Immer ist Papa in der Nähe. Und was die Tochter (»Wenn mein Vater nicht da wäre, bekäme ich Heimweh«) nicht erkennen kann, sieht Peter Graf sehr wohl. Erste Kritik an seinem manischen Drang, Steffi überall vor allem und jedem schützen zu wollen, hat er schon früh auf geradezu diabolische Weise gekontert. Auf einer Pressekonferenz inszenierte er ein öffentliches Zwiegespräch, um deutlich zu machen, »wie sehr die Steffi alles selbst will«.

Peter Graf: »In zwei Jahren hast du sowieso einen festen Freund, und dann ist dir alles andere egal.«

Steffi Graf: »Nein, bestimmt nicht.«

Peter Graf: »Und mit 20 bist du verheiratet.«

Steffi Graf: »Auf keinen Fall.«

Peter Graf: »Und dann willst du Kinder.«

Steffi Graf: »Ich will keinen Freund, ich will nicht heiraten, und ich will keine Kinder, bestimmt nicht.«

Glückselig blickte der Papa in die Runde.

In Filderstadt unterliegt Steffi erst im Finale der Schwedin Catarina Lindquist. Die Siegerin ist auch Stunden nach dem Matchball sichtlich irritiert: »Ich glaube nicht, daß schon mal irgendwer so ehrgeizig war, Nummer eins zu werden.« Tennis, so die Lindquist fassungslos, scheine wohl Steffis einziger Lebensinhalt zu sein – »und sie mag das auch noch«.

Ansonsten gestaltet sich der Aufstieg, finanztechnisch betrachtet, noch immer mühsam. 1984 können die Manager lediglich einen kleinen Patch Deal, einen Werbeaufnäher am Ärmel, für zwei Turniere an Land ziehen – 2500 Dollar. Ein weiteres Logo bringt ganze 750 Dollar ein. Einmal zahlt Citroën 4000 Mark und stellt »ein kleines Auto« zur Verfügung, obwohl Steffi keinen der vereinbarten »Promotionstermine« einhält. Der Höhepunkt des Geschäftsjahres '84 ist ein Vertrag mit der »Firma Tennis Camp Marbella«, die später von Klaus Hofsäss übernommen wird. Steffi soll »alles in ihren Kräften Stehende« tun, »um den Bekanntheitsgrad der Tennis-Akademie zu erhöhen«. Sie trägt Werbelogos des Camps und darf kostenlos zu Trainingslagern in Marbella einfliegen. Darüber hinaus erhält sie »eine Vergütung in Höhe von DM 25 000 jährlich, die in zwei Raten zahlbar ist, und zwar DM 12 500 bei Vertragsabschluß und weitere DM 12 500 nach sechs Monaten«. Alles in allem eine zähe Angelegenheit, gemessen an Daddys Erwartungen.

Nur gut, daß Peter Graf da selbst eingreift. Zweimal trägt seine Steffi in Düsseldorf Schaukämpfe aus, zweimal kassiert das Tennisunternehmen Graf 100 000 Dollar. Die hübsche Summe, der Dollar steht prächtig da, von über 500 000 Mark taucht in den Büchern und auf den Konten nicht auf. Wahrscheinlich hat Peter Graf angesichts der vielen Scheine seine Vorliebe fürs Bare entdeckt; das gräfliche Leben aus der gefüllten Plastiktüte beginnt. Jedenfalls wird nicht viel in die Geldhäuser getragen. Bei der Volksbank Bezirk Schwetzingen unterhält Peter Graf ein Girokonto mit der Nummer 7.1464.00. Der Kontostand liegt zumeist im dreistelligen Bereich – ein paar Hunderter. Steffi Graf besitzt, wie Hunderttausende anderer Teenager in Deutschland auch, ein Sparbuch, Konto 3707.55612.8. Die letzte Buchung ist am 7. Juni 1983 erfolgt, dann verharrt der Kontostand bei 31 Mark und 57 Pfennigen.

Vater Graf drängt deshalb aufs Tempo. »Alles geht zu langsam«, mosert er mit den Leuten von Advantage. »Was tun Sie für Ihr Geld?« Es sei schwer, mit dem Alten klarzukommen, schreibt die US-Hauptstelle deshalb an die Filiale in Köln und ordnet Vorsichtsmaßnahmen an: Papiere seien vor Peter Graf versteckt zu halten – »er wird sie sicherlich falsch interpretieren«. Nicht nur das. Er will nicht einmal auf die Standard-Vereinbarungen der Amerikaner eingehen. Im Normalfall, dies belegt ein Brief von Picciotto, gehen 10 Prozent aller Preisgelder und 25 Prozent aller Werbeeinnahmen der von Advantage betreuten Athletinnen an die Agentur, und die Amerikaner kennen da kein Pardon. »Unser Minimum liegt bei 3000 Dollar pro Jahr«, schreibt Picciotto, »das bedeutet, daß uns jede Kundin mindestens diesen Betrag zahlen muß, auch wenn ihr jährliches Preisgeld unter 30 000 Dollar liegt.«

Peter Graf aber, das erfahren die US-Manager bald, ist nicht so leicht einzuschüchtern. Sie werden mit einem anderen Wesenszug des Selfmademanagers aus Europa konfrontiert: Peter Graf hat eine Neigung zum Doppelspiel. Seit einiger Zeit schon ist Steffi Mitglied im sogenannten »DTB-Pool«, der für alle Talente Gelder zentral einsammelt. Das sichert ihr bessere Trainingsbedingungen und Sponsorengelder, die vom Verband an den Nachwuchs verteilt werden. Graf nimmt die DTB-Gelder – und schickt dennoch Advantage auf Akquisitionstour, was laut DTB-Vertrag verboten ist. Bald scheint Peter Graf der Moment gekommen, die beiden Parteien gegeneinander auszuspielen. Steffi werde, verklickert er den forschen Herren aus Übersee am Telefon, nun aus dem Pool-Vertrag aussteigen. Sein Kind sei damit auf dem Markt. Und das heiße konkret: Wolle Advantage »die Steffi« weiterhin vermarkten, dann nur zu seinen Bedingungen. Akzeptierten die Amis das nicht, hätten sie Pech gehabt: »Dann bye, bye.« Soviel kann der nicht sonderlich sprachbegabte Papa sogar schon auf englisch sagen. Die Advantage-Leute verzichten eilfertig auf die schönen Prozente – und gleich darauf auch noch auf ein großes Talent.

Denn die Kölner Statthalter haben ein anderes Tennis-Wunderkind entdeckt: Monica Seles aus Novi Sad, Jugoslawien. Euphorisch diktiert Picciotto einen Brief nach Köln: »Ich glaube wirklich, daß sie eine potentielle Topspielerin ist und daß wir alles tun sollten, was möglich ist, um eine gute Beziehung zu ihr zu entwickeln.« Bis die Seles unter den ersten hundert der Weltrangliste auftauche, so Picciottos Strategie, könne man sie und ihre Eltern sicherlich beeindrucken, »wenn wir bis dahin umsonst für sie arbeiten«. Monica Seles kann in Köln trainieren, die Familie wird mit kleinen Aufmerksamkeiten bei Laune gehalten. Doch dann erfährt Peter Graf von der Konkurrenz im eigenen Lager und droht wieder mit dem Abbruch der Geschäftsbeziehung: Keine Göttin neben Steffi – da kennt er keinen Kompromiß. Monica Seles geht zu Mark McCormack und seiner IMG.

Picciotto entscheidet sich für die Grafs, das ist kein leichter Entschluß. Noch ist es nicht einfach, die Welt von Steffis Einzigartigkeit zu überzeugen. Die Firma Instant Krüger stellt einen Scheck über 10 000 Mark aus – Peanuts. »Bargeld ist im Moment nicht erreichbar«, notiert Picciotto – leicht verzweifelt. Ein Kölner Helfer besorgt immerhin Hardware für das Talent, jede Leistung wird sorgsam festgehalten: »1. Drei Sonnenbrillen von Vuarnet (Wert je 150 DM), 2. Drei Swatch-Uhren alle sechs Monate, 3. Im Oktober kann Steffi umsonst die neuesten Fischer-Ski bekommen.« Die Grafs nehmen alles, aber sie finden das Angebot doch eher mickrig.

2. Die Monaco-Pläne

Um so mehr Mühe geben sich die Amerikaner, als Peter Graf mal kein Bargeld, sondern einen Rat wünscht. Mag er bislang mit dem Geschäftsgang nicht zufrieden sein, so ist ihm doch schon länger klar, daß er eines Tages Steuern sparen muß wie ein richtiger Geschäftsmann. Nur wie das im Detail geht, das ist ihm noch nicht so recht klar. Bei den U.S. Open, Steffi hat gegen die Münchnerin Sylvia Hanika in der ersten Runde verloren, trifft er sich deshalb mit W. Dean Smith, dem Managing Director von Advantage. Smith, ein seriöser

Geschäftsmann mit akkuratem Seitenscheitel, stammt aus Oklahoma und hat sein Diplom als Master of Business Administration an der University of Southern California in Los Angeles erworben. Er hat schon diversen reichen Herrschaften aus dem Showbusiness zu effektiver Geldanlage verholfen. Nur so einer, da ist sich Graf ganz sicher, ist auch für ihn und seine Nöte das richtige Kaliber. Also bespricht der Tennis-Daddy aus Old Germany seinen Herzenswunsch ganz offen: Die Lösung der zu erwartenden Steuerprobleme erfordere Management nach dynamisch-amerikanischer Art. Smith sagt seine Unterstützung zu. Er läßt recherchieren, berät sich mit den Fachleuten der angesehenen Wirtschaftsprüferagentur Arthur Andersen und schreibt dem »lieben Peter« am 12. September in die Normannenstraße nach Brühl einen vierseitigen Brief. Eine Durchschrift geht an Phil de Picciotto.

Das Gutachten, das Graf verständlich die Lücken und Tücken der deutschen Steuergesetzgebung darlegt, gehört zu den wesentlichen Bausteinen der Graf-Affäre. Der Wortlaut:

Seit unserer Unterhaltung anläßlich der U.S. Open-Spiele habe ich meine Untersuchungen hinsichtlich der besten Steuerstrategie für Steffi fortgesetzt. Wir haben uns mit Steuerexperten in München bei AA & Co. beraten und sind der Meinung, daß wir nunmehr ein gutes Verständnis der anzuwendenden grundlegenden Begriffe und Regeln haben. Natürlich, wenn wir uns alle erst einmal auf die weiteren Schritte geeinigt haben, werden wir sicherstellen, daß jedes einzelne Detail in Ordnung ist. Dennoch bin ich der Überzeugung, daß die Information, die wir zur Zeit haben, es Dir erlaubt, die grundlegenden Entscheidungen zu treffen. Das Ziel ist natürlich, Steffis Steuerhaftung auf ein Minimum zu beschränken oder aufzuheben.

Wie Du weißt, verlangt das deutsche Recht, daß jeder deutsche Wohnsitzinhaber Steuern in Deutschland für sein/ihr weltweites Einkommen zahlen muß. Mit Steffis Einkommenspotential ist dies eine erhebliche Summe, und deshalb wäre es angemessen zu sehen, ob Schritte unternommen werden können, um die Steuerhaftung auf ein Minimum zu beschränken oder sie ganz aufzuheben. Es gibt zwei herkömmliche Wege, um solche Steuern zu vermeiden. Der eine ist, den Wohnsitz zu ändern, und der andere ist, das ganze diesbezügliche Einkommen Gesellschaften zu übertragen, die weder im Eigentum des Steuerzahlers stehen noch von ihm kontrolliert werden. Wenn ich herkömmlich sage, beziehe ich mich auf die Mechanismen, die von verschiedenen Leuten rund um die Welt benutzt werden und die wir für verschiedene Mandanten in der Vergangenheit benutzt haben. Nachdem wir diese alternativen Möglichkeiten geprüft haben, sind wir der Ansicht, daß die Gesellschaftsvariante für Steffi nicht in Betracht kommt.

Mit einfachen Worten ausgedrückt: Die Gesellschaftsvariante setzt die Gründung einer Gesellschaft in einem Land voraus, das ein Steuerparadies ist, und die Gesellschaft mit Steffi einen Vertrag schließt und ihr ein minimales Gehalt dafür zahlt, daß sie dieser Gesellschaft alle Rechte überträgt. Die Gesellschaft würde dann die Übertragungs- und Spielverträge direkt mit den Herstellern und Agenturen abschließen, und das Einkommen würde das Einkommen der Gesellschaft werden. Da die Gesellschaft in einem Steuerparadies angesiedelt wäre, gäbe es keine Körperschaftsteuer, und die einzige Steuerhaftung bezöge sich auf das Gehalt, das an Steffi gezahlt würde. Der allgemeine Hintergrund ist der, daß sich die Gesellschaft im Eigentum einer anderen Person oder einer Treuhandgesellschaft befindet, aber daß irgendwann einmal Steffi die gewinnziehende Eigentümerin wird. Diese Möglichkeit ist auf Länder anwendbar, die im Hinblick auf ihre

Steuergesetzgebung nicht effektiv sind oder deren Gesetze gewinnbringendes Eigentum nicht berühren. Da Deutschland leider effektiv ist und diese Schemata durchschaut, erlaubt es sie nicht. Mit anderen Worten: wenn Steffi in Wirklichkeit die Eigentümerin der Gesellschaft wäre, wäre dies nach deutschem Recht unrechtmäßig. Die deutsche Regierung würde die Gesellschaft durchleuchten und erklären, daß das gesamte Einkommen, das an die Gesellschaft gezahlt wird, Steffi gehört. Sie würde ein solches Einkommen als Steffis Dividende einordnen, und sie wäre hinsichtlich eines solchen Einkommens dem deutschen Steuerrecht unterworfen. Diese Alternative würde es Steffi erlauben, deutsche Wohnsitzinhaberin zu bleiben.

Da die Gesellschaftsvariante nicht anwendbar ist, müssen wir uns die Alternative ansehen, bei der Steffi auf ihre deutsche Wohnsitzinhaberschaft verzichtet. Wie Du und ich besprochen haben, gibt es zwei ähnliche Gerichtsbarkeiten, England und Monaco. Du hast Monaco den Vorzug gegeben, und wir stimmten darin überein, daß es das einfachste wäre. Dennoch ist diese Möglichkeit nicht ohne Probleme. Steffi wird solange als deutsche Wohnsitzinhaberin angesehen als:

(1) sie eine Wohnung, Residenz oder Zugang zu einem Zimmer in Eurem Haus in Deutschland hat; (2) sie sechs Monate pro Jahr in Deutschland ist, obwohl dieser Zeitraum verkürzt werden könnte, da sie minderjährig ist und regelmäßige Fahrten zu Euch nach Hause machen wird; und (3) sie erhebliche wirtschaftliche Interessen in Deutschland hat. Solche werden definiert als 25%iger Anteil an irgendeiner Gesellschaft, wobei 30% ihres Einkommens aus Deutschland stammen. Wenn Steffi irgendeines der obigen Kriterien erfüllt, wird sie als deutsche Wohnsitzinhaberin deklariert. Wenn es nicht wegen Steffis Alter wäre, wäre es ganz einfach, alle drei Erfordernisse zu erfüllen. Als Minderjährige jedoch wird die deutsche Regierung sie unserer Meinung nach nicht als Nicht-

wohnsitzinhaberin ansehen, es sei denn, sie hat einen Vormund in Monaco. Dies trifft in besonderem Maße zu, wenn Du und/oder Deine Frau in Deutschland bleibst bzw. bleibt. Mit anderen Worten, Du und/oder Deine Frau müßte nach Monaco ziehen und dieselben Erfordernisse der Nichtwohnsitzinhaberschaft erfüllen oder einen Vormund in Monaco ernennen. Sonst würde Deutschland unserer Ansicht nach Steffi nicht als Nichtwohnsitzinhaberin anerkennen, und sie wäre weiterhin mit ihrem weltweiten Einkommen dem deutschen Steuerrecht unterworfen.

Selbst wenn Steffi es schafft, ihren deutschen Wohnsitz aufzugeben, könnte von ihr 10 Jahre lang jedes Jahr verlangt werden, deutsche Steuern für die ersten DM 120 000 ihres aus Deutschland stammenden Einkommens zu zahlen. Dies findet Anwendung, wenn sie in irgendeines von den deutschen Steuerbehörden als »Steuerparadies« definiertes Land zieht. Die veröffentlichte Liste dieser Länder sieht wie folgt aus:

Andorra, Bahrain, Campione, Monaco, Bahamas, Bermuda, Turks- und Caicosinseln, Tonga, Neue Hebriden, Kanalinseln, Gibraltar, Isle of Man, Liechtenstein, die meisten Kantone der Schweiz, Angola, Niederländische Antillen, Gilbert- und Elliceinseln, Montserrat, Norfolkinseln, Papua, Solomoninseln, St. Helena, Panama.

Jedes aus Deutschland stammende Einkommen ist bis zu DM 120 000 pro Jahr 10 Jahre lang in Deutschland zu versteuern, wenn Steffi in eines dieser Länder zieht, sofern ihr Einkommen vor ihrem Weggang aus Deutschland beginnt. Wie Du siehst, ist Monaco auf der Liste. Dies wäre kein erhebliches Problem, da wir ihr aus Deutschland stammendes Einkommen vor ihrem Weggang auf ein Minimum beschränken können.

Zusammenfassend läßt sich feststellen, daß für Steffi zur Vermeidung deutscher Steuern als einzige Möglichkeit in Betracht kommt, einen Wohnsitz in einem anderen Land, na-

mentlich Monaco, zu begründen. Das ist aufgrund von Steffis Alter schwierig, kann aber dadurch erreicht werden, daß entweder Du oder Deine Frau in Monaco einen Wohnsitz begründest bzw. begründet oder indem Ihr dort für sie einen Vormund bestellt. Die weiteren Schritte, die verlangt werden, sind, wie wir besprochen haben, Papiere bei der deutschen Botschaft einzureichen, einen Wohnsitz ausfindig zu machen, etc.

Selbst wenn Steffi nach Monaco zieht, ist sie der deutschen Steuerhaftung 10 Jahre lang bezüglich jeglichen aus Deutschland stammenden Einkommens, das sie vor diesen Umzug empfangen hat, bis zur Höhe von DM 120 000 unterworfen. Deshalb müssen wir dieses Einkommen auf ein Minimum beschränken.

Überflüssig zu sagen, ich wünschte, meine Nachforschungen hätten einen einfacheren Weg, Deine Steuerziele zu erreichen, zeigen können, aber wir müssen uns mit der Wirklichkeit eines sehr raffinierten Steuersystems in Deutschland auseinandersetzen. Ich kenne die Situation Deiner Familie nicht und ob Du oder Deine Frau überlegen würdest bzw. würde nach Monaco zu ziehen oder ob Ihr womöglich dort jemanden habt, der als Vormund in Betracht kommt. Wir müssen sobald wie möglich Schritte unternehmen, um Steffi außerhalb Deutschlands anzusiedeln, bevor sie zuviel aus Deutschland stammendes Einkommen entwickelt. Ruf mich bitte an oder besprich dies mit Phil, sobald Du die Gelegenheit hattest, diese Angelegenheiten zu durchdenken, damit wir weitere Schritte einleiten können. Wenn Du das mit deutschen Steuerexperten in Deutschland besprechen willst, können wir das arrangieren. Denke aber bitte daran, daß sie sich ihre Zeit bezahlen lassen.

Auch der Deutschland-Statthalter der Firma, Klaus Wawer, bietet seine Hilfe an. Bei einem Aufenthalt im Hofsäss-

Camp, dem ersten Werbepartner Steffis, hat sie persönlich dem Wawer-Filius Boris den Rückhand-Slice erklärt. Wawer empfiehlt Vater Graf den Notar Jean-Charles Rey, dieser sei ein enger Berater des Fürstenhauses und eine der ersten Adressen in Monaco. Rey solle dem Graf-Clan bei den lästigen Formalien helfen und auch in hochherrschaftlichem Gebaren unterweisen. Doch Peter Graf zaudert und zögert. Er hat Angst vor der Fremde. Er spricht schlecht englisch und überhaupt kein Französisch. Wer würde auf Steffi aufpassen, wenn er nicht ihre Hand hielte? Würde sie weiter auf ihn hören? Und vor allem: Im Reich der Monegassen würde ein kleiner Graf doch gar nicht richtig auffallen. Andererseits lockt die Steuerersparnis. So geht es eine Weile hin und her. Advantage rät zur Steuerflucht, Graf sagt mal zu und dann doch wieder ab. Einmal, am 28. November 1984, schickt Advantage Deutschland resignierend ein Telex an die Zentrale in Washington. Graf, heißt es da, fordere noch 3600 Mark Reisekostenerstattung für Flugtickets nach Marbella; vor allem aber: »Monte Carlo: (Graf) will seine eigenen Methoden probieren.«

Zum Jahreswechsel, Steffi ist bis dahin auf Platz 22 der Weltrangliste geklettert, müssen Peter Graf die Silvesterraketen am Himmel von Brühl wie die Verheißung eines endlosen Sterntalerregens vorgekommen sein. Jedenfalls ist er der Steuer wegen bereit, Tochter und Ehefrau nach Monaco auswandern zu lassen.

Smith fertigt ein Memorandum: »Peter Graf benachrichtigte mich, daß Mrs. Graf und Steffi den Umzug vorantreiben« wollen. Es müsse jetzt schnell alles in trockenen Tüchern sein. »Wegen Steffis Bedeutung für Advantage und der Schwierigkeit, mit Peter Graf zu verhandeln«, formuliert der geduldige Smith spitz, »müssen wir uns außerordentlich bemühen, daß alles reibungslos geht.« Als Anlage ist ein vertraulicher Einsatzplan beigefügt, nach dem das geheime Unternehmen Auswanderung in sechs Punkten zu organisieren ist. Detailliert trägt Smith seinen europäischen Adjutanten auf, Steffis polizeiliches Führungszeugnis zu besorgen. Ein »Apartment mit zwei Schlafzimmern in Monaco« müsse gesucht werden, und ein Besuch von Steffi und ihrer Mama beim Polizeichef von Monaco ist zu avisieren. Auch die erste Miete für die Wohnung, rund 3000 Mark, sei anzuweisen.

Doch der Mannheimer Junge, der perfekt nur Badisch spricht und sein Brühler Reihenhaus nicht verlassen mag, macht wieder einen Rückzieher. Die Grafs, beschließt Peter der Große, werden für immer in der Heimat bleiben, wo aus dem als verrückt belächelten Tennispapa längst »der Herr Graf« geworden ist, dem Minister, Präsidenten und Repräsentanten von Weltfirmen ihre Aufmerksamkeit schenken. Und die Bücklinge werden immer tiefer, je häufiger Steffi gewinnt.

1985

1. Zwei Teenager erobern die Nation

Das Tennisjahr beginnt mit einer Serie von Duellen gegen eine Ikone des Damentennis, die Amerikanerin Chris Evert-Lloyd. Bei sieben Turnieren erreicht die Brühlerin zumindest das Halbfinale, fünfmal verliert sie gegen die Diva, die aber dennoch von der jungen Deutschen angetan ist: »Ihre gewaltige Vorhand und ihre Slice-Rückhand geben ihr einen eigenen Stil.« Ein solches Kompliment gilt in der Branche als Ritterschlag wie unter Fußballern ein Lob Franz Beckenbauers.

Das Talent ist damit als kommende Größe anerkannt, auf eine Stufe gehoben mit Boris Becker, der deutschen Hoffnung im Herrentennis. Die beiden deutschen Shooting-Stars treten im Juni 1985 zum ersten und einzigen gemeinsamen Interview an. Das SPIEGEL-Gespräch gilt ein gutes Jahrzehnt danach schon als sporthistorisches Dokument. Oft banal, manchmal rührend, geben Steffi und Boris Einblick in das Seelenleben von Tennissternchen:

SPIEGEL: Kommt da zum Beispiel Chris Evert und sagt: Hallo, wie geht's?

Graf: Am Anfang habe ich immer freundlich gegrüßt, aber sie hat mich gar nicht beachtet. Nicht einmal hallo hat sie gesagt, dann habe ich auch nicht mehr gegrüßt...

Becker: ... Ein Beispiel: Mit dem Yannick Noah habe ich in Rom Doppel gespielt und jeden Morgen trainiert. Nachdem wir beide im Viertelfinale unsere Einzel gewonnen hatten, mußten wir abends noch ein Doppel spielen. Aber Noah war am nächsten Tag im Halbfinale mein Gegner und wollte sich schonen. Er hat gesagt, er sei verletzt, und ist zum Doppel nicht mehr angetreten.

SPIEGEL: Hat Noah die Verletzung vorgetäuscht?

Becker: Ja. Am nächsten Tag hat er nämlich gar nichts gehabt und gegen mich gewonnen. So sieht das aus, das ist aber ganz normal...

SPIEGEL: Was habt ihr von Amerika bisher gesehen?

Becker: Von Memphis gar nichts, von Philadelphia recht viel. Es hängt immer davon ab, wie lange man im Turnier ist... Normalerweise sieht man nicht soviel. Ich kann ja nicht so in der Stadt rumbummeln, das kostet Kraft.

SPIEGEL: Das kostet Kraft, wenn man durch die Stadt geht?

Graf: Ja, schon.

SPIEGEL: Für eure Altersgenossen, die mit dem Mofa in die Disco fahren, führt ihr ein Traumleben. Was erzählt ihr denen, wenn ihr nach Hause kommt?

Graf: Ach Gott, es wäre für mich kein Leben, in die Disco zu gehen oder so. Ich finde, ein besseres Leben als ich könnte man nicht haben. Ich würde auch bestimmt mit denen nicht tauschen.

SPIEGEL: Erzählt ihr überhaupt noch etwas, wenn ihr nach Hause kommt? Steffi, hast du noch Freundinnen?

Graf: Man ist ja kaum zu Hause.

SPIEGEL: Gibt es noch Kontakte mit Gleichaltrigen?

Graf: Das ist unheimlich schwer. Die haben auch nicht so-

viel Zeit, wegen der Schule. Und ich spiele ja jeden Tag Tennis...

SPIEGEL: Beide Eltern von euch haben viel Geld in die Tennis-Karriere investiert. Erwächst daraus eine Verpflichtung, es wieder hereinholen zu müssen?

Graf: Mein Vater hat mir immer gesagt, ich soll spielen, solange ich will. Wenn ich keine Lust mehr habe, soll ich aufhören. Er hat nicht gesagt, daß ich weiterspielen muß, um das Geld reinzubringen.

SPIEGEL: Es geht um die Verpflichtung, die du selber spürst.

Graf: Das ist schwer zu beantworten.

Becker: Ich glaube, daß man den Eltern zu nichts verpflichtet ist. Das sind meine Eltern, bis ich sterbe. Ohne sie wäre ich nicht auf der Welt, ihnen kann ich nichts schulden...

SPIEGEL: Weißt du denn schon, ob du einmal Kinder haben willst?

Graf: Das weiß ich überhaupt noch nicht. Aber ich weiß, daß ich Tennis spielen möchte.

SPIEGEL: Und du meinst, daß du auch als 20jährige ähnlich fühlen wirst wie jetzt?

Graf: Ich bin ziemlich sicher.

Becker: Ich denke nie, was ich in drei Jahren machen werde.

Zwei deutsche Teenager, zwei Idole. Steffi Graf, die brave deutsche Tochter, nett und gehemmt, entwickelt sich langsam und stetig; Boris Becker hingegen, der eher leidenschaftliche, immer vorlaute erste Sohn der Nation, schießt gleichsam aus dem Tennisniemandsland zum Wimbledon-Sieg empor. Becker, Ende 1984 noch auf Platz 65 der Weltrangliste, gewinnt am 7. Juli 1985 das Finale der All England Championships gegen den Südafrikaner Kevin Curren. Die Grafs tun so, als wären sie froh darüber. »Die Presse gestattet uns keine Privatsphäre mehr«, klagt Heidi Graf. Die Qual ist so groß, daß Steffi »Bauchschmerzen kriegt«, wenn sie deutschen Blättern Interviews geben muß. Darum, sagt die Mutter, sei sie ehrlich erleichtert, daß nun Becker im Rampenlicht stehe.

Wahr ist das nicht, im Gegenteil. Beckers Erfolg ist für das weitere Leben Steffi Grafs ein ebenso wichtiges Ereignis wie für die Karriere des »siebzehnjährigen Leimeners«, wie der junge Boris fortan heißt. Jede Becker-Schlagzeile trifft Peter Graf ins Mark, er sieht sich von den Medien unter Wert verkauft. Ihn quält, daß womöglich Ion Tiriac als der bessere Manager, Günther Bosch als der bessere Trainer und Boris Becker als der bessere Spieler in die Geschichte eingehen – und daß ihm und seiner Steffi deshalb der verdiente Ruhm verwehrt werden könnte. Fortan wird das Handeln des Peter Graf vor allem von einem Maßstab dominiert: dem Vergleich mit Boris Becker.

Der Vergleich mit dem »häßlichen Kerl«, wie er den jungen Becker gern nennt, wird zur Manie. Als er erfährt, daß Becker Geld für Interviews verlangt, um die Anfragenflut einzudämmen, will er auch welches. Doch während Becker ein Spendenkonto angibt, verlangt Peter Graf Bares. Dann steht er hinterm Busch, zählt das Geld und achtet gleichzeitig darauf, daß seine Tochter nicht aus der Schule plaudert. Sie soll sich schließlich absetzen von dem jungen Wilden aus der Nachbarschaft, der über Hafenstraße und Bundeswehr räsoniert. Seine Steffi, wiederholt Peter Graf gebetsmühlenartig, sei die viel bessere Deutsche: »Wir werden Deutschland nicht wie Boris Becker verlassen, wir zahlen unsere Steuern hier, auch wenn mich manche für dappich halten.« Das ist badisch für dämlich.

Als Becker nach dem Daviscup-Sieg über die USA die deutsche Flagge durch die Halle von Hartford trägt und öffentlich erklärt, damit habe er seinen Wehrdienst absolviert und seine Steuerflucht nach Monte Carlo gleich mit vergessen gemacht, intensiviert Graf seine nationale PR-Nummer. Er läßt ein Foto von Steffi mit ihren Schäferhunden machen und seine Tochter erklären: »Ich liebe Deutschland, ich liebe meine Heimat über alles in der Welt.« Peter Graf schürt den Kampf um die Liebe der Nation derart, daß es Steffi unangenehm ist: »Alle fragen plötzlich, wer populärer, wer beliebter ist. Ich mag das nicht.« Schließlich geht sie sogar auf Boris Becker zu, erklärt ihm, sie werde sich nicht daran beteiligen, wenn andere versuchen sollten, die beiden Jungstars gegeneinander auszuspielen: »Ich werde nie etwas sagen, was in diese Richtung ausgelegt werden könnte.«

Nur ein Grand-Slam-Titel noch in diesem Jahr, glaubt Peter Graf, könne Beckers Vorsprung wettmachen. Doch Steffi erntet vorerst mehr nette Worte als Titel. »Wenn sie noch besser wird und den Ball noch härter schlägt, höre ich auf«, behauptet eine beeindruckte Martina Navratilova bei den U.S. Open, wo Steffi erneut gegen die Nummer zwei verliert, diesmal im Halbfinale. Immerhin arbeitet die Deutsche sich auf Platz sechs der Weltrangliste hoch.

Die Geldkurve zeigt inzwischen so steil nach oben, daß Steffi schon »absolut keine Vorstellung mehr« hat, wieviel sie bereits verdient hat. Seit Jahresbeginn zahlt die Hanauer Dunlop AG der Spielerin jährlich 150 000 Mark. Auf Wunsch der Spielerin kann die Überweisung auf ein ausländisches Konto erfolgen. Dann werden ihr jährlich, steht im Originaltext unter Punkt 4, »25 000 Dollar« überwiesen.

Diese Zahl ist durchgestrichen und in 50 000 Dollar geändert worden – Peter Graf hat sein Faible für handschriftliche Korrekturen bei wesentlichen Vertragspunkten entdeckt. Die erste Rate wird am 8. März 1985 in Dollar gezahlt. Der Rest in D-Mark. Beim Unternehmen Dunlop, das in diesen Tagen gerade auf mehrere ausländische Besitzer aufgeteilt wird, fällt der Durchblick nicht immer leicht.

Selbst Wirtschaftsexperten kommen da kaum mit – Peter Graf schon gar nicht. Er stellt deshalb eine Bedingung: Sein Ansprechpartner müsse deutsch sprechen. Der für den nationalen Bereich zuständige Dunlop-Geschäftsführer Detlef Grosse kann sich »dem selbstverständlich nicht entziehen«. Die nicht zu knappen »Wünsche von Peter Graf« gibt er dann »an meine Vorgesetzten in England weiter«.

Kaum sind die ersten Dunlop-Dollars gezahlt, kommt es für die Grafs noch besser. Ende April wird das Ehepaar nach Rüsselsheim geladen. Drei Manager der Marketingabteilung von Opel erörtern mit den Grafs, wie die »Tochter Steffi für unser Fabrikat werben« könne. Fünf Wochen später trifft dann der zweiseitige Vertrag in Brühl ein. Steffi erklärt sich bereit, »pro Jahr an bis zu sechs nationalen oder internationalen« PR-Aktionen von Opel teilzunehmen. Auf der Tenniskleidung, so die Vereinbarung, trägt sie fortan ein sechs mal zwei Zentimeter großes Opel-Logo. Die »jährliche Vergütung« beträgt 100 000 Mark plus Mehrwertsteuer plus Spesen bei Opel-Einsätzen. Die PR-Botschafterin Steffi Graf ist damit in die Beletage der Wirtschaftswelt aufgestiegen.

Die Werbeeinnahmen summieren sich in diesem Jahr auf über eine Million Mark, an Preisgeldern kassiert die 16jährige 495 000 Mark. Die relativ geringe Gewinnsumme erklärt sich aus der Vorsicht, mit der Peter Graf immer noch den Aufbau seiner Tochter betreibt. Angesprochen auf das Phänomen Teenage-Burnout, womit Verletzungen und Lustlosigkeit amerikanischer Talente wie Tracy Austin und Andrea Jaeger gemeint sind, sagt Steffi: »Mein Vater macht das sehr gut.« Die beiden Kolleginnen hätten zu viele Spiele bestritten, sie aber habe »einen sehr guten Zeitplan« und sehe nicht, »wie man da ausgebrannt sein könnte«. Statt auf Turniere fahren die Grafs häufiger ins Trainingslager nach Marbella, dort wird gezielt an Kraft und Dynamik gearbeitet – Steffi wird zur austrainierten Athletin.

1986

1. Die Sponsoren stehen Schlange

Die »Aktien der Firma ›Graf und Graf‹ steigen«, meldet im Frühjahr *Die Welt.* »Steffi mit 16 schon Millionärin«, titelt *Bild.* Allein in den ersten vier Monaten spielt sie 229 000 Dollar Preisgeld ein. Im Finale von Hilton Head schlägt sie erstmals Chris Evert-Lloyd, eine Woche später besiegt sie im Endspiel von Amelia Island die ehemalige Freundin Claudia Kohde-Kilsch. Anschließend gewinnt sie in Indianapolis auch noch gegen Gabriela Sabatini. Tennis, begreift Steffi in diesen Tagen, »ist ein Stück Unterhaltung. Was ist denn Schlechtes dran, mit Sport Geld zu verdienen? Wenn Udo Jürgens für einen Auftritt 50 000 Mark bekommt, regt sich doch auch kein Mensch auf«.

Der erste ganz große Triumph läßt alle Diskussionen über das Geld erst einmal verstummen. Bei den German Open in Berlin schlägt Steffi die Grande Dame des Tennis, Martina Navratilova, mit 6:2, 6:3. Die deutschen Tennisfans bejubeln die Siegerin, die glücklich bekennt, ihr sei es am liebsten, »wenn ich so richtig herzhaft lachen kann, auch wenn es auf dem Platz nicht so aussieht«. Auf dem Platz ist ihr der Sieg sogar ein wenig peinlich. »Beim nächstenmal bist du wieder dran«, flüstert sie der Navratilova zu. Das glaubt schon da keiner mehr.

Steffi wird zum Star – die Sponsoren müssen nicht mehr lange gebeten werden. Vater Graf schließt Verträge mit dem Chemieriesen BASF, Steffi wirbt für den Kraftspender Dextro-Energen und schreibt für den Axel Springer Verlag. Eine kleine Serie in *Bild* (»Steffi: Unser 2. Tenniswunder«) wird noch mit bescheidenen 30 000 Mark, zahlbar auf ein Konto bei der Bezirkssparkasse Schwetzingen, entlohnt. Doch dann erhält die sportliche Hobby-Autorin einen mit jährlich 400 000 Mark dotierten Zweijahresvertrag. Insgesamt werden sich die Springer-Zahlungen in den nächsten Jahren auf 1,7 Millionen Mark belaufen.

Wimbledon muß Steffi wegen einer Virusinfektion absagen. Weil sie aber im Brühler Wohnzimmer weint, »wenn ich im Fernsehen Martina oder Boris spielen sehe«, reist sie als Touristin nach London. Pech auch beim Federation Cup in Prag: Ihr fällt ein Sonnenschirmständer auf den Fuß – der große Zeh ist gebrochen. Aber Steffi ist zäh. Bei den U.S. Open spielt sie eines ihrer berühmtesten Matches. Zwar verliert sie gegen Martina Navratilova im Halbfinale 1:6, 7:6, 6:7, doch sie ist erstmals auch nach einer Niederlage mit sich zufrieden. Im entscheidenden Tie-Break (8:10) spürt sie »heiße und kalte Wellen in meinem Körper. Was für ein Gefühl. Ich glaube, diese Emotionen werde ich nie wieder erleben«.

John McEnroe, der am Fernsehschirm zugeschaut hat, ruft entgeistert die gemeinsame Schlägerfirma Dunlop an, um herauszufinden, mit welchem High-Tech-Racket das famose German Girl spiele. »Es ist Standard, die ganz normale Ausführung«, lautet die Antwort. Die junge Deutsche schlage einfach nur gewaltig zu. Steffi, über McEnroes Interesse informiert, gibt das Lob brav zurück. Sie sei von dem

Amerikaner »fasziniert, weil der so spielt, wie es in keinem Tennislehrbuch steht. So aus dem Handgelenk heraus, diese total überraschenden Schläge. Die kann keiner so wie er. Und wenn ich bedenke, wie wenig er dafür trainiert, der zaubert wirklich nur sein Talent auf den Platz«.

Peter Graf gefällt es, wie seine Steffi nun im großen Zirkus mitmacht, war er doch schon immer der Ansicht, daß »alle, die mit Steffi zu tun haben, Kerle sein müssen – seriös, originell und mit Sprüchen, damit die Steffi auch ihren Spaß kriegt«.

Die kriegt aber meist Ärger, weil sie, vom Vater angestachelt, allmählich ihre kindliche Scheu vor den ehemaligen Vorbildern ablegt, die beiden Führenden der Weltrangliste auch schon mal verbal angeht. Die Amerikanerin Evert, schimpft sie, sei »zu Schiedsrichtern besonders nett, weil die ihr dann helfen«. Und Navratilova? »In Flushing Meadow«, erklärt Steffi öffentlich, »hab' ich mitgekriegt, wie sie sich mit ihrer Lebensgefährtin abgeknutscht hat. Ist ja ihre Sache, aber geschockt hat mich das schon«.

Dem Vater ist das noch nicht Aggression genug. Er hat eine ganz andere Konstellation im Kopf: die Grafs gegen den Rest der Welt. Es ist ein Kampf, der einsam macht. Dafür sorgen Vorfälle wie der von Mahwah (New Jersey). Da erleidet die Amerikanerin Kathy Rinaldi im Match gegen Steffi einen Hitzschlag. Nach den Regeln ist eine ärztliche Behandlung verboten; doch der Schiedsrichter macht eine Ausnahme, weil die Amerikanerin so elend aussieht. Peter Graf drückt sofort seine Stoppuhr, um die Länge der Pause festzuhalten. Nach neun Minuten läuft er zu Lee Jackson, der Vertreterin der Spielerinnengewerkschaft, und beschimpft sie: »Ich habe ihr gesagt, ich würde sie bekämpfen; ich würde für einen Kampf Europa gegen Amerika sorgen. Sie wollte den Kampf, sie bekommt ihn.« Aber auch die eigenen Landsleute bekommen seine Wut zu spüren. Als das

Publikum in Filderstadt dem US-Girl Pam Shriver zujubelt, weil die während des Matches – das sie mit 6:4, 6:3 gegen Steffi gewinnt – auch noch Zeit für ein paar Späßchen hat, beschließt Graf: »Hier spielen wir nie wieder.« Und er hält Wort, schließlich siegt Steffi schon so oft, daß sie auf Heimspiele verzichten kann.

»Es geht alles wirklich wahnsinnig schnell«, staunt Steffi. Den Konkurrentinnen geht der Aufstieg der Kleinen, die inzwischen auf Platz drei der Weltrangliste angekommen ist, zu schnell. Sie lästern über die enge Bindung von Vater und Tochter. Sicher sei ihr Verhältinis zum Papa nicht normal für eine 17jährige, räumt Steffi ein, »aber es ist die wichtigste Person in meinem Leben. Er macht das nicht für Geld oder Ruhm, sondern weil er mir etwas Gutes tun will«. Ist der Vater nicht mit auf Tour, greift sie täglich zum Telefonhörer, zahlt dafür bis zu 7000 Mark im Monat. Es scheint, als brauche sie permanent die Bestätigung des Gleichklangs. »Oft«, sagt Steffi, »denken wir zur gleichen Zeit den gleichen Gedanken.«

Meist ist sie leicht zu überzeugen. Als sie ihre Haare wachsen lassen will, sagt der Vater: »Dann schwitzt du beim Spielen noch mehr am Hals.« Sie wendet ein, lange Haare sähen besser aus, »tierisch gut«. Da wird Peter Graf energischer: »Der Blickkontakt beim Coachen wird schwieriger.« Also bleiben die Haare auf Schulterlänge.

Beide versuchen fast gleichzeitig, ein bißchen Leben neben dem Centre Court zu entdecken. Steffi probiert »schon mal einen Rock an, weil ich dafür ganz gute Beine habe«. Doch den Ausflug in die Haute Couture beendet sie schnell: »Ehrlich, ich finde mich unmöglich darin.« Der einstige Gebrauchtwagenhändler und Versicherungsmakler Peter Graf nimmt Golfstunden. Natürlich nicht wegen des gesellschaftlichen Renommees, nein, nur »um ein bißchen zu mir selbst zu finden«.

Irgendwo zwischen Driving Range und Green kommt dem Tennisunternehmer Graf die Idee, eine richtige Firma müsse auch ein paar Angestellte haben.

Zunächst engagiert er den tschechoslowakischen Daviscup-Veteranen Pavel Slozil. »Trainingspartner« heißt der offiziell. Denn »Trainer« kann natürlich nur Vati persönlich bleiben. Es ist eine der üblichen Übertreibungen – jedes Wort muß die Grafs ein Stückchen größer, wichtiger, besser erscheinen lassen. Vor allem den Herrn des Hauses. Tatsache ist, daß Autodidakt Peter Graf im modernen Hochleistungssport nicht mehr recht mithalten kann; nur zugeben wird er das nie.

Slozil wundert sich zunächst mächtig über das Team Graf. Ob er denn vier Stunden Tennis pro Tag durchhalte, fragt Vater Graf den Neuen vor der Einstellung. Slozil nickt und lächelt still. Dann jedoch muß der Mann aus Prag sein Leben ziemlich ändern und gewaltig an sich arbeiten. Denn Steffi, die Abend für Abend gegen 20 Uhr ins Bett geht, ist die Stärkere. »Ich kann nicht in der Ecke stehen und sie laufen lassen«, erkennt er, »ich muß selbst laufen.« Slozil fürchtet, »Steffi könnte enttäuscht sein, weil ich nicht besser bin«. Ab sofort hält er Diät und streicht die langen Abende im Freundeskreis. Nur die Umstellung auf die Denkweise der Grafs dauert länger.

Eines Tages, Trainer und Spielerin entspannen sich für ein paar Minuten am Strand, verblüfft Steffi ihn mit dieser Idee: »Auf diesem Sand könnte man wunderbar Tennis spielen.«

Nach und nach gewöhnt sich der erste Angestellte des Clans an die Verhältnisse, führt schließlich ganz behutsam ein paar Neuerungen ein. Slozil läßt Steffi mit Gewichten an den Fußgelenken laufen und Hanteln stemmen. Ihren Aufschlag analysiert er per Video; anschließend geht sie bei der Ausholbewegung ein paar Zentimeter tiefer in die Knie und schlägt stärker aus dem Handgelenk. Er muß nur knappe Erklärungen geben – sie pariert sofort. Unglaublich, sagt er, sei, »wie wenig man sie fordern muß. Sie ist eine der professionellsten Athletinnen, die ich je getroffen habe.«

Auch mit Advantage kommt Peter Graf ins reine, zu seinen Bedingungen natürlich. Im »Grundlagenvertrag«, der Advantage das Recht einräumt, weltweit »Verträge und gesellschaftliche Kontakte zu akquirieren«, sind gewichtige Ausnahmen festgeschrieben. Advantage verzichtet auf Provision für »a) Verträge, die Peter Graf mit deutschen Firmen bzw. Firmen mit Sitz in Deutschland in eigener Initiative abschließt. b) Existierende Verträge: Dunlop, BASF, Opel. c) Steffi Graf hat außerdem das Recht, mit Coca-Cola einen Vertrag abzuschließen, der nicht unter diese Vereinbarung fällt«.

Selbst ein Jahrzehnt später soll es schwerfallen, Punkt für Punkt nachzuvollziehen, wie die Geldquellen der Grafs gesprudelt sind. Der Haupthahn von Advantage jedenfalls ist in Washington installiert. Dort unterhalten die Amerikaner einen sogenannten Escrow Fund bei der National Bank of Washington. Von dort soll das Geld auf Konten der Familie weitergepumpt worden sein. Ganz legal. Natürlich.

Peter Graf war früher ein kleiner Unzufriedener, ein Sandkorn am Ufer des Geschehens. Jetzt sieht er sich im Mittelpunkt der Ereignisse – und wird ein einsamer Mann, der alle anderen, selbst die Familie, verletzt. Wildfremden Journalisten erzählt er von seiner angeblich »dummen Frau« oder »der Steffi, die wirklich nur Tennis spielen kann«. Er macht alle anderen klein, damit er mächtiger erscheint.

In Anspruch und Auftreten ist Peter Graf der Alleroberste schlechthin. Er sieht eine andere Wirklichkeit als alle anderen, seine eigenen Gefolgsleute ausgenommen. In Grafs

Vorstellung existiert eine Wunschwelt, deren Fragen allein er stellen und natürlich auch nur er korrekt beantworten kann. Was ihm nützt, ist gut. Was ihm gelingt, ist Muster XXL. Alle Gegner dieses Systems erlebt Peter Graf als persönliche Feinde. Dieser scheinbar so sichere Mann fürchtet ein Leben lang, unter ihm könnte der Boden zu schwanken beginnen.

Halt sucht er, indem er andere zu verunsichern sucht oder gar aufeinanderhetzt. Menschen, die mit den Grafs zu tun haben, schildern den Vater immer häufiger als leidenschaftlichen Intriganten. Sitzt er im Büro des Generalsekretärs des Deutschen Tennis Bundes, Günter Sanders, dann schwärzt er den Damen-Bundestrainer Klaus Hofsäss an, der, so Graf, »überhaupt nichts vom Sport versteht. Völlig unfähig, verstehen Sie.« Macht er Ferien im Hofsäss-Camp in Marbella, so schwadroniert er über Sanders: »Der kann doch nichts. In seinem Job sollte man zumindest ein Fitzelchen Ahnung von Geld haben.« Zurück in Deutschland, ruft Graf dann wieder bei Sanders an: »Haben Sie Krach mit Hofsäss? Der ist nicht gut auf Sie zu sprechen ...«

Peter Graf intrigiert angeblich nur zum Wohle seiner Tochter. »Wenn irgend etwas gegen Steffi geht, dann fighte ich«, erklärt er. Aber er will nicht mehr den Buhmann in der ersten Reihe spielen und, wie noch 1985 in Filderstadt, den Schiedsrichter nach einer Niederlage zu einem Gang »in den Wald« bitten. Den Job an der Front soll gefälligst ein anderer machen. Peter Graf denkt dabei an einen Mann, der ihm aufs Wort gehorcht, der viel Geduld mitbringt und von dem für den Clan-Patriarchen keine Gefahr ausgeht. Dieser Mann ist sozusagen schon im Haus, war den Grafs schon über ein paar Jahre zu Diensten und, was noch wichtiger ist: Zu ihm hat Steffi bereits »ein sehr persönliches Verhältnis« entwickelt. Also wird Horst Schmitt Adlatus im Tenniskonzern Graf.

Vielleicht hätte er einfach nein sagen sollen, schon damals, als der Graf ihn das erste Mal ansprach. Aber wer kann denn ahnen, daß an einer Tankstelle eine Partnerschaft beginnt, die ein paar Jahre später wie die deutsche Variante vom Tellerwäscher-Märchen wirkt? Zwei Männerfreunde, die selbst nicht viel erreicht haben im Sport und im Leben, erobern mit einem kleinen Mädchen die große Tenniswelt.

Der Schlosser Horst Schmitt, am 19. Februar 1941 in Heidelberg geboren, gibt Mitte der siebziger Jahre seinen Job als Prüfplaner bei Standard Elektrik Lorenz auf und wird Pächter der Aral-Tankstelle an der B 38 in Mannheim-Vogelstang. Eines Tages, 1978 muß es gewesen sein, blafft ihn ein Kunde an, der mit ständig wechselnden Autos vorgefahren kommt: »Ich kenn' dich, du hast doch auch geboxt.«

So kommen, zwischen Super und Diesel, Schmitt und Peter Graf ins Gespräch. Schmitt berichtet Graf von seiner Zeit als Halbweltergewichtler in Heidelberg, wo ein verrückter Trainer den begabten Jungen verheizt hat. Gegen viel zu starke Gegner wurde Schmitt in den Ring geschickt und mußte so lange prügeln, bis er einen leichten Herzfehler hatte. Und Graf erzählt von seinen Fights, die natürlich alle glorreich und mit einigen Knockouts geendet hätten. Grafs Geschichte hat lediglich den Fehler, daß sie nicht stimmt: Über Trainingsstunden bei Waldhof Mannheim war Steffis Papa nie hinausgekommen.

Als Peter Graf eines Tages wieder einmal bei Schmitt vorfährt, sitzt das Töchterchen Stefanie Maria stocksteif und stumm auf dem Rücksitz. Sie spiele Tennis, schwärmt der Vater, sie würde später ein Star. Ganz sicher. Ob er nicht einmal mitkommen wolle zu einem Turnier? Schmitt will zunächst nicht, aber irgendwann fährt er dann doch mit. Er sieht die zehnjährige Steffi siegen; er spielt selbst gegen sie und verliert. Von da an darf er nie wieder mit ihr auf den Platz. Sie spiele »nicht mit Schwächeren«, hat der Vater bestimmt. Aber Peter lädt den neuen Freund ein, mit zu einem Turnier in Amerika zu reisen.

1986 übernimmt Schmitt eine Ford-Vertretung, die bald darauf »aufgelöst« wird. Daraufhin wird er Abteilungsleiter für Sportartikel im Kaufhaus Birkenmeier in Weinheim, ehe Peter Graf ihn überredet, in seinen Familienbetrieb einzusteigen. Schmitt willigt ein, weil ihm »Grafs Überzeugung, daß Steffi die Nummer eins wird«, imponiert. Der Helfer vertraut dem Chef wie der Jünger dem Guru. »Alle lächelten über Peter. Überall auf der Welt trainierten Kinder, um nach oben zu kommen, aber ausgerechnet er hatte keinen Zweifel.«

Schmitt wird die gute Seele des Teams Graf. Er ist »der Mann, dem ich sehr vertraue und der immer für mich da ist«, wie Steffi sagt. Wird ihr ein Spiel allzu langweilig, zählt sie zur Gaudi die Zigaretten mit, die ihr Freund, »der Horscht«, auf der Tribüne raucht: »Sechs.« Weil Grafs meist in Restaurants und dann stets fett und üppig essen, führt Schmitt Vollwertkost ein; er kocht für Steffi und überrascht sie mit dem Bananenkuchen, den sie so liebt. Stets schleppt er eine kleine Getreidemühle mit, damit sie sich das morgendliche Müsli mit der Hand zubereiten kann.

Als sie sich »so ungebildet« fühlt, versorgt er sie mit »Heftchen« eines privaten Instituts: Auf Reisen büffelt Steffi dann Erdkunde und Geschichte. Und vor Interviews sagt er den Journalisten sein Sprüchlein auf: »Keine Frage zu Navratilova, keine Fragen zum Vater, keine Fragen zur Vergangenheit.« Pressearbeit und die Betreuung von Sponsoren sind schließlich seine eigentlichen Aufgaben. Es läßt sich schwer sagen, wie wichtig dieser väterliche Freund für Steffi wirklich ist. Aber er ist sicherlich der Mann, der den Clan zusammenhält.

So langsam nimmt das Team Form an. Slozil ist da für die tägliche Trainingsarbeit, Schmitt erledigt als Vertrauensmann mit Draht zu Steffi den lästigen Kleinkram, Advantage für den nicht gerade Sprachbegabten den internationalen Part. Und Graf regiert.

3. Der Fall Graf wird politisch

Jetzt fehlt Peter Graf nur noch jemand, der wenig kostet, aber viel Steuern spart; am besten ganz gezielt, nach Weisung des Chefs. Denn Peter Grafs erste Erfahrungen mit dem heimatlichen Finanzamt sind ganz vielversprechend. 1984 hatte Steffi nicht üppig, aber auch nicht schlecht verdient. Zu den 135 309 Mark Preisgeld waren schon etliche Werbemärker hinzugekommen, auch Schwarzgeld war bereits geflossen. Als Graf jetzt Steffis erste Einkommensteuer für ’84 erklärt, sind das, summa summarum, null Mark Einkommensteuer. So sieht es auch das Finanzamt in Schwetzingen. Doch von solch freundlichen Gesten, das ahnt Peter Graf, darf er sich angesichts der absehbaren Einnahmensteigerung nicht einlullen lassen.

In Sachen Steuern gilt die wohlklingende Formel, daß sie ohne Ansehen der Person nach dem Gesetz erhoben werden. Um das zu verhindern, müssen die Vorgesetzten der lokalen Erbsenzähler auf den richtigen Kurs gebracht werden. So ein kompliziertes Manöver wiederum erfordert Zeit und die richtigen Helfer. Einem Aufsteiger wie Peter Graf ist klar, daß die Bremse – wie überall auf der Welt – nur von oben gezogen werden kann.

Die passende Gelegenheit ergibt sich 1986 bei einem Treffen mit dem christdemokratischen Strippenzieher Gerhard Mayer-Vorfelder, dem Kultusminister im Ländle. Als der im Frühjahr die erfolgreiche Steffi mit einem Keramikpokal für ihre Tennis-Leistungen auszeichnet, glaubt Peter Graf, ein bißchen mehr könne es schon sein. Also fragt er : »Können Sie ein Gespräch im Finanzministerium vermitteln?« Mayer-Vorfelder: »Kein Problem.« Fortan ist der Fall politisch. Ein Umstand, der zwar in keinem Gesetz und keiner Verordnung eine Rolle spielt, der aber künftig wie eine geheimnisvolle Krankheit über dem Verfahren liegt.

Bevor es zum Treffen im Finanzministerium kommt, wird der Referent für internationales Steuerrecht, Regierungsdirektor Manfred Weimer, gebeten, einen Vermerk zur Einkommensbesteuerung im Ausland aktiver deutscher Berufssportler zu fertigen. Der Vermerk trägt eine handschriftliche Notiz: »Büro MV tel. den Inhalt übermittelt«. Und dahinter steht das Kürzel »Kn«. Der Kultusminister erhält also Kenntnis über den heiklen Fiskalfall. Das Kürzel »Kn« steht im übrigen für Knödler – der ist damals der persönliche Referent des CDU-Finanzministers Guntram Palm.

Das Gespräch findet am 3. Juli 1986 im Stuttgarter Finanzministerium statt. Neben Regierungsdirektor Weimer nimmt Abteilungsleiter Alois Gerstner teil. Von der Oberfinanzdirektion Karlsruhe ist der damalige Referent für Körperschaftsteuer und Außensteuerrecht, Ernst Georg Schutter, erschienen. Und auch Peter Graf hat auf einen Experten mit untadeligem Ruf gesetzt – den Bonner Steueranwalt Hans Flick. Der damalige Hauptabteilungsleiter Steuern beim Deutschen Industrie- und Handelstag hat in seiner Branche einen Namen.

Flick ist kein Hasardeur. Er gilt unter Steuerexperten als durchaus besonnen, nennt deutsche Auslandsholdings gern »Mausefallen« und referiert häufiger über die »Schattenseiten von Steueroasen«. Flick zitiert gern einen schönen Spruch: In Steuerparadiesen drohten »Erdbeben, Kommunisten, Küchenschaben, Kolonialbeamte, Skorpione, Tropenfieber, Soziologen und Schlangen«. Da sei's daheim trotz Steuern schöner.

Der Bonner Anwalt erklärt den Fiskalbeamten, er sei von

Mayer-Vorfelder und Steffis Eltern gebeten worden, »sich um eine verständnisvolle Besteuerung der Einkünfte durch die deutsche Steuerverwaltung zu bemühen«. Man solle doch alles tun, um eine Auswanderung von Steffi in eine Steueroase zu vermeiden. Die Finanzbeamten stimmen zu.

Die Expertenrunde diskutiert vor allem darüber, wie die Werbeeinkünfte der Grafs steuerlich zu behandeln seien. Flick zündet eine paar rhetorische Nebelkerzen. Der Fall bedürfe äußerst feinfühliger Behandlung. Sinnvoll sei es, einen Teil der Werbeeinkünfte nur mit 25 Prozent zu besteuern, wenn sie beispielsweise mit ausländischen Turnieren in Zusammenhang gebracht werden könnten. Die Finanzbeamten sind skeptisch. In einem gerade veröffentlichten Urteil des Bundesfinanzhofes (BFH) vom 19.11.1985 ist festgestellt worden, daß solche Werbeeinnahmen in vollem Umfang in Deutschland steuerpflichtig seien. Kein Spielraum also. Aber beide Seiten verständigen sich, daß Flick quasi gutachterlich einen Ausweg aus der Misere finden solle. Schließlich geht es ja darum, Steffi irgendwie in Deutschland zu halten.

Bereits sechs Wochen später trifft das Flick-Gutachten bei der Oberfinanzdirektion Karlsruhe ein. Titel: »Steuerliche Behandlung und Einordnung der Einkünfte von Fräulein Stefanie Graf«. Flick hat die Verträge von Steffi mit Opel, Dunlop, BASF und Adidas analysiert. Die Werbeeinnahmen, so sein Vorschlag, sollten auf In- und Ausland aufgeteilt werden. Mal 50:50, mal 80:20. Regierungsdirektor Schutter schickt das Flick-Papier ins Finanzministerium.

Am 2. September fertigt Kollege Weimer einen Vermerk. Am BFH-Urteil kommt auch der Stuttgarter nicht vorbei, aber er macht den Vorschlag, eine Betriebskostenpauschale von 25 Prozent anzusetzen. Auch das ist wie bares Geld. »Weitergehende Steuererleichterungen«, schreibt Weimer, seien allerdings »nicht möglich.« Später erklärt er, »wegen der besonderen Schwierigkeiten bei Ermittlung der Betriebsausgaben der Berufstennisspielerin Graf« sei er auf die Idee mit der Pauschale gekommen.

Am 25. November setzt das Finanzamt die Vorauszahlungen zur Einkommensteuer 1986 auf 981 792 Mark und für 1987 auf 980 000 Mark fest, zuzüglich Kirchensteuer. Einen Tag später protestiert Flick bereits. Die Vorauszahlungen seien viel zu hoch angesetzt. Mit der *Bild*-Zeitung beispielsweise sei gar kein Vertrag zustande gekommen. Über den neuen Abschluß mit Springer verliert er kein Wort. Die Finanzbeamten spuren. Die Vorauszahlungen zur Einkommensteuer werden für 1986 auf 387 000 Mark und für 1987 auf 400 000 herabgesetzt. Zeitungsleser hätte die Noblesse der Finanzbehörden verblüfft. Für 1986 meldet der Sport-Informations-Dienst, daß Steffi Grafs Jahresverdienst »zwischen fünf und sechs Millionen Mark« liege, was eine ziemlich genaue Schätzung ist, beträgt doch allein das Preisgeld bereits über 1,3 Millionen Mark. Aber die Schwetzinger Finanzbeamten lassen selbst solche offiziellen und öffentlichen Statistiken kalt.

In jenen trüben Novembertagen lernt Peter Graf einen Mann kennen, der ihm beim weiteren Fortgang der Steuergeschichten behilflich sein soll. Joachim Eckardt aus Wiesbaden, neun Jahre jünger als sein künftiger Chef. Auch Eckardt kommt von unten und will hoch hinaus. Ganz einfach ist das nicht. Ebenso wie Graf fehlt auch ihm die entsprechende Ausbildung. Nach der Bundeswehrzeit hatte sich Eckardt zum Steuerfachgehilfen ausbilden lassen. Zum richtigen Steuerberater langte es nicht.

Eckardt ist bei der Wiesbadener Beratungsgesellschaft Mattiacum angestellt, wo er sich vorwiegend um die Buchhaltung kümmert. So ein Job wird nicht gerade üppig entlohnt, Eckardt werden im Jahr nicht einmal 40 000 Mark Gehalt gezahlt. Doch ähnlich wie der junge Graf hat auch Eckhardt stets mehrere Eisen im Feuer. Eines davon ist die Tennis- und Fitneßoase Mainz-Finthen GmbH. Ein Abschreibungsobjekt. Eckardt hat viele Freunde in der Gesellschaft versammelt, die schließlich die Anlage pachtet. Nach außen tritt der Mann mit dem kargen Gehalt kaum in Erscheinung. Joachim Eckardt ist der geborene Strippenzieher, mischt im Teppichhandel mit, kauft und verkauft Autos und Immobilien. Und als einer der größten Versicherungsskandale der Nachkriegszeit auffliegt – Lebensversicherungen sind zum Schein abgeschlossen worden – heißt der steuerliche Berater eines der Haupttäter Joachim Eckardt.

Der Steuerfachmann ist ein kommunikativer Mensch; es gelingt ihm 1983, die Deutschen Hallenmeisterschaften in seine Oase zu holen. Um das Turnier aufzuwerten, lockt er die Grafs nach Mainz und während Steffi siegt, kommen sich auf der Tribüne Peter Graf und Joachim Eckardt näher. »Sind die Plätze immer ausgebucht?« will der Tennisvater erst wissen, doch schon bald dreht sich die Unterhaltung nur noch um Steuern. Peter Graf beschwert sich, daß sein bisheriger Mannheimer Steuerberater nicht zwischen inländischen und ausländischen Einnahmen differenziere. »Eine Lusche.« Wichtigtuerisch wirft Eckardt ein, daß in seinem Fall ein Progressionsvorbehalt berücksichtigt werden könne. Graf versteht Bahnhof, nickt aber.

Etwa vier Wochen später klingelt bei Eckardt das Telefon. Man vereinbart, sich im Sporthaus des einstigen Zehnkämpfers Werner von Moltke in Nieder-Olm zu treffen. Das liegt bei Mainz um die Ecke, und von Moltke ist ein alter Bekannter, er arbeitet für Adidas. Im Souterrain, zwischen Schuh-Schachteln und Turnhosen, kommt Graf gleich auf das Thema Fiskus. »Was verlangen Sie für eine Steuererklärung?« Der bauernschlaue Eckardt legt sich nicht fest:

»Das kann man so einfach nicht sagen.« Graf jammert, er habe einem bekannten Steuerfachmann für eine schmale Expertise 100 000 Mark zahlen müssen. »Vielleicht auch nur 50 000.« Eckardt ist billiger, soviel billiger, daß Peter Graf gar keine Details mehr erörtern mag. »Haben Sie schon mal Tennisspieler betreut?« will er lediglich noch wissen. Eckardt verneint, ist aber trotzdem engagiert, zunächst mal als Berater.

1987

1. Der Diktator Peter Graf

Als in den ersten Minuten des neuen Jahres der Champagner im Glas perlt, liegt Steffi bereits im Bett; sie ist »stocksauer«. Die Grafs sind auf Gran Canaria, wo Steffi mit dem neuen Trainer üben soll. Doch der fehlt, weil er in Prag Silvester feiern will. Deshalb hat Peter Graf einen Bundesligaspieler und einen irischen Daviscup-Spieler als Trainingspartner einfliegen lassen. Das beeinträchtigt die Harmonie im neuen Team. Peter Graf kommandiert, als müsse er ein ganzes Regiment in die Schlacht führen. Für Steffi Grund genug, »so sauer zu sein, daß ich gesagt habe: Ich gehe ins Bett«. Peter Graf dagegen genießt die neue Befehlsgewalt, blickt zufrieden in die Zukunft. Denn er, Peter Graf, hat auch schon einen Weg gefunden, wie ein Großteil der Einnahmen vor dem deutschen Fiskus versteckt werden kann. Und keiner ahnt etwas davon.

Sogar getestet hat er den Trick schon – beim Chemieriesen BASF, mit dem die Grafs an Steffis Geburtstag im Juni '86 einen Werbevertrag bis 1991 unterzeichneten. Ein halbes Jahr später wurde Peter Graf wieder vorstellig und verlangte ein Splitting des Vertrags – ein Großteil des Honorars sollte von einer ausländischen BASF-Tochter gezahlt werden.

Trotz großer Bedenken waren die Konzernherren dazu bereit, im Gespräch war als Zahlstelle die BASF Corporation in den USA. Genug Grund also, der Tennisfirma Graf glänzende Aussichten vorherzusagen. Der Firmensitz ist bereits repräsentativer geworden. Aus dem kleinen Reihenhaus in der Normannenstraße sind die Grafs um die Ecke gezogen, wo sie am Luftschiffring 8 einen Bungalow gebaut haben. Der Ring heißt so, weil nach dem Krieg in dieser Gegend Luftschiffe gefertigt wurden. Ein Gewerbegebiet ist das Viertel geblieben.

Man trifft sich auf dem Parkplatz vor dem Edeka-Markt. Manche gehen auch in Adi's Naturkostladen. Ansonsten kommen nur Leute ins Viertel, die bei Körner ihre Baumaschinen reparieren lassen wollen oder bei der Tank- und Wärmetechnik GmbH Pumpen bestellen. Wer viel Geld hat, wohnt eigentlich nicht hier.

Die Grafs hat es zum Luftschiffring verschlagen, weil dort der Baugrund sehr billig ist. 27000 Quadratmeter hat sich Peter Graf zugelegt. Ein Baggersee und ein Wäldchen gehören dazu. Rund 400000 Mark kostet der schmucklose Bungalow, die Einrichtung könnte aus einem Katalog für Lottogewinner geordert worden sein. Leder, Zinn und Eiche dominieren, an der Wand hängen zwei überdimensionale Bilder: Angler am Wasser, Kuh im Fluß. Ein deutsches Idyll. »Steffi hat keine Mark zum Haus dazugegeben«, prahlt Peter Graf, er habe »alles allein bezahlt«. Er fügt hinzu: »Wüstenrot – Bausparkasse.« Das Haus in der Normannenstraße bezieht Schmitt. Der muß erst einmal anpacken: Den Garten päppelt er auf, eine neue Küche baut er ein, und den Fußboden renoviert er auch.

Im Januar 1987 liegt das Paradies auf Gran Canaria. Es ist wie immer ein warmer Winter auf den Kanaren, sonnig, stets um die 20 Grad. 40 000 Mark hat Vater Graf in den Trip »investiert«, wie seine Tochter stolz sagt, und die Familie ist sehr glücklich. »Wir haben viel Spaß«, meldet Steffi nach Deutschland, »treffen viele witzige Leute.« Sogar der Hamburger Pianist Justus Frantz zählt nun zu den Bekannten der Grafs. In seiner Villa sei sie berühmten Gästen aus Kunst und Politik begegnet. Die Tage auf Gran Canaria bleiben nicht nur deshalb in Erinnerung.

Wenn die Grafs zum Konditionstraining in die Berge fahren, sitzen Pfauen auf der Straße, Polizisten winken der Tennisspielerin zu. Und pünktlich zum Trainingsbeginn kommen vom nahen Palmitos-Park »die ersten Papageien angeflogen und setzen sich auf die Umzäunung«. Der Traumurlaub hat aber auch etwas von einem Arbeitslager: »400 Aufschläge am Tag! Ich schwitze für neue Siege.«

Die Euphorie über den Aufenthalt im Tenniscamp der einstigen Spitzenspielerin Helga Masthoff auf Gran Canaria hat aber auch etwas von Heuchelei, wenn es stimmt, was Horst Schmitt erlebt haben will. Erstmals gibt es Zeugen für ein Thema, das über Jahre tabu war – Peter Graf schlägt seine Tochter, er langt sogar noch hin, als Steffi bereits am Boden kniet, um eine heruntergefallene Gabel aufzuheben. Später wird der Vater das bestreiten, die Tochter sich immerhin an »die eine oder andere Ohrfeige« erinnern. Für Schmitt steht fest, daß er »künftig Steffi vor ihrem Vater beschützen muß».

Dabei sind das nicht die ersten Schläge. Tenniseltern erinnern sich, daß Graf während eines Jugendturniers in Münster seiner Tochter eine Ohrfeige versetzte. Alle, die in den folgenden Jahren mit den Grafs um die Welt reisen – Masseure, Bundestrainer oder Sponsoren –, hätten von Papis Trainingsmethoden gewußt, sagt ein Insider: »Er war stolz auf seine Macht und hat damit angegeben.«

Schmitt registriert, daß »Peter Graf großen Druck auf seine Tochter ausübt«. Der Chef kommt öfter mal in die Hotelhalle herunter und sagt: »Jetzt habe ich ihr gerade eine geknallt.«

Steffi Graf – eine Erfolgsgeschichte, eine Leidensgeschichte? Ein Leben mit Mami, Papi und Brüderchen? Prächtige Patrioten, wunderbare Deutsche, vortreffliche »Botschafter im Ausland«, wie der Bundestagspräsident Philipp Jenninger schwärmt?

Eher wohl die Story eines Menschen, der nur auf dem Tennis-Court ganz sicher ist.

Das Jahr 1987 ist das erste des neuen Gespanns Graf/Slozil. Es wird das Geburtsjahr des Weltstars Steffi Graf. Von 77 Matches verliert sie in diesem Jahr nur 2, und bei jedem Turnier, das sie bestreitet, erreicht sie das Finale. Sie wird mit Ehrungen überhäuft und vom Papst empfangen. 25 Minuten weilt sie beim Heiligen Vater im Saal Clementina des Apostolischen Palastes. Sie wird, und das bedeutet für die Familie mehr, zur mehrfachen Millionärin.

Auf die Australian Open verzichtet Steffi noch, weil sie sich »zu jung« fühlt, um den kompletten Turnierplan durchzustehen. Vater und Tochter sind eben ein wenig cleverer als die Konkurrenz: Sie reisen weniger und vor allem nicht so weit; sie trainieren konsequent noch vorhandene Schwächen weg. Wo andere Teenie-Stars ausgebrannt wirken, wird Steffi immer besser.

An der Rückhand und an der Taktik feilen sie in diesen Wochen. Steffi soll künftig variabler spielen, in Bedrängnis öfter als bisher mit überraschenden Schlägen kontern. Trainer Pavel Slozil stellt Steffis Spiel langsam um. Er sorgt dafür, daß Steffi beim Aufschlag den Ball ein paar Zentimeter weiter nach vorne wirft und ihn damit noch wuchtiger trifft. Steffi weiß allerdings, worauf der Hausherr Wert legt, und stellt die Machtverhältnisse anders dar: »Schlagtechnisch«

könne der Neue ihr nicht viel beibringen: »Papa kennt mich und meine Stärken und Schwächen am besten.«

Auf ein Grand-Slam-Turnier freiwillig zu verzichten gilt in der Branche als dreist. Hana Mandlikova ist die erste Kritikerin. Steffi spiele doch »nur für den Computer«. Die Deutsche, fügt Martina Navratilova hinzu, suche sich ihre Turniere tatsächlich nach wenig sportlichen Gesichtspunkten aus: »Sie spielt vor allem dort, wo nicht so viele Top-ten-Spielerinnen vertreten sind und sie sicher sein kann, ihre Weltranglisten-Position zu verbessern.«

Wahr ist, daß Peter Graf die Turniere tatsächlich erst nach einem genauen Blick auf die Liste der sonstigen Teilnehmerinnen aussucht. Das ist Teil des Konzepts, mit dem Steffi langsam aufgebaut werden soll – verheizt wurden schon zu viele Begabte. Es gebe sicherlich auch Spielerinnen, die »ganz falsche Turniere in falscher Reihenfolge spielen«, sagt Peter Graf, »das ist halt dumm, das muß ja nicht sein«.

Erst im Februar kehrt Steffi Graf ins Geschäft zurück. Austrainiert und stärker als je zuvor. Das Turnier von Boca Raton gewinnt sie leicht, und das macht sie zur neuen Nummer zwei der Weltrangliste. Es ist ein bedeutender Aufstieg: Seit vier Jahren haben nur Navratilova und Chris Evert die beiden ersten Plätze besetzt.

Es folgen die zwei Wochen von Key Biscayne, wo 1,8 Millionen Dollar Preisgeld zu vergeben sind. Im Halbfinale kommt es zum Duell mit Martina Navratilova, die wegen Steffi extra »härter trainiert hat«. In der Nacht vor dem großen Match träumt Steffi einen schönen Traum: »Ich war auf einer Insel und bin auf einem Delphin geritten.«

Am Tag darauf stehen sehr schnell ein paar Zahlen auf der Anzeigetafel. 6:3, 6:2, das läßt keine Fragen offen. Und die Siegerin, die beschlossen hat, auch verbal »ein bißchen aggressiver zu werden«, erklärt: »Martina wird in Zukunft noch große Schwierigkeiten mit mir bekommen.«

Die weiß, obwohl immer noch die Nummer eins, die Lage selbst recht gut einzuschätzen: »Steffi ist die beste Spielerin der Welt. Sie gilt jetzt so lange als Nummer eins, bis ich sie wieder geschlagen habe.« In Deutschland beendet Hanns Joachim Friedrichs die »Tagesthemen« so: »Steffi Graf hat heute Martina Navratilova geschlagen, da kann das Wetter morgen ruhig sein, wie es will.«

Im Finale sorgt »die stärkste Vorhand der Welt« (Navratilova) dann für die »Hinrichtung« (Klaus Hofsäss) der Chris Evert: 6:1, 6:2. Insgesamt zwölf Jahre lang hat das Duo Navratilova/Evert das Damentennis beherrscht – das ist jetzt Sportgeschichte. »Ich hatte einmal diese Aura der Unverwundbarkeit«, sagt Navratilova, »Chris hatte sie für eine Weile. Steffi hat sie im Moment.« Auch Experten wie Ted Tinling, der britische Tennis-Guru mit Brillie im Ohr, sehen nun einen »Wachwechsel und die neue Morgendämmerung anbrechen«. Steffi, kein Zweifel, sei »das neue Wunderkind«.

Selbst Peter Graf ist perplex: Seine Steffi habe zwar das Talent, ihn immer wieder zu überraschen, aber ein solches Resultat habe er dennoch nicht erwartet. »Das müssen wir zu Hause erst einmal in aller Ruhe verarbeiten.« Ein Scheck über 150 000 Dollar geht mit auf den Heimflug; es ist Steffis bislang höchstes Preisgeld bei einem Turnier.

Zusätzlichen Lohn verspricht der Amerikaner Jim Levee. Der Jurist hat Millionen geerbt und vertreibt sich nun auf den Tribünen ein wenig die Zeit. »Ich bewundere Ihre Tochter«, hat er zu Peter Graf gesagt. Der weiß nicht so recht, was er tun soll. Geschenke mag er ja. Autos auch. Levee schenkt Steffi einen Porsche 928, und er lädt sie nach Florida ein. Die ganze Familie fliegt hin. Bei »Saks« in New York möchte Levee der jungen Deutschen eine Pelzjacke schenken. Steffi findet so etwas »sehr peinlich«, doch abends hängt der teure Fummel in ihrer Suite. Das hält auch der Papa für »total übertrieben«.

Der Papa richtet sich derweil allmählich in der Welt der Berühmten ein. Bevor der ARD-Reporter Gernot Kilx einen Steffi-Film seinem Chefredakteur zeigen darf, nimmt ihn erst einmal Graf persönlich ab. »Menschen wie die Steffi«, sagt er, »werden nur sehr selten geboren.« Aber noch weiß er, daß etwas fehlt. »Wir brauchen«, vertraut er einem Freund an, »endlich einen Wimbledon-Sieg.« Nur so könne Beckers Sympathievorsprung wettgemacht werden.

Berühmt genug, die Schattenseiten zu erleben, ist Steffi schon. Ein Verrückter schickt ein Glas Marmelade nach Brühl und stellt sich dann der Polizei: »Ich habe 25 Bluthochdruck-Tabletten zerrieben und hineingemischt.« Die Grafs aber werfen alles Eßbare, das per Post ins Haus kommt, ohnehin weg. Andere drohen mit Selbstmord, wenn Steffi ihnen kein Geld gibt. »Und weil man weiß«, erzählt Vater Graf, »daß Steffi tierlieb ist, bitten die Tierheime von Sylt bis München sie um eine Spende.«

Steffi beginnt, sich von den Fans verfolgt zu fühlen. Zum einen, weil sie »immer noch unheimlich viel Ruhe« brauche, zum anderen: »Ich bin kein Typ zum Berühmtsein.« Als sie im KaDeWe in Berlin Schallplatten kaufen will, soll sie auch dort erst einmal Autogramme geben. Da läuft sie davon. Am Abend läßt sie sich in die Deutschlandhalle bringen. Da ist es dunkel, und Steffi Graf ist eine unter Tausenden. Prince gastiert in Berlin, und den mag sie.

Als der Meister die Bühne betritt, legt auch Steffi los. »Die nächsten Minuten waren ein Traum«, sagt sie später, »ich fühlte mich richtig frei. Ich glaube, einmal stand ich auf dem Stuhl und klatschte, klatschte, klatschte. Alle um mich rum tanzten, eine irre Stimmung.« Doch nach wenigen Songs verläßt die Tennisspielerin, die graue Jacke durchgeschwitzt, schon wieder die Halle – es ist Punkt 22 Uhr. »Ich wäre gerne länger geblieben, aber normal schlafe ich ja schon um 21 Uhr.«

Sie siegt in Berlin, natürlich. Gegen Sandra Cecchini, die wendige Italienerin, hat sie im Halbfinale allerdings Mühe. 6:3, 6:7, 6:4. »Was ist dein Lieblingstier?« fragt anschließend der Vater. Steffi: »Weißt du doch, der schwarze Panther.« Darauf Graf: »Dann darfst du nicht wie gelähmt herumstehen. Spiele morgen so, als wärest du ein schwarzer Panther.« Steffi spielt gegen Claudia Kohde, und sie gewinnt dieses Finale 6:2, 6:3. Es muß, da ist sie ganz sicher, Papas Magie sein. Er kennt sie eben doch wie sonst niemand.

Wenig später steht Steffi im Finale der French Open, und eigentlich kann sie dieses Match nicht mehr gewinnen. Navratilova liegt im dritten Satz bereits 5:3 vorn, aber verliert schließlich doch gegen die Jüngere. Steffi läuft nach dem 6:4, 4:6, 8:6 ans Netz und tröstet die Gegnerin. Nun macht Navratilova der Siegerin artig Komplimente: »Ich habe Steffi leid getan, und das habe ich nicht erwartet. Sie ist ein gutes Mädchen mit einem guten Herz. Ich mag und respektiere sie.«

2. Brühl und die große Welt

Das Jahr ist gerade mal zur Hälfte um, da erfaßt die Deutschen so etwas wie eine Graf-Hysterie. Manchmal, erzählt Steffi, »fahren bei uns zu Hause in Brühl in einer Stunde hundert Autos vorbei, um zu sehen, wo ich wohne. Sonntagmorgens, schon ab sechs, sieben Uhr. Aber ich brauche doch private Zeit zum Training, um die Leistung bringen zu können, die mich so populär gemacht hat.«

Das Magazin *Penthouse* bietet eine halbe Million Mark für Nacktfotos in Steffis Kinderzimmer. Vater Graf hat sich, sagt er selbst, »über das Angebot sehr gefreut«. Aber er sagt dann doch lieber ab. Der Schauspieler Don Johnson möchte Steffi zum Gastspiel bei »Miami Vice« überreden. Sie habe »eine tolle Figur und eine Super-Ausstrahlung«. Der Sänger George Michael würde sie gern in London zum Essen ausführen. Steffi muß alles absagen, denn Vati will keinen Schnickschnack; Vati will Geld, Kohle, Zaster, Moos.

In Brühl muß die schüchterne Siegerin allerdings wegen des Erfolges von Paris einen richtigen Triumphzug mitmachen. Bei solchen Anlässen hat sie stets wenig Spaß, weil sie immer zu fürchten scheint, sie könne sich blamieren. 2000 Menschen auf den Straßen, 500 Ehrengäste im Rathaus – das bringt sie in Bedrängnis. Steffi streicht sich die Haare vor die Augen und lächelt lieb. »Ich habe dieses Leben nicht gewollt«, sagt sie immer häufiger. Aber wer kann schon entkommen in einer Kleinstadt wie Brühl? Nicht einmal die öffentlichkeitsscheue Steffi. Zumal Peter Graf nach jedem großen Sieg im Rathaus anruft und die Stadtväter zu einem standesgemäßen Empfang ermuntert – als wüßten die nicht selbst, was sich gehört.

Wer von Schwetzingen, wo Steffis Finanzamt ist, nach Brühl fährt, muß durch einen winzigen Kreisverkehr und ist gleich mittendrin im deutschen Provinzleben. Die Villa Meixner, ein Jugendstilmuseum, erinnert an alte Größe, und das Kino namens »Rheingold« zeigt ordentliche amerikanische Filme, nicht einmal viel später als die große Konkurrenz in Mannheim. Einst die Heimat von Arbeitern, Bauern und Fischern, ist die Gemeinde längst eine Mixtur aus ansehnlicher Mannheimer Vorstadt und schmucklosem Industriegebiet mit Autobahnanschluß; eine überwiegend katholische Kleinstadt mit rund 60 Vereinen und etwa tausend Ausländern, die bei einer Einwohnerzahl von 14 000 nicht weiter auffallen.

Steffi ist von klein auf die Attraktion der Stadt, die Ehrenbürgerin wacht inzwischen als Marmorbüste über den Rathausflur. Nach Siegen läßt sich die ganze Stadt nicht lumpen. Friseur Erhard Mecking hißt jedesmal Schwarz-Rot-Gold, im Eiscafe »Venezia« kommt ein »Steffi-Graf-Eis« auf die Karte, und die Metzger und Bäcker fertigen Maultaschen, Schinken und Gebäck in Form von Tennisschlägern. Über dem Meßplatz hängen Spruchbänder (»Unserer Steffi herzlichen Glückwunsch«), und die Musiker vom Fernmeldebataillon 860 aus Bergzabern spielen Sinatras »New York, New York«. Als ARD-Moderator Werner Zimmer die Stadt Brühl »ein verträumtes Dorf bei Mannheim« nennt, debattiert der Gemeinderat hitzig, ob nicht eine Gegendarstellung verlangt werden soll.

Vor allem der Ortssheriff weiß, was er den Grafs schuldig ist. Adolf Brandenburger, ehemaliger Deutscher Schwergewichtsmeister im Boxen und ein alter Bekannter Peter Grafs, fühlt sich als persönlicher Bodyguard. Er macht auch gern mit, wenn Peter Graf mal wieder einem Besucher einen Schrecken einjagen will. Dann fährt er vor, springt aus dem Wagen und verteilt Strafmandate wegen angeblicher Fahrerflucht oder unterlassener Hilfeleistung. Bei Leuten, die Graf gar nicht leiden kann, stoppt er deren Pkw auch schon mal am Ortsausgang, läßt den Fahrer, der vorher mit Peter Graf hatte anstoßen müssen, ins Röhrchen pusten, um ihn dann weiterfahren zu lassen: »Viele Grüße von Peter Graf, seien Sie auf der Autobahn vorsichtig.«

Daß die Lokalprominenz Steffi diesmal den neun Wochen alten Schäferhund Enzo von Descharo zum Geschenk macht, ist immerhin etwas. Hunde sind für sie schon immer die besseren Menschen gewesen.

Peter Graf, so scheint es in diesen Tagen, hat einen nicht unwichtigen Aspekt des professionellen Sports schlicht übersehen: Steffi Graf ist nicht vorbereitet auf Medien und Glamour, auf Fangfragen und Champions Dinners. Wo immer sie nicht mit dem Schläger in der Hand, sondern schlicht als ein besonders erfolgreiches junges Mädchen antreten muß, wirkt sie hilflos und überfordert.

Mancher erkennt das Problem früh. Opel-Manager Hans Wilhelm Gäb, seit 1985 Gesprächspartner der Grafs, redet mutig auf den Vater ein. Steffi müsse lernen, allein mit den Medien umzugehen. Auftritte vor der Kamera könnten wieder und wieder geübt werden. Vater Graf nickt und hält die Tochter doch weiter im goldenen Käfig. Gäb redet im Sommer 1987 auch erstmals mit Steffi selbst über das Erwachsenwerden in der Profiwelt, aber das Sagen hat weiter nur einer: Peter Graf. Die Tochter bleibt ein Kaspar Hauser des weißen Sports.

An ihrem 18. Geburtstag muß sie viel Rummel überstehen. Sponsoren wollen mit Steffi aufs Foto: Opel schenkt ihr einen Omega statt des gewünschten Sportwagens. Die Eltern waren gegen einen schnellen Flitzer, wollten »was Sicheres«. Zur Entschädigung läßt Peter Graf das Auto mit 3000 Tennisbällen füllen. Dunlop überreicht eine Kette mit 15 Diamanten. Für jedes bis dahin gewonnene Turnier einen Klunker. Geknipst wird wie wild. Aber auf keinem Foto schaut Steffi wirklich fröhlich drein.

Steffi, so sieht sie es selbst, lebt in einer »anderen Welt als andere Mädchen in meinem Alter. Die haben ganz andere Probleme als ich. Meistens haben sie nur ein Thema: Jungs, Jungs, Jungs. Und Discos. Das ist nicht das, was ich im Augenblick will«. Sie will Wimbledon-Siegerin werden.

Bis zum Halbfinale gibt es keine Probleme. Noch unmittelbar vor dem Halbfinale gegen die Amerikanerin Pam Shriver sitzt Steffi mit einem Journalisten zusammen. »Wetten«, sagt sie plötzlich, »daß ich in zwei Minuten doppelt so viele Tierarten aufschreiben kann wie Sie?« Den Anfangsbuchstaben bestimmt Mutter Heidi. Sie wählt »S« – wie Stefanie. Die Tochter legt los: »Stachelschwein, Seehund, Seelöwe, Sau, Schwein, Schwalbe, Storch...« Die Legende will es so, daß Steffi mit 56:9 gewinnt. Das anschließende Match nennt die *Daily Mail* »eine der klinisch saubersten Tennisoperationen seit 30 Jahren«. Steffi siegt 6:0, 6:2. »Sie schlägt die Vorhand wie jemand, der einem Zeugen Jehovas die Tür vor der Nase zuknallt«, schreibt die *Times*.

Im Finale gegen Martina Navratilova wirkt Steffi auf einmal allerdings seltsam verschüchtert. Schon der Rasen erschreckt sie. »Über Nacht war das Gras gemäht worden, den Boden hatten sie gewässert. Schlecht für mein Spiel. Ein Riesenvorteil für Navratilova. Weil der Ball nun schneller wurde, weil sie das liebt.« In der Umkleidekabine zeigt die große Gegnerin ihr dann auch noch Berge von Rosen, die ihr Showstars aus den Vereinigten Staaten geschickt haben. »Sie wollte mir zeigen«, erkennt Steffi nach der Niederlage, »daß ein ganzer Kontinent hinter ihr steht. Von dieser Psycho-Kriegsführung kann ich nur lernen.« Nach dem letzten Punkt zum 7:5, 6:3 fällt »Königin Martina« (*Observer*) auf die Knie.

»Schön, daß ich Sie kennenlernen konnte«, sagt Steffi bei der Siegerehrung artig zur Herzogin von Kent. »Wir werden uns hier sicher noch häufiger treffen«, antwortet diese. Doch das ist keine Perspektive für Peter Graf. Er ist fassungslos. »Das war nicht championlike.« Er hat die Gier vermißt bei seiner Tochter, den Ehrgeiz: »Sie ist relativ zufrieden mit ihrem zweiten Platz.« Steffi möchte »am liebsten gleich wieder hinaus auf den Platz und noch einmal gegen Martina spielen«.

Irgend etwas ist diesmal schiefgelaufen. Peter Graf weiß auch sofort, was: Bis kurz vor 23 Uhr waren Steffi und ihre Mutter einmal essen – »das geht nicht, das ist nicht professionell«. Er hat sie zu lange allein gelassen, er ist zu oft in Deutschland geblieben, um den Kampf gegen den gierigen Fiskus zu gewinnen. Und jetzt verliert seine Tochter nach 45 Siegen in Serie ausgerechnet in Wimbledon. Ohne ihn, erkennt der Graf, laufen sowohl die Geschäfte als auch das Tennis »nicht professionell«.

»Steffi ist das Produkt eines optimalen Ineinandergreifens von Bein-, Arm- und Kopfarbeit«, sagt dagegen der ehemalige Becker-Trainer Günther Bosch, und die ansonsten eher staatstragende *Zeit* kommentiert: »Aufgeschoben ist nicht aufgehoben. Nächstes Jahr – gell, Steffi? – machen wir wieder Revolution.«

Es ist eine seltsame Erfahrung für eine wie Steffi. Die Welt da draußen hinter dem Grafschen Jägerzaun fürchtet die Unbesiegbaren, doch sie liebt die, die auch mal verlieren. Steffi, die Verliererin, wird zur Ehrenbürgerin von Miami ernannt; bereits 97 Prozent der Bundesbürger kennen sie nun. Und die Aufsteigerin, so melden Umfragen, ist nun sogar beliebter als der exzentrische Boris Becker. Steffi mag so etwas »doof« finden; Vater Graf aber ist so stolz auf solche Resultate wie der Kanzler auf eine gewonnene Bundestagswahl.

3. Steffi wird die Nummer eins

Die Tochter begreift, daß Tenniskoniginnen öffentlich erwachsen werden. Also läßt sie via *Bild* die Nation an den Jungmädchengefühlen teilhaben: Als Kontrast zur immer gebräunten Haut trage sie »neuerdings weißen Lippenstift auf. Ganz zart. Für einen festen Freund ist immer noch keine Zeit da. Obwohl ich schon hier und da mit ein paar Tennisspielern flirte. Vor allem mit lustigen Typen. Namen will ich nicht nennen. Sie sollen vorläufig mein Geheimnis bleiben.«

Wochen später schafft sie einen ihrer schönsten Erfolge. Beim Federation-Cup-Finale gegen die USA steht es in Vancouver 1:1; im Doppel liegen die mittlerweile verfeindeten Deutschen Graf und Kohde-Kilsch bereits 1:6, 0:4 gegen Pam Shriver und Chris Evert zurück. Dennoch gewinnen sie den zweiten Satz 7:5, den dritten dann 6:4. Peter Graf küßt vor Freude sogar die Kohde, während Shriver entsetzt stammelt: »Das Match wurde vom Himmel gemacht.« Noch Jahre später hängt in Klaus Hofsäss' Akademie in Marbella ein Poster, das die glückseligen Graf und Kohde-Kilsch zeigt, innig umschlungen. »Freude pur«, hat Claudia Kohde-Kilsch darunter geschrieben.

Dann meldet die Deutsche Presse-Agentur: »16. August 1987, 15.44 Uhr in Los Angeles – das neue Zeitalter im Frauentennis hat begonnen.« Nach dem Sieg über Evert läuft Steffi wie üblich zum Vater, um sich einen Kuß als Belohnung abzuholen. Der flüstert ihr ins Ohr, sie sei nun die neue Nummer eins der Welt. »Das bedeutet mir mehr als irgend etwas sonst«, haucht Steffi in die Mikrofone, »ich kann nicht aufhören zu strahlen.«

Alle fünf bis zehn Jahre, sagt Evert, käme eine junge Spielerin des Weges, die einzigartig sei; Steffi sei eine dieser Sportlerinnen. »Sie hat es so eilig, zu gewinnen«, so Evert, »sie ist offensichtlich eine bessere Spielerin, als ich es in ihrem Alter war. Aber ich kann in ihr die gleiche Intensität, den gleichen Hunger, die gleiche Konzentration erkennen, die ich in meiner Karriere hatte.«

Nach Evert, Navratilova und der Kurzzeit-Königin Tracy Austin ist Steffi Graf erst die vierte Nummer eins seit der Einführung der Computer-Rangliste 1975. Von jenem Augusttag ist denn auch eine der wenigen Szenen überliefert, die die Grafs ausgelassen und euphorisch erscheinen lassen. Steffi und Michael Graf fahren an den Strand von Los Angeles, reißen sich die Kleidung vom Körper und rennen lachend in den Pazifik. Sie könne nun aufhören und am Strand weiterleben, habe sie in diesem Augenblick gedacht, erzählt Steffi später – aber es stehen ja die U.S. Open an.

Dort scheidet Boris Becker früh gegen Brad Gilbert aus und bekommt von der nun ebenso prominenten Kollegin einen Rat. Er müsse einfach eine wirkliche Vertrauensperson finden. »Meine Siege liegen auch in meinem absoluten Vertrauensverhältnis zu meinem Vater begründet. Er weiß alles von mir und weiß deshalb immer den richtigen Rat.«

Aber auch Steffi strauchelt, verliert noch einmal gegen Navratilova im Finale: 6:7, 1:6. Verpflichtungen und Erwartungen haben sie mürbe gemacht. »Kaum sitze ich mal da, will meine Ruhe haben, da kommen fünf Leute an meinen Tisch und wollen Autogramme.« Die Fans sähen wohl nicht, »daß meine Tage total verplant sind. Bei vier Stunden Training und einigen Terminen pro Tag wird das alles zuviel«. Auch der Umgangston habe sich geändert: »Es ist schon schwer, so abstoßend, wie jetzt viele geworden sind.« Die Irritation auf dem kurzen Weg in die Freiheit führt direkt in die Isolation. Um das neue Grundstück, sagt Steffi, »kommt eine Mauer herum. Da kann ich abgeschlossen für mich sein«.

Doch schon im November gewinnt sie wieder. Beim Masters im New Yorker Madison Square Garden schlägt sie im Finale Sabatini 4:6, 6:4, 6:0, 6:4. Steffi Graf wird als Spielerin des Jahres ausgezeichnet. Und weil sie, die »wahnsinnig gerne kocht und backt«, in diesen Monaten erkennt, daß sie »bestimmt mal eine gute Hausfrau« werden wird, bilanziert sie das glorreiche Jahr wie eine Köchin: »Als Vorspeise serviere ich eine große Portion Key Biscayne mit Boca Raton und Amelia Island. Als Hauptgericht eine zarte French Open à la Paris, gefüllt mit Berlin und Rom. Und zum Nachtisch Zürich mit Hamburg.«

4. Ein Termin im Finanzministerium

Vater Peter, dem ganz unpoetisch Bilanzen in Mark und Pfennig lieb sind, ist mit sich zufrieden. Er hat in diesem Jahr seine große Steuernummer hingelegt, gerade rechtzeitig, um den zu erwartenden Geldregen in die richtigen, abgabensparenden Kanäle zu leiten. Daß die ganze Konstruktion von Anfang bis Ende ein fauler Zauber ist und dazu noch nicht einmal gut gemacht, fällt Steuerexperten zwar sofort auf – doch es soll fast ein Jahrzehnt dauern, bis der Schwindel die Ermittler interessiert.

Das Steuerjahr 1987 beginnt ziemlich normal. Am 9. Januar trifft beim Finanzamt Schwetzingen Steffis Vermögensteuererklärung zum 1. Januar 1986 ein. Ergebnis: null Mark Steuerschulden. Das geht in Ordnung – Steffi hat noch kein Vermögen.

Knapp eine Woche später, am 2. Februar 1987, reichen die Grafs die Einkommensteuererklärung für 1985 ein. In der Zeile »Gewinn aus Gewerbebetrieb« stehen ursprünglich 104 522 Mark. Der Steuerberater korrigiert die Zahl auf 137 376 Mark. Die Erklärung bleibt bei geschätzten Einnahmen von gut 1,5 Millionen Mark ein Witz; doch die freundliche Behörde ist ohne Arg.

Im März wird der Vater der Steuerzahlerin Stefanie Graf ins Stuttgarter Finanzministerium eingeladen. Solche Ehre wird im Ländle nicht jedem zuteil. Wer die Begegnung möglich gemacht hat, ist nicht mehr festzustellen. In einem internen Papier des Stuttgarter Finanzministeriums wird als Arrangeur wieder Kultusminister Mayer-Vorfelder vermutet.

Fest steht, daß sich Regierungsdirektor Peter Wochinger, der erst ein paar Tage zuvor Referent für Internationales Steuerrecht geworden war, am 25. März 1987 telefonisch beim Kollegen Ernst Georg Schutter von der Oberfinanzdirektion (OFD) in Karlsruhe meldet. »Welche Probleme haben die Grafs?« will Wochinger vorsichtig wissen.

Schutter, der es später zum Vorsteher des Finanzamtes Mannheim-Neckarstadt bringt, erzählt zunächst vom Treffen mit Grafs Steuerberater Flick im Juli 1986. Die OFD habe eine Betriebsausgabenpauschale von 25 Prozent »als vertretbar angesehen«.

Dann berichtet Schutter, daß die OFD den Grafs bereits im November 1986 geschrieben habe. In diesem Brief wurde der Tennisfamilie großzügig angeboten, sie könne einen Teil der Werbeeinnahmen den in Deutschland steuerfreien ausländischen Turniereinkünften zuordnen. Wenn Steffi beispielsweise in Wimbledon oder Flushing Meadow gut abschneide, könnte durchaus bei entsprechenden Werbeverträgen der sogenannte »Tournament-Bonus« steuerfrei bleiben.

Noch einmal ganz langsam: Obwohl der Bundesfinanzhof gerade erst solche steuerlichen Schlupflöcher gestopft hat, offeriert die OFD den Grafs ohne Not ein großzügiges Geschenk. Die Akte mit der Steuernummer 43.125.04051, lernt Wochinger daraus, bedarf offenbar äußerst feinfühliger Behandlung.

Das Treffen im Finanzministerium findet am 26. März statt. In aller Herrgottsfrühe ist Graf mit Eckardt losgefahren und hat seinen angeblich so fachkundigen Adlatus unterwegs fit gemacht für das Gespräch, ihm die Richtung vorgegeben. »Er hatte vor«, so Eckardt, »im weitesten Sinne eine Pauschalbesteuerung zu erreichen. Er war der Meinung, daß Steffi so viel für Deutschland erbringen würde, daß Deutschland auch etwas für sie tun sollte.«

Übersetzt heißt das: Als Gegenleistung für die Siege von nationaler Bedeutung solle Deutschland der Tennisspielerin zugestehen, ihren Steuersatz mehr oder weniger selbst festzulegen. So ähnlich kommt es dann auch.

Außerdem geht es im Ministerium noch um ein paar fiskalische Feinheiten. Peter Graf will am Luftschiffring eine Tennisanlage bauen. Ihm ist unklar, wie und in welcher Höhe dafür Kosten abgesetzt werden können.

Steuerfachgehilfe Eckardt fühlt sich bei dem Gespräch im Zimmer des Ministerialdirektors Benno Bueble »ziemlich deplaziert«. Er schweigt die meiste Zeit. Absoluter Gleichklang mit dem Boß, das hat er schnell begriffen, ist das Hauptkriterium der Zugehörigkeit zum inneren Kreis. Also redet auf der Seite von Graf nur Graf. Über Tennis, die Welt und Steuern. Die Werbeaktivitäten wolle er auf eine »seriöse« niederländische Vermarktungsfirma übertragen. Weil er seine Tochter weltweit begleite, fehle ihm die Zeit, sich selbst darum zu kümmern. Ansonsten geht es wieder um Betriebsausgaben, Tournament-Boni und Schauveranstaltungen. Wenn Graf glaubt, schlecht wegzukommen, reagiert er cholerisch, das ist häufiger der Fall. Immerhin wird am Ende vereinbart, Eckardt solle noch ein paar Fakten »schriftlich darstellen«. Tags darauf schreibt Eckardt an den Leiter der Steuerabteilung, Ministerialdirigent Alois Gerstner, der ebenfalls bei der Besprechung dabei war, einen zweiseitigen Brief (»persönlich«), der mehr verschleiert als erklärt. Das Dokument im Wortlaut:

Sehr geehrter Herr Dr. Gerstner,

Wir dürfen uns zunächst auch im ausdrücklichen Namen von Herrn Graf für das sehr konstruktive Gespräch und das sehr kurzfristige Zustandekommen bedanken.

Wir waren gemeinsam zu dem Ergebnis gekommen, daß Sie mit Ihrem Hause zu den anstehenden steuerlichen Problemen, soweit diese aus ins Auge genommenen Vertragsverhältnissen folgern, Stellung hinsichtlich der steuerlichen Behandlung nahmen.

Aus dem Tenor des Gespräches konnten Sie entnehmen, daß es der gesamten Familie Graf mit ihrer bodenständigen Einstellung sehr auf Solidität und Beständigkeit des Umfeldes ankommt. Die sportlichen Ziele genießen absolute Priorität; deshalb ist ein Angebot einer Promotergesellschaft ernsthaft in Erwägung, alle werblichen Aktivitäten auf einem niedrigeren Beanspruchungsniveau zu belassen und diese auch von der Gesellschaft besorgen zu lassen. Wegen der noch nicht ganz gefestigten Überlegungen auf seiten der Familie Graf sind deshalb auch modifizierte Möglichkeiten zur Aussprache gekommen. Nach nochmaliger Abwägung gedenkt man nun mit folgenden Forderungen an die Promotergesellschaft heranzutreten. Zulassung der »Vermarktung« im Werbebereich unter Beschränkung der zeitlichen und umfänglichen Verfügbarkeit sowie dem Verzicht eigener Aktivitäten. Als Gegenleistung soll ein Betrag von ca. DM 800 000 gefordert werden, der sich auf einen Anteil S. Graf 60 % und P. Graf 40 % aufteilt und im Laufe der Vertragsdauer jährlich zahlbar sein soll.

Die steuerliche Situation würde sich demnach wie folgt gestalten:

S. Graf

Einnahmen aus Preisgeldern im Ausland

Einnahmen aus Preisgeldern im Inland

Einnahmen aus Lizenzgewährung aus Ausland (Holland)

Betriebsausgaben: Kosten in entsprechender Notwendigkeit zu den Turnierteilnahmen in In- und Ausland, Kosten der sportlichen Vorbereitung im In- und Ausland, allgemeine Betreuungskosten. Kosten des Coachs und der Trainer etc., Kosten einer »eigenen Tennisanlage« im Inland. Auf einem noch zu erwerbenden Gelände soll im gemeinsamen Eigentumsverhältnis S.Graf/P.Graf eine Tennisanlage entstehen, die abgestimmt auf die unterschiedlichen Platzbeläge (Sand, Gras, diverse Hartplätze) im Freigelände wie auch in der Halle eine optimale sportliche Voraussetzung bieten soll. Es steht auch in Erwägung, ähnlich einem Leistungszentrum diese Anlage später gegen Entgelt anderen Spielern anzubieten.

Wir wären Ihnen sehr verbunden, wenn besonders zu der

geplanten eigenen Vorbereitungsstätte ein konkreter Berücksichtigungsentscheid unter Zuordnungsgesichtspunkten beinhaltet wäre.

In der Hoffnung auf eine wohlwollende Behandlung verbleiben wir

mit freundlichen Grüßen
Mattiacum GmbH, Steuerberatungsgesellschaft
Joachim Eckardt

Das Schreiben an das Finanzministerium ist für Eckardt »fast eine Aktennotiz«. Im Finanzministerium, wo sich Peter Graf bei Wochinger für die »schwache Vorstellung« seines Experten Eckardt telefonisch entschuldigt hat, wird der Brief als »unverständlich« beiseite gelegt. Um aber keine Mißverständnisse aufkommen zu lassen, stellt das Ministerium am 14. April gegenüber der Mattiacum, für die Eckardt ja immer noch offiziell tätig ist, klar: »Die Werbeeinnahmen von Fräulein Stefanie Graf unterliegen nach den Grundsätzen des BFH-Urteils vom 19. November 1985 grundsätzlich in vollem Umfang der inländischen Besteuerung.«

Der Brief vom Finanzministerium ist wie gemacht für eine saubere Akte. Kein Wort von der von Peter Graf geforderten »Extrabesteuerung« für seine Tochter. Die Grafs, so die Botschaft, sollen nach Recht und Gesetz und nicht bevorzugt behandelt werden. Schade nur, daß die Praxis anders aussieht.

5. Die Briefkastenfirma öffnet den Schalter

So erreicht der Autodidakt und notorische Besserwisser Peter Graf zunächst sein Ziel: Frech wie Boris Becker soll Steffi dem deutschen Fiskus mit Hilfe einer niederländischen Firma entwischen – brav wie Uwe Seeler soll sie dennoch in

Deutschland bleiben und zum »deutschen Prachtmädel« (Helmut Kohl) aufgebaut werden. Das erleichtert es »Father Graf« (Advantage), in der Rolle des Saubermanns kräftig abzukassieren.

Am 27. Mai wird in den Niederlanden die Firma »Sunpark Sports B.V.« gegründet. Diese B.V. ist eine Tochterfirma der »Sunpark Sports N.V.«, die am 4. Juni in Curaçao auf den Niederländischen Antillen eingetragen wird. Doch eine Firma zur Tarnung ist Graf nicht genug. Um selbst offiziell nicht in Erscheinung treten zu müssen, hat er bereits am 12. Januar in Vaduz, Liechtenstein, die Firma »Avantage International Etablissement« gründen und unter der Nummer H. 745/8 registrieren lassen. Die Gründung einer »Anstalt«, wie die Firmen in Liechtenstein heißen, hat einen immensen Vorteil: Der Strohmann kann später die Anstalt an den tatsächlichen Eigentümer in Form einer Blanko-Zessionsurkunde übertragen. Der Inhaber dieser Urkunde kann sich durch Vorlage als Eigentümer der Firma ausweisen. Damit ist für den eigentlichen Eigentümer absolute Anonymität gewährleistet. Als Strohmann hatte Graf sich den Rechtsagenten Oswald Bühler aus dem liechtensteinischen Örtchen Mauren ausgesucht. Bühler, der für mehr als 100 Domizilfirmen als Treuhänder wirkt, erhielt wie Horst Schmitt als Verwaltungsrat Einzelzeichnungsrecht. Über Avantage wurde dann die Sunpark-Gründung eingeleitet, von Vaduz aus wurde das Grundkapital von 40 000 Gulden eingezahlt.

Es fällt auf, daß sich Avantage so ähnlich wie »Advantage« schreibt – Steffis Agentur in Amerika. Ein Wort ist englisch, das andere französisch, doch die deutsche Übersetzung ist in beiden Fällen gleich: »Vorteil«. Vorteil Graf – denn die mögliche Verwechslung der beiden Gesellschaften ist von Peter Graf kalkuliert.

Das Spezialmodell Marke Graf funktioniert so: Gelder von Sponsoren fließen fortan in die Niederlande – von dort gehen die Millionen nach Abzug von höchstens 7,5 Prozent Körperschaftsteuer auf die Antillen. Die Gelder werden so diskret dem Zugriff des deutschen Fiskus entzogen. Schließlich landet das Geld in Vaduz bei der Avantage.

In Liechtenstein fällt ein Graf gar nicht weiter auf. Mehr als 50 000 Briefkastenfirmen haben ihren Sitz in der winzigen Bergmonarchie. Da wäscht eine Treuhand die andere.

Steffi ist erst 17, als die Geldumleitung Holland–Antillen–Liechtenstein eingerichtet wird. Die entscheidende Erklärung besteht nur aus einem Satz: »Wir, die Unterzeichnenden 1. Fräulein Stefanie Graf, 2. Frau Heidi Graf, 3. Herr Peter Graf, bestätigen hiermit, daß die Firma Sunpark Sports B.V. ermächtigt ist, alle von uns abgeleiteten Werberechte im eigenen Namen zu vermarkten und die hierfür erforderlichen Verträge abzuschließen.« Den Passus hat Steffi am 20. Mai eigenhändig unterschrieben, aber ihren Kringel will sie nur mal eben so gemacht haben. »Ich hab' nie Verträge genauer durchgelesen, bevor sie von mir unterschrieben wurden.« Peter Graf, der sich »einfach als Inhaber der Rechte an Namen und Persönlichkeit meiner Tochter« geriert hat, hat sich mit Steffi über das Holland-Modell unterhalten und ihr versichert, daß »alles ordnungsgemäß« sei.

Der holländische Goldesel tut auch seine Pflicht. 800 000 Mark zahlt Sunpark pro Jahr an die Grafs – 500 000 Mark für Steffi, 300 000 Mark für den rastlosen Papa. Und mit einem Kredit von Sunpark über 443 480 Dollar erwirbt Advantage für Steffi einen Bungalow in einem vornehmen Klub in Boca Raton, Florida. Adresse: 5479 Ascot Bend, Boca Raton, FL 33431. Durch ein sogenanntes Touring Pro Agreement mit dem Klubeigentümer – Steffi gibt auf der Anlage für die gemeine Kundschaft ein paar Trainingsstunden – wird der Preis gedrückt.

Den Spürnasen des internationalen Finanzwesens ist

Sunpark noch unbekannt. Um so häufiger aber haben sie von der Firma gehört, die bei der Gründung von Sunpark Regie geführt und mit der Geschäftsführung beauftragt worden ist. Die Adresse der Holland Intertrust Corporation B.V. in Amsterdam, Museumplein 11, ist in der Welt der Haussiers und Baissiers, der Profis und Spekulanten ein Begriff. Die Treuhandgesellschaft Holland Intertrust, die in einer Stadtvilla zwischen Oper und US-Konsulat residiert, ist Spezialistin für Geschäfte, die Diskretion erfordern. Internationale Datenbanken führen 306 Firmen unter ihrer Anschrift.

In früheren Jahren war dort Tivi B.V. beheimatet. Ti wie Ion Tiriac, Vi wie Guillermo Vilas, auch ein alter Haudegen im Tennisgeschäft. Tivi hat es in Deutschland zu einiger Berühmtheit gebracht, weil die Firma einen prominenten Angestellten hat: Tennisrebell Boris Becker. Seine Prämien, Sponsoren- und Startgelder flossen an die Firma am Museumplein, die dem Tennisprofi nur ein kleines Gehalt zahlte. Tivi wiederum hatte einen Unterlizenzvertrag mit einer Gesellschaft auf den niederländischen Antillen, die den Gewinn schließlich nach Monte Carlo schaufelte, wo Becker residiert.

In der Branche ist das Tivi-Modell Dauerthema, was Graf gar nicht verstehen kann. Stolz auf seine Tricks erklärt er seiner Tochter: »Ich habe das verdient, was auch Tiriac von Becker bekommt. Ich bin nicht schlechter.« Steffi schweigt einen Moment, dann sagt sie: »Ja, Papa.«

Graf, der sich selbst als exquisiten Steuerfachmann preist, ist ein Meister der Milchmädchenrechnung. Er schaut, wie sein Alter ego Schmitt registriert, »immer noch neidisch« auf Boris und Tiriac. Hat er also das System Becker blind abgekupfert? Oder hat er nur übersehen, daß es einen entscheidenden Unterschied gibt? Boris wohnt in Monaco, Steffi ist deutsche Residentin und muß folglich dem Fiskus geben, was des Fiskus ist.

Gängige Meinung ist, daß Becker den Fiskus listig ausgetrickst hat. Deshalb sucht Graf immer das Gespräch mit Fachleuten. »Peter Graf ist ein Typ, der zu jedem Problem eine große Zahl von Meinungen einholt«, beobachtet Eckardt. »Er löst seine Probleme durch die Befragung vieler Leute.« Auch Schmitt stellt fest, daß sich Graf wegen der Steuer »überall kundig machte«. So gerät er wieder an den Mann, der wie kein anderer im Sport einen legendären Ruf als Steuervirtuose hat – den Firmenchef von Adidas, Horst Dassler.

Mit Hilfe von Strohmännern und genauer Kenntnis der Steuergesetze hatte der Herr der drei Streifen weltweit ein Imperium aufgebaut. In Beckers Monaco kennt er die richtigen Wege ebenso wie in der Schweiz oder sonstwo. »Zucker-Papi« nennt ihn die berühmte US-Wirtschaftszeitung *Wall Street Journal.*

Der »wirkliche Boß des Sports«, so die ehemalige olympische Spitzenfunktionärin Monique Berlioux, ist also der richtige Mann für Papi Graf. Im Februar 1987 treffen sich die beiden wieder einmal in Herzogenaurach. Ein Wortprotokoll der Begegnung ist natürlich nicht überliefert. Und Peter Graf sind heute viele Einzelheiten von damals »entfallen«. Auch »nach intensivem Nachdenken« kann er sich nicht mehr erinnern. Dassler selbst fällt als Zeuge aus. Der Konzernherr stirbt wenige Monate nach der Begegnung mit Graf an Krebs.

So gibt es nur einen Zeugen vom Hörensagen.

Er habe Peter Graf mal gefragt, sagt Eckardt, wie er denn zu diesem Steuersparmodell gekommen sei. Graf habe geantwortet, daß er »den Anstoß von Adidas bekommen« habe. Dort habe man ihm die Holland-Verbindung genannt. In den vergilbten Adidas-Steuerakten findet sich aber nur ein kryptischer Hinweis auf das Graf-Modell: »Herr Dassler hatte offeriert, für Steffi Graf die Zuzugsgenehmigung in der

Schweiz zu besorgen, um ihr ein günstigeres Steuerstatut zu beschaffen. Im weiteren Verlauf hat dann der Steuerberater Eckardt aus Wiesbaden für Herrn Graf die Holland-Lösung eingeleitet, die verschiedene andere Leistungssportler bevorzugen.«

Das aber ist eindeutig zuviel der Ehre für den Steuerfachgehilfen. Zwar fährt Eckardt tatsächlich mit Graf nach Herzogenaurach, aber mehr als Chauffeur ist er nicht. Beim Gespräch mit Dassler darf er nicht dabeisein – er wird in ein Nebenzimmer gebeten. Für seine artfremde Tätigkeit wird Eckardt mit Naturalien entschädigt. Graf sorgt dafür, daß zwei Paar Adidas-Schuhe, ein paar Tennisschläger und ein Lederfußball aus dem Adidas-Lager herbeigeschafft werden. Den Ball bringt Eckardt seinen Kumpels vom Stammtisch in Mainz-Finthen mit.

Für so etwas wie die große Holland-Lösung ist Eckardt ein paar Nummern zu klein. Er begreift schnell, daß Graf ihn »nicht als Steuerjuristen einsetzen« oder mit irgendwelchen akademischen Fragen betrauen will. Er ahnt, daß für ihn eher »die profanen Dinge« übrigbleiben.

Steffi – scheinbar ein Mädchen ohne Allüren und Affären – ist inzwischen zum neuen Liebling der Werbewirtschaft geworden. Sie trage Jade-Milch auf, läßt sie die Tennisgemeinde wissen und trinke Granini-Fruchtsaft. Außerdem laufe sie in Adidas-Schuhen und Gerry-Weber-Klamotten rum, verstaue den Dunlop-Schläger im Opel, lege eine BASF-Kassette ein und lese am liebsten Deutschlands großes Massenblatt *Bild*.

Die Vermarktungsmaschinerie läuft wie geschmiert. Eigens angeheuertes Wachpersonal sichert den Centre Court am Hamburger Rothenbaum ab, als ein Jade-Kosmetikspot mit Steffi Graf hergestellt wird. 200 Statisten werden freundlich gebeten, die mitgebrachten Kameras abzugeben. Auch Adidas besteht auf absoluter Geheimhaltung bei den gleichzeitig terminierten Dreharbeiten für die schöne »Steffi Graf Kollektion«. Von ihren dankbaren Sponsoren kassiert Steffi fast 5 Millionen Mark, umgerechnet 1 904 175 Mark an Preisgeldern kommen hinzu. Die meisten Geldgeber schleusen das Honorar brav über Sunpark.

Beim Finanzamt Schwetzingen geht derweil alles seinen Gang, als habe keiner in den Zeitungen von den Millionen gelesen. Am 15. Juni 1987 teilt Eckardt mit, daß die Steuerschuld von Steffi für 1987 nicht über 200 000 Mark liegen werde. Drei Wochen später werden die Einkommensteuer-Vorauszahlungen für 1987 auf vierteljährlich 35 000 Mark und für 1988 auf vierteljährlich 100 000 Mark festgesetzt. Am 12. November folgt die Festsetzung der Einkommensteuer für 1985: Lächerliche 73 882 Mark – aber erstmals überhaupt zahlt Steffi Einkommensteuer.

Bei Sunpark Sports meldet sich das Bundesamt für Finanzen. Unter dem Geschäftszeichen -I4-NL-46634 teilt am 10. November ein Regierungsdirektor Nieland mit, es bestünden »Zweifel«, ob die B.V. »Nutzungsberechtigte« der Graf-Millionen sei. Keiner im Graf-Clan ahnt, daß sich damit nur wenige Monate nach Gründung der Briefkastenfirma, die nie ein eigenes Telefon, geschweige denn eigenes Mobiliar besitzen wird, schon die Katastrophe ankündigt. Denn von Nieland soll die Tennisfamilie bald noch mehr hören.

1988

1. Wo bleibt das Geld?

Die Wochen nach Karneval können ganz schön trübsinnig machen. Wie fast jedes Jahr legt sich in den frühen Märztagen 1988 blasser Rheinlandnebel über die Beamtenstadt Bonn.

Die Zeitungen sind voll mit düsteren Meldungen: Die Verhandlungen im Öffentlichen Dienst sind gescheitert. Auf der Ostalb wird Katastrophenalarm ausgelöst, und am Rhein droht Hochwasser.

Mürrisch hockt Regierungsdirektor Michael Nieland in seinem Büro mit der nicht gerade aufmunternden Anschrift Friedhofstraße 1, Bonn 3. Der Beamte vom Bundesamt für Finanzen, einer Art Bundes-Steuerfahndung, hat Schwierigkeiten mit der frisch gegründeten Sunpark Sports.

Höflich, verdammt höflich, hat Nieland die »sehr geehrten Damen und Herren« gebeten, ihm doch mal mitzuteilen, wer denn Nutzungsberechtigter der von Sunpark eingenommenen Millionen sei. Er will wissen, welche »Bindungen« die Firma eingegangen ist. Kurz: Die Details der Konstruktion interessieren ihn.

Bezeichnenderweise einen Tag nach Aschermittwoch hat ihn jemand von Sunpark schriftlich wissen lassen, daß »für unsere Gesellschaft keine Verpflichtung zur Erteilung von Informationen« vorliege. Falls Nieland auf die Idee komme, »die niederländischen Steuerbehörden« um Hilfe zu bitten, »weisen wir Sie darauf hin, daß gegen die Erteilung von Informationen durch die niederländischen Behörden Berufung eingelegt werden kann«. Wenn Nieland stur bleibe, werde Sunpark dieses »Recht ausüben«.

»Mit vorzüglicher Hochachtung« steht zwar unter dem Brief, aber nicht einmal den Namen des Unterzeichners erfährt Nieland. Er kann den Kringel nicht entziffern.

Sein Konter kommt am 2. März. »Ihre Rechtsauffassung ist unzutreffend«, schreibt er knapp, gemäß »Paragraph 33 Absatz 1 erste Alternative« der Abgabenordnung sei »Steuerpflichtiger, wer eine Steuer schuldet. Paragraph 90 statuiert die Mitwirkungspflichten der Beteiligten. Beteiligter ist gemäß Paragraph 78 Nummer 1 Abgabenordnung der Antragsteller.« Er bestehe darauf, »mir die erbetenen Informationen zu erteilen«. Nieland weiß: Er sitzt am längeren Hebel.

Bei Transfers an eine Firma im Ausland werden in der Regel auch im Inland Steuern fällig. Der Zahler muß, so sieht es der Paragraph 50a, Absatz 4 des Einkommensteuergesetzes vor, an sein zuständiges Finanzamt Quellensteuer entrichten. Dies kann er nur durch eine Freistellungsbescheinigung vermeiden, die vom Bundesamt für Finanzen ausgestellt werden muß. Den Antrag auf Freistellung muß der ausländische Empfänger stellen – in diesem Fall Sunpark Sports. Die Firma versucht es.

Die Quellensteuer kann nur entfallen, wenn zwischen den beiden Ländern ein Doppelbesteuerungsabkommen (DBA) geschlossen worden ist. DBA-Regelungen rangieren nämlich vor deutschen Steuergesetzen. Ein solches Abkommen, das eine Doppelbesteuerung verhindern soll, ist auch zwischen Deutschland und den Niederlanden geschlossen worden. Für die Befreiung von der Steuerschuld ist weiter zwingend notwendig, daß die Einnahmen von einer Person in den Niederlanden kassiert werden.

In diesem Punkt hat Nieland seine Zweifel. Er argwöhnt, daß das Geld auf die Niederländischen Antillen gelenkt wird. Mit dem Inselstaat allerdings gibt es kein Abkommen. Jedenfalls lehnt der Regierungsdirektor alle Freistellungsanträge ab und verlangt weiterhin »Informationen«.

Nieland gehen Sunpark, Graf und der vermutete Zielort Antillen nicht aus dem Kopf. Lange hat er sich schon mit dem Fall Becker beschäftigt. Dessen Holland-Modell war zwar wegen Beckers Wohnsitz in Monaco steuerlich einwandfrei – aber bei Freistellungsbescheinigungen hat Nieland auch da nicht mitgemacht.

Nieland ist ein eher spröder Mann mit einem Hang zur Selbstironie, den ihm mancher nicht zutraut, und einem Faible für den amerikanischen Humoristen Mark Twain. Vor Prognosen solle man sich hüten, hat dieser mal vorausschauende Zeitgenossen gewarnt und hinzugefügt: vor allem vor Prognosen über die Zukunft. So etwas gefällt Nieland. Aber die Kollegen im Bundesamt sind sich bei einer Prognose ganz sicher: Nieland werde im Fall Sunpark/Graf nicht lockerlassen.

Irgendwann im Jahre 1988 erinnert sich Nieland an die alten Tivi-Akten im Schrank. Die Originale sind schon etwas vergilbt – wen wundert's, nach sieben Jahren. Er studiert sorgfältig die Papiere und setzt dann einen Brief an das Kölner Zollkriminalamt (ZKI) auf. Nieland beantragt ein Schriftgutachten:

Die Firma Tivi B.V., Amsterdam, hat am 12. August 1981 bei mir Freistellung vom Steuerabzug nach § 50 a Abs. 4 EStG aufgrund des deutsch-niederländischen Doppelbesteuerungsabkommens beantragt. Leider ist nicht erkennbar, wer diesen Antrag unterschrieben hat.

Am 1. Juli 1987, 31. Juli 1987 und am 1. September 1987 hat eine Firma Sunpark Sports B.V., ebenfalls in Amsterdam ansässig, insgesamt 3 Freistellungsanträge bei mir gestellt. Auch bei diesen 3 Anträgen ist nicht erkennbar, wer sie für die Antragstellerin unterschrieben hat.

Mir ist jedoch aufgefallen, daß die Form der Unterschrift auf dem Antrag der Tivi B.V. eine verblüffende Ähnlichkeit mit den Unterschriften auf den Anträgen bzw. Schreiben der Sunpark Sports B.V. hat. Meine bisherigen Bemühungen, die jeweiligen Unterzeichner zu identifizieren, sind leider erfolglos geblieben.

Ich wäre Ihnen daher dankbar, wenn sie im Rahmen Ihrer Möglichkeiten feststellen könnten, ob die Unterschrift auf dem Antrag der Tivi B.V. mit den Unterschriften auf den Anträgen bzw. Schreiben der Sunpark Sports B.V. von ein und derselben Person geleistet sein können.

Nieland ahnt, daß die Fäden im Fall Graf und im Fall Becker irgendwo zusammenlaufen und einen gemeinsamen Ursprung haben, obwohl die beiden Firmen nicht unter derselben Adresse residieren. Die Labyrinthe der Briefkastenfirmen und Treuhandgesellschaften auszuforschen ist eben eine Spezialität der Bonner Beamten.

Zollamtmann Fackler, der Gutachter vom ZKI, vergleicht die Unterschriften. Beide Paraphen sind mit einem »blauschreibenden Schreibmittel« gefertigt worden. Fackler prüft die Blätter mit einem Stereomikroskop Wild M 8, einem VSC 1 zur strahlungstechnischen Untersuchung mit UV- und IR-Licht und einem ESD-Gerät, das Druckspuren sichtbar machen kann.

Sein Ergebnis: »Die Unterschrift unter dem Antrag auf

Erteilung einer Freistellungsbescheinigung der Firma TIVI B.V., datiert 12. 8. 1981, kann von dem Schrifturheber der Unterschriften unter den Vergleichsurkunden stammen.«

Das große »P«, der gerade Strich, das verschlungene »F« mit den großen Bögen sind den Haien der holländischen Geldanlagebranche ein Begriff – da braucht es keine deutschen Gutachten. Das ist die Unterschrift von einem Mijnheer, der seit vielen Jahren mit der niederländischen Beratungsgesellschaft Wisselink und Co. zusammenarbeitet. Ein anderer der vielen Profis von Wisselink, der Steuerberater Peter Lier, der mal in Amsterdam, mal in New York segensreich schafft, schaut plötzlich selbst bei Nieland vorbei.

Lier ist ein geschmeidiger Verhandler mit guten Umgangsformen, und er bevorzugt überraschende Manöver. Während der Besprechung im Bundesamt zückt er plötzlich die Kopie eines bis zu diesem Zeitpunkt unbekannten Vertrages zwischen Steffi und Sunpark. Die holländische Sunpark B.V. habe von Sunpark N.V. die Marketingrechte für vier Millionen Mark erworben. Man habe das Modell Graf, sagt er, mit Rücksicht auf den deutschen Fiskus umgestaltet.

Nieland hakt nach. Aber statt einer schlanken Erklärung hat Lier nur komplizierte Auskünfte parat. Durch eine Übertragung von der Muttergesellschaft auf die Tochtergesellschaft sei Sunpark in Holland jetzt »beneficial owner« aller Lizenzgebühren. Transparenter wird das Graf-Modell für die argwöhnischen Beamten des Bundesamtes dadurch nicht. Von A nach B werden Millionen verschoben und dann wieder zurück. »Und wo bleibt das Geld?« will ein störrischer Beamter wissen. Zumindest ist jetzt offiziell, daß es einen Geldfluß auf die Antillen gegeben hat.

Hinter allen Winkelzügen vermuten die Fiskalbeamten längst den Schatten von Peter Graf. Darin bestärken sie zwei Personalien, von denen Lier noch zu berichten weiß. Die eine bezieht sich auf den innersten Zirkel des Graf-Clans: Horst Schmitt sei von Sunpark angestellt worden und erledige die Geschäfte für die Firma. Die andere finden die Beamten auch interessant. Phil de Picciotto von Advantage sei Direktor von Sunpark. Schmitt als willfähriger Strohmann für Graf, Picciotto als Helfer – das nährt nur ihren Verdacht. Freistellungsbescheide werden weiterhin nicht erteilt.

2. Steuerrabatt für eine historische Leistung

Der leidenschaftliche Rechthaber Peter Graf ist schlicht fassungslos. Er kann nicht verstehen, daß er allen immer erklären muß, wie die Welt wirklich ist. Eine Art Ehrensteuer hat er für Steffi festlegen wollen, und jetzt, so versteht er die Beamten im Bundesamt, sollen von jeder Mark deutscher Sponsoren künftig vorab 25 Pfennig beim Fiskus landen. Das will er nicht, also muß Graf, den die Experten vom *Manager Magazin* zu einem der »Köpfe '87« ausgerufen haben, wohl mal wieder persönlich ran. Peter Graf ruft den widerspenstigen Nieland an. Der fertigt einen Vermerk:

»Langatmig und laufend abschweifend« habe sich Peter Graf ausgelassen. Eine Trouvaille für spätere Graf-Forscher:

Zur Sache selbst bemerkte er mit Nachdruck, daß er lediglich vermittelnd für die Firma Sunpark Sports nunmehr durch dieses Telefongespräch die Initiative ergreife; eigentlich sei es Sache der Firma Sunpark Sports B.V., sich um die Durchsetzung ihres Freistellungsantrages zu kümmern. Da er, Peter Graf, jedoch mit der gesamten Materie bestens vertraut sei, sei er dazu ermächtigt, in dieser Sache mit dem Bundesamt für Finanzen persönliche Gespräche zu führen.

Sinngemäß bat Herr Graf darum, bei der Entscheidung über die diversen Freistellungsanträge der Sunpark Sports

B.V. den sportpolitischen Gesichtspunkt nicht außer acht zu lassen. Schließlich habe er bzw. Steffi Graf eine »historische Leistung für Deutschland« erbracht. Möglicherweise sei er aber hinsichtlich der Auswertung der Bild- und Namensrechte seiner Tochter Steffi Graf seinerzeit juristisch bzw. steuerjuristisch schlecht beraten gewesen. Er bemühe sich daher derzeit um einen auf dem Gebiet des internationalen Steuerrechts versierten Steuerjuristen. Auch dieses leiste er lediglich vermittelnd für die Firma Sunpark Sports B.V. Deren Geschäftsführer sei ein Herr Horst Schmitt. Aus dem weiteren langatmigen Gespräch ergab sich, daß Herr Horst Schmitt von ihm eingestellt worden sei, um die Geschäfte der Sunpark Sports B.V. zu führen.

Herr Graf erwähnte im Laufe des Gespräches noch weitere Vergütungsschuldner, so die Firma Hatex-Weber, mit der die Sunpark Sports B.V. Lizenzverträge abgeschlossen habe. Er wies jedoch ausdrücklich darauf hin, daß sämtliche Lizenzverträge mit Ausnahme der Verträge mit Adidas und Dunlop GmbH ausliefen und im Falle der BASF bereits zum Jahresende 1987 ausgelaufen seien. Weitere Verträge würden wegen der schon jetzt bestehenden erheblichen zeitlichen Inanspruchnahme von Steffi Graf nicht abgeschlossen.

Zur Überraschung des Unterzeichners gab Herr Graf folgende Sachverhaltsdarstellung: Die Lizenzzahlungen würden nach Holland an die Firma Sunpark Sports B.V. transferiert. Diese würde das DBA Deutschland-Niederlande für den Steuerentlastungsanspruch geltend machen. Aufgrund der niederländischen Gesetzgebung würde dieser Betrag in Holland nur marginal besteuert und anschließend auf die Holländischen Antillen transferiert werden. Von dort jedoch würde der Betrag nach Buchung auf irgendeinem Weg nach Holland zurücküberwiesen werden. Auf meine Frage, wer Zugriff auf diese Gelder habe, sagte Herr Graf, seines Wissens dürfte das die Geschäftsführung der Firma Sunpark Sports B.V. sein.

Herr Graf bat um einen Besprechungstermin, an dem auch ein Herr Lier von der Firma Sunpark Sports B.V. teilnehmen werde. Gegen Ende des Gesprächs bemerkte Herr Graf, daß seine Tochter ins Ausland ziehen werde, wenn sie weiterhin erhebliche steuerliche Probleme bereitet bekäme. Zwar liebe sie Deutschland, für das sie jetzt ja auch als Unicef-Botschafterin tätig sei. Aber mit einer Versagung des Entlastungsanspruches könne sie sich nicht abfinden.

Insgesamt waren die Ausführungen von Herrn Graf verworren, widersprüchlich und teilweise in einem mitleidheischenden Ton vorgetragen. So bat er den Unterzeichner mehrfach um »Fairneß« bei der Behandlung der Sache oder »um einen guten Rat, wie er sich jetzt verhalten solle«.

Ein paar Tage nach dem Telefonat mit Nieland ruft Peter Graf beim fränkischen Sportausrüster Adidas an. Es gilt vorzubeugen. Denn die BASF hat ihm Ende des vergangenen Jahres erklärt, sie wolle nicht länger mitmachen; der Vertrag wurde daraufhin vorzeitig gelöst. Zwar hat sich Adidas den Wünschen Peter Grafs fast immer aufgeschlossen gezeigt.

Dennoch agiert der Tennisvater bei Adidas erst gar nicht in der Rolle des Bittstellers, sondern in der des Gebieters. Am Apparat ist Hans-Jürgen Martens, im Adidas-Vorstand zuständig für Finanzen, Verwaltung und Rechnungswesen. Er ist anschließend ziemlich geschafft und fertigt von dem Gespräch eine dreiseitige Aktennotiz, die ausweist, wie tief sich die Herren der Wirtschaft vor dem wilden Graf aus Brühl bisweilen verbeugen. Peter Graf, heißt es da,

hatte mehrere Anliegen:

1. Daß wir von den restlichen Zahlungen in 1988 von Steffi die Quellensteuer nicht einbehalten, daß wir noch ausstehende Beträge aus einer ausländischen Quelle zahlen, wobei er meinte, daß eine unserer Gesellschaften in Frage käme, die in einem »quellensteuerfreien« Land gelegen sei.

Festzuhalten ist, daß wir an Peter Graf in 1988 bis heute 1 110 000 $ ausbezahlt haben und bis zum Jahresende noch 750 000 $ schulden; insgesamt sind in 1988 dann 1 860 000 $ fällig.

Wir haben bei den bisherigen Überweisungen die 25 Prozent Quellensteuer nicht einbehalten, weil Peter Graf beim Bundesamt für Finanzen in Bonn vor eineinhalb Jahren bereits einen Antrag auf Freistellung von der Quellensteuer eingereicht hat. Dem Antrag liegt der Umstand zugrunde, daß von uns die Vertragszahlungen an eine holländische Holding gehen, wobei die Zahlungen an eine in Holland gelegene Gesellschaft nach dem Doppelbesteuerungsabkommen quellensteuerfrei sind unter der Voraussetzung, daß diese Gesellschaft einem Inländer nahesteht.

Offenbar nimmt das Bundesamt an, daß die Gesellschaft in Holland der Familie Graf verbunden ist. Jedenfalls befürchtet Peter Graf wohl mit Recht, daß die Freistellungserklärung endgültig abgelehnt wird.

Dann müssen wir auf die bisher geleisteten Zahlungen die Quellensteuer nachträglich von seiner nächsten Rate abziehen, von der ohnehin nur 75 % zur Überweisung anstehen. Ab 1. Januar 1989 muß im übrigen Quellensteuer nach der gesetzlichen Neuregelung auch dann einbehalten werden, wenn die Überweisung nach Holland geht und eine Freistellungserklärung vorläge. Das Problem betrifft also ohnehin nur noch die 1 860 000 $ Vertragszahlungen in 1988.

Auf Wunsch von Peter Graf habe ich heute den Leiter der Steuerabteilung von Dunlop angerufen, der mir sagte, Dunlop habe 1988 ohne Quellensteuerabzug gezahlt, werde dies aber ab 1. Januar 1989 nicht mehr tun. Das Bundesamt für Finanzen hat offenbar Dunlop bereits darüber informiert, daß die Freistellungserklärung Peter Graf keine Chancen hat und das zuständige Finanzamt angewiesen wird, gegen Dunlop Haftungsbescheid zu erlassen; das Finanzamt Erlangen wird sich dann wohl entsprechend verhalten.

Unter Bezugnahme auf ein einschlägiges BFH-Urteil werden sich Dunlop und Adidas dann darauf berufen, daß wir bis zum 31.12.1988 für die Quellensteuer Steffi Graf nicht haften, weil für Holland ein Präjudiz vorliegt. Allerdings würden wir dann den Vorprozeß für Peter Graf führen, der uns dann die 25 Prozent Quellensteuer zurückerstatten müßte, wenn Dunlop und wir den Prozeß verlieren und das Finanzamt einen für Frankreich entschiedenen gleichgelagerten Fall auf Dunlop und Adidas nicht anwendet. Ob es günstig ist, wenn Adidas, Dunlop und Peter Graf gemeinsam ein Steuerverfahren betreiben, lasse ich dahingestellt. Ich hätte dies gerne vermieden. Je nach dem, wie weit wir Peter Graf entgegenkommen wollen, könnte man dies im alleräußersten Fall in Kauf nehmen.

Dem weiteren Wunsch von Peter Graf, zukünftige Zahlungen – allerdings nur anteilig – in eine ausländische Adidas-Gesellschaft zu verlagern, z. B. Schweiz, Frankreich oder USA, sollten wir uns prima vista nicht verschließen. Wir müßten dann den Vertrag auf die Adidas-Gesellschaften umlegen. Ob Peter Graf sich damit allerdings einen Dienst erweist, ist eine andere Frage; denn das Finanzamt würde bei uns rückfragen, warum der Deutschland-Vertrag plötzlich im Volumen reduziert worden ist. Wir wären dann auskunftspflichtig. Dieses Risiko muß Peter Graf selbst abwägen. Voraussichtlich könnten wir aus Frankreich Vergütungen an Steffi Graf ohne Quellensteuerabzug nach Holland überweisen aufgrund des Doppelbesteuerungsabkommens; das gleiche gälte für USA. Auch dann bleibt aber das Problem, daß die deutsche Finanzverwaltung wegen der Welteinkünfte von Steffi Erhebungen bei uns anstellt.

Im Ergebnis: 1. Notfalls verzichten wir auf den Quellen-

steuerabzug auch für das zweite Halbjahr 1988 und riskieren den Streit mit dem Finanzamt Erlangen, wenn dieses von Bonn angewiesen wird, Haftungsbescheid zu erlassen (das Bundesamt will die BfH-Entscheidung nicht auf uns anwenden). 2. Wir bieten an, den Vertrag zu ändern und zum Teil aus USA oder Frankreich zu zahlen mit der Maßgabe, daß Peter Graf sich hinsichtlich des Welteinkommens von Steffi dann mit dem Fiskus auseinandersetzt. 3. Im übrigen bleibt es dabei, daß wir alle durch Haftungsbescheid gegebenenfalls bei uns angeforderten Beträge Peter Graf von seinen Folgeraten kürzen, sobald die Stellungnahme der Finanzverwaltung für 1988, insbesondere auch des Finanzamtes Erlangen, in etwa feststeht. Zuvor müssen wir aber überlegen, ob wir in Streitgenossenschaft mit Peter Graf uns dem Haftungsbescheid des Finanzamtes Erlangen widersetzen, denn naturgemäß würden wir dann im Innenverhältnis die Verfahrenskosten tragen, und außerdem wäre dieses Bündnis dem Image von Adidas schwerlich zuträglich.

3. Triumphzug um die Welt

Steffi spürt auf andere Weise, daß etwas Ungewöhnliches geschehen sein muß in diesem Jahr: Ihre Gegnerinnen, stellt sie erstaunt fest, treten »schon mit Angst im Blick« gegen sie an. Tatsächlich ist sie 1988 fast unbezwingbar. Sie gewinnt alle vier Grand-Slam-Turniere und wird in Seoul auch noch Olympiasiegerin.

Gleich zu Neujahr demonstrieren die Grafs der Konkurrenz, was der Begriff »Cleverness« wirklich bedeutet. Die Australian Open sind vom privaten Kooyong Tennis Club in den 100 Millionen Mark teuren Flinder's Park zu Melbourne umgezogen. Während die Gegnerinnen wie immer die üblichen Vorbereitungsturniere im Umland spielen, bereitet sich Steffi zwei Wochen lang ausschließlich auf der neuen Anlage vor.

Die hat schließlich ihre Tücken: Bei Regen wird ein High-Tech-Dach über dem Centre Court geschlossen. Dadurch verändern sich die Spielbedingungen enorm, die Bälle werden schneller.

Die Schufterei lohnt sich. Bis zum Finale gibt Steffi in keinem Match mehr als fünf Spiele ab. Sie kreist, in Melbourne wird das erstmals offensichtlich, inzwischen in ihrer ganz privaten Umlaufbahn. Niemand wird ihr gefährlich, niemand kommt an sie heran. »Die anderen Spielerinnen«, sagt Graf, »lassen mich total kalt. Wenn ich eine sehe, sage ich hallo – das ist alles. Von den anderen kommt ja auch nichts. Ich bleibe lieber auf Distanz.« Sie wünscht sich, für alle Welt »zu jeder Zeit unsichtbar« sein zu können – »eine Tarnkappe« scheint ihr das einzig erfolgreiche Hilfsmittel für die Flucht. Steffi, die Unnahbare, macht sich eifrig Feinde in Australien. Über Claudia Kohde-Kilsch zieht sie her: »Ihre weinerliche Art geht mir auf die Nerven.« Die Kohde kontert, Steffi habe sich im letzten halben Jahr sehr verändert. »Sie schottet sich ab, glaubt wohl, als Nummer eins mit niemandem mehr reden zu müssen. Früher war sie lockerer, offener, heute kennt sie keine Kameradschaft, sie ist brutal.« Mit 6:2, 6:3 bestraft Steffi im Halbfinale ihre Kritikerin, die, so Steffi, »viele unwahre Geschichten über mich und meine Familie erzählt«.

»Diese Sippenhaft«, antwortet Kohde-Kilsch, sei das eigentliche Problem: »Wer ihren Vater angreift, der existiert für Steffi nicht mehr. Und weil mein Vater Jürgen das ab und zu tut, ist sie ärgerlich auf ihn, läßt es aber an mir aus.«

Jürgen Kilsch, der Stiefvater von Claudia, hat Peter Graf einmal als »Neurotiker« beschimpft, der unter »Cäsarenwahn« leide. »Graf ist ein Tyrann. Klaus Hofsäss und ich haben Graf beim Skatspielen immer gewinnen lassen, obwohl er bescheißt. Nur, damit er sich nicht aufregt.« – »Halt die Fresse, du Idiot«, soll Graf gebrüllt haben.

Einmal, beim Masters '86 im New Yorker Madison Square Garden, wäre es beinahe zur Schlägerei gekommen. »Gutes Match, Peter«, sagte Jürgen Kilsch zu Vater Graf, als das Doppel Kohde-Kilsch/Helena Sukova knapp gegen Graf/Gabriela Sabatini gewonnen hatte. »Halt's Maul und melk deine goldene Kuh«, antwortete Graf. Chris Evert saß dabei und wäre vor Lachen fast vom Sitz gefallen; erst Klaus Hofsäss trennte die beiden Eifersüchtigen.

Peter Graf ist ein Wüterich. Mitten in der Nacht ruft er Reporter an, weil er sich wegen einer Bildunterschrift beschweren will: »Sind Sie wahnsinnig geworden? Noch einmal...« Er pöbelt jeden auf der Tribüne an, der zu Steffis Gegnerin hält: »Arschloch, Sie.« Wann immer der wilde Graf zwei Journalisten beim Small talk erspäht, saust er hin: »Was redet ihr da über mich?« Wagt es einer, das Wort »Konzentrationsschwäche« im Zusammenhang mit Steffi zu schreiben, so ist das Blasphemie. Und oft genug folgt die Drohung: »Dich mach' ich fertig.« Bei einem Opel-Manager gelingt ihm das: Der Mann bekommt Weinkrämpfe nach Grafs Tiraden.

Peter Graf erlebt die Welt nur noch als Feindesland, er sucht permanent den Zweikampf. »Was ist der Unterschied zwischen Ihnen und mir?« fragt er gern und antwortet selbst: »Sie haben kein Geld.« Um zu überleben, braucht er Siege. Seine Tochter ist seine schärfste Waffe.

2:1 steht es im ersten Satz des Finals von Melbourne, als ein Gewitter losbricht und das Dach geschlossen wird. Wenig später führt Steffi Graf 6:1, 4:0 gegen Chris Evert, sie gewinnt den zweiten Satz schließlich mit 7:6. »Ich hatte einfach nicht das Gefühl für Hallentennis«, klagt nach dem Match die Verliererin, gratuliert dann demütig: »Steffi, du bist der Champion.«

Die Fachwelt diskutiert bereits, ob das alles denn noch richtiger Sport ist. Eine schlägt alle, der Rest hofft nur auf eine günstige Auslosung – so einseitig ist es lange nicht mehr gewesen auf den Centre Courts dieser Welt. Spannung erwartet die Altmeisterin Virgina Wade erst dann wieder, »wenn Steffi mit dem linken Arm spielt oder sich ein Auge zudecken läßt«. Der große Rod Laver, der selber den Grand Slam zweimal gewonnen hat, traut der Deutschen längst »auch Siege auf Asche in Paris, Rasen in Wimbledon und dem Hartplatz in Flushing Meadow« zu – den Grand Slam eben.

Die Spekulationen heizt der Chef zusätzlich an. 1988, das hat Peter Graf längst erfaßt, könnte seine Tochter schließlich auch noch die Olympischen Spiele gewinnen, das würde sie von allen übrigen Grand Slam-Siegern abheben. »Das wünsche ich mir sehr«, sagt Vater Graf zu einem Freund, »und die Steffi kann das auch.«

Die Steffi braucht allerdings erst einmal die Rückendeckung der Nation. Der *Corriere della Sera* hat sie eine »brutta tedesca« genannt: »häßliche Deutsche«. Daraufhin kämpft *Bild* für die Hobby-Autorin: »Italiener beleidigen Steffi«. Ein bizarres Gefecht entwickelt sich. *Bild:* »Das ist Steffi: 1,75 Meter groß, 63 Kilo schwer, Maße 93 – 69 – 93, Kleidergröße 38/40, blonde, wellige Haare, feine Haut – was ist daran häßlich?« Na ja, die Füße, das räumt auch *Bild* ein. »Schuhgröße 42 1/2« seien schon ein wenig üppig, aber, andererseits, »die jungen Mädchen von heute haben fast alle größere Füße als frühere Generationen«. Aber diese Nase. Rock-Sirene Nina Hagen urteilt: »Wenn Steffi eine andere Nase hätte, würde sie echt geil aussehen.« Selbst Boris Becker steigt in die Diskussion ein und meint, die Kollegin habe »die schönsten Beine im Damentennis«. *Bild*-Leser stornieren ihren Adria-Urlaub; »schon fast rassistische Töne« habe er da aus dem Süden vernehmen müssen, tadelt der SPD-Mann Peter Glotz; und der FDP-Politiker Otto Graf Lambsdorff rät, Steffi möge »den Papagallo« einfach nicht ernst nehmen.

Steffi flüchtet nach Amerika, verliert dort zweimal gegen Sabatini. Die Niederlagen erklärt sie damit, schon wieder zu lange im Ausland unterwegs gewesen zu sein: »Ich wollte nach Hause, nach Brühl. In unser Haus, in mein Zimmer, endlich mal wieder im eigenen Bett liegen, mit den Hunden spielen, die Luft hier schnuppern. Seit ich hier bin, bin ich wieder viel zufriedener.«

Nach dem Turniersieg in Berlin (6:1, 6:0 über Kohde-Kilsch) zeichnet Bundespräsident Richard von Weizsäcker die beiden deutschen Tennismädchen mit dem Silbernen Lorbeerblatt aus. »Wir Deutsche«, sagt von Weizsäcker, könnten stolz sein auf das Duo, das soviel für die »Verbreitung und Vertiefung dieses besonders schönen Sports beigetragen« habe. Wenige Monate vorher hat Weizsäcker höchstpersönlich die Väter der beiden zum Waffenstillstand aufgefordert.

Auch bei den French Open beginnt für Steffi das Turnier erst im Halbfinale, bis dahin gibt sie nur elf Spiele ab. Noch vor dem 6:3, 7:6 gegen Sabatini in der Vorschlußrunde wird Steffi beim »Dinner of the Champions« im Pavillon Gabriel als beste Spielerin des vergangenen Jahres geehrt. Um Punkt 22.45 Uhr verlassen Vater und Tochter den Saal. »Steffi mag es, wenn ich ihr persönlich gute Nacht sage«, meint er stolz. Eine halbe Stunde später ist Peter Graf zurück, um ohne die Tochter eine rauschende Ballnacht zu feiern.

Die Weißrussin Natalia Zwerewa hat überraschend das Finale erreicht und erklärt fröhlich, sogar ein Titelgewinn sei möglich. Wenig später wünscht sie dann, nie wieder ein Endspiel gegen Steffi Graf spielen zu müssen. Heulend verläßt die Zwerewa Paris, und Steffi sagt ungerührt, warum: »6:0, 6:0 nach 32 Minuten – wir Tennisspieler sagen ›Höchststrafe‹ dazu.« Doch die Zuschauer haben gepfiffen, was die Backen hergaben – das Finale von Paris begründet endgültig den Ruf, der Steffi über Jahre begleiten wird: eine eiskalte Tennismaschine zu sein. Der Gegnerin einen Punkt zu schenken – das mag etwas fürs Schleifchenturnier im Freizeitklub sein. Für Steffi Graf ist schon der Gedanke absurd.

Vor Wimbledon streichen die Grafs wieder einmal die Vorbereitungsturniere; statt dessen steht stupider Drill auf dem Stundenplan. Weil Vater Graf ein Endspiel gegen die Linkshänderin Martina Navratilova erwartet, engagiert er den Bundesligaspieler Markus Schur, ebenfalls Linkshänder. Stundenlang serviert der auf Steffis vergleichsweise schwache Rückhand. Abwechslung bringt nur der Australier Mark Woodforde ins Camp Graf; der allerdings hat den gleichen Auftrag wie Schur.

Es kommt wie geplant: Ohne größere Mühe spielen sich Graf und Navratilova ins Endspiel vor. Die Graphologin Jenny Halfon sagt, dort treffe »die harte Frau« Navratilova auf das »Papa-Kind« Steffi, für das »Sex sehr geheimnisvoll« sei. Dafür verstehe die Deutsche mehr vom Tennis.

Mit der Topspin-Rückhand, die sie noch nie im Repertoire gehabt hatte, überrascht Steffi die achtmalige Wimbledon-Siegerin, gewinnt das Finale 5:7, 6:2, 6:1; am Ende nimmt sie die berühmte Gegnerin buchstäblich auseinander.

Steffi hüpft zur Ehrentribüne. »Steffi, das kann dir keiner mehr nehmen«, spricht der gerührte Papa, »ab sofort sprechen sie alle von der Wimbledon-Siegerin.« – »Komm, mein Kind, laß dich drei Minuten lang drücken«, ruft Heidi Graf, »ich freue mich ja so für dich.«

»Der größte Sieg, den Steffi erreichen kann« (Pavel Slozil) bedeutet zugleich, wie Navratilova feststellt, »das Ende eines Kapitels«. Sie meint das Kapitel Navratilova. Direkt nach dem Matchball hat sie den silbernen Tennisschläger, den ihr der Boxer Sugar Ray Leonard geschenkt hat, an Steffi weitergereicht, was die eine »beeindruckende Geste« nennt. »Du bist der Champion«, hat die Navratilova gesagt, »und du wirst es bleiben.«

Für Steffi folgt nun das übliche Programm. Kanzler Helmut Kohl schickt ein Glückwunschtelegramm; Sponsor Opel schaltet ganzseitige Anzeigen: »Made in Germany«. Und die Stadt Brühl schenkt ihr ein Pferd und benennt einen Park nach der berühmten Tochter. Beim Empfang in ihrer Heimatstadt schreibt Steffi ins Gästebuch: »Nach meinem Wimbledon-Sieg – endlich wieder gute DEUTSCHE Küche!!!«

Vati muß auch etwas aufschreiben. Dringend. Ihm liegt schon seit längerem so einiges auf der Seele. Ihn versteht nämlich keiner. Der Krefelder Psychologe Heinz-Georg Rupp hat zwar gesagt, er habe »bisher ein gutes Händchen für die Motivation gehabt«. Aber dann hat er hinzugefügt: »wodurch auch immer«. Was soll das denn heißen? Und der Autor Horst Vetten hat behauptet, ihm, dem Grafen, sei »offenkundig etwas in die Krone gestiegen«. Graf trete »im Doppel mit Steffi als Abwehrspieler« und als »zu starker Exerzitienmeister« auf, meint der Psychologe Georg M. Sieber. Und die Österreicherin Petra Huber grantelt, der Graf sei schlicht und einfach »ein Oasch«.

»Manche Leute«, so formuliert er in der Zeitschrift *Sport-Bild,* »behaupten, ohne sich groß Gedanken zu machen, daß Steffi keine Persönlichkeit sei.« Er frage sich da: »Was stellen sich diese Leute denn unter einer Persönlichkeit vor? Ist das jemand, der die große Show abzieht oder der groß das Maul aufreißt?« Nein, nein, nein. Eine Persönlichkeit ist natürlich ein Mensch wie Steffi. »Eine Persönlichkeit«, so liest sich das ein wenig schief, »ist für mich, der in sich stark und gefestigt ist. Der einfach weiß, was in kritischen Momenten zu tun ist. Wer sein Ziel ansteuert, ohne sich beirren zu lassen.«

Vater Graf jedenfalls versteht sich mittlerweile gar nicht mehr als Vater – er ist »die Person, der sie alles erzählen kann. Sie erzählt mir eine Menge. Das macht mich froh«. Der Nation erzählt Steffi in *Bild:* »Ich bin Wimbledon-Siegerin – der Gedanke geht mir nicht unbedingt in den Kopf. Es ist nur ein unheimliches Glücksgefühl da.«

Später macht sie Ferien in Brühl, spielt mit Zar, einem Schäferhund-Baby – einem Geschenk von Papi. Und sie krault ihren Boxer Ben und den Schäferhund Max. Sie solle die beiden nie mitnehmen auf Weltreise, witzelt Peter Graf, die würden glatt Navratilovas Hündchen »Killerdog« zum Frühstück verspeisen. So scherzt der Graf.

Plötzlich gefährdet Max den Triumph. Als Steffi eine Balgerei mit einem Nachbarhund verhindern will, beißt das ansonsten so treue Tier ihr in die rechte Hand. »Die Fingerkuppe war durchgebissen«, weiß *Bild.* Peter Graf wäre »beim Anblick fast in Ohnmacht gefallen«. Aber bei deutschen Heroen ist auch das Heilfleisch einzigartig. Steffi kann bald wieder spielen, sie gewinnt in Hamburg.

Doch die Deutschen interessieren sich immer weniger für solch profane Siege. Sie beschäftigt vor allem das Verhältnis Vater und Tochter. Psychologe Fritz Stemme etwa mutmaßt: »Der Vater Graf scheint höllische Angst davor zu haben, daß Steffi mit dem Gegentyp des Vaters ausreißt und dann Tennis möglicherweise nur noch als Nebensache betrachtet oder ganz aufgibt.« Unglaublich, was sie da lesen müsse, bellt Steffi zurück: »Der Mensch kennt mich überhaupt nicht und schreibt Dinge, die nicht stimmen.«

Trost spendet da ein Treffen mit Michael Jackson, dessen Musik sie stets so gern vor wichtigen Matches hört. Ob ihn PR-Termine vor dem Auftritt denn nicht stören, fragt Steffi schüchtern wie ein Groupie. »Normalerweise schon«, antwortet Michael Jackson mit einem zauberhaften Lächeln, »aber bei dir ist das etwas anderes.«

»Den Grand Slam zu gewinnen«, sagt die Australierin Margaret Court, als die U.S. Open anstehen, »ist eine Schlacht mit sich selbst.« Steffi steht die Schlacht durch, sie ist nicht zu stoppen. In New York gewinnt sie das Duell mit den eigenen Nerven, kämpft schließlich Sabatini mit 6:3, 3:6, 6:1 nieder. Im Moment des Triumphes irritiert sie den von Größenphantasien geplagten Vater sichtlich. »Ich verstehe nicht, warum sie sich nicht an die Taktik gehalten hat«, mault der nach dem siegreichen Finale – seine Taktik natürlich. Statt, wie befohlen, auf Gabriela Sabatinis schwache Vorhand zu spielen, zielte die Tochter permanent auf Sabatinis starke Rückhandseite. In der Loge eines Sponsors diskutieren die beiden wenig später das Spiel.

Peter Graf: »Weshalb hast du der Sabatini denn dauernd auf die Rückhand gespielt? Du hättest ja alles viel leichter haben können.«

Steffi Graf: »Aber ihre Rückhand ist doch viel schwächer.«

Peter Graf: »Das nächste Mal spielst du gegen die Sabatini bitte die Rückhand auch mal longline und überrissen. Alles andere bringt nichts.«

Steffi Graf: »Meine Stoppbälle waren super. Gaby war im dritten Satz völlig kaputt.«

Ist das auch ein Stück Emanzipation? Endlich gebe es keinen Druck mehr für sie, behauptet die 19jährige Steffi. »Jetzt gibt es nichts mehr, was mir irgend jemand zu sagen hat. Es ist eine Befreiung«. Sie fühle sich »völlig losgelöst«.

Ein solcher Triumph ist nicht einmal dem großen Björn Borg gelungen, ebensowenig Martina Navratilova oder Billie Jean King. Nach Donald Budge (1938), Maureen Connolly (1953), Rod Laver (1962 und 1969) und Margaret Court (1970) ist Steffi Graf erst die fünfte Grand-Slam-Gewinnerin.

Aus seinem eisernen Griff mag Peter Graf sein Mustertöchterchen deshalb nicht lassen. Was auf dem Centre Court so prima funktioniert, will er auf das Leben ausdehnen: Papa beginnt am Denkmal der Tochter zu meißeln. Mit allerlei Tricks versucht er, Steffi »vom Image des unbedarften Mädels« zu befreien.

Nicht einmal die schönsten Meinungsumfragen können den nimmersatten Vater zufriedenstellen. 91,2 Prozent der Deutschen, so ermittelt das *Tennis Magazin,* finden Steffi »sympathisch«, und 73,8 Prozent halten sie für eine »gute Tochter«. Doch 63,1 Prozent beschreiben sie als »verbissen«. Und nur 30,9 Prozent finden Steffi »sexy«. Höchste Zeit für Korrekturen.

Ein Fotograf darf sie bei einem Ausstellungsbesuch knipsen, ein anderer mit ins Rockkonzert. Am liebsten, so teilt der Herr Papa ungefragt mit, lese seine Steffi die klugen Artikel im *Reader's Digest;* auch Sartres »Zeit der Reife« liege auf dem Nachttisch nicht schlecht. Und um die tollen Seiten seines Markenartikels bekannt zu machen, fordert er auch schon mal ganz direkt: »Fragen Sie die Steffi nach ihrem Hosenanzug.«

Wie selbstverständlich unterwirft sich Steffi Graf immer noch diesem Diktat. Selbst als Sponsoren ihr zu einer Rhetorikschulung für Fernsehauftritte raten, akzeptiert sie die ablehnende Haltung ihres Vater ohne Zögern. Ihr reicht es, gelernt zu haben, bei Pressekonferenzen »auch mal eine Gegenfrage zu stellen«.

Immer wird ein bißchen an der Wahrheit gedreht. Unbedingt muß Steffi den Reportern etwas vorspielen: heile Welt bei Grafs, Theaterbesuche, Jet-set-Leben – alles frei erfunden, aber es klingt schließlich wichtig und weltläufig. Vergißt Steffi etwas, wird sie ermahnt; verhaspelt sie sich gar, schimpft er: »Du hast dich schon wieder versprochen. Lernst du es nie?«

Während Boris Becker Stilblüten und Beleidigungen ausdrücklich erlaubt sind – Ion Tiriac betrachtet das als Teil der ganz normalen Entwicklung –, funkt Peter Graf seiner Steffi immer und überall dazwischen. Sie ist »mein Geschöpf«, hat er gesagt. Das ist ein richtiges Wort und ein schreckliches zugleich. Sie ist all die Jahre Tochter eines Mannes geblieben, der insgeheim selbst an sich zweifelt.

Die weltbeste Tennisspielerin, sagt die Hamburger Psychotherapeutin Sigrid Steinbrecher, sei »in der Vaterfalle gefangen«. Psychologen verwenden diesen Begriff für Beziehungen, die vom großen mächtigen Übervater bestimmt werden. Die Tochter muß sich die Liebe erkämpfen. Die Zuneigung des Vaters muß durch Erfolg verdient werden. So verbannt er die Tochter in die »männliche Welt des Kampfes und der Konkurrenz«, wie Steinbrecher in ihrem Buch »Die Vaterfalle« schreibt: »Perfekte Leistungen kennzeichnen die Lieblingstöchter... schon seit früher Kindheit. Nur besondere Erfolge machen aus der Tochter – in den Augen des Vaters – einen Menschen.«

Gefühle, lernt die Tochter, sind zu unterdrücken. Dieser kontrollierte Lebensstil macht sie zu Papis Kämpferin. Immer funktionstüchtig, oft manipulierbar. Töchter, die in der Falle stecken, wollen genügen, und sie sind brav. Sie fürchten den Zorn des Vaters, entwickeln unablässig Sensoren für sein Wohl und Wehe. Denn immer wieder, und nie wissen sie, wann, rastet der geliebte Daddy aus. Aber Empörung, Verzweiflung und Wut können sie nicht ausdrücken; sie könnten womöglich in Ungnade fallen. Steinbrecher: »In Töchtern löst diese nicht vorherberechenbare Verwandlung von Dr. Jekyll in Mr. Hyde unfaßbare Angst aus.«

So lebt auch Steffi ein gehetztes Leben, einerseits unzufrieden, andererseits diszipliniert. Wo Freiheit beginnen könnte, hat der Vater Grenzen gezogen. Als sie 17 war, hat Steffi dem Vater erstmals zögernd widersprochen. Immer wartet das Mädchen auf den einen, so bedeutenden Satz: »Du bist eine gute Tochter.« Ausschließlich seinetwegen, verkündet Peter Graf im 88er Erfolgsjahr, sei Steffi so gut. Also bleibt alles, wie es immer gewesen ist: Vati bestimmt, die anderen kuschen.

4. Olympischer Flirt

Die Olympischen Spiele in Seoul sind für andere Profis, ob Fußballer oder auch Tennisstars, ein Abenteuer im Dorf mit Mensa und Privatpartys rund um ein paar Kisten Bier. Sportmillionäre genießen, was für Leichtathleten oder Wasserballer Alltag ist. Stefanie Graf will auch dieses Leben kennenlernen. »Normalerweise«, meint sie, »ist man ja allein mit dem Trainer und den Eltern.« Tennis sei ein einsamer Sport. Und darum wolle sie Olympia, das Fest der Gemeinschaft und des gegenseitigen Unterstützens, auskosten: »Ich freue mich darauf.«

Es fängt auch recht munter an. Steffi ist nach den U.S. Open zunächst für zwei Tage nach Brühl heimgereist, bevor sie nach Korea fliegt. Die Begrüßung im olympischen Dorf fällt standesgemäß aus: »Na, du Pfeife, wo warst du denn bei unserem ersten Spiel«, fragt sie der Hockeyspieler Michael Hilgers. Steffi staunt über soviel Frechheit und freut sich gleichzeitig. So haben Sabatini oder Navratilova noch nie mit ihr geredet. »Ich bin wohlauf«, sagt Steffi in jedes Mikrofon, »ich bin happy. Ich hab' schon erfahren, wie die anderen Sportler trainieren.« Sie fühlt sich sogar so prächtig, daß sie nach ihrem Zwölf-Stunden-Flug und nur drei Stunden Schlaf erst einmal mit dem 400-Meter-Hürdenläufer Harald Schmid auf die Tartanbahn geht. Gift für den Körper, Doping für die Seele: Die Leichtathleten staunen, daß die berühmte Millionärin so lustig sein kann.

Als jedoch Vater Graf daheim in seinem Lieblingsblatt *Bild* von den Extratouren seines Geschöpfes liest, packt er gleich die Koffer. »Es war idiotisch von ihr, was sie gemacht hat. Da muß ich bremsen.«

Über Jahre hält sich jene Geschichte, die der brave Klaus Hofsäss in Seoul pflichtschuldig den Journalisten erzählt: Steffi selbst habe ihren Vater gebeten, ihr im olympischen Gewusel beizustehen und nach Asien zu jetten. Die Tochter habe ihn angerufen, bestätigt Vater Graf, und sie habe ihn angefleht: »Papa, komm, ich bin so kaputt.« Trainer Slozil habe ihn zusätzlich um seine Unterstützung ersucht, »weil er Steffi im Training nicht zurückhalten kann«.

Alles glatt gelogen. Tatsächlich, so berichten Freunde der Familie, erträgt Vater Graf die Trennung nicht. Er fürchtet, seine inzwischen erwachsene Tochter könne bei den Spielen das »sexuelle Lotterleben« (Graf) kennenlernen. Vati ist rasend eifersüchtig. Wem fallen da nicht die Szenen ein, in denen Peter Graf die Tochter umarmt, küßt – Szenen, die kaum noch einer Interpretation bedürfen? Oder die grapschenden Hände des Vaters – Psychologen nennen so etwas »übergriffige Manipulation«.

In Seoul zieht der wichtigste Vater der deutschen Nation ins Ramada-Hotel und wartet auf neue Eskapaden der Tochter. Als Steffi sich in die Schlange vor dem Buffet im olympischen Dorf einreiht und den holländischen Schwergewichtsboxer Arnold Vanderlijde recht »gutaussehend« findet, machen Boulevard-Journalisten aus dem 30-Sekunden-Talk natürlich einen Flirt.

Dann sitzt auch noch ständig der Sprinter Norbert Dobeleit auf der Tribüne, wenn Steffi trainiert, und erklärt überall, »sie ist wirklich eine sehr attraktive Frau«. Im Dorf »geht schon einiges«, berichtet Hockeyspieler Stefan Blöcher, und Hofsäss weiß Genaueres: Wenn man abends spazierengehe, »hört man überall Lustschreie«.

Prompt evakuiert der mächtige Vater seine Tochter, holt sie zu sich ins Hotel und verkündet gleichzeitig, seine Tochter sei »völlig selbständig. Sie lebt ihr eigenes Leben.«

Steffi gewinnt das olympische Tennisturnier. Damit gelingt ihr eine Weltpremiere: der »Golden Grand Slam« – ein Mega-Titel, den ihre Agentur Advantage erfunden hat. Spaß aber hat sie nicht mehr in Seoul. Ski-Olympiasiegerin Marina Kiehl, Ehrengast bei den Sommerspielen, kann sich nicht recht vorstellen, »daß die anderen Sportler diesen reichlich übertriebenen Rummel um eine Person gut finden«. Etwas schroff sagt sie: »Tennis geht mir auf den Geist.«

Willi Daume, Präsident des Nationalen Olympischen Komitees und enthusiastischer Steffi-Fan, wünscht sich, die Goldmedaillengewinnerin möge bei der Schlußfeier das schwarzrotgoldene Banner tragen. Doch Peter Graf hat längst die Nase voll von Olympia, hat gar panische Angst vor der Schlußfeier, bei der sich Athleten aus aller Welt auf dem Rasen des Olympiastadions zu einer riesigen, fröhlichen Abschiedsparty treffen, die auch nach dem Abschlußfeuerwerk noch lange weitergeht. Also treibt er seine Tochter praktisch vom Siegerpodest, wo sie die Medaille im Materialwert von 550 Mark bekommen hat, zum Flughafen. Während ihr Vater dort in den nüchternen Hallen schon wieder von alten und neuen Siegen schwadroniert, versteckt sich eine bleiche Steffi – eingefallene Wangen und der leere Blick machen geradezu Angst – hinter einem Pfeiler. Niemand wagt, sie anzusprechen. Reiche Steffi, armes Kind?

»Perfektionismus«, glaubt der amerikanische Schriftsteller John Updike, »schadet dem Schöpferischen wie extreme Zurückgezogenheit dem Wohlbefinden.« Im Hochleistungssport können gerade die besonders erfolgreichen Athleten ihre Siege kaum genießen. Auch der österreichische Tennisprofi Thomas Muster räumt ein: »Wir alle kompensieren etwas und sind ständig getrieben.«

Steffi Graf ist 1988 auf dem Gipfel ihrer Karriere angekommen. Und sie bleibt eine Getriebene. »Wieviel Zeit halten Sie sich im Jahr üblicherweise an welchem Ort in der Welt auf?« wird sie gefragt. Sie überlegt kurz und antwortet dann lange: »Es ist so, daß ich circa vier Monate in Florida verbringe. Meist bin ich im Frühjahr circa zwei Monate dort und im Winter noch mal einen Monat, meist auch im Anschluß an die U.S. Open. Vier Wochen bin ich regelmäßig in New York, einen Monat in Australien, dann meist einen Monat in England, eine Woche in Tokio und drei Wochen in Frankreich. Dann bin ich meistens auch noch eine gewisse Zeit in Kalifornien. Den Rest verbringe ich dann in Deutschland. Es ist so, daß ich meistens bereits vor Neujahr nach Australien fliege. Nach dem Turnier in Australien kommt dann Tokio. Danach schließt sich die Saison in Florida an. In Florida finden so viele Turniere statt, daß ich da nicht nach Hause fliegen könnte nach Deutschland. Mir fällt jetzt gerade ein, daß Indian Wells auch noch in dem zeitlichen Rahmen von Tokio liegt. Da könnte ich auch nicht nach Hause fliegen. Wenn ich in Amerika mit der Florida-Saison fertig bin, beginnt die europäische Saison. Wenn ich diese Saison gespielt habe, das heißt nach Wimbledon, fliege ich wieder in die Staaten. Nach der europäischen Saison bin ich wieder in den Staaten und bleibe dort regelmäßig, bis die U.S. Open vorbei sind. Wenn ich in Kalifornien spiele, so ist San Diego mein Standort.«

5. Die Festung der Grafs

Beim Empfang nach ihrem Wimbledon-Sieg hat sie gesagt: »Brühl bleibt noch sehr lange meine Heimat, da bin ich ganz sicher.« Chronisten hielten die Zeit wie ein historisches Datum fest: Punkt 17.50 Uhr.

Wie zum Beweis für die Heimattreue entsteht am Luftschiffring eine Burg Graf. Für den Bau des Hauses gewährt Steffi ihrem Vater 1988 ein Darlehen in Höhe von 1,5 Millionen Mark. So steht es in den Akten. Eine kolossale Villa wird hochgezogen, ein Tennisplatz und eine Tennishalle auch. Das Anwesen schützt eine fast drei Meter hohe Mauer, deren Krone mit dreifach gestaffelten Stahlzähnen bewehrt ist; dahinter verhindern haushohe Sichtblenden jeden Einblick. Wer die Feste der SED-Bonzen in Wandlitz kenne, wird der ost-erfahrene Reporter der *Wochenpost* später schreiben, »kennt das Ambiente. Dieser nach innen gestülpte, nach außen verflieste Protz. Diese freudlose Art, viel Geld auszugeben«.

Öffentliche Personen wie Steffi bemühen sich zu Recht, ihre Privatsphäre vor Blicken anderer abzuschirmen. Den Grafs gelingt das, wie so manches, wirklich total. Vor der Mauer setzen sie ein Parkverbot durch. Wer abends auf das Tor mit der Sprechanlage zugeht, fühlt sich an die alten Grenzübergänge zur DDR zurückversetzt: Scheinwerfer schaffen die richtigen Arbeitsbedingungen für die Videokamera hoch oben auf einem Mast.

Die Nachbarn nehmen Geld und unterzeichnen Verträge, in denen sie sich verpflichten, keine Fotografen auf ihre Dächer steigen zu lassen. »Vorsicht Lebensgefahr!« – aber das steht nur auf dem Trafohäuschen vor der Mauer.

Wer so lebt, steht außerhalb, weil er von der einen Welt nicht lassen mag und sich in die andere doch nicht hineintraut. Im Dorf bleiben und gleichzeitig fort sein – das wäre auch anderen als den Grafs schwergefallen.

Der ewig wache, stets vorsichtige und immer vorwärtsmarschierende Junge von unten ist eine Inszenierung gewesen, die Peter Graf ruiniert hat. Die Alarmsignale sind 1988 nicht zu übersehen. Gegen die Angst zu versagen, gegen die Furcht, vorgeführt, ertappt zu werden, trinkt Graf mit immer größeren Mengen Alkohol an.

»Seit ich ihn kenne«, sagt Horst Schmitt, »hat er dem Alkohol zugesprochen.« Jetzt nimmt er auch noch Tabletten, erst Schlafmittel, später Valium oder Beta-Blocker. Und wenn er trinkt, meist flaschenweise Cognac, wird er böse, »jedenfalls meistens« (Schmitt). Zu Hause in Brühl versteckt er seine Fläschchen – vor Steffi vor allem. Braucht er Nachschub, verschwindet er für zwei Minuten in der Küche – und kommt erhitzt wieder zurück.

Im Tenniszirkus hat man Graf erstmals 1986 öffentlich trinken sehen oder besser: den Alkohol riechen können. Bei den U.S. Open stand Steffis Vater vor den Fahrstühlen zu den Presseplätzen – und seiner Cola-Dose entströmte Cognac-Duft. Doch niemand wagte, das öffentlich zu machen. Die meisten begriffen, daß Alkohol für Peter Graf eine vermeintliche Krücke war. Nur so fühlte er sich gewappnet für die Zusammenkünfte mit Opel-Chefs oder dem britischen Adel. War er hingegen nüchtern, dann glaubte er, unterlegen zu sein. Rhetorisch nicht stark genug, nicht so weltgewandt halt wie die anderen, die Klugscheißer und Besserwisser. Immer häufiger muß seine Frau ihn entschuldigen: »Mein Mann kommt später, ihm ist nicht gut.«

Sein etwas schräger Humor – »Sie sehen aber wieder furchtbar aus«, lautet seine Standardbegrüßung für eine schöne Frau – soll ihm ein wenig Freiraum schaffen und sperrt ihn doch ein. Bei einer Konferenz mit wichtigen Herren des Springer-Verlags stellt er sich als »Schmitt, Horst« vor und zeigt dann auf Schmitt, der neben ihm sitzt: »Und das ist Herr Graf.« Die Chefs der *Bild*-Zeitung grinsen verlegen. Er lernt Max Schmeling kennen und andere Größen auch, kann jederzeit die 54er Weltmeister fehlerfrei hersagen, aber was hilft ihm das beim Champions' Dinner zu

London? Bei Boss in Metzingen kauft er ein, mit Rabatt. Aber fast immer greift er zum Stapel mit den blauen Pullovern, weil er sich auch bei Farben nicht sicher ist.

Peter Graf, der erst 300 000 Mark, später sogar 400 000 Mark Honorar von Sunpark bekommt und sich von Steffis Konten dazu noch, wie die Steuerfahnder später feststellen, mit etwa 100 000 Mark pro Jahr bar bedient, ist längst zum Millionär geworden, der mit seiner Zeit nicht viel anfangen kann. Lesen mag er nicht, und Steffis Kunstfimmel findet er eher komisch. Freunde werden rar. Was bleibt, ist das Geschäft mit Steffi, das sich immer schneller dreht.

Und Peter Graf pflegt zwei Hobbys, die seiner Einschätzung nach zu einem erfolgreichen Manager gehören wie die Superzahl zum Lotto: Autos und Frauen. Die Grafs besitzen drei Opel, zwei Mercedes und ein paar andere Karossen noch. »Vater hat einen Autofimmel«, sagt Steffi. Seinen ersten Porsche poliert er fast täglich, vom schwarzen Audi Quattro schwärmt er. Aber er ist kein guter Fahrer. Die Unruhe eben. Ständig redet er und fummelt am Armaturenbrett. Vorfahrt hat nur er.

6. Der Unfall beim Stanglwirt

Die Unruhe treibt den Hobby-Boxer Graf auch in ein Verhältnis mit einer Dame aus dem Milieu. Eigentlich ist Graf in Marbella im Camp von Hofsäss, »um auszuspannen«. Abends geht's mit Hofsäss und einem Bekannten aus der Mannheimer Szene in die Bar »Navy's«.

Eine Angelique spricht ihn zuerst an, Graf findet sie »aufdringlich«. An der Bar begegnet er einer Frankfurterin, Nicole, was bei den Hessen wie »nie Kohle« klingt. Sie gehen gemeinsam in ein Apartmenthaus auf eine Party mit mehreren Mädchen, die alle der Bekannte aus Mannheim bezahlt hat. Das ist Graf ein bißchen peinlich. Schnell aber ist er mit Nicole, 20, intim und zahlt auch dafür. Später trifft man sich auf Gran Canaria und Ibiza, in Boca Raton und beim Stanglwirt in Going bei Kitzbühel, wo viele Prominente verkehren.

Sohn Michael und seine Freundin wohnen im selben Hotel, als Peter Graf in aller Eile in seine Suite läuft und sich an der Tür den Kopf stößt. Die Wunde blutet so stark, daß der Verletzte ins Krankenhaus muß. Nicole eilt herbei und leistet Erste Hilfe. Von da an gehört sie praktisch zur Familie. Nicole fährt mit zu Steffis Turnieren und sitzt in der Nähe der Graf-Loge. In New York geht Steffi auf Anweisung des Vaters sogar mit dem Model, das wie selbstverständlich mit im Hotel wohnt, einkaufen, und als ihm im Haus der Grafs in Boca Raton Nicole entgegenkommt, wird sogar der brave Horst Schmitt wütend: »Die oder ich. Ich will Heidi noch in die Augen schauen können.« Im Leben geht es gewöhnlich nicht wie im Film zu. Aber diese Geschichte ist ein Stoff, wie für Claude Chabrol gemacht.

Nicole erzählt Peter, daß sie mit einem der Großen der Frankfurter Immobilienszene, einem gewissen Werner, liiert sei. Ihre Eltern schmähten ihn; dabei sei Werner, Familienvater wie Graf, sehr redegewandt und überhaupt ein toller Typ. Einmal habe er im Lokal sein Toupet abgenommen, um die Leute zu schockieren.

Da fühlt sich Graf herausgefordert. »Ruf ihn an«, sagt er und nimmt ihr dann den Hörer ab. »Ich bin Peter Graf, Sie wissen schon«, dröhnt er ins Telefon und redet dann mit dem Nebenbuhler, »als ob wir uns schon lange kennen würden«. Werner, der tolle Typ, ist ganz sprachlos, den echten Graf am Apparat zu haben. Doch schon bald soll Schluß sein mit lustig, die Affäre mit dem Callgirl soll Peter Graf in eine »verzweifelte und desolate Situation« bringen.

Noch aber bereitet ihm eher sein Widersacher Nieland vom Bundesamt Probleme. Der soll Finanzrichter in Köln werden, will aber vorher noch den Fall Graf weitertreiben. Am 26. Oktober schreibt er einen Brief an die Oberfinanzdirektion Karlsruhe. Durch einen »mutmaßlich in der Zeit vom 4. Juni 1987 bis 1. Juli 1987 abgeschlossenen Vertrag« sei das Recht auf Nutzung des Namens und Bildes der Steffi Graf an die Firma Sunpark Sports B.V. übertragen worden. Den Inhalt des Vertrages kenne er nicht. Aber er werde, so Nieland, alle Freistellungsanträge ablehnen, da Sunpark die Gelder auf die Niederländischen Antillen weiterleite.

Dann äußert Nieland seinen Verdacht. Er glaube, daß Sunpark eine Tarnfirma sei, die aus Deutschland gesteuert werde. Von Peter Graf. Diese Vermutung beruhe auf »Indizien«. Folglich sei Sunpark Sports »keine Person mit Wohnsitz in den Niederlanden«. Steffi Graf sei deshalb steuerpflichtig. Darum sollten am Wohnsitz von Graf möglichst rasch Betriebsprüfung oder Steuerfahndung nach dem Rechten sehen. Wenn entsprechende Unterlagen sichergestellt würden, müsse ein Strafverfahren eingeleitet werden. Am 1. Dezember 1988 macht Nieland in einem weiteren Brief noch einmal Druck. Doch für die Kollegen vor Ort gilt der Fall Graf längst als »E-de-Ka-Fall«. Ende der Karriere, heißt das. Das Ende der Karriere Steffis ist damit wohl kaum gemeint, viel wahrscheinlicher die eines vorwitzigen Beamten. Deshalb nimmt alles weiter seinen gewohnten Gang.

Die Graf-Chronik des Jahres 1988 beim Finanzamt Schwetzingen läßt ahnen, was der Choleriker aus Brühl meinte, als er dem Adidas-Mann Martens gegenüber behauptete, keine Furcht haben zu müssen. »Sinngemäß« erinnert sich Martens, habe Peter Graf erklärt, »daß er in Baden-Württemberg unangreifbar sei«.

Obwohl mittlerweile aus dem Clan eine Tennis-Firma geworden ist, verlangt das Finanzamt nicht einmal – wie bei jeder Klitsche – Umsatzsteuervoranmeldungen. Ebensowenig werden die Einkommen-, die Umsatz- oder die Gewerbesteuererklärungen für 1986 abgegeben. Am 16. Juni hat das Finanzamt mal ganz vorsichtig mit Zwangsgeldern gedroht.

Am 29. August werden Schätzungsbescheide erlassen. Normalerweise taxieren Finanzleute in solchen Fällen hoch, um den Steuerzahler zur Abgabe einer Erklärung zu zwingen. Friedliche Fiskalbeamte sind so selten wie vegetarische Krokodile, aber die in Schwetzingen sind zahnlos. Sie schätzen den Gewinn von Steffi Graf im Jahr 1986 auf 750 000 Mark. Dabei hat allein das weltweit eingespielte Preisgeld bei 1 328 296 Mark gelegen. Sogenannte Verspätungszuschläge werden im August festgesetzt. Zur Einkommensteuer 790 Mark, zur Umsatz- und Gewerbesteuer jeweils 150 Mark. Peanuts.

Am 5. Oktober 1988 wird an die Abgabe der Vermögensteuererklärung zum 1. Januar 1987 und zum 1. Januar 1988 erinnert. 16 Tage später fordert das Finanzamt bei Grafs die Steuererklärungen für 1987 an. Als Frist wird der 28. Februar 1989 festgelegt. Schließlich wird am 22. November die Mattiacum GmbH höflich um Mitteilung gebeten, in welcher Höhe Stefanie Graf in den Jahren 1987 und 1988 Einnahmen aus der Sunpark Sports B.V. zugeflossen seien. Alles noch kein Grund für Peter Graf, Unheil zu wittern.

1989

1. Abschied auf französisch

Zwischen Liebhaber und Gespielin bleibt viel Platz am Tisch. Nicole Meissner und Peter Graf schweigen sich an wie ein altgewordenes Ehepaar. Dabei sind sie erst am Morgen in Ibiza angekommen. »Was ist bloß mit dir los?« knurrt Peter Graf. »Vermies mir nicht den Tag.« Das 21jährige Callgirl druckst herum und stochert lustlos mit der Gabel im Essen. »Nicole, du benimmst dich wie ein Kind«, korrigiert er streng.

»Mir geht es nicht gut«, antwortet die Meissner. Sie fühle sich unwohl. Wieder ist es eine Weile still. Dann: »Ich bin schwanger.«

Peter Graf ist wohl tatsächlich überrascht. Nach einer langen Pause versucht er, wie so oft, wenn er unsicher ist, einen Scherz: »Du wolltest doch immer ein Bobbelchen haben.« Nicole lächelt schwer. Ziemlich energisch sagt sie dann: »Das Kind ist von dir.« Der Satz läßt Peter Graf hochfahren: »Nicole, du weißt, das kann nicht sein. Das ist unmöglich.« Soweit sich Peter Graf erinnern kann, hat es sich bei den diversen Begegnungen mit Nicole immer um einen Verkehr gehandelt, der nicht zur Schwangerschaft führen kann. An diesem Nachmittag jedenfalls empfiehlt er sich wieder auf französisch.

Die veränderte Atmosphäre ist wie ein plötzlicher Temperatursturz. Knapp und kühl fragt Graf anderntags die junge Frau, was sie eigentlich von ihm erwarte. »Isses Geld?« – »Nein, laß uns später drüber reden.« Wortlos steht Peter Graf auf und bucht den Heimflug. Als Nicole am nächsten Morgen zum Frühstück erscheint, ist er schon weg. Von einem Bekannten, dem Zahnarzt Wolfgang Hornig aus Bammental, hat er sich zum Flughafen bringen lassen. Zu Hornig hat er Vertrauen, das ist kein Schlappmaul. Der Doktor hat ihn schon mal zu der Wohnung von Nicole chauffiert und darüber kein Wort verloren. Auf der Fahrt zum Airport in Ibiza rätselt der Tennisvater, »was ist eigentlich mit Nicole los?« Und: »Wer steckt dahinter?«

Was Graf nicht wissen kann: Ein Jahr zuvor, im Sommer 1988, hat Nicole Meissner den Frankfurter Kaufmann Eberhard »Ebby« Anton Thust kennengelernt, schnell waren die beiden fest liiert. Thust, geboren am 16. November 1947, ist ein Mann aus dem Milieu. Früher, in seiner Sturm- und Drangzeit, hat er »die Faust getragen«, wie sie in Frankfurt sagen. Als brutaler Schläger hat er es in der Lokalpresse zu einiger Berühmtheit gebracht: »Eberhard Thust – wie Django durch Frankfurts lange Nächte«.

Der Ebby ist ein richtiger »bad boy« aus dem Bahnhofsviertel. In düsteren Spielkasinos hat er seine Karriere begonnen. »200 000 bis 300 000 Mark pro Nacht« wurden in seinem angeblichen »Backgammon Club« umgesetzt, »das war gar nix«, hat Thust dem *Playboy* erzählt. Saunaklubs hat er auch gegründet; durch die Frankfurter Unterwelt ließ er sich von einem schwarzen Chauffeur im silbernen Rolls fahren – wie ein Lude. Im »Caesar's Palace« in Las Vegas zockte er um Hunderttausende – egal, ob Dollar oder Mark. Gekokst hat

Thust auch, er hat sich »Berge reingeschaufelt«. Boxpromoter war er zeitweise – mit Leichtgewichtweltmeister René Weller in der Hauptrolle. Bei Nicole Meissner spielt Thust den Beschützer, und er setzt die junge Frau als Waffe ein – wie der Vater die Tochter.

Von der Nummer mit dem berühmten Graf will er alles wissen, unbedingt. Nicole muß ihm jedes Detail über die Beziehung erzählen. Auch, daß sie in Brühl bei den Grafs zeitweise gewohnt hat, interessiert ihn. »Ich bin meistens abends hin und morgens zurück.« Es gibt viel zu erzählen.

»Jeder«, sagt ein Graf-Freund, »hat ja gewußt, was da lief. Peter wollte ja, daß es alle sehen.« Bekannten stellt Graf seine Nicole als Sekretärin vor, aber platzt dabei sichtlich vor Stolz. »Sie verstehen schon«, fügt er augenzwinkernd hinzu. Manche aus dem Clan sind überzeugt: »Jetzt ist der Alte übergeschnappt.«

Und Steffi? »Ich weiß nicht, welche Funktion ich in Steffis Augen hatte«, sagt die Meissner mit einem vielsagenden Lächeln. Steffi Graf ist früh eingetrichtert worden, ums Verrecken den schönen Schein zu wahren, allen Spöttern die fällige Antwort auf dem Tennisplatz zu geben. 6:0, 6:0, das ist die Sprache der Grafs.

2. Öffentlich verliebt

Auch Steffi, deren Zimmer in Brühl immer noch mit Kuscheltieren vollgestopft ist, muß mit Gefühlen fertig werden. Da ihr Leben öffentlich ist, interessiert auch ihre erste große Liebe die Nation. Das macht die Sache nicht unkompliziert. Zudem fürchtet Steffi, ihr Freund komme »in eine Welt hinein, die er vielleicht nicht unbedingt als großartig empfindet«.

Der Glückliche ist der Leverkusener Tennisprofi Alexander Mronz, genannt Sascha. Ein Architektensohn mit Abi und Golf GTI. Ein Jüngling nach Peter Grafs Geschmack: nett, lieb und einigermaßen harmlos. Die üppig sprießenden Spekulationen, Peter Graf habe Mronz mit Geld gelockt, um Deutschlands Sehnsucht nach Steffis erstem Freund (*Bunte:* »50 Millionen und noch immer kein Mann«) zu stillen, sind ziemlicher Unfug. Die beiden turteln, wie junge Leute turteln. Zumindest tun sie ordentlich verliebt.

Womöglich verliebt sich Steffi sogar aus vorauseilendem Gehorsam. Diese Beziehung jedenfalls, lobt Peter Graf, sei »gut für Steffi und gut für uns alle«. Mronz wisse, »daß Tennis an erster Stelle kommt«. Wie das junge Paar so miteinander umgeht, verrät der Papa eilfertig allen Interessierten: »Wenn sie ihm am Abend sagt: ›Es ist neun Uhr, ich muß ins Bett‹, dann sagt er: ›Gute Nacht‹, und dann läßt er sie gehen.« Also: »Es ist alles in Ordnung.« Er habe ja, nun kann Peter Graf es zugeben, immer Probleme mit Steffis erstem Freund befürchtet. Aber sie habe die richtige Wahl getroffen – Vaters Tochter halt.

Steffi selbst ist in dieser Sache, wie auf dem Tennisplatz, ziemlich schweigsam. Es sei eben »eine Sportsfreundschaft«, kommentiert sie knapp. »Er geht seinem Tennis nach, und ich auch.« Tatsächlich ist alles ein bißchen anders als bei anderen Liebenden. Zwar reisen Alexander und Steffi wie zwei Romantiker im Frühling nach Paris – aber Steffi hat Tennis zu spielen, und sie wohnen in getrennten Hotels. Mronz scheidet zumeist früh aus, Steffi erreicht fast immer das Finale. Bei den French Open unterliegt sie ausnahmsweise im Endspiel der Spanierin Arantxa Sanchez Vicario 6:7, 6:3, 5:7. Ob der junge Mann die Steffi vielleicht doch ein wenig verwirrt hat, sorgt sich der Boulevard. Haben die beiden womöglich zu lange telefoniert? Plötzlich fällt auf, daß der Kerl nicht einmal das Damentennis gebührend würdigt.

Er nennt es »Pingpong« und schimpft, daß »sich jeder Mann mit 100 Prozent Leistung durch die erste Runde kämpfen muß, während einige Mädchen nicht mal schwitzen und Millionen verdienen«. Immerhin kann er glaubhaft versichern, daß er damit nicht Deutschlands Allerliebste gemeint hat.

Aber Steffi ist's ziemlich Wurscht. »Alexander ist sehr, sehr attraktiv«, schwärmt sie. »Wir liegen auf einer Wellenlänge und gehören zusammen.« Tatsächlich, so erklärt sie die Niederlage gegen die knubbelige Sanchez, habe sie einfach ihre Periode gehabt. Was *Bild* auch wieder eine hübsche Schlagzeile einbringt: »Steffi's Geständnis«.

Niemals vorher und nie wieder ist Tennis in Deutschland so populär wie in jenen Monaten des Jahres 1989. Steffi Graf und Boris Becker, ein Traumpaar des TV-Zeitalters, gewinnen die Einzelwettbewerbe in Wimbledon und bei den U.S. Open. Steffi wird »Weltsportlerin des Jahres«, gewinnt 14 Turniere und bleibt 41mal in Folge ungeschlagen, gewinnt insgesamt 86 Spiele, darunter drei Grand-Slam-Finals.

Ein Land in Ekstase. Gierig verschlingt die Nation jedes Wort, das Steffi ihrem Tagebuch in der *Bild-Zeitung* anvertraut. Wie über das Champions' Dinner in London, wo der rothaarige Kollege aus Leimen noch kurzfristig seine Rede einstudieren muß. »Plötzlich war Boris verschwunden. Er hatte den Kopf weit unter den Tisch gebeugt, bewegte die Lippen, sprach leise vor sich hin.« Oder über die Gefühle im Moment des Sieges: »Es war wunderschön, hinter dem Handtuch für ein Paar Sekunden ganz alleine zu sein. Umgeben von 15 000 Menschen und doch allein.« Teenie-Geplapper? Steffi und Boris hätten damals ein Telefonbuch aus dem Jahre 1928 vorlesen können, die Nation hätte andächtig gelauscht. Sie ist die ideale Tochter: zuverlässig, brav, hübsch, erfolgreich. Und er verkörpert den perfekten Sohn: rebellisch, wild, stark, erfolgreich. Nur Peter Graf mag ihn noch immer nicht. In Wimbledon hat Horst Schmitt die Idee, Steffi und Boris gemeinsam für die Fotografen posieren zu lassen. Es kommt zum Eklat: Peter Graf, schon angetrunken, fürchtet um seinen Ruhm und brüllt durchs Haus, die Wimbledon-Siegerin läuft weinend auf ihr Zimmer, Schmitt reist ab.

Aber es boomt im Land. Denn das Jahr der Tenniserfolge ist auch das Jahr des Privat-TV – Sat. 1 und RTL beginnen ihre Jagd auf die Sportrechte, die Öffentlich-Rechtlichen senden verzweifelt dagegen an. 1989 werden insgesamt 1019 Stunden Tennis in die Wohnzimmer der Graf- und Becker-Fans übertragen, mehr als doppelt soviel wie vom Fußball. Später werden sogar 40 Prozent aller weltweit gehandelten Fernsehlizenzen im Tennis von deutschen Kanälen erstanden. Deutsche Firmen sponsern bereitwillig die größten Veranstaltungen; neue Turniere werden gespielt. Der Goldrausch macht Peter Graf am Ende süchtig.

Als Steffis Beziehung zu Mronz in die Brüche geht, heißt es, Peter Graf habe wieder einmal als großer Intrigant gewirkt. Wer nicht, wie er, »Weltklasse« ist, gilt ihm als Versager. Einer wie Mronz, der bei Turnieren nur mit günstiger Auslosung ein paar Runden übersteht, ist für Peter Graf ein »Schwächling«. Bevor der Versager ein Leben an Steffis Seite genießen dürfe, soll Graf gesagt haben, müsse der erst einmal besser Tennis spielen. Der Jüngling geht lieber. Er habe, ruft Steffi ihm nach, sowieso »zuviel ausgeplaudert«. Es ist wie immer: Wenn der Vater eine Brücke abreißt, macht die Tochter bei der Demontage eilfertig mit.

3. Der Rivale aus Transsylvanien

Rund um den Globus, davon mag Peter Graf nicht lassen, soll nur nach seinen Regeln, seinen »rules«, wie er sagt, gespielt werden. Schon lange hat er davon geträumt, daß auch sein größter Widersacher, der ewige Besserwisser Ion Tiriac, sich ihm einmal beugen müsse. Viele haben Peter Graf den Wettstreit mit dem Manager von Boris Becker, dem männlichen Pendant zu Steffi, ausreden wollen. Tiriac, sagten sie, habe jahrelange Erfahrung. Der Rumäne sei selbst ein Weltklassetennisspieler gewesen, dann Trainer, und schließlich habe er mit Becker den Glücksgriff seines Lebens getan. »Warum willst du dich mit ihm vergleichen, Peter?« fragte ein Freund, »er ist die Nummer eins.« – »Ich brauche Tiriacs Erfahrungen nicht«, antwortet Graf, »ich bin besser.«

Ion Tiriac, am 9. Mai 1939 im früheren Kronstadt, dem heutigen Brasov, im Süden Siebenbürgens als Sohn eines Postbeamten geboren, mußte auch lange um Anerkennung und Lob buhlen. Ähnlich wie Graf versuchte er, mangelnde Schulbildung durch Sport zu kompensieren, probierte viele Disziplinen aus. Im Eishockey war er schon Nationalspieler, als er eher zufällig zum Tennis kam.

Ein paar Jahre später drosch Tiriac im Daviscup-Team der Rumänen den Ball. »Der Tiriac packte den Schläger so, wie Tanzstundenjünglinge ihrer Angebeteten einen Blumenstrauß überreichen«, erinnert sich der Tennisexperte Ulrich Kaiser. »Aber er konnte mit seiner unermüdlichen Rennerei weniger routinierte Gegner zur Verzweiflung bringen.« Mit seinem kongenialen Partner Ilie Nastase stand er dreimal im Daviscup-Finale. Dreimal verloren sie gegen die Amerikaner. Im Doppel mit Nastase gewann Tiriac sogar die Internationalen Französischen Tennismeisterschaften im Jahre 1970.

»Ich habe ein schweres Leben gehabt. Da lernst du kämpfen«, sagt Tiriac. Die »Schule des Lebens« findet sich bei denen, die von unten kommen, häufig in den Welterklärungsmustern. Auch Graf mußte immer kämpfen, Schlachten schlagen, sich diverser Attacken erwehren. Das normale Leben – ein Heldenmythos.

»Das Ansehen des Helden wie sein Selbstgefühl«, schrieb der Literat Elias Canetti in »Macht und Überleben«, setze »sich zusammen aus all den Augenblicken, in denen er als Sieger vor seinem erlegten Feinde stand. Für die Überlegenheit, die ihm sein Gefühl von Unverletzlichkeit gibt, wird er bewundert, sie gilt nicht als unbilliger Vorteil über seinen Gegner. Jeden, der sich ihm nicht beugt, fordert er bedenkenlos heraus. Er kämpft, siegt, tötet; er sammelt seine Siege. Sammeln ist hier buchstäblich zu verstehen. Es ist, als gingen die Siege in den Leib des Siegers ein und stünden zur Verfügung.«

Das Leben von Graf und die Laufbahn von Tiriac setzen sich aus Zweikämpfen zusammen. Es scheint aber, daß der Mann aus Siebenbürgen beim Wettlauf immer schon am Ziel war – wie der Igel, der den hechelnden Hasen erwartet. 1979 hat er mit Freunden die Tivi B.V. in Holland gegründet. »In erster Linie sind es steuerliche Gründe gewesen«, sagte er. Später kamen rund um den Globus Filialen hinzu. Als Peter Grafs Sunpark in Amsterdam, Museumplein 11, einzog, war Ion Tiriac schon lange dort.

Ein paar Monate im Jahr verbringt Tiriac in der Anonymität unter den Reichen in Monaco. In New York oder Wien ist er auch zu Hause. Er war in Ländern, von denen viele gar nicht wissen, daß es sie gibt. Ein paar hundert Stempel sind in seinem Reisepaß. Auf Partys beißt er nicht, wie Graf, aus Verlegenheit ins Glas, sondern zerbeißt, aus Spaß, Champagnergläser. Aber ein paar Gemeinsamkeiten gibt es auch. Ein bißchen protzig, neureich, von herablassender Jovialität waren Graf und Tiriac immer. Beide sammelten Autos, aber auch da war Tiriac vorn. Er hatte zeitweise 18 Karossen. Jeden neuen Ferrari, jeden neuen Mercedes, jeden neuen Jaguar, alle Porsche, einen Lamborghini Diablo, keinen Rolls-Royce.

Der Finsterling aus Transsylvanien war in den besten

Graf-Zeiten bereits der Pate des neuen Tennis, der Capo di tutti Capi gewissermaßen. Verglichen mit Tiriac war Graf vielleicht Sotto Capo, was in Sizilien Unterführer bedeutet.

Doch jetzt, als erstmals in der Essener Grugahalle der Nokia-Grand-Prix der Damen stattfinden soll, wittert er die Chance, das Kräfteverhältnis zu korrigieren. Denn im Hintergrund zieht Tiriac die Fäden: Der Rumäne will in Deutschland unbedingt ein neues Turnier etablieren, aber eine Damenkonkurrenz ohne Steffi ist bei Sponsoren und Fernsehen so gut wie unverkäuflich. Tiriac habe damals, erinnert sich Schmitt, »sehr lange bei Peter Graf angefragt. Dieser hat ihn ein halbes Jahr zappeln lassen. Dann hat Peter Graf zugesagt.« Graf ist stolz auf seinen Coup: »Tiriac saß da, hat gebettelt und geweint, damit wir das machen.« Seine Tochter, das habe der Rumäne zugestanden, müsse für ihre 300 000 Dollar Antrittsgeld nicht einmal spielen. Tiriac wolle »das Geld dafür bezahlen, daß er im Vorfeld des Turniers mit der angeblichen Teilnahme von Steffi bei Fernsehen und Sponsoren besser akquirieren könne. Steffi könne ja dann kurz vor Turnierbeginn verletzungsbedingt absagen.«

Dann tritt Horst Schmitt in Aktion. Am 22. November 1989 wird beim Geldhaus Baring Brothers S.A. in Genf ein Paket mit 300 000 Dollar bereitgelegt. Paul Foortse von Wisselink & Co avisiert den Bankleuten die Ankunft des Deutschen: »Horst Hans Schmitt, deutscher Paß, wird das Geld in Ihrer Bank abholen.« Schmitt kommt, kassiert das Geld und liefert das Paket ungeöffnet bei Sunpark in Amsterdam ab.

Steffi aber scheidet in Essen nach zwei Runden aus, was Tiriac im nachhinein wenig spaßig findet. Der Rumäne haßt Niederlagen. Die Nokia-Geschichte wird deshalb viel später für den Absturz des Peter Graf von einiger Bedeutung sein.

Noch bereitet aber ein anderes Problem Graf größere Magenschmerzen. Die Geschichte mit Nicole Meissner, das wird ihm immer klarer, wird bald viel Ärger machen. Bekannte zeigen ihm frotzelnd den *Playboy.* In Heft Nr. 10 posiert die Venus nackt inmitten der »Motocross-Gang aus Frickenhausen«. Als er das Foto sieht, ruft er Nicole noch einmal unter einem Vorwand an. »Deine Tapete hat mir gefallen. Ich baue und will mir vielleicht auch so eine kaufen. Wo hast du sie her?« Natürlich fragt er dann auch, was »mit der anderen Sache« sei: »Hat die sich erledigt?« – »Nein«, antwortet Nicole, »das Kind kommt im Februar.« – »Das geht mich nichts an«, sagt Graf. – »Rufst du noch einmal an?« will sie wissen. – »Da gibt es keinen Grund.« Dann legt Graf einfach auf.

4. Ein Drittel Deutschland, zwei Drittel Ausland

Mit den fiskalischen Erbsenzählern vom Bundesamt in Bonn läuft es nicht recht nach Plan. Freistellungsbescheide werden nach wie vor verweigert. Weiterhin kommen 25 Prozent der Sponsorengelder nicht bei Sunpark an. Graf geht es wie einem Ringer, der vom starken Obermann in die Bauchlage gepreßt wird und verzweifelt versucht, zum Mattenrand zu gelangen. In der Not realisiert er seine Idee aus dem letzten Jahr, wonach die Werbegelder der deutschen Firmen zum Großteil erst gar nicht in Deutschland auftauchen dürfen.

Den ersten Versuch machte Graf bei Adidas in Herzogenaurach. Sein Gesprächspartner war Vorstandsmitglied Martens. »Das Geld für Steffi muß gesplittet werden«, verlangte Graf, und dann fiel die magische Formel: »Ein Drittel Deutschland, zwei Drittel Ausland.«

Adidas-Martens erklärte Graf zwar, daß er »eine solche Aufsplittung steuerlich für sinnlos« halte, aber wenn Graf darauf bestehe, werde eben der Haupthahn jenseits der

Landesgrenzen aufgedreht. 1989 fließen die Adidas-Ströme dann so: Drei Zahlungen über insgesamt 660 000 Dollar transferiert, wie bisher, die fränkische Muttergesellschaft. Fünf Überweisungen über insgesamt 750 000 Dollar kommen von der Adidas Handels AG, 6002 Luzern/Schweiz. 500 000 Dollar steuert die Adidas Handels AG Hongkong in zwei Tranchen bei. 1,25 Millionen Dollar bleiben so dem deutschen Fiskus verborgen.

Damit hat Peter Graf fast jenes Ziel erreicht, das sich als kryptischer Satz schon in ganz frühen Telexen fand: »Graf möchte versuchen, Steffis Namen aus den Adidas-Akten herauszuhalten.«

Mancher mag die Nase rümpfen, daß Adidas die Graf-Regeln so eilfertig befolgt, aber auch bei den Sportartiklern ist der Konkurrenzkampf knüppelhart – zum Nutzen der eigenen Firma wird noch anderen als Peter Graf Gutes getan. Und der findet auch anderswo offene Ohren, etwa beim Safthersteller Granini, der ebenfalls mit der kleinen Tenniskönigin wirbt: »Was ist mein Plus und schmeckt super?« fragt Steffi Superstar in einer Promotion von »Vitamin 10 Plus«. 1987 hat die Firma für die Verkaufshilfe noch 950 000 Mark gezahlt, 1988 eine Million. In diesem Jahr aber werden die Verträge neu gefaßt. Fortan erhält Sunpark 800 000 Mark in zwei Raten aus Deutschland. 100 000 Mark Quellensteuer kassiert zum Leidwesen von Peter Graf immer noch das Finanzamt Bielefeld. Aber das Unternehmen, noch Teil des Reiches von Melitta, aktiviert zum Trost seine Töchter. Für die Melitta-Niederlassungen in Salzburg, Dunstable (Großbritannien), Sint-Niklaas (Belgien) und Chézy-sur-Marne (Frankreich) werden ebenfalls Verträge gefertigt, die immerhin 450 000 Mark quellensteuerfrei pro Jahr aufs Sunpark-Konto bringen. Schade nur, daß Steffis Geldeintreiber die belgische Melitta-Tochter glatt übersehen. Weil sie keine Sunpark-Rechnung erhalten, legen sich die Belgier in die Ackerfurche und rühren sich nicht. Sie zahlen keine Mark.

Ein kleiner Ausgleich sind auch frische Überweisungen der Citibank Amsterdam und Brüssel über insgesamt 500 000 Mark. Der Privatsender Sat. 1 steuert weitere 644 000 Mark hinzu. Ziemlich unübersichtlich gerät aber der Handel mit Dunlop, jenem Konzern, der Steffi seit ihrem 13. Lebensjahr mit Schlägern und Kleidung ausrüstet. Graf verlangt von Dunlop-Geschäftsführer Detlef Grosse eine Verbesserung des Vertrages. Grosse notiert: »Peter Graf akzeptiert unser Angebot von 500 000 Dollar pro Jahr = zwei Millionen Dollar für vier Jahre, beginnend ab 1989, ohne weitere Forderungen. Steffi Graf wird weiterhin den Dunlop Max 200 G spielen und voraussichtlich in absehbarer Zeit auf kein anderes Dunlop-Modell wechseln.«

Ein paar Extras sollen aber doch sein. Pfennigfuchser Graf verlangt »jeweils drei Eintrittskarten pro Tag in der zweiten Wimbledon-Woche«. Dazu die Miete der Graf-Häuser während des Wimbledon-Turniers. Und vor allem: Der Großteil des Geldes solle über Hongkong ausgezahlt werden. Die Dunlop Slazenger (H.K.) Limited in Hongkong hat alle Rechte am Namen Steffi Graf weltweit – mit Ausnahme von Deutschland. Sie zahlt dafür in 1989 umgerechnet 489 328 Mark zusätzlich zum deutschen Vertrag über 170 000 Mark.

Die Angelegenheit wird ganz kompliziert, als Dunlop Slazenger International Limited in Leatherhead (England) Dunlop Deutschland an den Zahlungen für Steffi beteiligt. Das führt zu Ärger mit dem deutschen Fiskus. Weil Dunlop hessischen Betriebsprüfern nicht logisch erklären kann, nach welchem Schlüssel die Steffi-Gelder auf die nationalen Dunlop-Gesellschaften umgelegt worden sind, schalten die Fahnder auf stur. Sie erkennen die Sponsorgelder nicht als Betriebsausgaben an.

Trotz des Ärgers mit den Finanzbeamten: Für Dunlop ist der Poker mit Graf ein ganz normaler Deal. »Bei den mit Peter Graf geführten Gesprächen war stets klar«, steht in einem Firmenvermerk, »daß er eine unter steuerlichen Gesichtspunkten optimale Lösung anstrebte. Wir gingen davon aus, daß dies durch die Einschaltung der Firmen Sunpark Sports und Avantage erreicht werden sollte. Wir sahen darin nichts Unübliches.«

Auch sonst dreht Peter Graf für jede Mark die Daumenschrauben an. Der schreckliche Herr aus Brühl, der nichts mehr haßt, als eigenes Geld auszugeben, wird schnell zum Dauerthema bei der Lufthansa, als die Fluggesellschaft der Graf-Familie für ein Jahr ein Kontingent an Flugtickets im Wert von 195 000 Mark zur Verfügung stellt. Fortan erscheint Peter Graf an Lufthansa-Schaltern, weist sein Lufthansa-Scheckheft mit der Nummer 31872 vor und bucht in der Economy-Klasse. Die wird dann auch abgerechnet. Kaum ist die Summe notiert, bittet er ziemlich forsch um ein Upgrading in die Business Class, First ist ihm noch lieber. Der Trick zahlt sich aus. Zwölf Monate nach Vertragsabschluß ist das Kontingent immer noch nicht ausgeschöpft.

Ein anderer Fall: Für bescheidene 35 000 Mark soll Steffi für Dextro-Energen posieren. Kurz vor dem vereinbarten Fototermin ruft Peter Graf an und verlangt 50 000 Mark. Da die Anzeigenseiten schon geordert sind, wird der Mehrpreis gezahlt. Oder: Der ostwestfälische Modefabrikant Gerry Weber weigert sich, Graf-Gelder ins Ausland zu transferieren; es geht immerhin um 1,2 Millionen Mark. Aber Graf setzt den Saubermann so unter Druck, daß Weber das Werbehonorar erhöht, um den Grafschen Steuerverlust auszugleichen.

Im Fall Graf wird getrickst und finassiert. Die Steuerbehörden spielen den dummen August. Die bleierne Gelassenheit, die unerhörte Toleranz, mit der das Finanzamt

Schwetzingen das Treiben der Grafs zur Kenntnis nimmt, ist ebenso bemerkenswert wie der geradezu demonstrativ blinde Aktionismus des Stuttgarter Finanzministeriums. Vermutlich wird nie geklärt werden, ob es sich dabei um einen besonders heftigen Anfall von schwarzrotgoldenem Patriotismus, vorauseilendem Gehorsam oder gar Druck von oben handelte. Nur eins steht fest: Immer noch heißt es »Advantage Graf«.

Bis zum 1. Januar 1989 hat die Chefin des 1982 gegründeten Unternehmens Graf ganze zwei Erklärungen zur Einkommensteuer abgegeben, 73 882 Mark hat sie gezahlt. Hinzu kommen Vorauszahlungen in Höhe von 992 000 Mark. Bis zu diesem Zeitpunkt hat die »Money Queen« (*Bild*) weit über 50 Millionen Mark verdient.

Lesen die Beamten keine Zeitung? Sind sie blind für Realitäten? Oder sind die Grafs gleicher als gleich? Die Steuerchronik 1989 gewährt jedenfalls Einblick in ein Milieu, in dem Trickser die Herren bleiben.

Das Kalendarium Graf:

9. Januar: Das baden-württembergische Finanzministerium beantwortet zwei Schreiben des Bonner Bundesamts für Finanzen von Ende 1988: Man teile die Auffassung, daß verschiedene Anhaltspunkte für eine Steuerung der Sunpark Sports B.V. durch die Familie Graf sprächen. »Im Interesse der Ausschöpfung aller Erkenntnisquellen« soll zunächst einmal an die niederländischen Steuerbehörden ein Fragebogen geschickt werden. Sechs Fragen hat das Ministerium ausgearbeitet. Vor allem wollen die Stuttgarter wissen, wer Sunpark gegründet habe, wer Gesellschafter sei und was Graf damit zu tun habe. Der Absender des Briefes, Ministerialrat Gerd Metzmaier, ist ein alter Hase. Um so mehr verwundert, daß er angeblich auf die Unterstützung aus den Niederlanden setzt. »Die Holländer lassen uns doch verhungern«, glaubt dagegen ein anderer Bearbeiter der Akte Graf.

Mitte Januar: Regierungsdirektor Friedrich Wilhelm Haug, der Nachfolger Nielands beim Bundesamt für Finanzen geworden ist und in der Behörde als »puristischer Gerechtigkeitsfanatiker« gilt, ruft angeblich bei Metzmaier an. Ein solches Auskunftsersuchen sei nur sinnvoll, wenn gleichzeitig bei Grafs in Brühl die Prüfer vorbeischauten. Durch das Auskunftsersuchen werde er möglicherweise sogar gewarnt. Alles geht seinen Gang; Metzmaier wird sich später an ein solches Gespräch nicht mehr erinnern. Er bestreitet es sogar.

25. Januar: Das Finanzamt Schwetzingen droht den Grafs mit Zwangsgeld, weil die Vermögensteuererklärungen für 1987 und 1988 nicht abgegeben worden sind. Als Frist wird der 20. Februar gesetzt.

27. Januar: In Schwetzingen treffen die Graf-Verträge mit Sunpark Sports B.V. ein.

22. Februar: Da die Vermögensteuererklärungen immer noch nicht abgegeben sind und auch keine Vermögensaufstellung zur Ermittlung des Einheitswertes vorliegt, werden Zwangsgelder von insgesamt 3000 Mark verhängt.

8. März: Wegen Nichtabgabe der Einkommensteuer-, Gewerbesteuer- und Umsatzsteuererklärungen 1987 werden Zwangsgelder in Höhe von jeweils 500 Mark angedroht.

9. März: Das Bundesamt schickt der niederländischen Steuerverwaltung einen erweiterten Fragenkatalog.

14. März: Die Vermögensteuererklärungen für 1987 und 1988 werden abgegeben. Ergebnis: null Mark für 1987 und für 1988 ganze 8135 Mark.

20. März: Die Festsetzung des Zwangsgeldes für die Vermögensteuererklärungen wird aufgehoben.

5. April: Festsetzung von Zwangsgeldern wegen Nichtabgabe der Einkommen-, Umsatz- und Gewerbesteuererklärungen für das Jahr 1987 in Höhe von jeweils 500 Mark.

17. April: Die Oberfinanzdirektion Karlsruhe teilt dem Finanzministerium mit, daß die Grafs an der Sunpark B.V. in Holland zu 20 Prozent beteiligt seien. Das habe Eckardt mitgeteilt. An der Intertrust seien die Grafs nicht beteiligt.

21. April: Schwetzingen droht mit der Schätzung der Einkommensteuer für 1987.

7. Juni: Das Finanzamt erläßt einen Schätzungsbescheid für 1987 und setzt die Einkommensteuer auf 566 244 Mark fest. Die Beamten haben einen Gewinn von einer Million Mark zugrunde gelegt. Gleichzeitig werden Verspätungszuschläge in Höhe von 14 340 Mark erhoben.

14. Juni: Die Einkommensteuervorauszahlungen für 1988 werden von bisher 300 000 Mark auf 843 771 Mark erhöht.

15. Juni: Endlich treffen die Steuererklärungen für 1986, 1987 und 1988 ein. Danach liegt der Gewinn von 1986 bei 614 804 Mark, im Folgejahr 1987 bei 607 983 Mark und 1988 nur noch bei 436 180 Mark. Die Firma Graf ist, den erklärten Einnahmen zufolge, nur ein bescheidener Laden. Die Steuerbehörde hebt die festgesetzten Zwangsgelder auf.

30. Juni: Die Steuerbescheide für 1986 und 1987 werden deutlich nach unten korrigiert. Für 1986 werden 337 229 Mark festgesetzt, für 1987 sind es 320 497 Mark. Für 1988 geht das Finanzamt von einer Einkommensteuer in Höhe von 218 086 Mark aus. In diesem Jahr hat Steffi an Sponsorengeldern und Antrittsgeldern mindestens 10 Millionen Mark kassiert. Ihr Preisgeld betrug umgerechnet 3 692 141 Mark. In Florida erwarben die Grafs für 1 151 186,44 Dollar ein weiteres Haus. Der im Rahmen der Schätzung für 1986 festgesetzte Verspätungszuschlag zur Einkommensteuer in Höhe von 790 Mark wird aufgehoben.

6. Juli: Die Oberfinanzdirektion (OFD) Karlsruhe teilt dem Finanzministerium mit, für 1990 sei eine Betriebsprüfung bei den Grafs vorgesehen.

19. Dezember: Die OFD hat herausgefunden, daß die

Grafs zu 20 Prozent an der Sunpark-Muttergesellschaft auf den Antillen beteiligt sind. 80 Prozent werden von der Sportagentur Advantage gehalten.

Kurz zuvor hat sich Steffi Graf in Zürich mit einem Reporter des Schweizer Fachblattes *Sport* diesen Dialog geliefert:

»Was bedeutet Ihnen Geld?«

Steffi Graf: »Geld? Ich interessiere mich dafür.«

»Wissen Sie beispielsweise, was Ihre Ausrüsterverträge wert sind?«

Steffi Graf: »Ja, das weiß ich ziemlich genau.«

»Wissen Sie, wieviel Geld auf Ihrem Konto liegt?«

Steffi Graf: »In etwa schon. Ich meine, das ist ziemlich schwer. Aber ich kümmere mich schon darum.«

»Wissen Sie, wieviel die Siegerin hier in Zürich verdient?«
Steffi Graf: »Moment, das ist ein 250 000-Dollar-Turnier – ich würde sagen, 32 000 Dollar.«

»Es sind 50 000.«

Steffi Graf: »Oh, 50 000? Ja, dann habe ich halt die Steuern schon abgezogen.«

1990

1. Der Krimi um Thust und Tara Tanita

Peter Graf spürt Panik, grenzenlose Panik. Er ist »verzweifelt wie nie zuvor«. Bei den Australian Open in Melbourne, im Januar 1990, weckt ihn sein Vertrauter Horst Schmitt schon morgens um acht Uhr. Schmitt war mit Steffi und einigen Reportern in der Disco. Steffi hat die ganze Nacht durchgetanzt. Ein Journalist vom *Stern,* erzählt er nun, habe ihm anvertraut, daß Nicole Meissner ihre Liebesgeschichte an das Magazin habe verkloppen wollen, für »eine Million Mark«. Entsetzen flackert über Grafs Gesicht, als kurz darauf auch Ehefrau Heidi aus Deutschland anruft. »Du bist Vater geworden«, sagt sie kühl, »gratuliere.«

Heidi Graf hat immer so getan, als merke sie nicht, wenn ihr Mann bei seinen Reisen auf Abwege gerät. Wie konsequent sie alle schlechten Nachrichten verdrängt, zeigt ein Dialog am Strand von Marbella. Peter Graf mag nicht still auf dem Badelaken liegen und die Sonne genießen, er will dringend von Ereignissen der letzten Nacht berichten, die ihm Otto Waalkes, der lebenslustige Freund der Familie, gebeichtet hat. Peter Graf: »Also, der Otto wieder. Der hatte vielleicht eine Frau gestern abend.«

Steffi Graf: »Ach Papa...«

Peter Graf: »Nein, wirklich, der hat wieder eine gebumst.«

Steffi Graf: »Laß doch, Papa.«

Peter Graf: »Richtig wild muß die gewesen sein.«

Steffi Graf: »Papa, bitte hör auf.«

Heidi Graf: »Er erzählt doch nur, wovon er selbst träumt.«

Das hört sich an, als stehe Heidi Graf über den Dingen. Dabei ist die Grenze zur stillen, resignativen Duldung fließend. Auch als Hausfrau ist Mutter Graf nicht glücklich. Sie kocht für Gäste, richtet abends spät das Gästezimmer (»Ich lasse doch niemanden an meine Wäsche«), sie paßt auf, daß nicht alle sozialen Kontakte abreißen. Sie organisiert weiter die Kartenabende mit den Ehepaaren Noltz und Berzel, lädt auch einmal im Jahr zur Gartengrillparty. Doch ihr Mann behandelt sie wie eine Provinzlerin, die bei seinem Aufstieg in die Weltklasse nicht mithalten kann. Bringt jemand Heidi Graf Blumen mit, sagt er: »Das ist überflüssig, was soll das?« Und immer häufiger fährt er seiner Frau über den Mund: »Halt dei Gosch.«

Als die Meissner-Affäre publik wird, ändert Heidi Graf ihr Leben nur wenig: Sie übernimmt wieder die Betreuung ihrer Tochter und fliegt öfter einmal für ein paar Tage allein nach Amerika. Eine Entscheidung ist das nicht; sie flieht ein bißchen, aber sie steht »diese Sache« doch durch.

Tara Tanita, ein Mädchen, wird am 9. Januar 1990 im Klinikum Frankfurt-Höchst geboren; ein Acht-Monats-Kind, das mit drei Nieren, einem Herz- und einem Augenfehler zur Welt kommt.

Als Vater läßt Nicole Meissner Peter Graf eintragen. Beim Telefonat mit ihrem Mann liegt Heidi Graf bereits der Brief eines Frankfurter Anwalts vor, der sich erst einmal über den Grafschen Stil äußert: »Nachdem Sie bei dem gemeinsamen

Kurzurlaub in Ibiza erfahren hatten, daß unsere Mandantin ein Kind von Ihnen erwartet, sind Sie kurzfristig abgereist und ließen unsere Mandantin allein im Hotel in Ibiza zurück.«

In dem Schreiben vom 19. Januar fordert der Rechtsanwalt Peter Graf auf, die Vaterschaft formgerecht anzuerkennen und »ab sofort monatlich im voraus den Unterhalt für das Kind zu zahlen«. Zunächst einmal den Regelunterhalt von 228 Mark. Zugleich informiert der Anwalt das Jugendamt des Rheingau-Taunus-Kreises, das als Amtspfleger eine Vaterschaftsklage einreichen soll.

Peter Graf düst sofort nach Hause, als Steffi in Melbourne ihr neuntes Grand-Slam-Turnier gewonnen hat: 6:3, 6:4 gegen Mary Joe Fernandez. »Aber ich habe kein gutes Tennis gezeigt. Ich weiß nicht warum«, sagt sie.

Knapp 14 Tage später rutscht sie bei einem Bummel in St. Moritz aus und zieht sich eine Knochenabsplitterung am rechten Daumen zu. In der Heidelberger Universitätsklinik wird ihr am 9. Februar ein Gipsverband angelegt. Sie will keine Operation. Peter Graf tut gelassen. »Es wird sich schon alles wieder richten, schließlich kann Schlimmeres passieren.«

Grafs Mimikry hilft nicht. Manchmal ist der Mann der einfachen Worte und Sätze in diesen Tagen ganz sprachlos. Ihm ist sofort »vollkommen klar, daß die Veröffentlichung der Geschichte Meissner/Graf einen geradezu immensen Schaden für meine Tochter und meine Familie bedeuten« kann. Peter Graf rechnet sogar mit dem Schlimmsten: »Möglicherweise kommt es dazu, daß Steffi mit dem Tennis aufhört.«

Alle, die mit Vater Graf in dieser Zeit zu tun haben, bemerken den »desolaten Zustand«; so hat man ihn noch nie erlebt. »Wir haben Tag und Nacht rotiert.« Immer geht es um Steffi und die Folgen. »Unvorstellbar«, sagt er geistesabwesend ein ums andere Mal. Es scheint, als fürchte er die Wiederholung eines Traumas seiner Kindheit: Er haßt seinen Vater dafür, daß der wegen einer Jüngeren die Familie zerstört hat. »Unvorstellbar« ist nicht zu steigern.

Der *Stern* und auch die *Bunte,* der die Geschichte von »Steffis Halbschwester Tara Tanita« gegen 500 000 Mark Honorar angeboten worden war, haben abgelehnt. Aber *Bild* ist dran. Ausgerechnet Grafs Lieblingsblatt, ausgerechnet Steffis Vertragspartner.

Am 27. Januar, einem düsteren Regentag, spielt in Hamburg eine Szene wie aus einem »Tatort«-Krimi: Thust und Meissner haben sich im Ramada-Hotel mit einem Unbekannten verabredet. Das Treffen bleibt nicht unbeobachtet, da ein Observationstrupp des Bundeskriminalamtes hinter dem Boxpromoter her ist.

Punkt 20.36 Uhr kommt der Fremde. »Männliche Person, Alter ca. 45 Jahre, ca. 1,85 m groß, dunkelblonde, nach hinten gekämmte Haare, Brillenträger«, vermerkt der Observationsbericht. Die Dame an der Rezeption kennt den Mann. »Guten Abend, Herr Tiedje«, hören die Lauscher vom BKA. Dann geht der Mann ins Zimmer 201, wo Thust und die Meissner warten.

Hans-Hermann Tiedje, Chefredakteur der *Bild*-Zeitung, hat angebissen. Ein Profi vom Boulevard, der meist heftig den Rauch eines Zigarillos in sich hineinzieht. Er sieht so aus, wie Chefredakteure in Krimis aussehen, und er agiert auch so. Mit Tiedje jedenfalls ist nicht zu spaßen. 250 000 Mark verlangt Thust, 150 000 Mark bietet Tiedje.

Am 7. Februar, elf Tage nach dem Treffen im »Ramada«, geht um 15.31 Uhr bei Frankfurter Anwälten ein Fax des Springer-Verlages ein. Nicole Meissner soll 150 000 Mark für die exklusive Schilderung ihrer Beziehung zu Graf erhalten. Die dreiteilige Serie, so die Vereinbarung, soll am 26. Februar, Rosenmontag 1990, anlaufen. Vorher paßt es nicht.

Hör zu, die ehrwürdige Programmzeitschrift aus dem Hause Springer, will Steffi am 25. Februar mit der Goldenen Kamera auszeichnen Da wäre eine vorherige Veröffentlichung der Schmutzgeschichte kontraproduktiv.

Am 31. Januar betritt der Karlsruher Kriminaloberrat Wolfgang Krauth die Szene. Wann immer Peter Graf sich oder die Seinen als »Ziel krimineller Machenschaften« wähnt, muß der Beamte von der Landespolizeidirektion Karlsruhe als persönlicher »Sicherheitsberater« der Familie zur Verfügung stehen. Gemeinsam mit Kollegen vom Bundeskriminalamt (BKA) informiert er Graf über Thusts *Bild*-Kontakte.

Am 16. Februar fährt Graf nach Hamburg und trifft Tiedje. An den Inhalt des Gesprächs haben beide später unterschiedliche Erinnerungen. Graf sagt, er habe Tiedje förmlich beschworen, von der Geschichte abzusehen. »Ich versuchte alles mögliche, um die *Bild*-Zeitung von einer Veröffentlichung abzubringen. Ich bot auch Gegenleistungen an. Meine Tochter Steffi würde zusätzliche Interviews im Rahmen des mit *Bild* bestehenden Kooperationsvertrages geben. Die Zeitung war jedoch nicht davon abzubringen, die Story zu berichten.« Tiedje habe ihm lediglich angeboten, »fünf, sechs oder sieben Tage Nicole mit ihrer Version der Geschichte und anschließend über den selben Zeitraum meine Version zu bringen. Das war für mich in keiner Weise akzeptabel und geradezu eine Zumutung.«

In Tiedjes Erinnerung hat sich die Sache ganz anders abgespielt. »Ich sagte zu Graf, das ist keine Story für *Bild,* außer Sie, Graf, nehmen zu jedem einzelnen Punkt Stellung. Ich habe ihm verbindlich zugesagt, daß, wenn er nichts sagt, auch nichts erscheint. Das gibt es bei keiner Zeitung auf der Welt, daß eine Serie gedruckt wird über eine bloße Behauptung.« Allerdings liest er Graf aus dem Vertragsentwurf mit der Meissner vor. Außerdem wird von Nicole Meissner eine eidesstattliche, von einem Notar beglaubigte Versicherung verlangt, daß sie mit Peter Graf eine Liebesbeziehung unterhalten habe und er der »Vater ihrer Tochter« sei.

Fortan ist das BKA in der Leitung, wenn Thust mit der *Bild*-Chefredaktion plaudert. Kriminaloberrat Krauth versucht, die Enthüllung zu verhindern. Die *Bild*-Journalisten allerdings lassen den Polizeimann abblitzen. Sie machen ihm »unmißverständlich klar«, wie Krauth notiert, daß sie drucken, was sie wollen. Die Serie erscheint dennoch nicht. Am 23. Februar nämlich hat Nicole Meissner eine Erklärung unterschrieben, »daß ich mit Herrn Peter Graf zu keinem Zeitpunkt intime Beziehungen gehabt habe und daß er nicht der Vater meines Kindes Tara Tanita ist«. Mit diesem Papier erwirkt Peter Graf beim Hamburger Landgericht eine einstweilige Verfügung gegen den Axel Springer Verlag.

Die Erklärung der Meissner ist falsch, und es war kein Kinderspiel, sie zu bekommen. Graf hat dazu einen Mittelsmann eingeschaltet. Den gebürtigen Kroaten Ivan Radosevic, 37. Die Grafs und Radosevic kennen sich seit 1986. Ihm gehören Restaurants, und im Mannheimer »Atrium« sind die Grafs häufiger Gäste. In den Krisentagen im Februar 1990 hockt Radosevic ständig bei den Grafs in Brühl. Steffis Vater hat ihn gebeten, mit den Hintermännern von Nicole Kontakt aufzunehmen. Graf weiß, daß der Mann mit der Faust, Ebby Thust, die Fäden zieht.

Radosevic bringt Helmut Bruder mit, einen Bekannten, der in früheren Zeiten Kontakt zu Thust hatte. »Appelliert an sein Gewissen«, sagt Peter Graf. Ein Boxpromoter dürfe »solche Schweinereien« einer Spitzensportlerin wie Steffi nicht zumuten. Beim ersten Telefonat mit Bruder erzählt Ebby, daß die Weltpresse die Story spannend finden werde, da sei »eine Menge Kohle drin«. Bruder und Radosevic verstehen sofort: Thust will eine Million. Graf: »Das ist zuviel.« Er denkt an allenfalls 300 000 Mark.

»Zahlen Sie nichts«, sagt Kriminaloberrat Krauth, »treten Sie die Flucht nach vorne an.« Doch Graf traut sich nicht. Er hat ein paarmal gelauscht, als Bruder mit Thust am Telefon verhandelte, und ein Satz geht ihm nicht aus dem Kopf. »Soll ich etwa dem Graf noch Geld mitbringen?« hat Thust gefragt.

600 000 Mark hat Graf bar im Haus. Doch von 800 Tausendern war zuletzt die Rede. Bruder ruft Thust an. Sie treffen sich an einer Esso-Tankstelle in der Seckenheimer Landstraße zu Mannheim. Thust: »Ich erinnere mich noch genau. In meiner Begleitung war Nicole Meissner. Es war wie im Kriminalfilm. Nach etwa zehn Minuten kam Bruder mit einem Sepplhut und einem roten Schal ums Gesicht gebunden. Er ging an meinem Wagen vorbei und sagte: »Steigenberger Hotel. Dort ist ein Zimmer reserviert!«

Es geht dann, so schildert es Thust, weiter wie in einer billigen Kriminalkomödie. Als Nicole Meissner und Thust in die Nähe des Hoteleingangs kommen, löst sich Bruder, wieder mit Sepplhut, aus einer Nische, geht an Thust vorbei und sagt: »Geht in die Bar.« Dort zeigt sich Thust gnädig, er ist mit 600 000 Mark fürs erste zufrieden. Um drei Uhr morgens, am 23. Februar, übergeben Radosevic und Bruder die Summe in der Thust-Villa in Niedernhausen-Engenhahn. Ebby rückt den Vertragsentwurf mit *Bild*, eine Tonbandkassette mit Liebesgeflüster und zwei Fotos der Tara Tanita heraus. Nicole unterschreibt bei einem Notar eine eidesstattliche Erklärung, die besagt, daß Peter Graf nicht der Vater ist. Am 13. März schließlich zahlen Radosevic und Bruder weitere 200 000 Mark.

Später soll noch von Bedeutung sein, um was für Geld es sich gehandelt hat. »Bargeld«, sagt Kurier Radosevic. »Soviel ist das ja nicht. Das bekommen Sie in zwei Taschen unter.«

Nach Erinnerung von Thust hat Radosevic bei der Übergabe erklärt, daß es sich um »schwarzes Geld« handle. Das dürfe nie rauskommen.

»Können Sie über die Herkunft der Gelder etwas sagen?« wird Radosevic später von Ermittlern gefragt. »Nein.« Oberamtsrat Siegfried Reichard von der Steuerfahndung Mannheim-Neckarstadt bekommt 1990 von Steuerfahndungschef Hans-Helmut Edinger den Auftrag, sich um den Fall zu kümmern. Reichard stöbert in den Akten der Frankfurter Staatsanwaltschaft. Dann schließt er den Deckel. Die angebliche Schwarzgeldgeschichte läßt sich nicht aufklären.

Aber die Erpressungs-Story würde herauskommen, irgendwann. Das ahnen die Akteure. Denn der Fall zieht Kreise. Am 21. März durchsucht ein Trupp von BKA-Beamten Thusts schöne Villa, die in römischem Stil gehalten ist; 16 Zimmer, etwa 800 Quadratmeter Wohnfläche. In einem Safe im Erdgeschoß liegen 89 000 Mark und 5000 Dollar. Im Schlafzimmer hängt ein Morgenstern an der Wand, zwischen Wäschestücken werden zwei Totschläger gefunden. Bei Nicole Meissner in Taunusstein finden die Beamten eine Einzahlungsquittung über 10 000 Mark und im Keller einen Revolver Smith & Wesson mit ausgefeilter Waffennummer, Kaliber .357 Magnum. Patronen stecken in der Trommel.

Solche Räuberpistolen bleiben selten geheim. Das weiß auch der Graf-Clan. Man beschließt, auf Zeitgewinn zu spielen, um zu erreichen, daß die Presse »wenigstens während der Turniere in Paris und Wimbledon Ruhe hält«.

2. Unsichtbare Gegner

Die Turniere in Boca Raton, Key Biscayne und Hilton Head spielt Steffi wegen ihres verletzten Daumens nicht. Im April gewinnt sie in Amelia Island ihre ersten beiden Spiele in jeweils 40 Minuten. Ein australischer Rundfunkreporter meldet daraufhin in die Heimat: »Nichts Neues von Steffi Graf. Vielleicht die Socken, ich weiß es nicht.«

In der 65tägigen Tenniszwangspause hat Steffi als Titelmodell für die Modezeitschrift *Vogue* posiert. »Die Foto-Session war ein Riesenspaß«, sagt sie. »Ich will jetzt ein total anderes Image für Steffi«, erklärt Peter Graf. Ein »feminines Image, weil sie mehr eine Frau als eine Maschine ist«. Eine 750 000-Dollar-Offerte des *Playboy* für Nacktfotos von Steffi lehnt er ab. »Das hat keinen Reiz für mich«, sagt auch Steffi. »Vor allem hat das keinen Stil.«

Jetzt liegen Hamburg, Paris, Wimbledon, die U. S. Open, das erste Turnier in Leipzig und das Masters vor ihr. Eine Aura der Unbesiegbarkeit umgibt sie, wer soll sie stoppen?

Bei den Internationalen Deutschen Meisterschaften in Berlin, im Mai, heult sie plötzlich los. Dem Journalisten Harald Wieser erzählt sie in jenen Tagen, daß sie sich »von einem Fahrer in den Wald bringen« ließ und sich »irgendwo hingesetzt« habe. Früher hat sie der Vater oft in den Wald geführt. »Schrei die Angst raus«, hat er befohlen.

Im Finale von Berlin ist Monica Seles ihre Gegnerin. Mit schrillen, spitzen Schlachtrufen und einem fabelhaften Schlagrepertoire ist die 16jährige dabei, Steffi Konkurrenz zu machen. Steffi spielt wie in Trance. Sie kann »nicht fighten wie sonst«, sie kann »einfach nicht mehr«. Sie ist »abgelenkt und traurig«. Ihr Kopf ist »gar nicht bei dem Spiel«. Nach dem 4:6, 3:6 hämmert sie vor Wut mit dem Tennisschläger ein Loch in die Wand der Umkleidekabine. Die erste Niederlage nach 66 Siegen in Folge.

Zuschauer versuchen, sie während des Spiels aufzumuntern. Aber sie hat »gar nicht hinzugucken gewagt, weil ich immer denken mußte: Die haben diese Voyeursgeschichten doch auch in der Zeitung gelesen. Mich hat ein Gegner kaputtgemacht, der gar nicht auf dem Platz war«.

Am 17. Mai 1990 ist die *Quick* mit der Schlagzeile erschienen: »Ein Nacktmodell. Ein Baby. Wurde Peter Graf erpreßt?« *Bild* retournierte dankbar: »Sex, Baby, Nacktmodell. Gemeinheiten über Steffis Vater«. Und dann fragte der Boulevard scheinheilig: »Wieviel Schmutz muß die beste Tennisspielerin der Welt noch ertragen?« Mit dieser »gemeinen Sex- und Kriminalstory«, so Steffi, habe die Illustrierte den Vater »ins Gerede« gebracht. Die Heuchelei gipfelte in gespielter Sorge. »Was ist das für eine rätselhafte Frau, die dem Vater unserer wunderbaren Steffi so schweren Schaden zugefügt hat?« fragte *Bild* arglos.

Advantage-Manager Picciotto schickt der *Bild*-Chefredaktion ein Telefax. Er sei »äußerst besorgt« über die Veröffentlichungen. Die Aktion der Blattmacher gebe »ausreichend Gründe, unsere Vereinbarung mit Ihnen zu beenden«. Zwei Tage später kündigt Springer den Vertrag fristlos, zahlt aber noch das letzte Jahreshonorar von 500 000 Mark voll aus. Es wirkt, als seien die *Bild*-Männer heilfroh, eine Altlast zu entsorgen.

»Ich habe noch nie in meinem Leben einen Menschen gehaßt«, sagt Steffi. »Diese Leute hasse ich. Ich werde nie aufhören, diese Leute zu hassen, die nur wegen der Auflage ihrer Zeitungen meine Familie zerstören wollen. Ich halte das bald nicht mehr aus.«

Bei den Internationalen Französischen Meisterschaften, kurz darauf in Paris, kämpft sie sich dennoch ins Finale vor. Wieder geht es gegen Monica Seles. Im Tie-Break des ersten Satzes führt Steffi 5:1, dann 6:2 und verliert dennoch mit 6:8. Das ist ihr in acht Jahren Profitennis noch nie passiert. Aber diesmal überkommt sie im Spiel »eine so lähmende Unsicherheit, wie ich sie in einem Spiel noch nie erlebt habe«. Steffi verliert 6:7, 4:6.

Was ist diese plötzliche Hilflosigkeit gegen all die Unsicherheiten, die es immer schon mal gab? Wenn sie auf dem

Platz steht, überfallen sie jetzt »Erinnerungen an Fehler im Training«. Dann bekommt sie »Probleme«, verschlägt auch ein paar leichte Bälle. Dafür gibt es aber eine Erklärung: »Das hat damit zu tun, daß ich dazu neige, das Training genauso ernst zu nehmen wie ein Turnier.«

Oder diese Selbstkritik, die bis zum Selbsthaß geht. Sogar als sie den Grand Slam und die Goldmedaille gewonnen hatte, hockte sie nach den Triumphen im Hotelzimmer und haderte mit den Spielszenen, in denen sie besser hätte sein können. »Mein Gott, da wäre ich gerne mal etwas unkritischer mit mir selbst. But it's not the way it is.« Wie soll sie jetzt einen Ausweg finden? Sie geht wieder häufiger zum Reiten, sucht wie früher als kleines Mädchen Geborgenheit und Wärme bei den Pferden. Doch sie muß immer wieder raus auf den Tennisplatz.

In Wimbledon feiert sie ihren 21. Geburtstag. Die Familie ist da, Bundespräsident Richard von Weizsäcker hat gratuliert, und das schönste Geschenk ist eine Perle, eine graue Perle. Steffi liebt düstere Farben.

Zwischen zwei Spielen fliegt sie schnell nach Hamburg und läßt dort in der Universitätsklinik eine chronische Erkältung behandeln. Der Arzt rät, sich gleich nach dem Turnier die Nasennebenhöhlen operieren zu lassen. Im Halbfinale ist alles vorbei. 3:6, 6:3, 4:6 verliert sie gegen Zina Garrison. Zina who? Eine farbige Texanerin, die vorher weniger durch ihre Schläge als ihren harten Gossen-Slang aufgefallen war.

20 Minuten nach dem Match erscheint Steffi zum Interview. Die Meute wartet. Steffis Stimme ist belegt, die Nase läuft, die weltbeste Tennisspielerin stottert sich durch die Pressekonferenz. Fragen nach dem Vater hat ein britischer Tennisfunktionär vorher verboten. Die richtige Antwort hätte Steffi wohl kaum gefunden.

Die Grafs ziehen sich zurück in ihre Trutzburg. »Die wollen dich treffen, nicht mich«, hämmert Peter Graf der Tochter ein. Er sei nur das arme Opfer einer gierigen Presse. Brav stimmt Steffi ihm zu. Die Presse tue »scheinheilig so, als rücke sie nur meinen Vater ins Zwielicht. Nur, der kann diese Gemeinheiten besser wegstecken als ich«. Die Grafs entwickeln, was bei Karl Kraus »Familienbande« heißt. Die Sache mit Nicole, glaubt Steffi, habe die Familie noch »mehr zusammengebracht«. Erst jetzt, »in dieser harten Zeit«, hätten alle gemerkt, »wie sehr wir uns gegenseitig brauchen«. Ohne den Halt durch die Familie, davon ist Steffi nach vielem Nachdenken überzeugt, würde sie »sofort mit dem Tennis aufhören«. Das Wort »Familienbande«, hat Kraus auch geschrieben, »hat einen Beigeschmack von Wahrheit«.

Peter Graf ist damals schon lange Alkoholiker. Suchtexperten wissen, daß Alkoholismus eine Umfelderkrankung ist. Alkoholiker sind äußerst geschickt darin, Angehörige, Freunde und Kollegen zu manipulieren und zur Verharmlosung ihrer Sucht einzuspannen. Co-Alkoholiker nennen die Anonymen Alkoholiker (AA) solche Leute.

Es gibt, so der Psychologe Martin Hambrecht in der Zeitschrift *Psychologie Heute,* den »mütterlichen Co«, der den Symptomträger umhegt und ihn für schutzbedürftig gegenüber der bösen Welt hält – wie Steffi? Es gibt den »väterlichen Co«, der die Aufgaben und Pflichten für den Partner übernimmt, weil er ihn für unfähig hält, selbst Verantwortung zu tragen – wie Ehefrau Heidi? Es gibt den »kumpelhaften Co«, der immer ein Auge zudrückt und um der Freundschaft und des lieben Friedens willen alles mitmacht – wie Adlatus Horst Schmitt? Sie alle verhindern, daß Alkoholabhängige wie Peter Graf die Realität wahrnehmen und Konsequenzen ziehen.

Steffi empfindet sich »als sehr dunkle Person«. Von »Rückblenden, die so psychologisch sind und die Kindheit eines Menschen aufwühlen«, fühlt sie sich »nicht gerade angezogen. Ich halte nicht viel von Psychologie. Sie vergrößert nur meine Schrecken.« Steffi sieht sich damals schon als »komplizierten Charakter«, der »Schwierigkeiten hat, das Leben auszuhalten«. Sie fotografiert viel und oft »Leute, die sich untereinander kennen, also im Leben irgendwie zusammengehören, auf meinen Bildern dann aber einzeln und wie verloren voneinander entfernt zu sehen sind«. Am liebsten hält sie ihre Kamera absichtlich schräg, »so daß die Figuren leicht schief im Raum oder vor einer Landschaft stehen. So sind sie mir ganz nah und doch irgendwie verfremdet.«

Eine Melancholikerin als Tochter eines Alkoholkranken. Da haben es beide nicht leicht. »Bleierne Stimmungen« fliegen sie einfach an, erzählt sie, »und drücken mich nieder«. Schwarz, »das Allerschönste«, ist ihre Lieblingsfarbe, das »Dezente am Schwarzen regt mich an«. Auch ihr Haus in Boca Raton hat sie ganz in Schwarz eingerichtet. Verwundert registriert sie, »daß Schwarz mit Depressionen zu tun haben soll«.

3. Die Operation Goldfinger

Im deutschen Herbst 1990 findet in Leipzig ein Ereignis statt, an dem der Verleger Axel Springer seine Freude gehabt hätte. Die weltbeste Tennisspielerin tritt erstmals bei einem Turnier im Osten Deutschlands auf. Es ist immer noch nicht ganz einfach, denn die Geschichte mit der Meissner läuft in den Blättern als Trauerspiel in vielen kleinen Akten. Beifälliges Klatschen, das hat Steffi begriffen, kann sich übergangslos in Händereiben verwandeln. 6:1, 6:1 gewinnt sie das Endspiel gegen die Spanierin Arantxa Sanchez Vicario. Eine klare Sache, aber am Ende der Siegerehrung ist es mit der gespielten Gelassenheit vorbei: »Ich möchte mein gesamtes Preisgeld, das ich in Leipzig gewonnen habe«, sagt Steffi, »dem Tennissport in der DDR schenken.« Im Riesenbeifall wird der Siegerin plötzlich ganz blümerant zumute. Vor laufenden Fernsehkameras schluchzt Steffi: »Ich habe im Moment große Gefühle und schäme mich meiner Tränen nicht.« Die Idee, das Geld zu stiften, ist ihr bei einem Spaziergang durch die Ausstellung »Ein Jahr danach« in der Nikolaikirche gekommen.

Eigentlich sei Leipzig das Turnier ihres Vaters, sagt Steffi später. So ein Satz ist nicht ganz unproblematisch, denn die Statuten verbieten, daß Spieler oder ihre Angehörigen ein Turnier ausrichten. Doch der trickreiche Graf hieße nicht Graf, wenn ihm da kein Ausweg eingefallen wäre. Schließlich wollte er wieder einmal Ion Tiriac, der 1989 das Nokia-Turnier in Essen etabliert hatte, in den Schatten stellen. So wurde die Idee mit Leipzig geboren, der Auftritt im Osten paßte zudem exzellent in jenes nationale Getue, mit dem der verhinderte Steuerzahler aus Brühl seinen Erklärungsnotstand rechtfertigen wollte.

Auch der bewährte Graf-Helfer, der Geldbote Radosevic, hielt es für »eine tolle Sache«, ein Turnier in den »neuen Bundesländern zu initiieren«. Früher hatte der Restaurantbesitzer »mal an einem Schaukampf in Mannheim im Hintergrund mitgewirkt«. Doch so einfach daherkommen und ein Turnier ausrichten kann auch ein Graf-Mann nicht. 28 WTA-Turniere sind fest gebucht – keines mehr, keines weniger. Wer eine neue Veranstaltung aufziehen will, muß eine alte Lizenz kaufen. »Ich höre mich mal um, wer eine Veranstaltung abgibt«, hatte Graf gesagt.

Als im amerikanischen Mahwah, das liegt im Bundesstaat New Jersey, die Veranstalter die Lizenz abgeben wollten, schlug Radosevic zu. Per Commerzbank-Swift transferierte er 1,5 Millionen Mark in die USA. Er erwarb, so behauptet

Radosevic, 60 Prozent der Lizenz, den Rest habe Advantage gehalten. Immer wieder aber tauchten Gerüchte auf, auch Peter Graf sei irgendwie in dieses Spiel eingebunden, doch den Beweis dafür erbrachte niemand. Es blieb bei Indizien, wie etwa dem reichlich dubiosen Sponsoring des Leipziger Turniers.

Eine SMG Sport Marketing Group aus Monaco schloß am 12. April 1990 mit Südmilch Holland einen Vertrag über die Zahlung von einer Million Mark im Jahr für das Leipziger Turnier ab. Die monegassische Firma, die ihren Briefkopf wie ein Trödler per Schreibmaschine zu tippen pflegte, firmierte unter der Adresse Palais de la Scala, Nr. 1 Avenue Henry Dunant, Office 322. Doch eine Firma solchen Namens war nicht einmal dem Palaissprecher bekannt. Auch der Blick ins Handelsregister oder ins örtliche Telefonbuch half nicht weiter: kein Eintrag.

Beim Pakt Südmilch/Radosevic/Graf/SMG geht es zu wie Jahre später im Wilden Osten. Der Vertrag ist schon eine Weile fixiert, da läuft bei Südmilch die »Operation Goldfinger« an. Die SMG verlangt, ein Millionenhonorar in bar zu zahlen. Die Südmilch-Zentrale in Stuttgart ist einverstanden und zwingt die widerstrebenden Holländer mit immer drängenderen Telefonaten, entsprechend den Auflagen der SMG zu handeln.

Das Geld soll Ivan Radosevic am Amsterdamer Flughafen Schiphol ausgehändigt werden. Der Bote soll mit einem anthrazitfarbenen Mercedes 200 E und einem Koffer kommen und diese Vollmacht vorweisen:

SMG Sport Marketing Group, Palais de la Scala, Nr. 1 Ave. Henry Dunant, Office 322, 9800 Monaco

Vollmacht

Hiermit bevollmächtigen wir Herrn Ivan Radosevic, Paß Nr. F 2331867 (BRD), in unserem Namen und für unsere

Rechnung DM 1000000,– (einemillion) in Empfang zu nehmen. Die DM 1 Mil. resultieren aus dem Vertrag von 12.04.1990. Abgeschlossen zwischen uns und der Fa. Südmilch Holland B.V., Galvanistraat 16, Postbus 1122, 3860 NC Nijkerk.

Doch das Treffen mit dem Geschäftsführer von Südmilch Holland, Ger Bongers, platzt. Der hat »weiche Knie. Warum will jemand soviel Geld in bar haben?« Nach umfangreichen Vorkehrungen wird dann der Deal in der Rabobank im niederländischen Soest abgewickelt. Erst werden 1126600 holländische Gulden abgehoben, die dann ganz vorschriftsmäßig in eine Million Deutsche Mark gewechselt werden. In eilig getippten Erklärungen sichert sich der Mann von der Bank ob der großen Auszahlung ab – und Radosevic quittiert schwungvoll den Cash-flow. Sicherheitsbeamte passen auf, daß Bongers kein Leid geschieht.

Von der geheimnisvollen »Operation Goldfinger« bleibt bei Südmilch Holland ein Skript mit ein paar Anweisungen zurück. Der Name des Graf-Vertrauten Horst Schmitt findet sich darin und auch ein gewisser »Malinosky« taucht auf. Richtig geschrieben ist das Halina Maria Malinowski. Im April 1990 hat die gebürtige Kattowitzerin bei den Grafs in Brühl als kaufmännische Angestellte angefangen. Ihr Monatssalär liegt bei 4000 Mark brutto, und sie ist eine Art Mädchen für alles. Sie erledigt die Fanpost, geht mit den Hunden aus, sieht Handwerkern auf die Finger. Und mit der Vorbereitung der »Operation Goldfinger« hat sie auch irgendwie zu tun.

Andere Indizien weisen ebenfalls auf die klebrige Nähe Grafs zu dem Leipziger Turnier hin. Günter Sanders, Generalsekretär des DTB, erinnert sich: Peter Graf habe zu dem Turnier Leipzig erklärt, »daß auch ihm die Rechte gehören«.

Ein Brief, den Radosevic am 19. Oktober 1990 an Peter Graf nach Brühl schrieb, deutet auch darauf hin:

Sehr geehrter Herr Graf!

Hierdurch bestätige ich Ihnen den Erhalt von DM 950 000. Diesen Betrag werde ich ausschließlich dazu verwenden, von Herrn Rudy Krimmel Anteile am Volkswagen-Cup Damen Grand Prix Leipzig zu erwerben.

1. Herr Rudy Krimmel veräußert die ihm gehörenden 40 % an dem o. a. Tennisturnier.

2. Durch die Zahlung der o. a. Summe erwerben Sie die Hälfte der zu veräußernden Anteile des Herrn Krimmel, d. h. 20 % am Turnier.

3. Die Turnieranteile in Höhe von 10 %, die Herr Horst Schmitt bereits für Sie hält, werden Herrn Schmitt entzogen, Ihren 20 % zugefügt und in die SCI Tinmarc SA eingegliedert.

4. Dadurch erwerben Sie 33,333 % der Firma SCI Tinmarc SA, La Croisée »A«, Case Postale 77, CH 3936 Crans, Schweiz, die das Tennisturnier betreibt.

5. Stichtag Ihres Erwerbes der Anteile an der Firma SCI Tinmarc SA ist der 24.10.1990. Forderungen Dritter, Rechnungen, evtl. Steuerforderungen an diese Firma, sowie sämtliche denkbaren Forderungen und Erträge vor diesem Stichtag werden Ihnen nicht belastet.

6. Den mir überlassenen Betrag erhalten Sie in vollem Umfang zurück, wenn die Übertragung der Geschäftsanteile oder die Übertragung der Turnieranteile unmöglich sein sollte.

7. Gleichzeitig räumen wir uns gegenseitig ein Vorkaufsrecht auf den jeweiligen Anteil ein, d. h., daß wir uns gegenseitig unsere Anteile zunächst anbieten werden, wenn wir beabsichtigen, unsere Firmen- oder Turnieranteile zu veräußern.

Zur Erklärung ein paar Anmerkungen: Rudy Krimmel, sagt Radosevic, habe in Deutschland die Interessen eines amerikanischen Kaufmanns vertreten, der am Turnier in Mahwah beteiligt gewesen sei. Und die SCI gehört zum Firmenreich des Ivan Radosevic, der später allerdings energisch bestreitet, eine Art Strohmann von Graf gewesen zu sein.

Die Entstehungsgeschichte des Leipziger Turniers läßt sich auch Jahre später nicht ganz aufklären. Schmitt behauptet, daß Steffi Graf, die so großzügig aufs Preisgeld verzichtete, von der Südmilch-Million Antrittsgeld erhielt. »Über die Größenordnung kann ich nur spekulieren«, sagt er, »aus meiner Erinnerung sind dies wohl 250 000 Mark im Jahr gewesen.« Radosevic bestreitet das. Etwas gewunden freilich: »Das schließe ich meines Wissens aus.« Doch den Steuerfahndern erklärt er gleichzeitig, von der Million selbst nur 300 000 Mark erhalten zu haben, 700 000 Mark habe eine Firma in Monte Carlo kassiert, deren Chef er gerade mal mit Namen kenne. Eine – unbewiesene – Vermutung der Fahnder: Der Mann könnte ein Strohmann von Peter Graf gewesen sein. Tatsächlich, das erklärt später ein Graf-Berater, sind jährlich 250 000 Mark als Antrittsgeld geflossen. Mindestens.

4. Ein Direktor ohne Prokura

Natürlich kassiert Peter Graf schon seit langem heimlich Antrittsgelder für Steffi. Gegen die Regeln und an der Steuer vorbei. »Nachdem Stefanie Graf in die Weltspitze vorgedrungen war«, sagt Sanders, »kam Peter Graf auf den DTB und mich zu und verlangte Zahlungen für Antritte bei den Turnieren in Hamburg und Berlin.« Der Verband windet sich zwischen Loyalität und Komplizenschaft so durch die Jahre. Für 1990 vermerken die Buchhalter des DTB 495 000 Mark für Graf. In der Summe ist kein Honorar für Leipzig enthalten, das Radosevic-Turnier steht ja nicht unter Verbandshoheit.

Natürlich ist auch die Verbindung Grafs mit Südmilch von Anfang an eine faule Geschichte. Neben der Million für die rätselhafte SMG zahlt der Konzern noch anderthalb Millionen Mark an Sunpark Sports in Amsterdam. Allerdings nicht direkt; ein Großteil fließt über die Töchter im Ausland. Ein Drittel zu zwei Drittel, die alte Rechnung. Am 21. Februar 1990 weist Südmilch-Chef Wolfgang Weber die Südmilch Holland B.V. an, das Honorar für Steffis Werbeaktivitäten auf das Konto der Sunpark Sports B.V. zu zahlen.

Wie bemüht die Konstruktion ist, zeigt auch die Tatsache, daß Südmilch Holland durch die Transaktionen in finanzielle Kalamitäten gerät. In den Anfangstagen der Schiebereien muß die Muttergesellschaft der kleinen Tochter fürs Graf-Geld sogar einen Kredit gewähren. Später holt sich die holländische Tochter einen Großteil der Werbegelder in einem aufwendigen Verfahren von den übrigen europäischen Filialen zurück.

Grafs Sunpark-Konstruktion hat reichlich Tücken. Am 2. Mai fordert Advantage-Manager Phil de Picciotto, der ja im Handelsregister als Sunpark-Direktor geführt wird, Grafs holländischen Steuerhelfer Peter Lier auf, ihm sofort Informationen über die Aktivitäten von Sunpark Sports zu schicken. Andernfalls werde er sein Direktorenamt niederlegen. Lier und Picciotto verabreden ein Treffen in Washington. »Sie koordinieren also die internationalen steuerlichen Angelegenheiten Steffis«, sagt Picciotto. »Nein«, erwidert Lier. Er sei ebensowenig wie der smarte Amerikaner über Grafs Geschäfte im Detail informiert. »In den letzten zehn Monaten beispielsweise habe ich keinerlei Dinge erfahren.«

Am 12. November treffen sich Lier und Picciotto erneut. Danach schreibt der Mann von Advantage einen Brief an die Holländer. »Ich möchte klarmachen, daß ich niemals Korrespondenz, Finanzberichte oder andere Informationen von Sunpark Sports bekommen habe.« Solle er weiterhin als Direktor von Sunpark in den Registern geführt werden, bestehe er auf der Herausgabe aller wichtigen Unterlagen und einer Bestätigung, daß die Firma keinerlei steuerliche Probleme habe. Er erhält keine Antwort.

Steffi Graf, Vorzeigeathletin von Advantage, spielt im November noch das Damen-Masters in New York. »In diesen Tagen ist es nicht einfach, Steffi Graf zu sein«, schreibt die *Los Angeles Times* mitfühlend. Es sei wohl »ein Jahr zum Vergessen«, mutmaßt die *New York Times* und sieht sich bald bestätigt. Im Halbfinale verliert Steffi gegen Gabriela Sabatini 4:6, 4:6. Die Argentinierin, die sich nach dreieinhalbjähriger Zusammenarbeit von ihrem spanischen Coach Angel Gimenez getrennt und den ehemaligen brasilianischen Daviscup-Spieler Carlos Kirmayr engagiert hat, erklärt, sie fühle sich nach einer Zeit der Verunsicherung jetzt »sehr zuversichtlich. Alles kommt zusammen: mein Spiel und mein Geist. Ich fühle mich erwachsener«.

Steffi dagegen ist immer noch auf der Suche nach sich selbst. Sie kauft sich in New York einen teuren Ring und steckt ihn an den linken Ringfinger. »Ich habe ihn mir selbst geschenkt, weil sich die Ehe zwischen mir und mir so gut entwickelt hat. Es sind in diesem Jahr viele Dinge passiert, für die ich nichts konnte.«

Dafür bleibt es an der anderen Front ruhig. Das Finanzministerium und die untergeordneten Behörden behelligten die Grafs in diesem für sie persönlich so schweren Jahr nicht auch noch mit fiskalischen Manövern.

Die Chronik:

15. Februar: Obwohl Advantage als eine der drei größten Sportmarketingagenturen einen Namen hat und die Besitzverhältnisse kein Geheimnis sind, will das Finanzministerium erstmals unbedingt wissen, wer hinter Advantage steckt. Die Oberfinanzdirektion wird um Aufklärung gebeten. Als maximaler Betriebsausgabenabzug werden 25 Prozent festgelegt.

16. Februar: Eckardt schreibt einen Brief ans Finanzamt Schwetzingen. »Sie hatten um nähere Aufgliederung von Einnahmepositionen bei der Steuerpflichtigen Stefanie Graf gebeten. Leider waren wir bislang nicht in der Lage, diesem Auskunftsverlangen nachzukommen, da sich Teile der Unterlagen zur Prüfung von partiellen Steuerverpflichtungen in den Ländern England und USA zur Zeit nicht bei uns befinden. Wir gehen davon aus, daß wir Ihnen im Laufe des Monats März die entsprechenden Auskünfte erteilen können. Sollte dies wider Erwarten nicht möglich sein, werden wir Ihnen einen neuen Zwischenbescheid erteilen.«

27. März: Die OFD teilt mit, daß es keine Hinweise auf »gesellschaftsrechtliche Beziehungen« zwischen Stefanie Graf und Advantage gebe. Die Karlsruher versprechen, am Fall dranzubleiben. Auch werde die Mitte 1989 angekündigte Betriebsprüfung bald stattfinden.

28. März: Das Finanzministerium bittet, gleich mit der Betriebsprüfung zu beginnen, da mit einer Antwort niederländischer Steuerbehörden absehbar nicht zu rechnen sei.

4. April: Per Schnellbrief wird das Bundesamt für Finanzen gebeten, die Niederländer auf die Eilbedürftigkeit des Auskunftsersuchens in Sachen Graf hinzuweisen. Außerdem, so das Finanzministerium, soll die Bonner Behörde Erkundigungen zu Advantage einholen.

31. Juli: Stuttgart bittet das Bundesfinanzministerium, in Sachen Advantage ein Auskunftsersuchen an die US-Steuerbehörden zu richten. Die naive Frage der Stuttgarter: »Ist Advantage nur eine Briefkastenfirma?«

20. August: Das Bundesfinanzministerium teilt mit, daß in den USA angefragt worden sei. Das Steuerreferat der deutschen Botschaft in Washington sei um »zeitnahe Erledigung« gebeten worden.

18. Oktober: Oberamtsrat Wilhelm Sitzler vom Finanzamt Mannheim-Neckarstadt teilt mit, daß noch im Jahr 1990 mit der Betriebsprüfung begonnen werden soll.

31. Oktober: Die Betriebsprüferin Dagmar Groß informiert Eckardt, daß die Prüfung am 10. Dezember beginnen soll.

5. November: Die Prüfungsanordnung für die Jahre 1986 bis 1988 wird ausgefertigt. Das Finanzamt Schwetzingen erinnert Graf an die Abgabe der Einkommen-, Umsatz- und Gewerbesteuererklärungen für 1989. Als Frist zur Abgabe wird der 17. Dezember bestimmt. Die verlangten Erklärungen werden nie eintreffen.

19. November: Das Finanzamt Schwetzingen teilt der OFD mit, daß nach Auskunft des Finanzamtes Köln-Süd Mitglieder der Familie Graf nicht an der deutschen Advantage-Filiale beteiligt seien.

26. November: Vertreter von OFD und Finanzamt Mannheim-Neckarstadt besprechen die Schwerpunkte der Betriebsprüfung. Verträge mit Sunpark und Advantage sollten auch gesichtet werden.

5. Dezember: Die Grafsche Steuerberatungsgesellschaft Mattiacum erklärt, daß wegen einer Erkrankung von Eckardt der Termin der Betriebsprüfung nicht eingehalten werden kann. Die Betriebsprüfung bittet Mattiacum, einen schriftlichen Antrag auf Verlegung einzureichen.

18. Dezember: Der Antrag auf Terminverlegung liegt immer noch nicht vor. Mit Eckardt wird der Beginn der Betriebsprüfung, bei der es auch um die Rolle von Advantage gehen soll, auf den 14. Januar 1991 festgelegt.

1991

1. Steffi stürzt vom Thron

Drama im Hause Graf«, meldet die *Bild*-Zeitung am 3. Januar. Ben, den Steffi zärtlich »Benni« nennt, ist in Gefahr. Er ist der Lieblingshund der Tennisspielerin. Ein riesiger Boxer, schon zehn Jahre alt, was für Boxer eine ganze Menge ist.

Beim Spielen im Garten stürzen sich plötzlich zwei von Steffis Schäferhunden auf ihn und beißen sich fest. »Ich habe geschrien wie noch nie in meinem Leben«, sagt Steffi, »ich war hysterisch vor Angst.« Nachbarn und Vater Graf stürzen in den Garten. »Mit vereinten Kräften«, so Steffi, »werden die Hunde schließlich auseinandergebracht.«

Wenig später muß die Tochter den Vater verteidigen. Aus den USA meldet sich Martina Navratilova, die hoch über Aspen, dem St. Moritz der USA, residiert. Peter Graf, sagt die gebürtige Tschechin, »hat Steffi und ihrer Mutter unrecht getan. Diese zwei Frauen sind irgendwie Opfer dieses Mannes. Ich denke, die Steffi braucht Zeit für sich allein, um zu sich zu finden. Ich glaube einfach nicht, daß ihr Vater sie glücklich werden läßt«.

Insgesamt 331 Wochen – diesen Rekord soll Steffi erst am 13. Mai 1996 brechen – stand die Navratilova auf Platz eins der Weltrangliste, achtmal hat sie im Einzel in Wimbledon gewonnen. Und sie kann sich jetzt vorstellen, Steffi Graf zu coachen: »Das wäre für mich schon eine Herausforderung.« Aber Steffis »Hauptproblem« sei, »daß sie einen Vater hat, der alle Welt kritisiert und der alles und alle unter Kontrolle haben will und dabei nicht mal sich selbst unter Kontrolle hat«.

»Diese Lesbe soll still sein«, tobt Graf. »Unglaublich« findet auch Steffi die Kritik der Kollegin. Sie beschäftige sich »auch nicht öffentlich mit den Problemen von Martina. Außerdem kennt sie meinen Vater gar nicht.« Wenn einer den Vater angreift, kommt auch ihr verbaler Return mit einer ähnlichen Wucht wie ihre Vorhand: Lügen, nichts als Lügen. »Die Steffi ist zu Recht die Nummer eins«, fügt die Navratilova noch versöhnlich an. Aber sie sagt auch, daß »die Karten in dieser Saison neu gemischt« werden.

Die Saison beginnt, wie immer, in Australien. Im »Regent Hotel« zu Melbourne erzählt Steffi, daß sie sich fürs neue Jahr eine »gute Topspin-Rückhand« wünsche, und von Verletzungen möchte sie verschont bleiben. Und häufiger gewinnen will sie wieder. Doch schon im Viertelfinale scheidet sie gegen Jana Novotna aus: 7:5, 4:6, 6:8. Nach dem Match geht sie mit Slozil auf den Trainingsplatz. Vorhand, Rückhand, immer wieder. Viel Wut liegt in den Schlägen. »Komm, noch einen Ball. Noch einen«, fordert sie. Steffi läßt Dampf ab.

»Sie muß sich sofort von Slozil trennen«, rät John Newcombe, ein ehemaliger australischer Spitzenspieler. »Kein einziger Schlag ist locker, keiner wird richtig durchgezogen«, erklärt Fred Stolle, der auch mal ein Großer war. Aber Steffi versucht in Tokio einen neuen Anlauf. Im Viertelfinale ist wieder Schluß. 6:4, 4:6, 6:7 gegen die Sabatini, die in der Weltrangliste immer dichter aufrückt. Die ärgste Konkurrentin, die erst 17 Jahre alte Monica Seles, ist bereits auf 24,4 Punkte herangekommen.

Steffi flüchtet nach Brühl, doch dort ist wieder die Hölle los. Im gerichtsmedizinischen Institut zu Frankfurt soll am 11. Februar ein Vaterschaftstest gemacht werden. Nicole Meissner bringt die 13 Monate alte Tara Tanita mit. Das Gutachten überrascht Steffi nicht. Tara Tanita ist nicht ihre Halbschwester. Aber Steffi wirkt dennoch verstört. Stundenlang sitzt sie in der Wohnung und wälzt schwere Gedanken. Die beiden Niederlagen zum Auftakt der Saison, die bittere Presse daheim – die Lichtfigur Stefanie Maria Graf sieht sich im Schatten. »Ernsthaft« denkt sie über ihren Rücktritt nach. Aber es wäre kein triumphaler Abschied auf dem Höhepunkt einer beispiellosen Karriere, sondern die Kapitulation vor einer bösen Umwelt.

Also macht sie weiter. In Boca Raton erreicht sie wieder das Finale, verliert aber 4:6, 6:7 gegen die Sabatini, die früher gegen die Graf nie hatte gewinnen können. Vor dem Turnier in Key Biscayne trainiert sie mit dem Linkshänder Markus Schur, der mit Vorliebe die unterschnittene Rückhand spielt. Ziemlich eintönig, ziemlich berechenbar – und deshalb nutzlos. Im Halbfinale, wieder gegen die Argentinierin, dauerte es diesmal drei Sätze, bis Steffis Niederlage feststeht: 6:0, 6:7, 1:6. Im dritten Satz macht sie unbedrängt 13 Fehler mit der Vorhand. Die Sabatini spielt überlegt, Steffi hektisch. Immer noch versucht sie, die Rückhand zu umlaufen.

Trainer Slozil sieht die Schwäche. Aber er muß so trainieren, wie es Peter Graf verlangt. Eigentlich hatte Slozil sich zur Aufgabe gemacht, Steffi Graf zur Strategin auf dem Tennisplatz auszubilden. Taktik ist sein Hobby. Doch Steffi ist stur. Anders als etwa Becker, der seinen Stil jedes Jahr den Shooting-Stars anpaßt, bleibt Steffi stets bei ihren Leisten.

Slozil fleht sie fast an, öfter mal ans Netz vorzurücken und das schnelle Serve-and-Volley-Spiel der Doppelspezialisten zu lernen. Obwohl Steffi Graf 1988 gemeinsam mit Gabriela Sabatini sogar das Wimbledon-Doppel gewonnen hat, lehnt sie jeden Reformversuch ab. Vor allem Papa will nicht. »Ich liebe es einfach, von der Grundlinie zu spielen«, stimmt Steffi ihm sofort zu, Serve-and-Volley sei »einfach nicht mein natürliches Spiel«. Steffi Grafs Bewegungen – ihr weiter Schwung beim Aufschlag, die früh und eng am Körper gespielte Vorhand, der Rückhand-Slice mit den anschließenden Trippelschritten zurück zur Spielfeldmitte – wirken auch deshalb auf Beobachter so unverwechselbar, weil sie seit Jahren so spielt.

Das macht sie einerseits so traumwandlerisch sicher und doch zugleich auch angreifbar: Seles etwa hat die Graf über Jahre genauestens studiert. Wie besessen wurde jede Schwäche von Steffi ausgeforscht. »Steffi hat für drei Jahre alles dominiert«, urteilt die Amerikanerin Mary Joe Fernandez, »aber sie hat sich nicht weiterentwickelt.«

Am 11. März löst Monica Seles die Deutsche als Nummer eins ab. 186 Wochen hat die Brühlerin diese Position ununterbrochen innegehabt, wohl ein Rekord für die Ewigkeit. Doch jetzt findet Tracy Austin, daß die Seles »weit vor Steffi und allen anderen rangiert. Der Grad ihrer Intensität ist unglaublich.« Und Steffi, gerade mal 21 Jahre alt, gesteht: »Ich fühle mein Alter.«

Steffi kämpft. In San Antonio und in Hamburg besiegt sie die Seles. In Berlin gewinnt sie gegen die Sanchez in drei Sätzen. Sie reformiert sogar ein bißchen ihren Stil. Beim Aufschlag nimmt sie nur noch einen Ball in die Hand. »Das ist kein großer Unterschied«, sagt Steffi Graf, »aber ich mach's einfach mal.«

Dann die French Open in Paris. Am Abend der Weltmeister, am 4. Juni, hat Steffi Probleme mit der Garderobe. Zum Diner im Pariser »Pavillon Gabriel« erscheint sie, kräftig geschminkt, in einem rückenfreien Minikleid, das Dekolleté bis zum Nabel mit Straßpailletten bedeckt. Die Gäste wispern, Steffi verschwindet nach 20 Minuten.

Die Familie reist erst zum Halbfinale an. Das Match gegen Arantxa Sanchez Vicario wird ein fast historisches Spiel, die Exekution einer Legende. Fast jeder Ballwechsel dieser Begegnung ist irgendwo festgehalten worden. Steffi schlägt auf und drischt die erste Vorhand ins Netz. Sie hat Spielball zum 1:0, macht einen Doppelfehler, verschlägt zwei leicht Bälle – 0:1. Die nächsten fünf Spiele dauern nicht einmal 20 Minuten. Steffi macht zwei Doppelfehler, zwölfmal geht die Vorhand daneben, zweimal die Rückhand. Ihr Slice ist eine Vorlage, ihre Vorhand ausgesprochen schwach. In sechs Spielen gelingen der Graf elf Punkte. 0:6. Desaster ist gar kein Wort.

Im zweiten Satz führt die Sanchez 2:1 und 15:0, als das Match um 18.31 Uhr wegen Regens unterbrochen wird. Punkt 19.14 Uhr geht es weiter. In den restlichen fünf Spielen macht Steffi noch 14 Punkte. 0:6, 2:6 nach 54 Spielminuten. »Ich bin nur traurig«, stammelt Steffi. 1982 gegen Silke Meier habe sie sich zuletzt so unsicher gefühlt wie diesmal in Paris. Sie habe das Gefühl gehabt, »eine Bratpfanne in der Hand zu halten. Ich weiß nicht, was los war«. 17 973 Zuschauer erleben die sportliche Tragödie mit. Mitgereiste deutsche Fans heulen, selten ist dem schwarzrotgoldenen Tennis-Patriotismus in den letzten Jahren eine solche Schmach widerfahren.

Auf der Tribüne rangeln Peter Graf und der kauzige US-Millionär Jim Levee, der inzwischen ins andere Lager gewechselt ist. Wie früher der Steffi hat er inzwischen der Seles einen Porsche geschenkt, und so ist er zum Freund und

Gönner der jungen Jugoslawin geworden. Als Ende des ersten Satzes Peter Graf die Treppe im Spielerbereich hochgeht, streckt Levee, der unmittelbar am Aufgang sitzt, seinen Fuß raus. Graf stolpert. Nach seiner Erinnerung hat er dem Amerikaner »nur die Hand auf den Kopf gelegt« und gesagt: »Please, be fair my friend.« Da spürt er einen Schlag im Rücken. Levee tobt und droht, den Grafs in Wimbledon die Beine brechen zu lassen. »Du bist ein unkontrollierbarer Alkoholiker«, giftet Levee und provoziert im Graf-Clan betretene Blicke. »Okay, wenn Sie mich fragen, wie Alkohol geschrieben wird, dann weiß ich das. Aber deswegen bin ich noch lange kein Alkoholiker.« So mag er es, der Graf von Brühl. In seiner Vorstellung existiert eine Wunschwelt. Eine Welt, deren Fragen er selber stellt und natürlich auch nur er korrekt beantworten kann. »Mit den Problemen, die uns das ganze letzte Jahr geplagt haben«, erklärt er großspurig, hätten die Ereignisse von Paris nichts zu tun.

2. Ein Optimist wird neuer Trainer

Ausgerechnet bei den All England Lawn Tennis Championships in Wimbledon erfolgt die Wende. Steffi hat wie besessen trainiert, »zwei Wochen vor Turnierbeginn so hart wie nie«. Im Mixed glänzt sie mit Henri Leconte, der immer so schön locker ist. Das Einzelfinale gegen die Angstgegnerin Gabriela Sabatini gewinnt sie nach 128 Minuten trotz einer Kapselverletzung in der rechten Schulter mit 6:4, 3:6, 8:6. Sie stößt drei spitze Schreie aus und reckt den Zeigefinger in die Höhe: »So ein enges Match zu gewinnen hat schon mit Motivation und Selbstvertrauen zu tun.«

Den ersten großen Sieg nach 17 Monaten feiern die Grafs auf ihre Weise. Auf der Tribüne rastet Peter Graf vor Freude aus und herzt demonstrativ den ungeliebten Slozil.

Dann jettet der Clan sofort nach Brühl zurück, so als wolle man die ganze Welt abstrafen, indem man daheim allein feiert. Ehe es am Sonntagabend zum Champions' Dinner, einem Pflichttermin für Wimbledon-Sieger, nach London zurückgeht, fliegt die Familie am Nachmittag mit dem Hubschrauber zum Nürburgring, um Steffis Bruder Michael beim Autorennen zuzuschauen. Der Platz im Cockpit schneller Sportwagen bedeutet bereits die vierte Karriere des jungen Grafen. Eigentlich hatte er die Nummer zwei im Tennisstall seines Vaters werden sollen, die zweite Goldader. Also brachte Peter Graf, vom Glauben beseelt, daß alle Grafs zu Außergewöhnlichem fähig seien, auch seinen Filius zu Boris Breskvar, der ja schon Steffi trainiert hatte: »Guck mal, Boris, ob der Micha Talent hat.« Breskvar trainierte mit Steffis jüngerem Bruder – aber der wollte nicht so recht. Bälle, für die er ein paar Schritte hätte laufen müssen, ließ er einfach passieren, auch technisch hatte er seine Schwächen, und an Steffis Vorhand kam er schon gar nicht ran. »Tut mir leid«, sagte Breskvar zu Vater Graf, »das wird nichts.«

Dennoch wurde Michael als Anhängsel der berühmten Schwester groß. Michael flirtet sich durch die Jugend, Steffi spielt Tennis und verdient das Geld. »Ich kann doch nichts dafür, daß meine Schwester so gut Tennis spielt. Ich bin ich. Ich will mein eigenes Leben führen«, meint er. Mit 16 Jahren steht sein Ziel fest: »Ich werde Boxer.« Wie einst der Vater. Wenig später aber ändert sich die Richtung: »Ich werde Windsurfer.«

Steffis Sponsor Opel bietet eines Tages die Chance für eine Testfahrt. »Nur zum Spaß« steigt Michael in einen Rennwagen und beschließt: »Meine Disco-Zeiten sind vorbei.« Er will Rennfahrer werden. Im Grunde geht das längst nicht mehr. Er ist 19 Jahre alt; in diesem Alter hatte Michael Schumacher schon 15 Jahre Erfahrung im Kart. Michael bekommt trotzdem einen Platz im Opel-Lotus-Team, und natürlich munkelt die Branche, daß der kleine Graf nur dank Steffi in die Mannschaft gerutscht sei. Er habe wirklich Talent, kontern die Opel-Teamchefs schwach; noch fahre er freilich mit »viel Pech« und »ein bißchen zu draufgängerisch«.

Aber er meint es ernst. Das Abitur solle er vorher machen, das macht ihm der Vater zur Auflage. »Rennfahrer leben viel zu gefährlich«, sagt Mutter Heidi Graf, gleichfalls skeptisch. Michael beendet die Schule und trainiert. Zum erstenmal richtig ernsthaft. »Ich will es allen beweisen«, sagt er, »ich werde mich durchbeißen: und zwar ganz allein.« Doch er kommt nicht richtig voran. Am 10. September 1990 meldet *Bild:* »Mit 190 aus der Kurve! Steffis Bruder lag blutend im Rennwagen.«

Fährt er mal keine Rennen, führt er ein Leben an Steffis Seite. Gehen die beiden tanzen, dann spielt er schon mal den Freund. Als Beschützer fühlt er sich ohnehin. Einmal rocken Bruder und Schwester im »La Comedia« in Marbella; der Fotograf Jesus Lopez Maceiras aber läßt nicht ab vom berühmten Gast. Da zückt Michael eine Spraydose und sprüht dem frechen Spanier in die Augen. Also wird der kleine Bruder ganz offiziell in den Gehaltslisten der Grafs als »Leibwächter« geführt.

Da ist es für Steffi Pflicht, sich das Rennen der Lotus-Challenge-Serie anzusehen. Mit Sonnenbrille und Stretch-Mini ist sie die Attraktion am Ring, den kleinen Bruder beachtet kaum einer. Er wird vierzehnter, überlebt aber.

15 Turniere hat Steffi Graf 1990 gespielt und 10 gewonnen. 15 spielt sie 1991 und gewinnt 7. Zu wenig. Im englischen Brighton führt sie mit Pavel Slozil ein Vier-Augen-Gespräch. Sie wolle sich von ihm trennen, Ende des Jahres sei Schluß.

Der offizielle Abschied findet im Sitzungssaal 316 des

Brühler Rathauses statt. »Ich habe unglaublich von der Zusammenarbeit mit Steffi profitiert«, sagt Slozil. »Ich benötige ein wenig mehr Freiheit«, erklärt Steffi. Sie sei nun »an einem Punkt angekommen, wo ich keine Überwachung mehr brauche«. Slozil erhält eine goldene Uhr und reichlich Schweigegeld. 55 von 61 Turniersiegen hat Steffi auch ihm zu verdanken. Neun Grand-Slam-Turniere hat sie mit ihm gewonnen, jetzt gibt sich Steffi plötzlich reserviert. So hat sie einst auch das Kapitel mit ihrem ersten Trainer, Boris Breskvar, abgeschlossen.

Vater Graf macht eine Vorschlagsliste, wer als Nachfolger in Frage kommt, und auch Advantage schaltet sich ein. Steffi wählt als neuen Trainer den Schweizer Heinz Günthardt. Das überrascht die Fachwelt. Günthardt ist wie Slozil ein ehemaliger Doppelspezialist. Auch er bevorzugt das Serve-und-Volley-Spiel und schätzt taktische Winkelzüge. Doch anders als der ernste Prager Slozil ist Günthardt ein notorischer Optimist. Von nun an soll Steffi »mehr an die Stärken als an die Schwächen denken«. Sie soll »mehr Spaß und Befriedigung durch Tennis« finden.

Gerade letzteres, sagt Slozil, sei bei den Grafs unmöglich: »Fest steht, daß wir nie die Erfolge richtig feiern oder genießen konnten. Es gab immer nur Streß und Streß, stets mußten wir uns schon wieder auf das nächste Turnier konzentrieren.« Günthardt buchstabiert Streß neu. »Streß ist nichts anderes als Zukunftsangst, und die braucht Steffi wirklich nicht zu haben.« Schöne Worte für Selbstfindungsseminare. Im wirklichen Leben an Steffis Seite, das muß auch Günthardt nach einigen Monaten erkennen, ist die Sache nicht ganz so einfach.

Tennis war nie ein Vergnügen für Steffi Graf. Das Flair von Turnieren gab ihr wenig; so schnell wie möglich verließ sie die schönsten Anlagen dieser Welt. Auf Tribünen oder Players' Parties sah man sie kaum. Ohne Emotionen und möglichst schnell erledigte sie auf dem Platz die gestellte Aufgabe. So wie der Amerikaner Brad Gilbert (»Winning ugly«) fiese Tricks im weißen Sport hoffähig machte, führte die Graf das gleichsam chirurgische Zerlegen der Gegnerinnen ein – »winning quickly«. Der Court, schreibt die Britin Sue Heady (»Steffi – Public Power, Private Pain«), »ist ihr Büro, wo sie hart arbeitet, um den Job in der kürzestmöglichen Zeit zu erledigen«.

»Beim Damentennis ist die Rivalität total«, widerspricht Steffi, da müsse sie einfach egoistisch zu Werke gehen. Die Chris Evert hat ihr mal imponiert, aber da war die Amerikanerin schon längst abgetreten. Steffi trainierte in Boca Raton. Auf dem Platz nebenan wollte die Evert spielen, ging dann aber weiter, als sie Steffi sah. Am nächsten Tag flog die Deutsche nach Chicago und bekam dort ein Fax der Evert. Die entschuldigte sich, daß sie »nicht hallo gesagt« hatte. Aber sie spiele jetzt so schlecht und habe sich vor Steffi geschämt. Das imponierte der Deutschen.

Weltweit ist Steffi als kühler Profi gefürchtet. Im Kreis ihrer Kolleginnen gilt sie als eine Art Roboter. Eiskalt und perfekt. Selbst ihr Körper ist das Produkt jahrelanger Maßarbeit. Das Herz ist um 40 Prozent größer als das untrainierter Frauen. Pro Atemzug, haben Messungen ergeben, kann sie 5 1/2 Liter Luft aufnehmen – das sind 38 Prozent mehr als der Durchschnittswert.

Seit den frühen Leimener Tagen betreut sie der Konditionstrainer Erco Prüll. Mit Prüll macht sie vor allem Dehnübungen und Krafttraining. Werden beispielsweise schwache Sprunggelenke an Steffis geschundenem Körper festgestellt, dann schickt Prüll sie auf die Weichbodenmatten, wo die Muskeln gestählt und die Gelenke geschont werden. Lassen Waden und Oberschenkel zu wünschen übrig, testet Prüll die Sprungkraft seiner Klientin und schickt sie an die Kraftmaschinen. Und siehe da, ein halbes Jahr später hat sich der Wert fast verdoppelt. »Warum soll ich nicht mal beginnen, mit Federklammern zu arbeiten, um meine Handgelenke zu stärken?« fragt Steffi Prüll in diesem verkorksten Jahr. Vielleicht sollte sie »auch mal mit zwei bis drei Kilo schweren Hanteln« trainieren. Es hört sich an, als glaube sie, ihrem Körper auch das seelische Gleichgewicht förmlich abpressen zu können.

Das gelingt nicht, was sich schon an Kleinigkeiten zeigt.

Als der *Daily Mirror* behauptet, Steffi habe die attraktivsten Beine (»sagenhaft«) im weltweiten Tenniszirkus, kommentiert Steffi kühl: »Beine sind zum Laufen da.« Die ewig Mißverstandene findet ihre Beine unattraktiv, die muskulösen Oberschenkel stören sie richtig. »Tierischen Krach« bekommt sie mit einem Fotografen, »der unheimlich begeistert« von ihren Muskeln ist. Steffi Graf macht zu wie eine Auster.

3. Kochende Leidenschaft

»Manchmal bin ich mir selber ein Rätsel«, sagt Steffi, und in solchen Phasen kann es vorkommen, daß sie tagelang kaum aus dem Zimmer geht. Die Vorhänge sind zugezogen, die Rollos heruntergelassen. Sie ist gern mit sich allein. Die »meisten kennen mich nicht«.

Daher sind fast alle überrascht, als ihnen aus Fernsehen und Zeitungen eine elegante junge Frau in privatem Ambiente italienische Nudeln anpreist: Hersteller Barilla startet mit Steffi die bislang größte Pasta-Kampagne auf dem deutschen Markt. Ausnahmsweise unterzeichnet Steffi, deren Mutter mal für Barilla gearbeitet hat, selbst den Vertrag.

Luca Barilla habe, so Steffi, »die persönliche Nähe gesucht«.

Aus New York fliegt der Starregisseur und -fotograf Ken

Nahoum mit einem Team von Stylisten und Visagisten ein. Drei Tage lang wird in den Studios in Griesheim für vier 20-Sekunden-Spots gedreht. Ken Nahoum ist in den USA durchaus eine Größe. Vor seiner Kamera standen schon Mike Tyson, Michael Douglas, Linda Evangelista – und Mickey Rourke, den Steffi bewundert. In dem Film »Wilde Orchidee« und später auch im Leben hatte sich Carré Otis in Rourke verliebt; Steffi, die den Streifen gesehen hatte, hatte damals geseufzt: »Ich würde mich sehr gerne einmal viel ausgeflippter zeigen. Mit einem schwarzen Minirock und einem schwarzen Panther an der Leine. Einmal aussehen wie die Otis – das wär's.«

Für Barilla räkelt sich Steffi im hautengen kleinen Schwarzen und preist in albernem Werbedeutsch (»Der Beginn einer kochenden Leidenschaft«) die verschiedenen Nudelformen, als seien sie Pretiosen: »Das ist Fusilli, ein Stück aus meiner Lieblingskollektion.« Die weizenblonde Stefanie trägt dazu ein Stück Hartweizen am Ohr. Doch sowenig die Nudeln echt sind – sie werden mit goldener Farbe geschönt –, genausowenig gehört die zarte Hand, wenn diese solo gezeigt wird, zu Steffi – es ist die eines Doubles. Den Werbefilmern erscheinen die kräftigen Tennishände der Weltranglistenzweiten nicht elegant genug.

Weil soviel öffentliche Laszivität unerklärlich scheint, wird Steffi erst eine Affäre mit Juniorchef Luca Barilla angedichtet, »ein Flirt al dente«. Und dann auch noch eine mit Ken Nahoum, den sie einige Male in New York trifft. Wichtiger für die Grafs ist jedoch, daß es später zwei Verträge gibt. Einen in Deutschland über 575 000 Mark pro Jahr – den Steffi unterschreibt. Und einen in Holland über zwei Millionen Mark – den Eckardt am gleichen Tag und in Steffis Beisein unterzeichnet. Dieses Splitting wird als Indiz dafür gewertet, daß Steffi möglicherweise doch frühzeitig in den Schwindel eingeweiht ist, zumal Barilla nicht alles tut, um den Steuerleuten einen Einblick in die Akten zu ermöglichen. Luca Barilla erklärt im Stil eines Ehrenmannes: »Alle Zahlungen sind ordnungsgemäß gegen Rechnung erfolgt und wurden ebenso ordnungsgemäß verbucht.«

Der Barilla-Vertrag kollidiert schon bald mit der Südmilch-Abmachung. Nach der sogenannten Badge-Regelung dürfen nur zwei Logos getragen werden. Opel ist fest gebucht, nur noch ein Platz ist frei. Bei Turnieren in Deutschland spielt Steffi mal mit dem Werbezug von Südmilch, mal mit dem von Barilla. Das bringt Unfrieden. Südmilch-Weber, Luca Barilla und Peter Graf treffen sich deshalb zu einer Art Krisengipfel, können das Problem aber nicht lösen. Graf mag von seinem Management by chaos nicht lassen. Vergebens wartet Steffi darauf, daß er mal einen schicken Elektronikkonzern als Partner gewinnt, »das hätte mich gefreut«.

Statt dessen gibt es provinzielle Streitereien, mit denen auch der alte Partner Granini 1991 vergrault wird. Der Vertrag läuft zum 30. April aus. Und Graf, der früher Besucher des Hauses am Luftschiffring gleich kistenweise mit Säften aus seinem Granini-Deputat beglückt hatte, beginnt wieder zu pokern. Steffi habe für die Getränkefirma nicht mehr soviel Zeit. Nur ein Vertrag zu verbesserten Bedingungen wäre vielleicht drin. Graf pokert so lange, bis der Vorsitzende der Geschäftsleitung, Hans-Joachim Kumpf, einen Brief an Graf schreibt:

Sehr geehrter Herr Graf,

eigentlich hatte ich gehofft, daß wir auf dem von mir angebotenen modus vivendi die Zusammenarbeit nach dem 01. 05. 91 fortsetzen können. Ich respektiere allerdings nicht nur Ihre Entscheidung, sondern habe Verständnis dafür, daß Sie die zeitliche Belastung von Steffi speziell im nächsten Jahr reduzieren möchten. Ich darf nochmals erwähnen, daß wir eine ideale, wechselseitige Ergänzung und Unterstützung der Imageprofile Granini/Steffi Graf sehen, die eine Fortsetzung unserer Zusammenarbeit – wie ich meine – im beiderseitigen Interesse wünschenswert macht.

Daß Sie vorher mit uns Kontakt aufnehmen wollen, wenn sich eine andere Möglichkeit auf dem Getränkemarkt für Sie eröffnet, betrachte ich als ein Entgegenkommen, das mir wiederum ein Beispiel für die harmonische Zusammenarbeit zwischen Ihnen, Sunpark und uns ist.

Es wäre nett, wenn Sie mich nach Ihrer Rückkehr nach Deutschland, wie angekündigt, nochmals anrufen würden.

Graf aber meldet sich nicht; und auch ein anderer Partner, der Gegenleistungen erwartet, wird auf die gleiche Weise abserviert. Der Citibank N.A. Brussels, P/a KKB Düsseldorf, teilt Sunpark Sports mit, daß der Vertrag gelöst werde. »Hiermit kündigen wir den Vertrag zwischen der Citibank N.A. Brussels und unserer Firma zum 30. 6. 1991.« »Über Erneuerung« steht da in nicht ganz einwandfreiem Deutsch »wird weiter verhandeld.« Peter Graf hat nämlich das ganz schnelle Geld schätzen gelernt. Vom DTB gibt es wieder 249 000 Mark cash, und auch 400 000 Dollar Antrittsgelder für die Pan Pacific Open in Tokio werden verbucht.

1991 spielt Steffi umgerechnet 2 437 438 Millionen Mark Preisgeld ein. Ihre sonstigen Einnahmen liegen weit über zehn Millionen Mark, und die Zinsen der Guthaben auf den Konten bilden mit 2,08 Millionen Mark das Sahnehäubchen. Macht zusammen knapp 16 Millionen Mark, konservativ gerechnet natürlich. Das sind Summen, die auch Finanzbeamte in die Gänge bringen können.

Der Tennisclan hat Pech, daß sich in Washington Regina Deanehan, Liebhaberin von Antiquitäten und gefürchtete Bridgespielerin, auf die Graf-Spur gesetzt hat. Deanehan arbeitet für den Internal Revenue Service, die amerikanische Steuerbehörde.

Seit 24 Jahren stöbert die Leiterin der Abteilung für internationale Angelegenheiten Verstecke von Steuerflüchtlingen auf. Im Sommer trägt die Fahnderin einen neuen Namen in ihre Kartei ein: Stefanie Graf aus Brühl, Germany. Beamte des Bundesfinanzministeriums haben sie – auf Anregung des Stuttgarter Finanzministeriums – um Hilfe gebeten. Deanehan, deren Behörde über 3200 Special agents verfügt, schaltet Beamte des Steuerdistrikts Baltimore ein – und die inspizieren Sunpark N.V. auf den Niederländischen Antillen.

Dann fertigen die Amerikaner ein Diagramm mit Pfeilen und vielen Erläuterungen. Danach ist Sunpark N.V. auf den Antillen, gegründet am 4. Juni 1987, eindeutig die Inhaberin der Sunpark B.V. in Amsterdam, gegründet am 27. Mai 1987, über die viele Sponsorengelder der Grafs flossen. Im März 1989, so die amerikanische Steuerfahndung, seien jeweils 3000 Dollar für Steffi und Peter Graf eingelegt worden. Im April 1989 zahlte die US-Agentur Advantage International 24 000 Dollar ein. Damit besaßen die Sportmanager aus Washington sämtliche Vorzugsaktien und 80 Prozent der Stimmrechte. Vater und Tochter hielten jeweils 50 Prozent der Stammaktien und hatten damit – abgesehen von einer jährlich an Advantage ausgezahlten Dividende von knapp 2000 Dollar – den alleinigen Zugriff auf die Gewinne. Das Grafsche Modell ist enttarnt. Deanehan schickt das Diagramm nach Bonn.

Auch im Ausland häufen sich die Probleme mit dem Fiskus derart, daß Advantage-Manager Picciotto besorgt ist. Er alarmiert den »lieben Joachim« Eckardt:

Nach unserer letzten Unterhaltung gestern am Telefon kam mir ein weiterer Gedanke. Sie erwähnten, daß die Begleichung dieser Steuerschuld keinen Vorteil für Steffi bringen würde, weil Sie vorab die Werbeträgereinnahmen den USA zugeschlagen hatten, um diese von einer Besteuerung in Deutschland auszuschließen. Ich befürchte, daß als Ergebnis des erfolgreichen Ausschlusses in Deutschland die deutschen Steuerbehörden den amerikanischen Steuerbehörden einige Informationen zukommen ließen, die zur Beitreibung weiterer Steuern aus der Rechnungsprüfung von 1987 führten. Ich befürchte, daß Steffi nun wieder für 1987, 1988 und/oder 1989 geprüft wird. Alle Jahre vor und einschließlich 1987 sollten abgeschlossen sein. Deshalb sollten Sie, wenn Sie die Aufteilungen des Einkommens an die deutschen Behörden weitergeben, versuchen, diese Aufteilungen auf einer weltweiten Grundlage so zu verteilen, daß die Aufteilung auf die Vereinigten Staaten, das Vereinigte Königreich und Australien so klein wie möglich ausfällt.

Für 1987 erhalten die US-Steuerbehörden einen Scheck über 107 419 Dollar, was den Grafs ganz und gar nicht gefällt. In England haben die Experten von Advantage die Sache besser im Griff. Am 18. September informiert Picciotto den Steuerfachgehilfen Eckardt:

Steffi erhielt eine beträchtliche Summe Geldes von Robinson's für ihre ausschließlich im Vereinigten Königreich durchgeführten Aktivitäten. Wir haben die Vereinbarung jedenfalls so gestaltet, daß lediglich 10 000 Pfund Bruttovergütung an Steffi für ihren Einsatz gezahlt wurden. Advantage Interna-

tional behielt davon eine Management-Gebühr in Höhe von 2000 Pfund (20 % des Bruttobetrages), und Robinson's zahlte Advantage International zusätzlich 2500 Pfund, welche als Steuerzahlung einbehalten und an die Steuerverwaltung abgeführt wurden. Steffi schuldet keine weiteren Steuern aus diesen Transaktionen. Der Zahlungsausgleich von Robinson's wurde als Beratungshonorar an Advantage International geleistet und ist daher nicht Gegenstand im Hinblick auf Steffis Steuer.

Ebenso lästig wie der sich abzeichnende Streit mit dem Fiskus ist das unvermindert aufgeregte Interesse der Medien am Fall Meissner, die zusammen mit Thust wegen Erpressung angeklagt wird. Stundenlang wird Graf deshalb vernommen. »Ich habe meine Angaben wahrheitsgemäß und vollständig gemacht«, sagt er am Ende weinerlich, »auch wenn ich zugebe, daß ich erschöpft bin.«

Und Steffi? »Ich wußte, daß da eine Erpressung war, aber ich wußte nicht, in welchem Rahmen. Es war so, daß ich mit diesem Thema nichts zu tun haben wollte. Ich habe dies signalisiert. Es war jedoch auch so, daß niemand mit mir über dieses Thema sprechen wollte. Es war tabu.« Was aber nicht heißt, daß es ihr gleichgültig war. »Ohne diese Geschichte wäre Steffi immer noch die Nummer eins in der Welt«, jammert Peter Graf.

Die Affäre frißt die Männerfreundschaft zwischen Graf und Schmitt endgültig. Graf wirft seinem Freund vor, im Fall Thust nicht zur Stelle gewesen zu sein. Schmitt, der von Anfang an »mit dieser Geschichte nichts zu tun« haben wollte, wehrt sich: »Die Sache mit der Meissner hättest du dir nicht erlauben dürfen.« Am Ende ist es so weit, daß es, wie Eckardt beobachtet, »keinen Bereich mehr gibt, »in dem Horst Schmitt mit dem Agieren von Peter Graf einverstanden ist«.

»Mach, daß der Horst nicht aufhört«, bittet Steffi den

Vater, aber der Badener, der sich als Beschützer von Steffi fühlt, mag nicht mehr. Um der von ihm verehrten Tennisspielerin die Trennung leichter zu machen, hat er sogar seinen Abgang kunstvoll vorbereitet. Schmitt will eine schmutzige Scheidung herbeiführen, damit Steffi, so erzählt ein Freund der Familie, »ihn nicht mehr anrufen und keinen Ärger mit ihrem Vater bekommen« würde. Die Legende, die die wenigen Vertrauten der Grafs erzählen, geht so: Ende des Jahres bittet Schmitt seinen Schützling, ihm aus einem feudalen Hotel in New York einen schönen Bademantel oder ein teures Handtuch mitzubringen. Steffi vergißt das. Daraufhin brüllt Schmitt seine Steffi an: »Jetzt höre ich auf.«

Zu allem Überfluß werden auch die Anfragen des Finanzamts drängender – auch wenn die Grafs, wie die Steuerchronik des Jahres 1991 ausweist, immer noch auf die Langmut der Beamten setzen können.

8. Januar: Eckardt wird verständigt, daß die Betriebsprüfung am 28. Januar beginnen soll.

15. Januar: Das Finanzamt Schwetzingen droht mit Zwangsgeld, wenn die Einkommensteuererklärung für 1989 nicht bis zum 8. Februar abgegeben wird.

31. Januar: Beginn der Betriebsprüfung.

4. Februar: Antrag von Eckardt auf Fristverlängerung für die Abgabe der Steuererklärung für 1989.

7. Februar: Fristverlängerung bis 30. April.

4. März: Das Finanzministerium erkundigt sich nach dem Stand der Betriebsprüfung.

12. März: Picciotto informiert Eckardt, daß sich die amerikanischen Steuerbehörden nach Sunpark auf den Antillen erkundigt haben. »Die Anzeichen sind klar, daß die deutschen und die US-Steuerbehörden weiter zusammenarbeiten und im Hinblick auf beide, Steffi und Sunpark, voll im Gespräch bleiben werden.«

4. April: Eckardt teilt mit, daß angemahnte Unterlagen für die Betriebsprüfung noch nicht verfügbar seien.

8. Mai: Erinnerung an die Abgabe der Steuererklärungen für 1989. Neue Frist bis 19. Juni.

6. Juni: Das Finanzministerium drängt auf Abschluß der Betriebsprüfung. Eckardt klagt über mangelnde Unterstützung von Peter Graf.

9. Juli: Androhung von Zwangsgeld, wenn die Steuererklärungen für 1989 nicht abgegeben werden. Neue Frist: 2. August.

12. Juli: Eckardt übergibt einen Teil der angeforderten Unterlagen an die Betriebsprüfer.

6. August: Die Steuerfahndung Mannheim-Neckarstadt legt einen Vermerk an. Danach ist die Sunpark Sports B.V. wohl eine Briefkastenfirma. Steuerhinterziehung sei nicht auszuschließen.

Anfang September: Dreiseitiger Bericht der amerikanischen Steuerfahndung nebst Diagramm über Sunpark N.V. trifft im Bonner Finanzministerium beim Referatsleiter IV C5 für Grundsatzfragen des internationalen Steuerrechts ein. Der Ministerialbeamte Thomas Menck schickt am 18. 9. ein Dossier an das Stuttgarter Finanzministerium.

11. September: Eckardt stellt einen neuen Antrag auf Fristverlängerung für die Abgabe der Steuererklärungen 1989. Das Finanzamt akzeptiert ihn wegen der laufenden Betriebsprüfung und verzichtet auf weitere Androhung von Zwangsgeld.

7. Oktober: Die Betriebsprüfer bitten Eckardt um Unterlagen für das Betriebsgründungsjahr 1985.

25. Oktober: Das Finanzamt ändert den Bescheid zur Einkommensteuer 1986. Der bislang nicht erfaßte Adidas-Bonus in Höhe von 576 892 Mark wird als Betriebseinnahme angesetzt. Nachzahlung: 320 525 Mark.

29. Oktober: Oberamtsrat Thomas Rupp, Sachbearbeiter

für internationales Steuerrecht im Stuttgarter Finanzministerium, fertigt einen Aktenvermerk, der von seinem Vorgesetzten, Gerd Metzmaier, leicht abgeschwächt wird. »Aufgrund der von der amerikanischen Steuerverwaltung übermittelten Auskünfte ist nicht auszuschließen, daß im Fall der Familie Graf Steuern in der Größenordnung von bis zu 50 Millionen Mark durch die rechtsmißbräuchliche Einschaltung ausländischer Gesellschaften verkürzt worden sind.« Dem Finanzminister Gerhard Mayer-Vorfelder müsse der Fall vorgetragen werden.

23. November: Nach Auswertung des US-Berichts schlägt das Außensteuerreferat des Stuttgarter Finanzministeriums vor, die Betriebsprüfung bei Grafs in die Steuerfahndung überzuleiten. Es müsse geklärt werden, ob der Fiskus Zugriff auf Graf-Gelder habe. Wörtlich heißt es in Vermerk: »Ein Steuerstrafverfahren ist einzuleiten.« Doch dann hat Metzmaier diesen Satz handschriftlich korrigiert. Die »Einleitung des Steuerstrafverfahrens und die anschließende Abgabe an die Staatsanwaltschaft sind zu erwägen«, heißt es plötzlich nur noch. Metzmaier hielt die vorsichtige Formulierung für geboten, da man »vom grünen Tisch die Vorgänge nicht so gut beurteilen konnte«.

27. November: Krisensitzung im Stuttgarter Finanzministerium. 15 Beamte aus sechs Behörden, darunter ein Kollege vom Bundesamt für Finanzen, sind anwesend. Beschlossen wird, daß Bonn alle Freistellungsanträge in Sachen Graf ablehnen wird. Gegen die Sponsoren sollen Haftungsbescheide zur Nacherhebung von 25 Prozent Quellensteuer erlassen werden.

Die Betriebsprüfer sollen die Sponsoren um Übersendung der Verträge und Auflistung der Zahlungen bitten. Von der Firma Graf sollen die Gesellschaftsverträge für Sunpark, Advantage und Intertrust angefordert werden. Ansonsten sollen Schätzungsbescheide erteilt werden.

Abgelehnt wird die sofortige Einschaltung der Steuerfahndung. Teilnehmer der Runde bezweifeln, daß bei Grafs beweiskräftige Unterlagen gefunden werden könnten.

2. Dezember: Das Finanzamt verlängert die Zahlungsfrist für die Einkommensteuernachzahlungen 1986 bis zum 15. Dezember. Eine Aussetzung wird abgelehnt.

4. Dezember: Die Betriebsprüfung fordert die Verträge für 1985–1988 schriftlich an. Binnen vier Wochen sollen sie geliefert werden.

1992

1. Der Krieg Graf gegen Schmitt

Auf den Centre Courts der großen Welt sind sie wie Herr und Knecht aufgetreten. Peter Graf, »mißtrauisch gegenüber fünf Milliarden Erdenbürgern« (*Tennis Magazin*), und Horst Schmitt, so servil, wie nur früher mal das Personal war. Schmitt spielte den stillen Dulder. Klaglos chauffierte er Peter Graf zum Flughafen in Paris und raste dann nach Stuttgart, um am Airport der Herrschaft den Wagenschlag aufzuhalten. Schmitt scheint ein glückliches Naturell zu besitzen. Er nahm immer schon alles etwas leichter und strahlte nicht die Grafsche Verbiesterung aus. Eines Tages, als Graf »irre Schmerzen« hatte und sich doch nicht ins Krankenhaus traute, schleppte Schmitt ihn hin: Es war höchste Zeit, Graf hatte eine Thrombose. Und immer wieder verteidigte Schmitt den Chef: »Nehmt's dem Alten nicht übel. Es ist heute nicht sein Tag.« Hin und wieder haben die zwei Männerfreunde sogar Pläne für ein Leben ohne Sorgen auf einer Sonneninsel geschmiedet.

Journalisten mochten Schmitt, und er mochte sie. Nur über Nicole sollten sie nicht schreiben, nichts über Steffis schlappe Rückhand – »positiv« sollten sie sein, wie er. Auch Steffi hat schnell »ein sehr persönliches Verhältnis zu Horst Schmitt« entwickelt. 1987 wurde sie sogar Patentante der Schmitt-Tochter Jennifer. Deshalb klagte er ihr auch manchmal sein Leid: »Er behandelt die Menschen nicht gut.« Steffi verstand, daß auch Schmitt von ihrem Vater »nicht mit dem notwendigen Respekt behandelt« wurde. Auch sie begriff, daß die Verbindung zwischen Vater Peter und Onkel Horst viel von ihrem Schmelz verloren hatte.

Zu oft hatte Schmitt in letzter Zeit den Chef gemahnt: »Mach das doch nicht, was hilft dir das?« Peter Graf ließ sich wenig sagen, der Adlatus mußte dann die Wogen glätten, den Grafen entschuldigen: »Der Streß ist extrem zur Zeit.« Als der betrunkene Graf mal mit einer geladenen .375 Magnum in Miami auf einen Journalisten zielte – wegen angeblicher Morddrohungen hatte er 1987 einen Waffenschein erhalten – überredete Schmitt den Männerfreund, sich einen leichter handhabbaren Revolver zu kaufen. Mit einer Smith & Wesson zog Graf dann durch Mannheims Diskotheken und lallte: »Muß die Steffi schützen.« Dann zeigte er den anderen Gästen unter dem Tresen seine Knarre – oder er wirbelte sogar offen mit der Waffe herum, aus der Schmitt, wann immer möglich, heimlich die Patronen herausnahm. Schmitt wirkte zwar immer noch lieb, kauzig und nett. Aber ganz allmählich war zwischen beiden sogar Abneigung entstanden. Vor allem die Geschichte mit Nicole hatte den geduldigen Schmitt rasend gemacht. »Du bist verrückt«, hatte er Graf gesagt. »Das ist doch eine aus dem Milieu. Das darfst du dir nicht erlauben.« Fast »prophetisch«, so Grafs Steuerhelfer Eckardt, hatte Schmitt die Katastrophe heraufziehen sehen: »Es ist alles so gekommen, wie Schmitt gesagt hat.«

Aber das Herz machte nicht mehr mit. Schmitt mußte ins Krankenhaus und bekam einen Schrittmacher eingesetzt. Und Graf nahm dem Diener übel, daß er ausgerechnet in der

Zeit der großen Krise ausfiel. Das wieder machte Schmitt »so mürbe, daß ich nicht mehr schlafen« konnte.

Anfang Januar beginnt ein schmutziger Scheidungskrieg – Schmitt gegen Graf. Eine Notiz vom 3. Januar: »Guten Tag, Peter. Um eine rasche Abwicklung der Übergabe in ›L.‹ und mein Ausscheiden zu gewährleisten, benötige ich einige Informationen: Wem übergebe ich die Originale der Verträge, ausgelagerte Verträge, Unterlagen usw.? Nenne mir bitte einen Termin, wann wir uns in ›L.‹ treffen können und ob Du alleine kommst.«

»L.« ist das Kürzel für Liechtenstein, wo hochseriöse Herren mit Briefkastenfirmen hantieren, wie Bankräuber sich der Strumpfmaske bedienen. Vor der Kulisse der Glarner Alpen hat Peter Graf einen Schatz versteckt, und Horst Schmitt besitzt den Schlüssel dazu. Das ist ein Problem – für Graf. Das Verhältnis zwischen Graf und seinem früheren Adlatus erreicht einen eisigen Tiefpunkt.

Diese Situation hat Schmitt kommen sehen – und schon 1991 möglichen Attacken Peter Grafs vorgebeugt. Etliche Male hatte er bereits vergeblich seine Befürchtung anklingen lassen, daß Peter Graf seine Tochter betrügen und die eine oder andere Million auf die Seite bringen würde. Und je häufiger er an Demission dachte, desto dringlicher erschien es ihm, die ganze Familie aufzuklären, wie der Trick mit den Millionen funktioniert. An einem sonnigen Tag, die Grafs sind, selten genug, alle in Brühl versammelt, gibt er sich einen Ruck, weiht zuerst Steffi ein: »Ich habe euch etwas zu sagen.« Dann informiert er Peter Graf, schließlich Heidi und Michael. Der Vater bedrängt ihn: »Horst, was hast du vor?« – »Ich werde sie über alles aufklären.« – »Warum? Was soll das?« – »Wart's ab, Peter.« Eine Viertelstunde später ist die Versammlung komplett. Schmitt und die vier Grafs, das berichtet ein enger Vertrauter der Familie, sitzen bei Kaffee und Mineralwasser am Wohnzimmertisch der Villa am Luftschiffring.

Bis dahin hat Steffi offensichtlich nichts von Steuertricks und geheimen Konten gewußt. Sie solle »den Kopf frei haben«, hat ihr Vater immer gepredigt, sie müsse sich »ganz aufs Tennis« konzentrieren. Nun aber beginnt Horst Schmitt mit seiner Rede. 45 Minuten dauert die Ansprache – dann ist das Grafsche Steuermodell bis in die letzte Verästelung dargelegt.

Schmitt macht einen souveränen Eindruck. Anfangs, so der enge Vertraute der Grafs, referiert Schmitt eher Allgemeines, blickt ein wenig ängstlich zu Peter Graf hin – aber der ist in seinem Sessel versunken. Da wird Schmitt mutiger. Er sagt, welchen Zweck Sunpark hat. Er spricht von den Niederländischen Antillen und von Avantage in Liechtenstein. Er erklärt, warum die Werberechte abgetreten und Verträge gesplittet wurden und Steffi dennoch »beneficial owner« (Schmitt) sei. Er behauptet allerdings auch, daß den Behörden die gesamte Konstruktion bekannt sei.

Die Familie schweigt. Keiner fragt etwas, keiner kommentiert das Gesagte. Die vier Grafs rutschen ein wenig nervös auf den Polstern herum. Dann kommt Schmitt zum Schluß: Steffi sei diejenige, die trainiere und arbeite, sie müsse die Wahrheit kennen. 20 Millionen Mark hätten sich bisher in Vaduz angesammelt. Das alles sei ihr Geld.

Und wieder Schweigen. Alle blicken zu Peter Graf hin, aber der sagt noch immer nichts. Schmitt wartet ab. Doch als die Stille unangenehm wird, verschwindet der Adlatus kurz in der Küche, dann geht er. Es sind nur ein paar Minuten zu Fuß in die Normannenstraße.

Ende Januar hat Schmitt einen Termin beim Mannheimer Anwalt Reinhold Pabst. Ein Bekannter von Südmilch hat Schmitt den Kontakt zu Pabst vermittelt. Der Advokat residiert in einer historischen Altbauvilla mit Blick auf den Mannheimer Luisenpark. Der Jurist sehnte sich immer schon nach spannenden Fällen. Pabst war früher Beamter, das Leben des Regierungsrats in der Finanzverwaltung Baden-Württembergs verlief allerdings eher fad. Amerikatouren mit dem Wohnmobil und die Astronomie fand Pabst spannender. Dann kündigte er. Gelernt hat er immerhin so einiges über Doppelbesteuerung und Schleichwege.

Pabst ist baff, als Schmitt ihm etwas kryptisch das Modell Graf beschreibt. So dreist haben noch nicht viele versucht, das Finanzamt zu umgehen. Auf einem Zettel notiert der Anwalt, es gehe wohl um einen Hinterziehungsbetrag von 18 Millionen Mark – Pabst ist einer der ersten, die durchblicken in dieser Affäre; er hat ja auch schon mal bei der Steuerfahndung mitgearbeitet. Ein Experte also. Pabst hält den Streit der einstigen Freunde zunächst für Routine und bietet Graf »Persönlich/vertraulich« zum »Zwecke einer einvernehmlichen Beendigung« ein Gespräch an.

Am 14. Februar, Punkt 14.30 Uhr, ist es soweit. Aber nicht Graf erscheint, sondern Eckardt, das Handy in der Jackentasche. Er sei »privat, im Auftrag der Familie« da. Pabst solle schriftlich versichern, daß Schmitt mit dem Geld aus Liechtenstein überkomme. Eckardt bleibt dann geschlagene 165 Minuten und plauscht mit Pabst über die Sunpark und die Antillen-Nummer. Der Anwalt versucht seinen Gast auszuhorchen, aber der versichert nur immer wieder, mit Sunpark sei »alles in Ordnung, völlig legal« gewesen. Interessant sei noch ein Papier, das Schmitt als Angestellten der Sunpark auswiese. Schmitt habe doch »ein Gehalt und ein Auto« gehabt: »Was will der noch?« Eckardt ist im Bilde, weil er auch Schmitts private Steuererklärungen bearbeitet hat.

Der Sunpark-Vertrag mit Schmitt datiert vom 20. Mai 1987:

Sunpark Sports B.V.i.o., eine Gesellschaft in Gründung, mit Wohnsitz in Amsterdam, Niederlande, Museumplein 11, vertreten von ihrem Geschäftsführer Holland Intertrust Corporation B.V., bevollmächtigt hiermit: Herrn Hans Horst Schmitt, wohnhaft in Brühl, Bundesrepublik Deutschland, deutscher Staatsangehöriger, um namens Sunpark Sports B.V. rechtsverbindlich Lizenzverträge, Vereinbarungen und Rechtsgeschäfte zu verhandeln in Verbindung mit der kommerziellen Vermarktung der Tennisspielerin Steffi Graf und zu unterzeichnen ohne Beschränkungen.

Schmitt verpflichtet sich, während der Dauer dieses Vertrages keine gleichen oder ähnlichen Aktivitäten behufs Dritter zu verrichten oder auszuüben. Schmitt verpflichtet sich, der Gesellschaft oder einem von ihr zu bezeichnenden Dritten periodisch Bericht über seine Tätigkeiten und Aktivitäten zu erstatten und der Gesellschaft oder dem genannten Dritten Vorschläge über den Abschluß von Verträgen zu machen. Schmitt hat weder die Befugnis, im Namen der Gesellschaft Verträge abzuschließen, noch die Gesellschaft in irgendeiner Weise zu verpflichten, anders als nach schriftlich erteilter Vollmacht. Die Gesellschaft soll Schmitt für seine Anstrengungen einen monatlichen Betrag von Holländischen Gulden 5.000,– vergüten.

Die von Schmitt notwendig aufzuwendenden Reise- und Aufenthaltskosten sind von der Gesellschaft dem Schmitt nach Vorlage der Rechnungen zu erstatten, wenn die Kosten einen Vertrag von Holländischen Gulden 2.000,– übersteigen. Falls Schmitt seine Verpflichtungen nicht erfüllt, steht der Gesellschaft das Recht zu, diesen Betrag mittels Einschreibebriefes sofort zu beenden, ohne daß dies irgendwelcher Inverzugsetzung oder richterlichen Intervention bedarf.

Die Vertragsparteien können diesen Vertrag beendigen un-

ter Einhaltung einer Kündigungsfrist von zwei Monaten, falls die Dauer dieses Vertrages eine Frist von drei Jahren noch nicht überschritten hat, und unter Einhaltung einer Kündigungsfrist von drei Monaten, falls die Dauer dieses Vertrages eine Frist von drei Jahren überschritten hat.

Der Vertrag zeigt, da sind sich Pabst und Eckardt einig, daß es in Brühl nicht nach den strengen Regeln der Buchhaltekunst zugegangen ist. Es wird aber auch deutlich, daß Schmitt mehr als ein bloßer Erfüllungsgehilfe war. Eckardt erstattet Graf Rapport. Aber der will nicht zahlen, was Schmitt verlangt: eine Provision für jene Werbeverträge, die er akquiriert hat. Also setzt Schmitt mit einem weiteren Brief nach:

Hallo Peter, nachdem ich nun zum xten Male mit Joachim gesprochen habe, muß ich feststellen, daß wir uns leider nur im Kreise drehen. Es ist lobenswert, daß er Deine Interessen so massiv vertritt, ich glaube jedoch, daß mein Anspruch nicht eine Erfindung der letzten Wochen ist, wie er es gerne darzustellen versucht, sondern vielmehr ein Fakt, der, man kann wohl sagen, schon Jahre zurückliegt. Ich sehe diesen Anspruch auch zeitlich weit abgetrennt von der Honoraraufbesserung im vergangenen Jahr... Ich habe Joachim auch immer wieder deutlich zu machen versucht, daß ich keinerlei Schweigegeldabfindung möchte. Ich werde mir nicht mit Geld einen Maulkorb ... à la Pavel (Slozil, –Red.) *umhängen lassen. Mit wem und über was ich rede, ist ganz allein meine Angelegenheit. Du solltest mich und meinen Charakter eigentlich so gut kennen, daß Du wissen müßtest, wie ich mich zukünftig verhalten werde!... Nun wünsche ich alles Gute und bin sicher, daß bei Euch schon bald alles ins Lot kommt.*

Gruß Horst.

Ins Lot kommt nichts. Überall Chaos. Die Nation hat keine Ahnung von dem Hader der einstigen Freunde. Sie sorgt sich schon genug um Steffi. Die Augen müde, die Wangen eingefallen, die Haare schweißverklebt – so steht sie beim Hopman Cup, der inoffiziellen Weltmeisterschaft für gemischte Nationalmannschaften, im australischen Perth auf dem Platz. Sie fühlt sich trotz Bronchitis »verpflichtet, für Deutschland spielen zu müssen und all jene Leute nicht zu enttäuschen, die ein Mixed mit Boris sehen wollten«.

Im Halbfinale spielt sie an der Seite von Boris Becker gegen das Team der Tschechoslowakei mit Karel Novacek und Helena Sukova. Das Traumpaar im Mixed agiert wie ein Männereinzel mit Frauenbehinderung. Becker hechtet, rennt, kämpft – die Graf steht apathisch auf dem Platz. Boris muntert sie auf, Steffi kämpft mit den Tränen. Der Blick so trostlos wie ihr Tennisspiel. Deutschland verliert. Der australische Doktor Sam Birman attestiert: »Fräulein Stefanie Graf leidet unter einer Viruserkrankung und wird voraussichtlich zehn Tage lang nicht in der Lage sein, Tennis zu spielen oder anstrengender körperlicher Tätigkeit nachzugehen.«

An den Offenen Australischen Meisterschaften kann Steffi nicht teilnehmen. Zum zweiten Mal in ihrer Laufbahn zieht sie sich aus einem laufenden Grand-Slam-Turnier zurück, kehrt schon am 15. Januar nach Deutschland zurück. Steffis Freiburger Internist Joseph Keul diagnostiziert eine Lymphknotenschwellung, Gelenkbeschwerden an den Knien und an den Händen, 38 Grad Fieber, rötlichen Hautausschlag. Zeitweise kann sie sich nicht mehr bewegen.

Krankenmeldungen über die erfolgreichste deutsche Sportlerin werden zu Abendnachrichten. »Steffi zerstört«, schreibt die *BZ*. »Wer hilft in der Stunde der Not?« fragt *Bild*. »Sie spielt mit ihrem Leben«, orakelt ein Sportarzt namens Helmut Papst. Die *Bunte* legt eine »Kranken-Akte Steffi Graf«

vor: Der »Report über die neue Angstseuche der Leistungsgesellschaft«. Jeder Husten wird registriert wie sonst nur der Schnupfen des Pontifex Maximus. So viel öffentliche Aufmerksamkeit legt sich auch stabileren Stars als Steffi aufs Gemüt. »Steffi gehört nicht ins Bett, sondern auf die Couch«, konstatiert Tenniscoach Günther Bresnik trocken. Steffi: »Es war furchtbar.«

2. Die Zeit der Prozesse

Am 24. Januar erscheint Ebby Thust bei Grafs Mannheimer Anwalt Kurt Himmelsbach. In fünf Tagen beginne der Prozeß gegen ihn und die Meissner in Frankfurt. Der Advokat soll, so verlangt der Erpresser, Graf klarmachen, daß dieser die Meissner nicht als Prostituierte bezeichnen dürfe. Anderenfalls müsse Nicole leider den Komiker Otto Waalkes und auch Steffi als Zeugen für den Prozeß benennen. Die Presse giere nach neuen Details.

Zwar hat der renommierte Frankfurter Rechtsmediziner Joachim Gerchow in einem »blutgruppenserologischen Gutachten« festgestellt: »Peter Graf kommt als Erzeuger des Kindes Tara Tanita Meissner nicht in Betracht.« Aber im RTL-Frühstücksfernsehen fragt Nicole scheinbar harmlos, ob einer, der freiwillig mit 800 000 Mark eine Veröffentlichung verhindern wollte, nicht auch in der Lage sei, für das Vertauschen von Reagenzgläsern zu zahlen.

Am 29. Januar beginnt der Prozeß gegen Thust und Meissner vor der 6. Großen Strafkammer des Landgerichts Frankfurt. In nichtöffentlicher Sitzung wird Graf gehört. Der korpulente Thust grinst und beteuert, er verehre Steffi sehr. Wenn Peter Graf sich nur früher »bekannt« hätte, dann hätte auch der Schaden für Steffi begrenzt werden können.

Peter Graf wird am 5. Februar zu »Schreinemakers live«

eingeladen. Er kommt nicht und wird öffentlich vorgeführt. Vor den Augen des Publikums wird er angerufen und via Anrufbeantworter aufgefordert, sich zu melden und zu äußern. Im Studio sitzen Thust und die Meissner, sie genießen die Öffentlichkeit, und sie fühlen sich stark.

Als sich Thust und *Bild*-Tiedje auf dem Gerichtsflur treffen, zeigt sich der Boxpromoter als erfahrener Kämpfer: »Ich hau' dir gleich die Kauleiste ein, daß de nur noch Astronautennahrung fressen kannst.«

Thomas Kirn deutet im Lokalteil der *Frankfurter Allgemeinen* diskret enthüllend eine »sexualneurotische Störung Grafs« an. Ein Satz, von dem es später heißt, er sei nie gefallen, wird zum Kürzel der Affäre und indirekt immer wiederholt, wenn in Zukunft das Verhältnis von Vater und Tochter beschrieben wird: »Mach mir die Steffi«, soll Graf Nicole in guten Zeiten aufgefordert haben. Nach sieben Verhandlungstagen werden der Kaufmann und seine Kosmetikerin wegen Erpressung zu drei beziehungsweise zwei Jahren Haft verurteilt.

Der Vorsitzende Richter urteilt: »Spätestens ab dem Zeitpunkt der Unterredung mit Tiedje lastete ein ungeheurer Druck auf ihm (Graf – Red.). Er sah die Schlagzeilen in der Weltpresse vor sich, wußte um die psychische Instabilität und die allgemeine Vaterbezogenheit seiner Tochter Steffi und befürchtete erhebliche Auswirkungen auf ihr Leistungsvermögen mit allen menschlichen und finanziellen Folgen.« Peter Graf habe »in seiner – auf dem ungeheuren Druck auf ihn beruhenden – Verwirrung vernünftigen Ratschlägen zuwidergehandelt und falsch gemacht, was – auch aus damaliger Sicht – falsch zu machen war«. Verwirrung und irrationales Verhalten fänden sich »jedoch bei Erpressungsopfern häufig und gehören meist zum Tatbild«.

Auch vor der 9. Zivilkammer des Landgerichts Mannheim wird in Sachen Graf gestritten. Wegen der Geschichte mit den 300 000 Dollar für das Essener Nokia-Turnier kommt es zum Rechtsstreit. Der Veranstalter fordert zwei Drittel der Summe zurück: 1990 war Steffi zum Turnier erschienen, hatte aber etwa 20 Minuten vor Beginn des ersten Spiels abgesagt. 1991 war sie erst gar nicht gekommen. Tiriac, der Mann im Hintergrund, grollt. Er ist so wütend, daß er Graf in einem Interview mit der *Welt am Sonntag* über Tennisväter im allgemeinen und im speziellen erstmals öffentlich niedermacht:

Peter Graf hat versucht, sowohl die Rolle des Vaters als auch die des Managers zu spielen. Es gibt viele Berichte und Einschätzungen, daß er in beidem versagt hat. Ich glaube, Steffi Graf wäre heute eine viel wohlhabendere junge Frau, wenn sie ihre Geschäfte einem professionellen Manager anvertraut hätte. Ihr Vater sprang ins kalte Wasser, obwohl er wirtschaftlich nicht der Cleverste war. Ich schätze, sie hat unter den Fehlern, die ihm aufgrund von Fehleinschätzungen unterliefen, sehr leiden müssen – im Geschäftlichen wie im Privaten.

3. Eine belastende Unterschrift

Die Attacke von Tiriac hat Bonsai-Ausmaße verglichen mit dem Ärger, den Freundfeind Schmitt macht. Der rückt das Geld aus Liechtenstein nicht raus und zeichnet statt dessen seinem Anwalt Pabst den Weg der Graf-Millionen auf. »Ich war Strohmann«, beteuert er. Pabst wird hellhörig. Die Millionen sind von Holland tatsächlich nur buchhalterisch auf die Niederländischen Antillen geflossen. Das Geld wurde von Amsterdam direkt auf das Konto 231012023 (wenn es Deutsche Mark waren) und auf das Konto 231012031 (wenn es Dollar waren) der Avantage bei der Verwaltungs- und Privat-Bank Vaduz überwiesen. Verwaltungsrat und alleiniger Kontoverfügungsberechtigter war Schmitt. Rund 26 Millionen Mark und 4,2 Millionen Dollar haben sich dort im Frühjahr 1992 angesammelt.

Um den Geldfluß besser nachvollziehen zu können, macht sich Pabst eine Zeichnung. Aber so kompliziert die Manöver auch waren, die Auflösung ist simpel: astreine Steuerhinterziehung. Schlitzohr Schmitt, der bei Sunpark 90 000 Mark im Jahr verdiente, will erst nach einer Aufklärung durch seinen Rechtsbeistand das kleine Steuereinmaleins verstanden haben. Sehr glaubwürdig ist das nicht, denn in der Folge erweist er sich als ziemlich harter Verhandler und verlangt von Graf 1,5 Millionen Mark für seinen Rückzug. »Der spinnt«, tobt der Alte. Eckardt sagt, daß »Peter Graf die Luft weggeblieben ist, als er diese Summe hörte«. Und: »Diese Summe war ein Schock für Peter Graf.«

Der Tennisvater ist »nicht gewöhnt«, so Eckardt, »einen solchen Druck von jemandem zu erhalten«. Mal tobt Peter Graf, mal greift er zur Flasche. Eckardt: »Peter Graf hat jedoch seinen Unmut nicht erklärt. Er ist auch nicht der Typ, der so was macht.« Seine Millionenforderung begründet Schmitt damit, daß er Verträge mit einem Gesamtvolumen von 19,4 Millionen Mark besorgt habe. Zehn Prozent, mindestens, stünden ihm zu. Graf: »Das ist Erpressung.«

Eckardt und Schmitt treffen sich am 22. Mai bei Anwalt Pabst. Um 9 Uhr morgens ziehen sie sich ins Besprechungszimmer zurück. »Mehrere DIN-A4-Ordner«, so Pabst, stehen auf dem Tisch. Und er erinnert sich genau, »daß Herr Eckardt sehr intensiv mit der Durchsicht dieser Ordner beschäftigt war«. Erst um 16 Uhr kommen Schmitt und Eckardt wieder heraus. Es sind genau vier Ordner, vollgepackt mit Abrechnungen und Kontoauszügen. Eckardt sitzt da wie ein Wirtschaftsprüfer und kontrolliert Beleg für Beleg.

»In Ordnung«, sagt er dann und nimmt den Stapel mit nach Hause. »Aber ich will noch mal genau nachschauen.«

Vor Eckardt liegt das ausgeklügelte Geldsammel- und Umleitungssystem der Jahre 1986–1991. Der Papierberg ist ein Stück der Geschichte Graf. Die alte Überweisung für die Anmietung einer Wohnung in Monaco aus dem Jahre 1986 findet sich, aber auch Zahlungen an Banken in Amerika über 500 000 Dollar und mehr. Eine bescheidene Zahlung über 100 000 Mark an den Vermittler des Südmilch-Vertrages, Albrecht Kircher aus Heidelberg, fällt Eckardt ebenso auf wie die merkwürdigen Konditionen, die sich Graf gesichert hat.

»Das Geld ist sehr ungünstig angelegt«, erkennt der Steuerfachgehilfe auf den ersten Blick. Schmitt hat das Geld stets nur kurzfristig anlegen dürfen. »An einen genauen Prozentsatz« kann Eckardt sich später nicht mehr erinnern, er weiß »nur noch, daß es im Vergleich zu den deutschen Konditionen um ein oder zwei Prozentpunkte schlechter war.« Graf ist eben ein Bargeld-Fetischist. Immer müssen die Bündel für ihn greifbar sein. Es könnte sich ja mal kurzfristig ein gutes Geschäft ergeben. Vor allem aber hat er tiefe Angst, eines Tages als armer Mann, ausgeplündert von obskuren Anlageberatern, aufzuwachen.

Peter Graf ist hochgradig nervös. Nachts um drei oder vier Uhr ruft er Bekannte an. Mindestens fünfmal täglich redet er auf Eckardt ein. »Alles in Ordnung?« Schmitt, sagt Eckardt, »will die Originale behalten. Wir haben nur die Kopien«. Graf ist es egal. »Hauptsache, wir kommen ans Geld.«

Eckard zerreißt alle Ablichtungen »in relativ kleine Stücke«. Die Vernichtung der Unterlagen sei »okay«, sagt Graf. Aber Schmitt bringt ihn immer noch zur Weißglut.

Was hatte er nicht alles für den alten Freund gemacht? In der Normannenstraße 14, im alten Reihenhaus der Grafs, durfte Schmitt mietfrei wohnen, für den Kauf eines Mercedes 280 SE hatte er ihm Geld geliehen und 400 000 Mark als

Darlehen gegeben. Und nun stellt der sich stur. Aber so leicht, beschließt Graf, solle Schmitt ihm nicht davonkommen.

In den Vertragsentwurf zur Trennung läßt er einen wichtigen Passus einfügen:

Als Treuhänder hatte H. Schmitt auch die Verpflichtung, die steuerlichen Pflichten der Gruppe Graf zu erfüllen... H. Schmitt ist dieser Verpflichtung nachgekommen und hat dafür Sorge getragen, daß sämtliche Steuern aus den ihm überlassenen Mitteln entrichtet wurden... Sollte ... ein Steueranspruch des Fiskus gegen die Gruppe Graf geltend gemacht werden, haftet Herr Schmitt im Innenverhältnis der Gruppe Graf auf ein Viertel der fälligen Steuern.

Pabst rät seinem Mandanten, er solle sich von dieser Drohung nicht beeindrucken lassen. Sittenwidrig und damit unwirksam sei dieser Passus.

Pabst schreibt:

Daß Sie zivilrechtlich gesehen treuhänderisch Gelder für die Gruppe Graf verwaltet haben, ist nicht gleichbedeutend mit der steuerrechtlichen Verpflichtung gegenüber dem Finanzamt, für die Gruppe Graf, insbesondere auch für Herrn Graf persönlich sowie für Frau Steffi Graf, die Steuererklärungsverpflichtungen zu erfüllen... Sollten aus steuerlichen Gründen Vermögenswerte, die letztlich in Liechtenstein angelegt worden sind, als steuerpflichtige Zuflüsse aus der Sicht des deutschen Finanzamtes zu Lasten von Steffi Graf und zu Lasten von Herrn Peter Graf gehen, so hätten in den jeweiligen persönlichen Steuererklärungen von Steffi Graf und Peter Graf diese Zuflüsse entsprechend erklärt geltend werden müssen...

Sollten Einkünfte aus selbständiger Tätigkeit in der Größen-

ordnung von ca. DM 30,0 Mio. dem bisher steuerpflichtigen Einkommen von Steffi Graf und Herrn Peter Graf zugerechnet werden, würde dies nach der Steuerprogression sicherlich einen Einkommensteuerbetrag in der Größenordnung von ca. DM 18,0 Mio ausmachen (nicht gerechnet etwaige Hinterziehungszinsbeträge... jährlich 6 % des jeweiligen Steuerbetrages)...

Hauptsächlich problematisch sind jedoch die Einkünfte, die Steffi und Peter Graf möglicherweise unter Verletzung deutschen Steuerrechts pflichtwidrig in das Ausland verlagert haben.

Im Frühsommer kommt es endlich zur Einigung. Schmitt überweist 26 124 000 Mark und 4 237 000 Dollar auf das Konto 588355711 bei der ABN Amro-Bank in Amsterdam, Merckenburg 3. Die Dependance der sechstgrößten europäischen Bank liegt günstig, ist von Flughafen und Hauptbahnhof gleich weit entfernt. Einen Tag später wird der Trennungsvertrag unterzeichnet:

Präambel

Herr Horst Schmitt, Sauerwiesenstraße 6, 6149 Fürth/ Odenwald (im nachfolgenden kurz »H. Schmitt« genannt) war in verschiedenen Funktionen für Steffi Graf, Peter Graf, sowie Firma Holland Intertrust Corporation B.V. und Holland Intertrust NV, sowie Sunpark Sports B.V., Firma Sunpark Sports N.V. und Firma Avantage (im nachfolgenden kurz »Gruppe Graf« genannt) tätig, wobei kurz zusammengefaßt folgende Tätigkeiten ausgeführt wurden,

a) Geschäftsführungs- und Aufsichtsratstätigkeiten b) Management-, Beratungs- und Treuhandtätigkeiten.

Zwischen H. Schmitt und der Gruppe Graf besteht Einigkeit darüber, daß alle zwischen ihnen bestehenden Vertragsverhältnisse einvernehmlich am 30.4.1992 enden werden.

Dies vorausgeschickt treffen die Vertragsparteien folgende

Vereinbarung

§ 1

Hinsichtlich aller Managementtätigkeiten, die die Interessen der Gruppe Graf betreffen und insbesondere hinsichtlich aller für die Gruppe Graf getätigten Treuhandgeschäfte hat H. Schmitt über den Stand der Geschäfte per 30.4.1992 Auskunft erteilt und über seine Verwaltung Rechenschaft abgelegt. H. Schmitt hat der Gruppe Graf alle dazugehörenden Unterlagen, insbesondere Kontoauszüge und Belege übergeben, wobei über die Geldbewegung Rechenschaft abgelegt worden ist.

§ 2

H. Schmitt hat als Treuhänder der Gruppe Graf als Treugeber alle Vermögensgegenstände herausgegeben und alle Rechte zurückübertragen, die er anläßlich der Geschäftsbesorgung von der Gruppe Graf oder von dritter Seite für die Gruppe Graf erhalten hatte.

§ 3

Als Treuhänder hatte H. Schmitt auch die Verpflichtung, die steuerlichen Pflichten der Gruppe Graf zu erfüllen (§ 34 Abs. 1 AO). H. Schmitt ist dieser ihm als Treuhänder obliegenden Verpflichtung nachgekommen und hat dafür Sorge getragen, daß sämtliche Steuern, die in Ansehung des treuhänderisch gehaltenen Geldbestandes entstanden sind, entrichtet wurden.

Sollte Herr Schmitt gegen die in § 7 dieser Vereinbarung übernommene Verschwiegenheitsverpflichtung verstoßen und hieraus kausal und aus seinem Verschulden ein Steueranspruch des Fiskus gegen die Gruppe Graf geltend gemacht werden, haftet Herr Schmitt im Innenverhältnis gegenüber der Gruppe Graf auf 1/4 der fälligen Steuern.

§ 4

Aus Anlaß der Beendigung des Vertragsverhältnisses zahlt

die Gruppe Graf Herrn H. Schmitt eine mit Unterzeichnung des Vertrages fällige Abfindung in Höhe von DM 750 000,–, wobei dieser Betrag von H. Schmitt zu versteuern ist.

§ 5

Die Parteien sind sich darüber einig, daß mit Erfüllung der in dieser Vereinbarung übernommenen Vertragspflichten sämtliche Ansprüche aus und in Verbindung mit allen Vertragsverhältnissen der Parteien und seiner Beendigung abgegolten und erledigt sind mit Ausnahme zukünftig entstehender Ansprüche gemäß § 3.

§ 6

Die Gruppe Graf stellt Herrn Horst Schmitt von sämtlichen Ansprüchen frei, die von dritter Seite, hierin eingeschlossen die Firmen Holland Intertrust Corporation B.V. und Holland Intertrust N.V., Sun-Park Sports B.V., Sun-Park Sports N.V. und Firma Avantage, gegen Herrn Horst Schmitt geltend gemacht werden aus Anlaß oder in Ausübung derjenigen Tätigkeiten, die Herr Horst Schmitt als Treuhänder durchgeführt hat. Davon unberührt bleibt die in § 3 übernommene Verpflichtung von Herrn Horst Schmitt. Soweit Verpflichtungen der »Gruppe Graf« vorliegend geregelt worden sind, haften die in der Präambel als »Gruppe Graf« angesprochenen Beteiligten gesamtschuldnerisch.

§ 7

H. Schmitt verpflichtet sich über alle ihm im Zusammenhang mit seiner Tätigkeit bei der Gruppe Graf erworbenen geschäftlichen und betrieblichen Angelegenheiten strengstes Stillschweigen zu bewahren. Für jeden Fall der Zuwiderhandlung gilt eine Vertragsstrafe in Höhe von DM 500 000,– als vereinbart. Unberührt bleibt der Anspruch auf Unterlassung und die Geltendmachung eines weiteren Schadens.

Beide Vertragsparteien verpflichten sich über ihre bisherige Zusammenarbeit und die Beendigung des Vertragsverhältnisses Stillschweigen zu bewahren. Auch insoweit gilt für jeden

Fall der Zuwiderhandlung eine Vertragsstrafe in Höhe von DM 500 000,– als vereinbart.

§ 8

Sollte eine Bestimmung dieses Vertrages unwirksam sein, wird die Wirksamkeit der übrigen Bestimmungen davon nicht berührt. Die Parteien verpflichten sich anstelle einer unwirksamen Bestimmung, eine dieser Bestimmung möglichst nahekommende wirksame Regelung zu treffen.

§ 9

Änderungen dieses Vertrages bedürfen der Schriftform, soweit nicht durch Gesetz eine andere Form vorgeschrieben ist. Auch diese Schriftformklausel kann nur schriftlich geändert werden.

Den Vertrag hat natürlich Schmitt unterschrieben und Peter Graf auch. Ganz rechts steht: »RA Dr. Himmelsbach für Steffi Graf«. Unvorstellbar, daß dieser seriöse Anwalt unterzeichnet hat, ohne seine Mandantin ausführlich zu informieren – das wäre ein Verstoß gegen Berufs- und Standesrecht, der enorme Schadensersatzansprüche begründen würde. Der Anwalt ist ein Freund des Hauses. Himmelsbach und Graf gingen auf dieselbe Schule, schlossen in einem Landschulheim Freundschaft. Beide verloren sich nie aus den Augen. Der Anwalt, früher ein guter Reiter, der in jungen Jahren sogar einmal den großen Fritz Thiedemann bezwang, spielte später auf der Graf-Anlage Tennis und wurde so schon in den ersten Tagen der Firma Graf deren Hausanwalt – Peter Graf benutzt auch ihn. Dennoch dürfte der Anwalt wohl kaum ohne Rückendeckung durch Steffi unterschrieben haben.

Dann aber ist die Tennislady spätestens am 5. Juni 1992 zum zweitenmal ausführlich von der Geldverschiebung via Amsterdam und Liechtenstein informiert worden.

Schmitt schweigt wie vereinbart; all den Journalisten, die ihn über die Grafs befragen wollen, sagt er konsequent ab. Eines der großen Mysterien in diesem Fall rankt sich um die 750 000 Mark. Bei Grafs findet sich zwar ein Beleg vom 6. Juni 1992 über die Zahlung, ein Scheck der Société Générale. Doch den Steuerfahndern gelingt der Nachweis nicht, daß der Zaster tatsächlich angekommen ist. Kein Kontoauszug deutet darauf hin, keine Quittung. Versteuert, das steht fest, hat Schmitt die 750 000 Mark nicht. Wahrscheinlich hat er die Summe vor der Überweisung nach Amsterdam einfach einbehalten – und Grafs haben den Scheck ausgeschrieben, um für die Buchhaltung Betriebsausgaben zu sammeln.

Noch wichtiger für Schmitt ist, daß er ein Papier mit dem unverfänglich klingenden Titel »Freistellungserklärung« erhält. Außenstehenden sagt das Schriftstück herzlich wenig. Für Insider indes ist es eine Sensation. Denn mit seiner Unterschrift macht Graf zweifelsfrei klar, hinter den Kulissen der Briefkastenfirma die Fäden gezogen zu haben.

Steffi Graf, vertr. d. Rechtsanwalt Dr. Kurt W. Himmelsbach, Peter Graf handelnd in eigenem Namen und als Vertreter der Firmen Holland Intertrust Corporation B.V., Holland Intertrust N.V., Sunpark Sports B.V., Sunpark Sports N.V. und Firma Avantage stellen Herrn Horst Schmitt von sämtlichen Ansprüchen frei, die von dritter Seite, hierin eingeschlossen die Firmen Holland Intertrust Corporation B.V., Holland Intertrust N.V., Sunpark Sports B.V., Sunpark Sports N.V. und Firma Avantage gegen Horst Schmitt geltend gemacht werden aus Anlaß oder in Ausübung derjenigen Tätigkeiten, die Horst Schmitt in Ansehung und in Zusammenhang mit dem treuhänderisch verwalteten Geldbestand erbracht hat.

Für Steffi unterschreibt wieder Himmelsbach; sie müßte also auch von diesem Papier Kenntnis haben. Peter Graf unterzeichnet selbst, »handelnd in eigenem Namen und als

Vertreter der Firmen Holland Intertrust Corporation B.V., Holland Intertrust N.V., Sunpark Sports B. V., Sunpark Sports N.V. und Firma Avantage«. »Mir blieb doch nichts anderes übrig«, sagt Graf bitter, »um an das Kapital meiner Tochter zu kommen.« Aber er droht, fortan jeden »fertigzumachen«, der sich auf die Seite Schmitts stelle. Der sei »geldgierig, ein Verbrecher«. Als Schmitt als Berater beim Herrenturnier in Halle anfängt, kündigt Graf an, daß all jene Journalisten, die sich in Ostwestfalen sehen ließen, nie wieder ein Interview mit Steffi bekommen würden.

Schmitt, inzwischen mit seinen Kräften am Ende, erfährt von den Intrigen – und Peter Graf bekommt Post von ihm:

Hallo Peter!

Vor nicht allzu langer Zeit haben wir beide eine Vereinbarung unterschrieben, die besagt, daß wir beide über geschäftliche und private Belange Stillschweigen zu bewahren haben. Nun muß ich immer wieder erfahren, daß Du mit Ausdrücken wie »Erpresser«, »Krimineller« und »in der Verbrecherkartei geführt« ständig versuchst, meinen guten Namen in den Schmutz zu ziehen.

Die kriminellen Energien während unserer gemeinsamen geschäftlichen Zeit habe niemals ich entwickelt, sondern sie gingen sicher immer von Dir aus! Bis zum heutigen Tage habe ich mich Dir und Deiner Familie gegenüber immer fair und loyal verhalten. Du sprichst anderen gegenüber von Erpressung, obwohl ich lediglich die mir zugesagte Provision angemahnt habe, bei der Du mich auch noch um die Hälfte betrogen hast, und in dem Moment, in dem ich argumentativ bei Dir nur noch auf Ablehnung traf, obwohl Du alleine weißt, daß ich im Recht war, versucht habe, eine juristische Klärung herbeizuführen.

Wenn das Erpressung sein soll, was ist dann das, was Du über all die Jahre mit Turnierdirektoren auf der ganzen Welt und dem DTB veranstaltest? Unsere Vereinbarung habe ich damals nur auf Anraten von Freunden und Beratern unterschrieben, weil ich aus Mitleid größeren Schaden von Eurer Familie abwenden wollte. Heute weiß ich, daß diese Entscheidung falsch war, ich hätte von Anfang an eine juristische Klärung unseres Verhältnisses herbeiführen sollen.

Der Mann, dem ich die Rechte aus der Provisionszahlung lange vor unserer Vereinbarung abgetreten habe, ist gerne bereit, die bereits gezahlte Summe wieder zurückzuführen, um so den Weg freizumachen für eine endgültige Klärung ohne gewährte Leistungen. Dies ist, glaube ich, der einzige Weg, geschäftlichen Schaden, den Du mir durch unüberlegte Äußerungen zufügst, von meiner Person abzuwenden.

Ich werde mich mit meinem Anwalt über diese Angelegenheit juristisch beraten und werde dann auch die Namen der Personen preisgeben, denen gegenüber Du Dich negativ geäußert hast. Abschließend möchte ich sagen, daß es mir bei diesem Vorgang nicht um die Zahlung von Vertragsstrafen geht, sondern daß ich verhindern möchte, daß Du mir weiterhin, wie in der Vergangenheit mehrfach geschehen, großen persönlichen und geschäftlichen Schaden zufügst.

Da wir voraussichtlich auf eine juristische Auseinandersetzung zusteuern und ich weiß, daß Du unter Vorspiegelung falscher Tatsachen einen Waffenschein erworben hast, und ich weiterhin weiß, daß Du schwer alkoholkrank bist, fühle ich mich unsicher und bedroht. Du solltest in Deinem eigenen Interesse das Ganze überdenken! Und noch eine Anmerkung zum Schluß: Wenn Du zukünftig wieder von Deinem Freund sprichst, der die größte Enttäuschung für Dich war, vergiß bitte nie, daß meine Freundschaft zu Dir geendet hat, als Du damals Steffi getreten hast wie einen Hund, als sie aus Versehen etwas fallenließ und schon auf dem Boden kniete.

P.S.: Ich werde diesen Brief Deiner Familie zugänglich machen, um bruchstückhafte Weitergabe zu vermeiden.

Es ärgert mich ungemein, wegen Dir meine kostbare Zeit zu opfern, um so einen, normalerweise, unnötigen Brief zu schreiben. Seit mehr als einem halben Jahr (auch früher als ich noch für Euch arbeiten durfte!!!), machst Du mich schlecht, führst eine Schmutzkampagne durch, um mich »tod« zu machen. Tod hättest Du mich bekommen, wenn ich länger bei Euch geblieben wäre, es hat mich regelrecht krank gemacht mitansehen zu müssen, wie Du jahrelang, nichts Produktives geleistet hast, vielleicht Schläger bespannen und Autos handeln, aber fast täglich der Firma »STEFFI GRAF«, großen irreparablen Schaden zugefügt hast. Deine Verhaltensweisen in diese, eben beschriebene Richtung, waren der Hauptgrund für meine Kündigung. Eines muß ich noch loswerden, die Enttäuschung Deiner Familie gegenüber, die die von A–Z erstunkene und erlogene Schmutzgeschichte um meine Person glaubt, Sie sollten mich und meinen Charakter besser kennen, ich hatte nie vor, ihr zu schaden, auch jetzt und nicht in der Zukunft. Adieu Horst.

p.s.p.s.: Daß Du aber erkennst, daß ich Dir nicht im entferntesten etwas Böses will, bin ich bereit mit Dir unter vier Augen und unter Männern, unser Problem, endlich und auf Dauer für beide Seiten, aus der Welt zu schaffen. Solltest Du dieser Möglichkeit Gewicht beimessen, laß es mich irgendwie wissen.

Für Peter Graf ist das Schreiben die Kriegserklärung. Er müsse dem Kerl was »in die Fresse hauen«, sagt er. Er habe ja mal geboxt. Schmitt allerdings auch. Graf steigt nicht selbst in den Ring. Sein Haus-Anwalt Himmelsbach schreibt Schmitt:

Wir haben Ihnen zunächst mitzuteilen, daß sich alle Mandanten weitere Belästigungen mit samt und sonders unwahren und völlig frei erfundenen Faxmitteilungen verbeten.

Wenn Sie der Auffassung sind, daß Sie trotz der abschließenden Vereinbarung mit unseren Mandanten Peter und Steffi Graf noch irgend etwas zu regeln hätten, so sollten Sie damit nicht die Familie belästigen. Wenn Sie Charakter haben, was Sie für sich reklamieren, sollten Sie insbesondere nicht den Versuch unternehmen, die Familie Graf mit haltlosen und frei erfundenen Interna aus ihrem Familienleben zu verunglimpfen. Alle Angehörigen der Familie Graf sind übrigens durchaus in der Lage, sich selbst ihre eigene Meinung über Ihre Tätigkeit und Ihr Verhalten zu bilden, und Sie haben auch keinerlei Veranlassung für Ihre Vermutung, daß ihnen von Herrn Peter Graf Ihre Schreiben nur »bruchstückhaft« weitergegeben würden. Alle Familienangehörigen und insbesondere auch Steffi Graf sind voll informiert, worauf wir Sie ausdrücklich hinweisen müssen, um Ihren völlig falschen Vorstellungen entgegen zu treten.

Eine Lehre zieht Graf aus dem Desaster mit Schmitt. Künftig muß er noch mißtrauischer sein. Niemandem darf er jetzt mehr vertrauen. Geldangelegenheiten müssen von nun an Chefsache bleiben.

4. Steffi ernährt die Familie

»Ich denke«, sagt Tiriac in diesen Tagen, daß »der Vater oft der härteste Gegner eines Mädchens ist und ihrem Interesse im Wege steht. Da ist unheimlich viel Ego im Spiel, wenn ein Mann – ein Vater – die eigene Arbeit aufgibt und sein Leben der Karriere seiner Tochter widmet. Zunächst ist sie ein kleines, dann ein großes Mädchen und plötzlich eine Frau. Für die Tochter ändert sich die Rolle. Nicht aber für den Vater. Der Vater vergißt: Die Tochter verfügt über das Talent, den Ruhm und das Geld. Nicht er.«

Peter Graf sah und sieht das anders. Er betrachtet sich selbst mit den Augen eines Tennishistorikers. Er »opfert« sich für seine Tochter. Dafür verlangt der ewige Gebrauchtwagenhändler von der Umwelt Bewunderung. Auf Zuneigung kann er verzichten. Aber nicht auf seinen »gerechten Anteil«.

»Papa, wieviel Geld haben wir eigentlich?« fragt Steffi in diesen wilden Wochen mal. »18 Millionen, vielleicht.« – »18 Millionen?« Sie ist überrascht. In »Magazinen« hatte sie immer die Angaben über ihre Preisgelder gelesen, auch die Schätzungen über die riesigen Werbeeinnahmen. »18 Millionen ist nicht viel«, sagt sie nach einer kleinen Pause. »Weißt du, was wir an Ausgaben haben und was die Häuser kosten?« fragt der Vater. Steffi weiß es nicht.

Um Geld hat sich Steffi Graf nie groß gekümmert, das Gespräch mit Schmitt im Brühler Wohnzimmer hat sie wohl verdrängt. Als Kind ist sie mal bei einem Geldhaus in Schwetzingen gewesen, in Boca Raton hat sie bei der Equity Bank ein Konto. Ansonsten zahlt sie mit der Plastikkarte. Wenn die Eltern dabei sind, zahlen die Eltern. Daheim kontrolliert Vater Graf jede Ausgabe. Die Haushälterin muß genau Buch führen. Die Quittungen für Salz, Zucker und was sie sonst noch bei Edeka nebenan kauft, klebt sie in eine Kladde. Mit spitzem Bleistift rechnet der Hausherr nach.

Sich selbst gegenüber ist er nicht ganz so kleinlich. Nach eigenen Angaben bezahlte er Nicole Meissner mit hunderttausend Mark plus Spesen. Er kauft sich teure Autos, und wenn sie ihm nicht mehr gefallen, verkauft er sie wieder. Alles mit Steffis Geld natürlich.

Stefanie Graf nährt die Familie, tritt aber auf wie eine 15jährige, die ums Taschengeld bitten muß. Natürlich ist ihr »bewußt, daß meine Familie von meinem Geld partizipiert. Es ist auch so, daß man mich nicht fragt, wenn eine größere Ausgabe getätigt wird. Nicht immer war ich mit diesen Anschaffungen einverstanden. Ich habe jedoch nie gesagt, das möchte ich nicht so haben.« Nur sich selbst zwingt sie zur Sparsamkeit. Bei einem Bummel in Paris bleibt sie vor einem Laden mit CDs stehen, 180 Franc, 54 Mark, das Stück. Sie hält das für »Wucher«; in Deutschland, weiß sie, kosten die gleichen Scheiben nur 25 Mark. In einem seltenen Anfall von blindem Kaufrausch langt sie dann doch zu. Wenig später steht sie bei Sotheby's in London vor einem schönen Chagall. Umgerechnet 100 000 Mark kostet das Gemälde. Das findet sie für einen Chagall grundsätzlich akzeptabel, aber sie gibt sich dann mit einem preiswerteren Bild von Miró zufrieden.

»Wie legst du dein Geld an?« will Coach Günthardt einmal wissen. »Weiß nicht.« Der weltläufige Schweizer gibt ihr ein paar Tips. Gleich rennt sie zum Vater, aber der blockt ab. Es bleibt so, wie er es für richtig hält. »Was mischt der sich da ein?« Er ist der Patriarch. Wen das irritiert, der erhält Aufklärung von Graf. »Bei uns bin ich nun mal die Glucke. Ich habe mich bei meinen Kindern um jede Kleinigkeit gekümmert, da kann ich nicht raus aus meiner Haut.«

Die Vorhand-Koryphäe, die auf dem Centre Court kaum zu schlagen ist, bleibt zu Hause ein unmündiges Mädchen. Bei den Grafs läuft es immer noch nicht nach den Normen einer aufgeklärten Familie ab. Steffi vermittelt zumindest den Eindruck, als ob sie ahnungslos durch die Welt husche. Ein paarmal nur widerspricht sie bei ernsten Angelegenheiten. Einmal holt der Vater ein Stück Papier, auf dem Steffis Kirchensteuer vermerkt ist. Sie begreift, worauf er hinauswill. »Ein Austritt kommt für mich nicht in Frage.« Das muß auch der Allmächtige schließlich akzeptieren.

»Wir gegen den Rest« ist die Grafsche Philosophie mehr denn je. Stefanie macht mit, spürt aber »eine Melancholie« und nur dann und wann »vorsichtige Fröhlichkeit«. Mehr ist nicht drin. Sie sei eben, sagt sie, »ein verschlossener Mensch«. Einmal läßt sie, die »ja wirklich nicht der Typ ist, der in der Menge sitzt«, sich überreden, mit auf ein Herbstfest zu gehen, »und am Schluß war's dann doch ganz lustig«. Aber die Sehnsucht nach mehr Leben weckt der Ausflug nicht.

Alles muß seine festen Regeln haben. Im Winter trainiert sie in Brühl in der Halle. Morgens und nachmittags. Danach folgt immer Gymnastik, und meistens fährt sie anschließend zum Krafttraining ins Olympia-Center nach Heidelberg. Etwa zehn Minuten am Tag schaut sie im Büro vorbei. Dort sitzt die Nachbarin, Halina Malinowski. Das Büro ist klein und eng, ziemlich schäbig sogar. In einer Ecke steht noch ein vergessenes Klavier. Manchmal hocken sie zu dritt in dem Zimmerchen – Peter Graf, Eckardt und die Sekretärin.

Wenn Peter Graf einen Anruf bekommt, müssen die beiden anderen rausgehen. Er erzählt Gesprächspartnern gern, daß er gerade wichtige Leute, »alles Vorstandsvorsitzende«, da habe, und da muß ja niemand mithören, der weiß, wie einsam er ist. Wird Eckardt verlangt, geht nur Frau Malinowski hinaus. Anfangs mußte man ihr das sagen, später nicht mehr. Sie begreift, daß »das gewünscht wird«. Alle Anrufe im Hause Graf laufen über einen Anrufbeantworter. Frau Malinowski geht »grundsätzlich nur an den Apparat«, wenn sie erkennt, »daß es sich um einen seriösen Anruf handelt«. Die Bürozeiten bei Grafs sind geregelt. Morgens von 8 bis 12 Uhr, dann von 13 bis 17 Uhr. Zwischen 9 und 10 Uhr kommt die Post. Halina Malinowski sortiert »Fanpost, Privatpost und Geschäftspost«. Mit Ausnahme der Fanpost bekommt Peter Graf alle Briefe. Gegen 14 Uhr fährt in der Regel Eckardt vor.

Wenn Peter Graf 20 000 Mark oder 30 000 Mark braucht, ruft er bei der Bezirkssparkasse an. »Frau Malinowski kommt jetzt.« Dann geht sie los. Fans schicken Kleidungsstücke, Schuhe und Taschen zum Signieren. Wenn sich Steffi ablenken will, kommt sie vorbei, schaut sich die Sachen an und kritzelt ihr Autogramm auf die gewünschte Stelle. Familiär geht es zu. »Rieche ich nach Alkohol?« fragt Graf beispielsweise die Sekretärin. Bei den Geburtstagen von Vater und Tochter im Juni wird gegrillt, und die Sekretärin ist natürlich auch eingeladen.

Grafs Trutzburg kann nicht mit einer Grunewald-Villa konkurrieren. Denoch führt er Besucher stolz durch die Räume, in denen das Ausschweifendste eine Zimmerlinde ist. »Jetzt sind Sie neidisch, was?« Grafs Repräsentation ist vertreterhaft, der Prunk wirkt furniert, und zwar dünn furniert. In dieses Interieur paßt denn auch Joachim Eckardt, der 1992 auch den Job von Schmitt übernimmt.

Steffi Graf hat von Anfang an einen »sehr distanzierten Kontakt zu ihm«. Seinen Lebensstil findet sie »sehr luxuriös«. Einfach protzig. Früh ahnt sie, daß der Ferrari, mit dem Eckardt vorfährt, die Stütze seiner Persönlichkeit ist. Später fragt sie sich, »wie ein Steuerfachgehilfe zu solchen Einkünften kommt«.

Daß bei Eckardt das Preis-Leistungs-Verhältnis offensichtlich nicht stimmt, daß immer häufiger Briefe vom Finanzamt eintrudeln und auch die Beamten den angeblichen Fachmann immer öfter am Telefon bedrängen, will Steffi nicht mitbekommen haben: »Es kann sein, daß mir mal jemand gesagt hat, da ist jemand von der Betriebsprüfung da. Ich wußte nicht genau, ob eine Betriebsprüfung läuft. Es hat mich auch niemand auf diesen Punkt angesprochen.« Daß »Steuern gezahlt werden müssen«, habe sie schon gewußt, aber »unbekannt« sei ihr gewesen, »daß ich persönlich eine Steuererklärung unterschreiben mußte«. Und von den unterschiedlichen Steuerarten wie Gewerbesteuer oder Umsatzsteuer habe sie gar keine Ahnung gehabt. Wirklich nicht.

Sie habe ja auch genug anderes zu tun. Seit zehn Jahren ist sie in »diesem mörderischen Rhythmus drin«, immer und überall hektisch »auf der Suche nach irgend etwas«. Alles dreht sich ums Tennis; immer geht es ihr nur um Tennis: »Siegen als solches ist für mich nicht wichtig«, sagt sie, »ich habe ja schon sehr oft gesiegt. Gut spielen, besser spielen, immer besser werden, das ist es, was mich treibt.«

5. Ovationen in Wimbledon

Nach den vielen Malaisen Anfang des Jahres gewinnt Steffi in Boca Raton ihr erstes Turnier der Saison. Es ist der 62. Titelgewinn ihrer Karriere, der erste seit Oktober 1991. Neun Jahre lang hat sie mit dem Dunlop Max 200 G gespielt, jetzt probiert sie ein neues Racket aus, und die Zusammenarbeit mit dem neuen Coach, Heinz Günthardt, läuft gut an. Er ist lockerer als Slozil – ein Computerfreak, der auch gern über Golf, Surfen oder Billard parliert und Steffi ein bißchen ins wirkliche Leben einweist.

Doch nach Boca Raton verliert sie dreimal – auch das Auftaktturnier der Aschenplatzsaison auf Amelia Island. Im Finale gegen Gabriela Sabatini wirkt sie wieder zögerlich, fast unsicher. 22 Matches hat sie damit bisher gegen die Argentinierin gespielt. Die ersten elf gewann Steffi in Serie. Seit Sabatinis Sieg bei den U.S. Open 1990 aber lautet die Bilanz 8:3 zugunsten der Argentinierin.

»Ich will und muß mein Spiel umstellen«, erklärt Steffi, »die Topspielerinnen durchschauen mein Spiel inzwischen zu leicht.« Variabler müsse es werden, bestätigt Günthardt; Netzangriffe, Topspin-Rückhand, Kick-Aufschläge müsse sie versuchen. Besonders wenn sie unter Druck stehe, müsse sie andere Wege zum Erfolg finden.

Bei den Internationalen Französischen Tennismeisterschaften im Juni lernt sie, aus ihren Fehlern zu lernen. Als das Spiel gegen Jana Novotna nach klarer 6:1-5:1-Führung plötzlich zu kippen droht, bringt ein Netzangriff die Entscheidung. Gegen Natalia Zwerewa hilft ihr im dritten Satz der Aufschlag aus der Bredouille. Gegen Arantxa Sanchez liegt sie – wie im Vorjahr – nach dem ersten Satz 0:6 zurück, aber sie fängt sich. Sie hält den Ball im Spiel, steigert sich und siegt.

Dann das Endspiel gegen Monica Seles. Wie schon gegen Arantxa Sanchez verschläft Steffi den ersten Satz – 2:6 nach nur 26 Minuten. Nach einer Stunde und zwölf Minuten hat Steffi den zweiten Satz mit 6:3 gewonnen. Die Vorhand kommt wieder wie in den besten Tagen, die unterschnittene Rückhand spielt sie lang und flach, was für beidhändig spielende Gegnerinnen ein Problem ist. Steffi ist die bessere Athletin, aber die Seles kämpft. Selbst nach endlosen Ballwechseln gelingt ihr noch einer ihrer extrem harten Grundschläge. Im dritten Satz hat die Seles beim Stand von 5:3 vier Matchbälle. Alle vier wehrt Steffi offensiv ab. Dann gelingt ihr das Break zum 5:5.

In Paris hat Steffi 1987 ihr erstes Grand-Slam-Turnier gewonnen, das Publikum mag sie. Auch diesmal gehört die Zuneigung nur der Deutschen. Es gibt Sprechchöre für »Steffi« wie zuvor nur für Henri Leconte. 6:5 führt Steffi, und der Aufschlag der Seles ist schwach – doch die Jugoslawin gleicht aus. 7:6 für Steffi, und die Gegnerin zeigt Konditionsschwächen – aber sie kommt wieder ran. 8:7 für Steffi – aber der Deutschen gelingt plötzlich nichts mehr. Steffi schenkt der Seles das Spiel, als habe sie Angst vor dem Sieg.

Die Jugoslawin gewinnt 10:8 und behauptet, sie hätte »noch viel länger dort draußen kämpfen können«. Doch das Publikum feiert die Deutsche. Steffi, die es »völlig normal findet, daß ich mich für ein schlechtes Spiel entschuldige«, ist ergriffen.

Die Woche danach in Wimbledon wird »richtig gut« (Steffi). Mit ihrem Coach, den Eltern und der australischen Freundin Rennae Stubbs geht sie zu Konzerten von Prince und Santana und ins Theater. Ziemlich locker wirkt sie. Während des Turniers wohnt sie mit dem Coach Günthardt in einem Haus. Morgens beim Frühstück, es ist der 30. Juni, sehen sie zwei Fotografen auf einem Baum hocken, die Teleobjektive im Anschlag. »Eisen 7«, schätzt Günthardt, wäre passend. Mit einem präzisen Golfschlag könne er die beiden runterholen. »Golfsack und Bälle sind im Garten. Spätestens nach fünf Schlägen bekommen wir Fallobst.« Solche Sprüche gefallen Steffi.

Im Halbfinale hetzt sie die Sabatini über den Platz. 6:3, 6:3. Dann geht es gegen die Seles. Steffi ist der Angstgegnerin auf Rasen atemraubend überlegen. Nach 30 Minuten führt sie 6:2. Mit kurzen, cross geschlagenen Bällen hat sie die Jugoslawin weit aus dem Feld getrieben. Da die Seles die Vor- und die Rückhand beidhändig schlägt, steht sie nur selten richtig zum Ball. Eine neue Variante der Deutschen ist auch die Topspin-Vorhand.

Im zweiten Satz steht es 1:0, als der Regen kommt. In der Kabine schreibt Steffi gelassen Autogramme. Spiel und Regenpausen wechseln sich ab. Nach 58 Minuten reiner Spielzeit ist auch der zweite Satz mit 6:1 gewonnen. 13 100 Zuschauer haben bei Wind und Regen 5 Stunden und 22 Minuten ausgeharrt. Minutenlange Ovationen am Schluß. »Graf brachte Seles zum Schweigen«, schreibt die *Washington Post.* »Es war das beste Tennis meiner Karriere«, sagt Steffi.

Zur Siegesfeier am Abend schwebt Peter Graf mit einer Privatmaschine ein. Wegen einer Erkrankung hat er das Finale nur am Fernsehschirm erlebt. Seit einiger Zeit erscheint er ohnehin nur noch zu den ganz wichtigen Spielen, die Betreuung der Tochter hat nach der Meissner-Affäre wieder Steffis Mutter Heidi übernommen.

Bei den Olympischen Spielen in Barcelona wohnt Steffi offiziell im olympischen Dorf, wo sie sich ein Apartment mit zwei ostdeutschen Seglerinnen teilt. Doch die treffen die prominente Kollegin nur ein einziges Mal in der Wohnung an. Abends, in der Dämmerung, huscht eine Gestalt aus der Dusche durch den Gemeinschaftsraum. »Hi, ich bin die Steffi«, sagt die Graf noch und verschwindet wieder. Im Finale verliert sie gegen die 16jährige Amerikanerin Jennifer Capriati mit 6:3, 3:6, 4:6. Bei den U.S. Open scheitert sie wenig später im Viertelfinale mit 6:7, 3:6 an der solide spielenden Arantxa Sanchez. Ähnlich wie in Barcelona ist sie »enttäuscht von der Art, wie ich hier gespielt habe«.

Dann wieder gewinnt sie die Turniere in Leipzig, Zürich, Brighton und Philadelphia. »Ich stehe endlich da, wo ich im letzten Jahr schon hinwollte«, erklärt sie vor dem Damen-Masters in New York. In der ersten Runde trifft sie auf die 18. der Weltrangliste, die Texanerin Lori McNeil. Im ersten Satz führt Steffi 5:1, dann greift die Amerikanerin wild an und stürmt mit langen unterschnittenen Bällen ans Netz und siegt noch mit 7:6. Den zweiten Satz gewinnt sie 6:4.

Seit Brighton 1985 ist Steffi noch nie so früh bei einem Turnier ausgeschieden. »Tagelang, richtig tief innen«, beschäftigt sie sich mit der Niederlage in einer neuen Trutzburg, wie immer kapselt sie sich ab, »wenn die Dinge nicht so gut laufen für mich«. In Downtown Manhattan, 240 Center Street, hat sie am 9. Juli für 950 000 Dollar eine Wohnung gekauft. Einst residierte hier der Polizeipräsident der US-Metropole. Das Haus ist ziemlich beladen mit schweren Lüstern, und die Treppen sind natürlich aus italienischem Marmor. Eigentlich gar nicht Steffis Stil; sie richtet sich gern mit Ikea-Möbeln ein und schraubt ihr »Billy«-Regal selbst zusammen. Außerdem mag sie New York, wo sie unbelästigt durch Galerien und Geschäfte bummeln kann. Und vor allem – es ist ihre Wohnung.

Steffi streift Vatis Fesseln ab, zumindest lockert sie den Strick. »Sie braucht 'nen Mann«, hat der Hochspringer Dietmar Mögenburg während der großen Krise im Februar getönt. »Einfach lächerlich«, hat Steffi gekontert, »mit wie vielen Männern ich im Laufe der Jahre in Verbindung gebracht worden bin.« Da waren der Fotograf Ken Nahoum, der Basketballer David Robinson oder der Sänger der Popgruppe Simply Red, Mick Hucknall. Auch der Handballer Ulli Roth und der Trainingspartner Harald Rittersbacher wurden ihr als Liebhaber angedichtet. Schöne Geschichten für die Paparazzi.

Einen Partner zu finden, weiß auch Steffi, ist »nicht leicht. Mal bin ich hier, mal bin ich dort, dann bin ich müde, dann will ich einfach meine Ruhe haben«. In einem Interview mit der Illustrierten *Bunte* sagt sie aber auch: »Natürlich ist die Sehnsucht da.«

Im Hotel »Mirage« in Las Vegas wird sie in jenen Tagen mit einem jungen Mann gesehen: Michael Bartels, 24, Formel-3000-Rennfahrer. Er hat viel von dem, was Peter Graf fehlt: Bartels ist charmant und seriös, immer höflich und ziemlich unverbindlich. »Mein Traummann«, hat Steffi einmal gesagt, »ist weich und hat eine männliche Ausstrahlung. Ich brauche jemanden, der stark ist. Auf schmuddelige Typen stehe ich ebensowenig wie auf einen, der mir hinterherreist.« Mit Bartels mietet sie sich ein Wohnmobil. Beide kreuzen auf dem Highway Number One – ein glückliches Pärchen in Kalifornien. »Jeden Morgen«, weiß *Bild* exklusiv, »wacht sie neben ihm auf.«

Peter Graf ahnt, welche Gefahr ihm da droht. Einen Journalisten, der beim Interview explizit nicht nach der Rolle des neuen Freundes fragt, lobt er ausgiebig wegen dessen Sachkenntnis: »Sie haben gleich verstanden, daß der nichts bedeutet. Den bezahle ich doch, damit es nicht auch noch heißt, die Steffi sei lesbisch. Das kann ich mir nicht erlauben.«

Peter Graf sieht sich umzingelt von Problemen. Und keinen gibt es, der sie ihm vom Hals schafft. Auch Eckardt, der neue Majordomus, ist schon lange überfordert. Da lernt er bei einer Kur in Oberstaufen einen Mitarbeiter der Bonner Kanzlei Flick-Schaumburg kennen. Man diskutiert über Steuern, auch Peter Graf kommt zu Besuch. So erhält der Bonner Steueranwalt Professor Harald Schaumburg, dessen Partner Flick dem Grafen schon 1986 mal behilflich war, das Mandat im Fall Graf. Der Experte braucht nur ein paar Tage, um das Problem auf den Punkt zu bringen: »Die Grafs kamen nicht mit dem Finanzamt zurecht und das Finanzamt nicht mit den Grafs. Auf beiden Seiten herrschten etwas chaotische Zustände.«

Was auch an der Chronik des Steuerjahres 1992 abzulesen ist:

6. Januar: Eckardt bittet um eine neue Frist zur Beantwortung von Fragen der Betriebsprüfung.

22. Januar: Wegen Nichtabgabe der Einkommensteuererklärung wird wieder ein Zwangsgeld angedroht. Diesmal geht es um die Erklärung für 1990. Stefanie Graf wird eine Frist bis zum 17. Februar gesetzt.

4. Februar: Nach Rückfrage bei der Betriebsprüfung verschickt das Finanzamt eine Schätzungsandrohung für die Jahre 1989 und 1990. Schwetzingen geht von Gewinnen in Höhe von 3,5 Millionen Mark und 3,7 Millionen Mark aus. Am selben Tag bittet Eckardt um eine erneute Fristverlängerung.

7. Februar: Die Frist wird bis zum 27. Februar verlängert.

18. Februar: Das Finanzamt setzt die Einkommensteuervorauszahlung für 1992 auf 1 965 701 Mark fest.

25. Februar: Eckardt bittet um Fristverlängerung für die Abgabe der Einkommensteuererklärungen 1989 und 1990. Er müsse zuvor in die USA reisen, wo sich die Familie Graf aufhalte. Der Vorauszahlungsbescheid für 1992 müsse geändert werden. Es sei maximal »von einer Einnahmenzahl im Inland von ca. 1 Mill. auszugehen«. Dabei seien 350 000 Mark aus Kapitalvermögen schon berücksichtigt.

2. März: Das Finanzamt lehnt den Antrag auf Anpassung der Einkommensteuervorauszahlungen 1992 ab.

9. März: Die Schätzungsbescheide für 1989 und 1990 liegen vor, werden aber nicht abgeschickt.

12. März: Eckardt legt beim Finanzamt offiziell Einspruch gegen den Vorauszahlungsbescheid für 1992 ein.

13. April: Auf einer Sitzung der Oberfinanzdirektion Karlsruhe wird beschlossen, die Betriebsprüfung auch ohne weitere Auskünfte der Graf-Seite abzuschließen.

30. April: Eckardt wird mitgeteilt, daß die Schlußbesprechung für den 22. Mai geplant ist.

21. Mai: Eckardt teilt mit, daß der Termin nicht eingehalten werden kann.

22. Mai: Die Oberfinanzdirektion setzt den 16. Juni als neuen Termin fest.

15. Juni: Erst jetzt trifft die Antwort der Niederländer auf das Auskunftsersuchen vom 9. Januar 1989 ein. Wie vom Bundesamt für Finanzen prognostiziert, haben die Holländer auf Zeit gespielt – über drei Jahre.

1. Juli: Der Bericht der Betriebsprüfung ist fertiggestellt. Auszug:

Die Einschaltung der B.V. und N.V. erfolgte lediglich aus Gründen der Steuerersparnis. Ein eigener wirtschaftlicher Zweck wird damit nicht verfolgt.

Sonstige beachtliche Gründe liegen ebenfalls nicht vor. Mit der Übertragung der Einnahmen aus Werbeleistungen auf die B.V. und der Weiterleitung der sogenannten bereinigten Werbeeinnahmen an die N.V. soll erreicht werden, daß die Einkünfte der Stpfl. aus ihren Werbeleistungen der inländischen Besteuerung entzogen werden. Die von der B.V. vereinnahmten Werbeeinnahmen unterliegen in den Niederlanden nur formal der ordentlichen Besteuerung, faktisch werden sie niedrig besteuert, denn das niederländische Steuerrecht läßt zu, daß bei in den Niederlanden ansässigen Gesellschaften solche Einnahmen nur zum Teil (7 %) als Steuerbemessungsgrundlage angesetzt und mit dem ordentlichen Steuersatz besteuert werden. Soweit die Werbeeinnahmen von der B.V. an die N.V. weitergeleitet werden, unterliegen die daraus resultierenden Gewinne der N.V. nur einer Minimalversteuerung von ca. 3 %. Ferner soll durch die Einschaltung der B.V. erreicht werden, daß eine Freistellung ihrer Einkünfte aus inländischen Werbeeinahmen von der deutschen Abzugssteuer nach § 50a EStG aufgrund des DBA-Niederlande erfolgen kann. Aufgrund dieser Sachlage ist die rechtsmißbräuchliche Gestaltung durch Einschaltung der B.V. und N.V. eindeutig.

27. Juli: Für die Jahre 1985 bis 1988 soll Stefanie Graf aufgrund des Berichtes der Betriebsprüfung 4 651 565 Mark Einkommensteuer nachzahlen.

6. August: Das Finanzamt, das noch immer auf die Steuererklärungen 1989 und 1990 wartet, fordert die Steuererklärung für 1991 an.

12. August: Die seit März vorliegenden Schätzungsbescheide für 1989 und 1990 werden verschickt. Wegen Nichtabgabe der Steuererklärungen werden Verspätungszuschläge über insgesamt 18 000 Mark festgesetzt.

27. August: Die Vermögensteuer für 1989 wird auf 28 035 Mark festgesetzt.

28. August: Eckardt legt Einspruch ein gegen die Steuerbescheide 1985 bis 1988, die Schätzungsbescheide und die Festsetzung von Verspätungszuschlägen.

3. September: Der Vermögensteuerbescheid zum 1. 1. 1988 über 8135 Mark ergeht. Verspätungszuschlag: 140 Mark.

10. September: Die Einkommensteuervorauszahlung für 1991 wird auf 1 811 554 Mark festgelegt.

28. September: Der stellvertretende Amtsleiter beim Finanzamt Schwetzingen, Clemens King, schreibt an Steffi Graf, daß Steuern in Höhe von insgesamt zwölf Millionen Mark nachzuzahlen seien. Ansonsten werde das Vermögen der Grafs gepfändet.

29. September: Eckardt legt Einspruch gegen die neuen Steuerbescheide ein und beantragt – ohne Begründung – die Vollziehung der Bescheide auszusetzen.

1. Oktober: Peter Graf erhält Kings Vollstreckungsankündigung. Er ruft sofort einen Bekannten, den stellvertretenden Brühler Bürgermeister Gerd Stauffer, an und beschwert sich über die Schwetzinger Finanzbürokraten, die mit dem Gerichtsvollzieher gedroht hätten. Die Sache sei doch längst abgesprochen. Am selben Tag noch ruft King bei der OFD an. Er fragt, ob irgendwelche Absprachen bestünden, die vor Ort unbekannt geblieben seien. Die Oberbehörde verneint.

2. Oktober: Das Finanzamt will eine sogenannte Sicherungshypothek auf das Grundstück der Grafs in Brühl erlassen. Peter Graf ruft bei King an. Der Finanzbeamte notiert: »Peter Graf war über das Verhalten des Finanzamtes ›entrüstet‹. Er wies darauf hin, er werde gegen die Finanzverwaltung mit aller ihm zur Verfügung stehenden Härte vorgehen.« Am Nachmittag ruft Eckardt an. Er habe in fünf Tagen eine Besprechung »wg. Graf« mit einem Steuerprofessor und werde sich dann melden. Schwetzingen lehnt die Aussetzung der Vollziehung ab, aber der Gerichtsvollzieher wird nicht eingeschaltet.

9. Oktober: King legt über ein Gespräch mit Eckardt einen Aktenvermerk an: »Vollstreckungssache Stefanie Graf, Brühl«. Für die Finanzverwaltung gebe es nur drei Möglichkeiten. »Entweder wird ›kurzfristig‹ eine Aussetzung der Vollziehung der Steuerforderungen erreicht. Oder die Steuerschuld wird bezahlt. Oder die Steuerschuld wird zwangsweise beigetrieben.« Eckardt argumentiert, wegen der im

Ausland bezahlten Steuern werde sich die Einkommensteuerschuld erheblich reduzieren. Er gehe von 4,5 Millionen Mark Steuerschuld aus. Die Familie Graf wolle ihre Ruhe und werde versuchen, das Geld aufzutreiben. Eventuell könne noch im November nachgezahlt werden.

11. November: Der Bonner Anwalt Professor Schaumburg meldet sich erstmals beim Finanzamt und beantragt die Aussetzung der Vollziehung. Die Werbeeinkünfte stünden in unmittelbarem Zusammenhang mit der sportlichen Tätigkeit der Stefanie Graf. Dies führe zu weitgehender Steuerfreiheit der Sponsorengelder im Inland. Die Betriebsausgaben lägen über 25 Prozent, auch seien die 800 000 Mark Erpressungsgeld im Fall Thust zu berücksichtigen.

Ende November: Das Finanzamt setzt die Vollziehung aus.

3. Dezember: Die Schwetzinger Beamten erinnern an die Abgabe der Steuererklärung für 1991. Einschließlich aller Vorauszahlungen hat Stefanie Graf von 1984 bis jetzt in Deutschland 3 544 536 Mark Einkommensteuer gezahlt. In dieser Zeit betrug ihr Bruttoeinkommen weit über 100 Millionen Mark.

1993

1. Das Attentat

Aus dem Jahre 1993 ist der Öffentlichkeit ein eindrucksvolles Foto des Tennisclans überliefert. Etwas scheu schaut Vater Peter nach unten. Rechts neben ihm müht sich Mutter Heidi ein Lächeln ab. Trainer Heinz Günthardt gratuliert und blickt mit Wohlgefallen auf Steffi Graf, die breit lacht. Soeben hat sie Wimbledon 1993 gewonnen, und sie freut sich wirklich.

Aber darf sie überhaupt lachen? Vor allem die ausländische Sportwelt beschäftigt sich mit der Frage, ob Erfolge wie der bei den All England Lawn Tennis Championships nicht geliehene Siege sind. »Wenn die Katze nicht da ist«, hat die französische Sportzeitung *L'Equipe* gespottet, »tanzen die Mäuse.« Die Katze ist die neue Tenniskönigin Monica Seles, und die Gräfin soll die Maus sein.

Der Monat, von dem an alle Erfolge Steffis überschattet werden, ist der April 1993. Ein Günter Parche, 38, aus Görsbach in Thüringen, macht Tennisgeschichte. Parche ist ein Fan, aber die drei Buchstaben lassen seine wirklichen Gefühle nur ungefähr erahnen. Er verehrt Steffi so sehr, daß er sich das vertrauliche Steffi verbittet. Für ihn spielt immer nur die »Stefanie Graf«. Lange Jahre hat Günter Parche, bei den Ifa-Motorenwerken Zerspaner in der Abteilung Nockenwellen, vom Tennisleben keinen blassen Schimmer gehabt. Dann hat er 1985 die Graf erstmals im »Aktuellen Sport-Studio« gesehen und sich danach für 10000 Ostmark ein Videogerät besorgt. Fortan füllt sie sein Leben aus. Sie ist für ihn »fast wie der liebe Gott«.

Als sich 1990 mit Steffis erster Niederlage gegen die Seles in Berlin der Wachwechsel anbahnt, trägt sich der Fan aus Thüringen mit Selbstmordgedanken. Fortan hofft er inständig, die Serbin möge sich einen Arm oder ein Bein brechen, am besten beides zugleich. Steffis Niederlagen sind für ihn Katastrophen. Er kann nicht hinnehmen, daß sie nur noch die Zweitbeste sein soll. Seine Königin muß wieder auf den Thron.

Die Arbeitsstelle bei den Ifa-Motorenwerken in Nordhausen gibt er auf, weil er nach Niederlagen seiner Traumfrau die Hänseleien der Kollegen nicht erträgt. Zum Geburtstag schickt er ihr Blumen, manchmal auch 100 Mark. Parche unterschreibt immer mit »ein Fan aus Thüringen«.

Im Frühjahr 1993 entfernt der Fan aus seiner Dachkammer alle Fotos und Poster der Stefanie Graf und vergräbt sie mitsamt einem Koffer. Kein Unbefugter soll die Heiligenbildchen begrapschen. Am 27. April 1993 schleicht sich Parche aus dem Haus, in dem er mit seiner 69 Jahre alten Tante wohnt. Er packt einen Schlafanzug und eine Wurst ein sowie ein Ausbeinmesser, wie es die Bauern fürs Schlachten nehmen. Parche will Stefanie verteidigen, die sich beim Citizen Cup '93 in Hamburg wieder mit der Seles messen muß.

Ein paar Tage streicht er über die Tennisanlage am Rothenbaum. Wenn Steffi spielt, zieht er sich aus den vorderen Reihen zurück. In der Nähe der Verehrten könnte er verglühen. Wenn Monica Seles beidhändig auf die Gegnerinnen einprügelt, will er die Hexe aus nächster Nähe erleben. Bis zum Viertelfinale gibt er ihr eine Frist, aber die Jugoslawin verliert nicht. Auch im Spiel gegen Magdalena Maleeva, am 30. April, liegt sie vorn. Den ersten Satz gewinnt die Seles mit 6:4. Im zweiten führt sie 4:3, und die Maleeva kann die Seles wirklich nicht stoppen.

In der Spielpause beschließt Parche, Steffi den Weg freizukämpfen. Das Messer mit der gebogenen langen Klinge trägt er in einem Beutel, eingewickelt in eine Programmzeitschrift, mit sich. Was dann passiert, erleben die Augenzeugen unterschiedlich. Fest steht, daß die Seles einen Becher abstellt, sich erhebt und zurück auf den Platz will. »Time«, hat der Schiedsrichter gerufen.

Parche sticht mit dem Schweinemesser zu. Ob mit einer Hand oder mit beiden Händen, bleibt ebenso unklar, wie der Verdacht, er habe sogar zum zweiten Stich ausgeholt. Parche trifft zwischen die Schulterblätter. Nicht tief, ungefähr zwei Zentimeter, aber immerhin. Ein medizinischer Sachverständiger wird später feststellen, daß Monica Seles' Lebensnerv getroffen wurde – weil Tennis ihr Leben ist. »Der Angriff mit einem Messer«, schreibt Gisela Friedrichsen im SPIEGEL, »wird meist als lebensbedrohlich empfunden. Einem Messer, diesem kalten, stählernen, spitzen Ding, ist das Opfer wehrlos ausgeliefert. Die Auswirkungen eines Messerstichs sind nicht nur an der Tiefe der Fleischwunde zu messen.«

Nach dem Attentat macht Steffi Graf bei der Seles im Krankenhaus eine Visite. Kurz, knapp, kühl. »Eine gute Kamera-Show«, sagt Karoly Seles bitter, der Vater der anderen. Nach dem Besuch am Krankenbett läßt die Graf nichts mehr von sich hören. Keine Geste, keine für die Mitwelt erkennbare Reaktion; still und stumm hat sie schon immer ihre Krisen durchgestanden.

»Papa, um zu sein, muß ich Tennis spielen«, sagt die Seles

nach dem Attentat. So sah und sieht das auch die Gräfin. Nachrichten aus dem Innersten des Grafschen Tempelbezirks sollen Nachrichten über Tennis sein.

2. Steffi bleibt sich selbst ein Rätsel

Am Ende des Jahres wird sie drei Grand-Slam- und sieben andere Turniere gewonnen haben und wieder die Nummer eins sein. Und sie wird sich nicht mal sicher sein, ob die Saison mit einer gesunden Seles anders verlaufen wäre. Aber da macht sie sich was vor.

Natürlich hatte sie sich für 1993 vom ersten Tag an viel vorgenommen. Das Aus beim Masters gegen Lori McNeil habe sie aufgerüttelt, sagt die Gräfin. Sie hat gemerkt, »daß mein Spiel mit dem der jungen Generation nicht mehr mithalten kann«. Aber natürlich ist auch dieses Problem zu meistern. »Einige neue Ideen« habe Günthardt gehabt, sagt die Tennislady. Steffi gibt sich geheimnisvoll wie Madonna vor dem Erscheinen einer neuen CD.

Die Experten spekulieren: Aufschlag und Rückhand werden wohl wuchtig wie nie zuvor übers Netz fegen. Wie Monica Seles wird die neue Steffi versuchen, ihre Schläge in extremen und nahezu unmöglichen Winkeln zu plazieren. Die Erwartungen sind gewaltig. Doch die Wirklichkeit hält sich selten an Trainingspläne.

Beim Hopman Cup in Perth, dieser Mixtur aus Show-Turnier und seriöser Vorbereitung auf die Australian Open, überrascht Steffi Graf im Januar die Welt. Sie ist einfach nur gut gelaunt. Gut gelaunt gewinnt sie an der Seite von Michael Stich die Mixed-Auftritte. Gut gelaunt schlägt sie im Finale gegen Spanien Arantxa Sanchez 6:4, 6:3. Gut gelaunt erlebt sie Stichs Sieg über Arantxas Bruder Emilio. Zusammen erhalten sie eine Prämie von 105 000 Dollar. Steffi bekommt zusätzlich noch einen Kuß und ein nettes Kompliment. Stich turtelt: »Eine tolle Persönlichkeit, auf dem Platz und auch außerhalb.«

Ernst wird es in Melbourne. Das erste Grand-Slam-Turnier der Saison ist ein langer Countdown – das Viertelfinale gegen Capriati (7:5, 6:2) vorbildlich, das Halbfinale gegen Sanchez (7:5, 6:4) exzellent. 22mal ist Steffi ans Netz vorgerückt, und dabei hat sie 15 Punkte gemacht – alles wird erledigt, registriert, abgehakt. »Irgendwie okay, aber nichts Außergewöhnliches«, sagt Steffi – denn es geht um etwas viel Gewaltigeres.

DAS MATCH steht an. Graf gegen Seles. Das Finale ist für die Deutsche mehr als ein Tennisspiel. In diesem Match will sie beweisen, daß sie noch lange nicht das Opfer der Neuen, der Jüngeren ist. »Durch Monica Seles habe ich einen neuen Anschub bekommen, mich zu verbessern. Durch sie habe ich die Motivation bekommen, mich noch mehr reinzuhängen«, sagt Steffi vor jenem Samstag im Januar, den sie als Schicksalstag versteht. Es sei schon »etwas Besonderes, gegen die beste Frau der Welt spielen zu können«, fügt sie dann noch hinzu, und jeder kann sehen, wieviel Überwindung sie ein solcher Satz kostet. »Das wird ein Atommatch«, meint Bundestrainer Hofsäss, »da wird ein Irrsinnstempo gespielt.«

Es wird ein Desaster. Nicht objektiv. Nicht für die Zuschauer. Dieses Endspiel ist möglicherweise sogar das beste Match, das zwei Frauen bis dahin gespielt haben. Aber Steffi verliert 6:4, 3:6, 2:6. Und das ist für sie ein Lebensschmerz. Sie muß weinen, weinen, weinen. 2 Minuten und 49 Sekunden lang stellt sich Steffi hinterher den deutschen Journalisten. Alle haben eine großartige Graf gesehen, doch die betreibt Selbstzerstörung: »Ich habe sie im zweiten Satz zu sehr ins Spiel kommen lassen. Ich habe am Ende zu viele Fehler gemacht. Ich bin nicht weiter offensiv geblieben.

Nein, das war kein hochklassiges Match.« Und dann preist sie Seles' »Selbstvertrauen, diesen Willen, sich zu verbessern«.

Dann flüchtet sie. Rennt in die Tiefgarage, springt ins Auto, rast zum Flughafen und jettet nach Tokio. Dort findet das nächste Turnier statt, und die Seles hat nicht gemeldet. Doch nicht einmal das hilft: Martina Navratilova schlägt Steffi im Halbfinale.

Es gibt ein ungeschriebenes Gesetz unter Leistungssportlern: »Wenn du verletzt bist, tritt nicht an; und wenn du doch antrittst, sag kein Wort über deine Verletzung.« Denn mit dem Gejammer über eine angebliche Zerrung wird auch die Leistung des Gegners heruntergeredet. Bei Grafs gelten solche ehernen Gebote nicht. Der Clan schämt sich vor der Welt und vor sich selbst, wenn Steffi mal zwei Turniere nicht gewinnt – als bedeute jede Niederlage automatisch persönliches Scheitern.

Der Chef muß ran. Peter Graf ruft *Bild* an. Er sei bereit, ein Interview zu geben. Er will erzählen, was »wirklich los« ist. »Vor zwei Jahren«, berichtet er, sei Steffi mal »wegen einer Bauchmuskelverletzung behandelt« worden. Die Narbe sei nun wieder aufgebrochen. »Steffi hatte wahnsinnige Schmerzen, konnte ihren Aufschlag kaum noch durchziehen. Und sie hatte durch die Verletzung Angst, ans Netz zu gehen. Typisch: Sie leidet – und schweigt. Das ändert sich.« Peter Graf muß, wohl oder übel, wieder die Aufsicht übernehmen. »Wenn sie verletzt ist, wird sie erst gar nicht mehr antreten. Sie wird sich nie wieder verletzt über den Platz quälen. Und schon gar nicht mehr mit Spritzen.«

Deutsche Heldin Steffi? Die Tenniswelt versteht Peter Grafs Erklärungen als den peinlichen Versuch, sportliche Resultate zu korrigieren.

Seine Tochter ist mit sich nicht im reinen. »Ich bin unberechenbar und mir selbst ein Rätsel. Heute will ich dies, morgen das. Bin ich irgendwo angekommen, möchte ich manchmal in der nächsten Minute schon weg.« Helfen lassen will sie sich von niemandem. »Wenn ich das Wort Psychologie auch nur höre, mache ich schon zu. Für mich sind diese psychologischen Deutungen von persönlichen Problemen wie Hokuspokus.« So hat sie es gelernt. So ist das Erziehungsprogramm des Peter G. gewesen. So wurde Steffi Mißtrauen gegen Fachleute aller Art eingeimpft. Niemand kann ihr helfen, niemand versteht sie – nur der Vater blickt durch.

»Peter Graf«, so berichtet in jenen Februartagen der Fotograf André Fuchs, »ist o.k. Aber er zittert irgendwie immer. Er hat immer Angst, verscheißert zu werden.« Die Tochter hingegen sei »eine junge Frau, die manchmal gerne ausbrechen möchte aus ihrer Welt«. Etwas »melancholisch« eben. Ein Mädchen, das ganz einfach Kleid und flache Schuhe tragen wolle, bloß keine Pumps. Ein Mädchen, das seine Eltern Mama und Papa nenne und gern Erdbeeren pflücke. »Es ist ihr Lachen, das einem entgegenkommt«, so Fuchs, und da sei noch etwas: »Ihr sexy Körper.«

Mit dem Ausbrechen wird es natürlich nichts, denn Steffi muß zurück an die Spitze. Doch seit der Pleite gegen die Seles wirkt sie gehemmt, seltsam leidenschaftslos, selbst wenn die Rivalin bei den Turnieren gar nicht antritt. Graf gewinnt in Delray Beach (Florida), doch schon in Key Biscayne unterliegt sie wieder gegen Arantxa Sanchez Vicario (4:6, 6:3, 3:6). »Die Art und Weise« habe ihn »schon erstaunt«, meint Trainer Günthardt. Steffi habe »von Anfang an ohne Selbstvertrauen gespielt«. In Hilton Head gewinnt sie gegen die Spanierin wieder (7:6, 6:1), doch nicht einmal das tut gut. Steffi hat sich das Knie verdreht und weiß schon wieder nicht mehr, »wie es weitergehen wird«.

Die Nation macht sich wieder größere Gedanken über ihr womöglich fehlendes Liebesleben. *Bild* sucht »den richtigen

Mann für Steffi«, und dabei ist jede Peinlichkeit erlaubt. Der Journalist Giovanni di Lorenzo (36 Punkte) scheidet aus: Er hat »kein Geld für ihren Luxus«. Bei Boris Becker (33 Punkte) stört wohl der Neid: »Wer ist höher auf der Weltrangliste?« Erich Böhme (39 Punkte) hat zuwenig Zeit: »Muß jeden Sonntag auf Sat 1 talken.« Der komische Sieger, Otto Waalkes (44 Punkte), überzeugt nicht einmal *Bild:* »Kann nur schwer treu sein, zu sexsüchtig.«

Da kommt der verklemmte Günter Parche, der diesen Stuß in sich aufsaugt. Er will der Schattenmann an ihrer Seite sein. Ein ganz klein bißchen zumindest. Natürlich wollte die Nummer zwei der Tenniswelt nicht durch ein Attentat wieder die Nummer eins werden. Die Woche in Hamburg war auch »eine ganz schlimme Erfahrung, speziell für mich«, klagt sie. Doch ihre Reaktion auf den Ausfall der Seles fällt seltsam aus und ist gleichzeitig doch vieldeutig. Nach dem werbewirksamen Besuch an Seles' Krankenbett hat sie nichts mehr von sich hören lassen. Keine Kommentare, keine Grüße, keine Bitte auch an die Spielerinnengewerkschaft, der Rivalin ihren Weltranglistenplatz bis zur Rückkehr zu erhalten. Nichts.

Steffi kann den Triumph nicht aufhalten. Sie fährt zu den German Open nach Berlin, und schon dort übernimmt sie, wie selbstverständlich, die Rolle der Chefin, die sie früher hatte. Auf einmal ist sie von der Sanchez oder der Navratilova nicht mehr zu schlagen. Von nun an gewinnt sie Turnier auf Turnier. Steffi wirkt wie befreit.

3. Die Siege ohne Monica

Die Seles ist gekommen – und wieder gegangen. Das wichtigste sind schließlich die eigenen Leistungen auf dem Tennisplatz. Natürlich ist es schwierig, im Scheinwerferlicht zu bestehen. Das Publikum verlangt beides: den Triumph und die mitfühlende Anteilnahme. Aber keiner kann die Milch und das Fleisch der Kuh zugleich bekommen.

Unfaßbar sei Steffis Verhalten gewesen, klagt Seles' Vater Karoly. Wäre Steffi das Opfer und Monica die Nutznießerin gewesen, dann hätte »meine Tochter niemals schon am nächsten Tag wieder gespielt«. Da sind die Grafs anders. Tennis ging immer schon vor, und schließlich ist Steffi wieder die Beste. Sie siegt in Berlin (7:6, 2:6, 6:4 gegen Sabatini) und teilt der Welt mit, daß sie Lust habe zu feiern: »Mir ist gerade aufgefallen, daß ich seit fünf Wochen abends nicht mehr weggegangen bin. Das wäre heute eigentlich ein guter Tag, es mal wieder zu tun.« Ist das Naivität?

Was treibt Steffi Graf nach dem Attentat noch an? »Ich möchte besser spielen«, sagt sie, »mein bestes Tennis ist noch in mir.« Steffi fliegt nach Paris. Der erste wirkliche Test der Nach-Seles-Ära steht an: die French Open, wo sie im Vorjahr knapp verloren hat. Aber nun ist alles anders. Denn auch Paris hat beschlossen, Seles zu vergessen und Steffi zu feiern. *Tennis de France* befragt das Volk, und Steffi wird prompt zur beliebtesten Spielerin gewählt. Sie sei »eine große Athletin und hält sich doch nicht für einen Star«, meint ein Kolumnist. Steffi sei »die einzige Frau« im Stade Roland Garros, schwärmt Klaus Marten, PR-Chef von Adidas. Sie sei die letzte mit einem damenhaften Image – umgeben von »schwitzenden Monstern auf dem Platz«.

Woher der Meinungsumschwung? Steffi lacht, sogar vor eingeschalteten Kameras. Sie hat »Frühlingsgefühle«. Sie fühlt sich wieder unbesiegbar. So gut ist es ihr lange nicht mehr gegangen. Halbfinale eines Grand-Slam-Turniers? Na und, 6:1, 6:1 gegen Anke Huber; Steffi ist wieder die Nummer eins. Finale? Hoppla, ein Satzverlust. Doch eine echte

Chance hat Mary Joe Fernandez bei Steffis 4:6, 6:2, 6:4 nicht. Nur einmal, als Steffi der Amerikanerin in einem 19 Minuten langen Spiel den Aufschlag zum 4:2 im zweiten Satz abnimmt, ist das Match dramatisch – beide Damen müssen ein Toilettenpäuschen einlegen.

Steffi ist nach dem Sieg zu Tränen gerührt. Denn auf der Tribüne ballt ihre Mutter Heidi stolz die Fäuste, und die hat sie am wenigsten in Paris erwartet. Wochenlang hat »Mama« in Florida im Bett gelegen – die Bandscheibe. Sie ist operiert worden und hat zwischendurch schon gefürchtet, nie mehr richtig laufen zu können. Aber am Tag vor Steffis Endspiel hat sie angerufen und von ihrer letzten Untersuchung erzählt; alles war gutgegangen. »Ich komme«, hat sie zum Schluß gesagt. Und sie hat es wirklich noch rechtzeitig geschafft. »Ich habe mich so gefreut«, stammelt Steffi.

Ist der Sieg auf der roten Asche im Bois de Boulogne schon Steffis Wiedergeburt? Drei für sie niederschmetternde Niederlagen hatte sie dort zuletzt eingesteckt. Ist sie jetzt wieder dort, wo sie vor Seles gewesen war – in ihrem ganz privaten Universum? Siege, meint Boris Becker, seien »für Steffi so selbstverständlich, wie morgens auf die Toilette zu gehen«.

Nach dem Match kommt wieder die Frage nach der Seles. Warum hat Steffi sie in ihrer Ansprache nicht erwähnt? Was denkt sie jetzt über die Seles, was fühlt sie? Genugtuung, Mitleid? Sie hat es »im Siegesgefühl des Momentes vergessen«, an Seles zu erinnern, sagt sie, »obwohl ich gestern überlegt habe, etwas zu sagen. Ich weiß, das hätte ich tun sollen«. Was aber sagen? Zögernd und ziemlich leise kommt es heraus: »Ich wollte sagen, daß wir alle hoffen, daß sie zurückkommt, und daß wir an sie denken.« Ehrlich? Nun ja, sicher, aber die ständigen Fragen gehen ihr schon »manchmal auf den Geist«. Und sie ist fest überzeugt: »Auch ohne das Attentat hätte ich meine Chance gehabt.«

Lieber einfach Tennis spielen. Lieber siegen und nachholen, was zuletzt, wegen Seles, so schiefgegangen ist. Selten hat sie sich so auf London gefreut.

Steffi nimmt in Wimbledon alle Gegnerinnen auseinander. Ein Match dauert sogar nur 34 Minuten – die alten Zeiten sind wieder angebrochen. »Du gehst raus«, sinniert sie schon wieder, »versuchst das Beste zu machen und trotzdem hundert Prozent zu erreichen – immer in der Hoffnung, die Gegnerin möge sich wenigstens ein bißchen zur Wehr setzen.« Doch zu schwach sind all die anderen: die Dicken, die Untrainierten, also alle, die Steffi schon immer verachtet hat. Die Langeweile will sie im Garten ihres gemieteten Hauses besiegen. Sie lernt Kricket.

Fast nimmt sie die Sache zu leicht. Das Finale jedenfalls wird knapp. Die Tschechin Jana Novotna ist eine begabte Serve-and-Volley-Spielerin. Immer aggressiv, immer frech. Eine fröhliche Frau, die im Profizirkus skeptisch beäugt wird – sie lebt mit ihrer Trainerin Hana Mandlikova zusammen. Novotna hat Steffi schon öfter mal in Schwierigkeiten gebracht. Sie beherrscht eigentlich alles, nur nicht ihre Nerven.

3. Juli 1993. Novotna führt 6:7, 6:1, 4:1, 40:30. Sie hat Spielball zum 5:1, jeder glaubt, das ist's wohl gewesen. Denkt Novotna in diesem Augenblick an die drei letzten Matches gegen Gabriela Sabatini, in denen sie immer Matchball hatte und doch stets verlor? Weit landet der zweite Aufschlag im Aus, so weit, wie es Profis nur selten passiert. Sie »zitterte so dramatisch, als ob sie erwürgt würde«, beobachtet der *Observer.* Der nächste Volley schlägt dann kurz vor der königlichen Loge auf, und von da an geht nichts mehr.

»Ich dachte schon, ich hätte es verloren«, sagt Steffi nachher; gehofft hatte sie nur noch, »daß es regnen würde«. Doch auf einmal muß sie nur noch den Schläger hinhalten, Novotna schlägt jeden Ball ins Aus. 6:4, Game, Set und Match

Miss Graf – die hundertste Siegerin der Internationalen Meisterschaften von England. Fotografen schießen das Bild der Familie.

Novotna aber kollabiert. An der Schulter der Herzogin von Kent bricht sie in Tränen aus. Die Tschechin habe wohl »an die Unsterblichkeit gedacht« und »dann einen Holzarm« bekommen, stellt Hofsäss kühl fest. Sie werde es sicher noch einmal schaffen, haucht die Dame aus der Königsfamilie ins Ohr der Weinenden. Doch da hat selbst die Novotna Zweifel. Manche Gelegenheiten kommen nicht wieder. Nie mehr.

»Großartig«, lobt Helmut Kohl. Der schwarze Riese ist ein Fachmann für den Kampf Mann gegen Mann, und er bewundert, »mit welcher kraftvollen Entschlossenheit und mit welchem Kampfgeist Sie ein solch wichtiges Spiel bestreiten. Besonders im entscheidenden dritten Satz . . . war Ihr vorbehaltloser Wille zu spüren, diesen Tag zu einem Erfolg für sich zu machen«. Für sich? Oder doch, vorbehaltlos, für Deutschland? Der Attentäter Parche jedenfalls genießt diesen Tag in stillem Triumph. Sein Leben versank immer schon in Stefanies Glück und Unglück, und da macht es keinen großen Unterschied, daß er jetzt ihre Spiele vom Untersuchungsgefängnis aus verfolgen muß.

Zum Champions' Dinner erscheint Steffi nicht. »Die Wimbledon-Siegerin ist krank geworden«, verkündet der Generalsekretär des All England Lawn Tennis and Croquet Club, Chris Gorringe. Steffi plagt eine Knochenhautentzündung im rechten Fuß.

Tage später tritt sie zum Federation Cup in Frankfurt an. Gegen Miss Nobody alias Nicole Provis aus Australien verliert sie 4:6, 6:1, 1:6. Deutschland scheidet aus. Eine peinliche Niederlage der Weltranglistenersten. Hat sie verloren, um sich in Ruhe auf die U.S. Open einstimmen zu können, wie der *Sport-Informations-Dienst* kolportiert? Sie habe sich eine Sehne in der Schulter gequetscht, murmelt sie. Außerdem seien die Bälle naß, das Wetter miserabel gewesen. »Vielleicht war ich schlecht vorbereitet.« Die Steffi treffe keinerlei Schuld, beteuert Bundestrainer Hofsäss eilfertig. Er habe sie aufgestellt, er allein trage die Verantwortung. Dabei weiß jeder, daß weder er noch der Deutsche Tennis Bund in Sachen Graf etwas zu melden habe. Peter Graf stellt auf.

4. Der Kniefall der Tennis-Funktionäre

Steffis verunglückter Auftritt in Frankfurt erinnert manche Insider an die leidige Geschichte mit dem Nokia Cup in Essen. Auch diesmal wird hinter der Kulisse mit Barem hantiert. Was die Zuschauer nicht wissen: Erst eine zweiseitige Vereinbarung zwischen dem DTB und Sunpark Sports B.V. hat den Auftritt von Steffi möglich gemacht. Die Einzelheiten legt natürlich Peter Graf fest.

Punkt 1: Sunpark erhält für den Einsatz der Spielerin Steffi Graf beim Federation Cup 1993 eine Einsatzprämie in Höhe von DM 400 000.

Punkt 2: Erkrankt Steffi Graf während des Federation Cups oder kann sie aus sonstigen Gründen, die sie nicht zu vertreten hat, den Wettbewerb nicht fortsetzen, so erhält Sunpark trotzdem die Einsatzprämie.

Für den DTB unterschreibt Generalsekretär Günter Sanders das ausgefinkelte Vertragswerk. Sanders war mal Deutscher Meister – aber nur im Mixed mit Helga Masthoff. In 20 Jahren bei Volkswagen brachte er es zum Bezirksleiter der Exportabteilung. Da war der DTB schon interessanter, der ihn 1983 als hauptamtlichen Sportdirektor einstellte. Inzwischen trägt der Hanseat auf der Visitenkarte den schmückenden Titel »Executive Director« – er hat parallel zu den Erfolgen von Boris und Steffi Karriere gemacht. Die wurde auch nicht gestoppt, als er in Moskau beim Schmuggel von Kavierdosen ertappt wurde. Sanders ist die Anlaufstation für Peter Graf. »Ein schwieriger Verhandlungspartner«, stöhnt Sanders. Immer wieder stellt Graf neue Forderungen. »Die Steffi«, sagt Graf, »hat mehr geleistet als Stich und Becker zusammen.«

In Frankfurt trickst der Alte wieder. Zuerst dealt er mit dem Baulöwen Jürgen Schneider, kassiert sogar für PR-Auftritte seiner Tochter 250 000 Mark in bar. Doch Steffi mag nicht durch die neuen Boutiquen in Schneiders Zeil-Galerie gehetzt werden. Sie weigert sich standhaft, und Peter Graf muß die schöne Viertelmillion wieder herausrücken. Vielleicht reichen ihm deshalb die vereinbarten 166 000 Mark Honorar vom Tennis-Weltverband ITF und die 400 000 Mark Antrittsgeld vom DTB nicht mehr. Kurz vor Turnierbeginn verlangt er 50 000 Mark mehr. Punkt 1 der Vereinbarung wird korrigiert, handschriftlich werden 450 000 Mark notiert.

DTB-Prokurist Christian Thiemann soll das Geld besorgen. Irritiert ruft er bei DTB-Präsident Claus Stauder an. »Was soll ich tun?« Es gebe keine andere Wahl, so Stauder. Sonst komme der Graf und sage, »rutscht mir den Buckel runter. Steffi spielt nicht mehr für euch«. Thiemann fährt zur Deutschen Bank, staut 450 000 Mark in einem Koffer und übergibt ihn während des Turniers Peter Graf. Der bleibt gelassen: »Die Quittung unterschreibt Eckardt.«

Im größten Tennisverband der Welt geht es in diesen Tagen zu wie in dem Film »Manche mögen's heiß«. Vorn ein ehrwürdiges Institut, hinten ein wilder Saloon. Es wird jongliert und getrickst, vor allem seitdem der DTB im April 1990 einen geheimen Vertrag mit der holländischen Briefkastenfirma geschlossen hat. Es wäre »untypisch und unkaufmännisch«, schwadroniert Präsident Stauder später, wenn sein

Verband tatsächlich mit einer »Adresse wie Sunpark« zusammengearbeitet hätte. »Normalerweise kann man's nicht so machen.«

5. Der Bluff des Professors

Was ist im Fall Graf normal? Im Frühjahr 1993 greift die Finanzbeamtin Elisabeth Heltge zum Stift. Die Sachgebietsleiterin des Veranlagungsteilbezirks beim Finanzamt Schwetzingen ist eine Veteranin in Sachen Graf. Seit 1985 kümmert sie sich um die seltsamen Spiele im Tenniszirkus, und eigentlich ist der Fall ein paar Nummern zu groß für Schwetzingen. Aber die Oberamtsrätin möchte nun von Steffis Sponsoren wissen, wieviel sie an wen in den Jahren 1989 bis 1992 gezahlt haben. Sie macht sich eine Liste.

Die Aufstellung der Heltge ist Sinnbild für die Ahnungslosigkeit der Finanzverwaltung. Es fehlen der Nudeldreher Barilla ebenso wie Sat. 1, Springer, Granini oder IEM Fashion. Von A.B. Jesus gar nicht zu reden. Auch von den seltsamen Praktiken des DTB hat die im Nebengebäude Zeyher Straße, 1. Etage links, Zimmer 201, residierende Beamtin keine Ahnung. Aber sie macht Peter Graf nervös. Das Wort Finanzamt wirkt auf ihn wie das rote Tuch auf den wildesten Stier. Welche Zahlen, fragt er besorgt, werden die Firmen der Heltge nennen? Vor allem: Werden sie das Geheimnis der Grafschen Splittingverträge lüften? »Die Alte mach' ich fertig«, zischt Graf wütend.

Alle Sorgen sind überflüssig. Selbst Eckardt staunt, »wie wenig zum Beispiel Adidas angegeben hat«. Kein Wort über die rund 7,5 Millionen Mark, die allein in diesen vier Jahren über die Schweiz und Hongkong an die Grafs geflossen sind. Auch die übrigen Konzerne legen ihre Zahlungen über die ausländischen Töchter nicht offen.

Ganz besonders dreist agieren die Manager der Stuttgarter Südmilch AG. »Wunschgemäß«, schreiben sie am 6. April, »teilen wir Ihnen die Zahlungen an die Sunpark Sports B.V. mit.« Für drei Jahre habe die Firma 1,425 Millionen Mark überwiesen und sich dabei strikt an die Vereinbarungen gehalten. »Wegen nicht erbrachter Leistung von Steffi Graf beim Wimbledon-Finale 1991« habe die schwäbische Milchfirma das »vertragliche Entgelt« um 75 000 Mark gekürzt. Nach der Abgabenordnung sind Firmen auskunftspflichtig und sollen sich an die Wahrheit halten.

Aber kein Wort über die Südmilch-Millionen aus Benelux. Kein Wort darüber, daß die deutschen Molkereimanager der klammen holländischen Tochter fürs Graf-Geld einen Kredit gewähren mußten. Kein Wort darüber, daß sich Südmilch-Holland einen Großteil des kunstvoll verschobenen Geldes in einem aufwendigen Verfahren von den übrigen europäischen Filialen zurückgeholt hat.

Im Februar 1993 macht Südmilch Belgien nicht mehr mit. »Betreff Sponsoring Steffi Graf« teilen zwei Milchmanager der deutschen Zentrale mit, daß sie »das Sponsoring von Steffi Graf nicht bezahlen werden«. Sie hätten Bedenken:

Dem Fiskus gegenüber können wir das nicht verantworten. Die Steuervorauszahlungen sind gemacht worden auf einem geschätzten Gewinn. Wenn wir jetzt melden, daß dieser Gewinn sich viel kleiner herausstellt als ursprünglich gedacht, ist dies verdächtig. Außerdem würde dies ein schweres Risiko für die Betriebsleitung und den Betriebsvorstand beinhalten... Wir hoffen, Sie verstehen unseren Standpunkt.

In das enge Bürozimmer der Grafs quetscht sich Anfang des Jahres an etlichen Tagen auch der Bonner Steueranwalt Schaumburg. Er ist erst einmal damit beschäftigt, das Gelände zu sondieren. »Ihre Holland-Lösung«, macht er

Graf klar, »ist Unfug.« So etwas »Stümperhaftes«, erklärt er in kleiner Runde, hätte seine Kanzlei »nie gemacht«. Der Steuerprofessor ist jedoch für Peter Graf kein wirklicher Gesprächspartner. Zwar soll ihm Schaumburg über alle Begegnungen mit den Beamten haarklein berichten, aber der Brühler hört kaum zu.

Es ist logisch, daß ein Mensch, der die Welt mittels eines Röhrenblicks sieht, ein enges Blickfeld hat. Grafs Problem reduziert sich auf die Finanzbeamtin Heltge, weil die ihn nicht in Ruhe läßt. Mahnungen schickt sie, Steuererklärungen will sie bekommen. Weiß sie überhaupt, wer Peter Graf ist? »Sehr emotional« empfindet Schaumburg seinen Kunden Graf, wenn die Rede auf die Heltge kommt.

Schaumburgs Begegnungen mit der Tennislady sind eher flüchtig. Beim ersten Mal spielt Steffi mit den Hunden und macht sich nur knapp bekannt. Später wird sie vom Vater dazugebeten. Zuhörer sind für ihn immer nur Publikum, Staffage, Stichwortbringer gewesen. Diskurse kennt Graf nicht. »Wir haben Probleme mit der Steuer. Willst du nicht nach Monte Carlo ziehen?« Dann wendet er sich in Richtung Schaumburg. Der Professor soll ihr mal beibringen, wie sinnvoll jetzt ein rascher Wechsel ins Ausland ist.

Schaumburg setzt sein gewinnendstes Lächeln auf und redet über Steuerdetails, die für Steffi böhmische Dörfer sind. Aber eins versteht sie: Sie soll ins steuersparende Ausland, was sie auf keinen Fall will. »Ich gehe nicht nach Monaco«, sagt sie trotzig. »Das kommt für mich nicht in Frage.« Schaumburg ist von der Rigidität der Antwort beeindruckt, aber die Probleme werden dadurch nicht kleiner.

Im Finanzamt Schwetzingen debattiert Schaumburg im Februar mit Finanzbeamten die Konsequenzen der Betriebsprüfung. Er veranstaltet ein Kolloquium. Neben Frau Heltge warten auf ihn die Betriebsprüferin Dagmar Groß und Brigitta Kühner von der Rechtsbehelfsstelle. Sie führt das Protokoll. Johannes Pagendarm und Ernst Georg Schutter von der OFD in Karlsruhe sind gekommen, Wilhelm Sitzler aus Mannheim und der ständige Vertreter des Vorstehers beim Finanzamt Schwetzingen, Clemens King.

Schaumburg taktiert. Seine schwächste Position gibt er gleich auf und massiert seine Kräfte auf andere, um sie zu stabilisieren. Die Holland-Konstruktion sei angreifbar. Zugegeben. Ein Modell nach Vorbild von Tiriac hätte nur Sinn gehabt, wenn Steffi wie Becker ins Ausland wechseln würde. Aber die Patriotin lehne einen Umzug ab. Als ob er ahnte, daß die von der Betriebsprüfung für die Jahre 1985 bis 1988 ermittelten Ergebnisse viel zu niedrig sind, lockt Schaumburg dann die Beamten aus der Deckung. Nach seiner Überzeugung sind »die Einkünfte nicht mehr feststellbar«. Sitzler, Sachgebietsleiter der Betriebsprüfung beim Finanzamt Mannheim-Neckarstadt, protestiert. Durch die umfangreichen Ermittlungen seien alle Einahmen exakt erfaßt worden. Gute Arbeit. Schaumburg stimmt zu, eigentlich ein bißchen zu fix für einen Profi.

Aber niemandem fällt Schaumburgs Volte auf. Die meisten Sitzungsteilnehmer wollen ohnehin nur vor dem berühmten Professor bestehen. Betriebsprüferin Groß erläutert noch, daß sie die Kosten für Steffis Trainer auf 250 000 Mark im Jahr beziffere. Wieder Zustimmung. Aber falls der Coach als Angestellter fungiert, wäre Lohnsteuer hinterzogen, mindestens aber verkürzt worden. Ein ganz ordinärer Fall eigentlich. Merkwürdigerweise fällt auch das niemandem auf. Bedeutungsvoll fügt Schaumburg hinzu, daß das Verhältnis Graf und Advantage nicht klar sei. Unklare Verhältnisse gehen fast immer zu Lasten des Steuerpflichtigen. Diesmal nicht.

Schaumburg pokert weiter. Nach der Affäre mit Nicole Meissner seien die Werbeeinnahmen kräftig zurückgegangen. »Rufschädigung geht auch ans Portemonnaie.« Der

Bluff zieht. Dabei weiß jeder Zeitungsleser, daß Steffi noch nie so viele lukrative Verträge hatte wie in diesen Tagen. »Wie soll das ab 1993 weitergehen?« möchte King nur wissen. Da die Behörde »Beweglichkeit gezeigt« habe, lobt Schaumburg, solle jetzt Holland wirklich aufgegeben und die Buchführung geordnet werden.

Pure Selbstverständlichkeiten werden als Geschenke des Steuerschuldners ausgegeben. King versichert noch, daß die Umsatzsteuer über 2 648 493 Mark »auf jeden Fall ausgesetzt werden kann«. Das gelte auch für die Quellensteuer, pflichtet Heltge bei. Auch bei den Betriebsausgaben ist plötzlich noch Luft. Pagendarm von der OFD kann sich vorstellen, daß Graf die 800 000 Mark für Thust von der Steuer absetzen kann. Schaumburg reicht das nicht. Allein für Beratungshonorare nach dem Erpressungsfall sei eine Million Mark draufgegangen. Darüber will man später reden. »Beim nächstenmal muß ein Scheck mitgebracht werden«, scherzt ein Teilnehmer. Gelächter. Beim nächstenmal, am 1. Dezember, hat Schaumburg keinen Scheck dabei; aber er droht mit »langwierigen Rechtsstreitigkeiten«, falls keine Einigung erzielt werde. Der Professor kann drögen Zahlen lebendige Perspektiven abgewinnen, schreckliche sogar: Steffi könnte für immer ins Ausland ziehen und auch dort ihre Steuern zahlen. Bekanntlich habe sie in Boca Raton und New York Wohnsitze. »Der gesamte Clan folgt überallhin.« Gern würden die Amerikaner die Steuer einsacken. Schutter widerspricht bemüht. Die Drohung lasse ihn kalt.

Dann kommt Schaumburg wieder auf die Betriebsausgaben zurück. 35 Prozent seien für ihn die unterste Grenze. Über andere Zahlen verhandele er gar nicht. Einverstanden. Nur kann leider das Thustsche Erpressungsgeld doch nicht berücksichtigt werden. Ins Protokoll nimmt Kühner den Satz auf, der später noch für viel Ärger sorgen wird. »Bei diesem Besprechungsergebnis wird nach übereinstimmender

Auffassung der Gesprächsbeteiligten von einer tatsächlichen Verständigung ausgegangen.« Mit solchen Deals werden unklare, also schwierige oder überhaupt nicht aufzuklärende Sachverhalte abschließend geregelt. Auch wenn die Beamten später einen Rückzug machen werden – soeben haben sie, ohne es zu ahnen, die Steuerzahlerin Steffi Graf zu einem großen Teil entlastet. Als Peter Graf am 2. Dezember von der »tatsächlichen Verständigung« erfährt, glaubt er, daß der Fall vorbei ist.

6. Die gefährlichen Verehrer

Günter Parche, den die englischen Blätter nur den »madman« nennen, den Geistesgestörten also, steht knapp sechs Monate nach dem Attentat vor dem Amtsgericht Hamburg. Mit 10 bis 15 Jahren Haft hat der Mann aus Thüringen gerechnet, bevor er die Seles vom Thron stieß. Aber ein psychiatrischer Sachverständiger schließt eine erheblich verminderte Schuldfähigkeit nicht aus. Wegen gefährlicher Körperverletzung wird Parche zu einer Bewährungsstrafe von zwei Jahren verurteilt. Das – verglichen mit ähnlichen Körperverletzungsfällen – eher hohe Urteil wird weltweit als zu mild gescholten. Auch Steffi spricht von einem »totalen Unverständnis bei mir und meiner Familie«. Irritiert fragt sie: »Wie kann ein Mann, der, unter welchen Bedingungen auch immer, ein Menschenleben gefährdet hat, den Gerichtssaal in die Freiheit verlassen?«

Fortan begleiten Bodyguards Steffi auf Schritt und Tritt. Einfach ist das Leben mit den Fans nie gewesen. In Wimbledon schlief mal einer auf dem Komposthaufen vor Steffis Haus, um einen Blick auf die Angebetete werfen zu können. Als sie vor die Tür trat, lief er weg. Coach Heinz Günthardt hält Tennisschläger griffbereit, um allzu aufdringliche Verehrer abwehren zu können. Klar, daß auch der Fall Seles für zusätzliche Irritationen sorgt.

Der Frankfurter Physiker Kay Kurt zum Felde, 29, verliebt sich in Steffi. Wochenlang harrt er vor der Trutzburg zu Brühl aus – hoffnungslos. Er schreibt einen 27 Seiten langen Liebesbrief – keine Antwort. Polizisten packen ihn, verhören ihn und lassen ihn wieder laufen. »Ein harmloser Verrückter«, attestiert der Kriminalbeamte Wolfgang Krauth, der Freund und Helfer der Familie Graf. Doch zum Felde läßt nicht locker. Er klettert über die Mauer, dringt ins Wohnzimmer ein. »Ein paar Schläge«, so Peter Graf, vertreiben den Verstörten. Doch der Verehrer konvertiert: »Du bist schuld an dem, was Monica Seles zugestoßen ist.« Selbst bei Turnieren sitzt er fortan in der ersten Reihe und stört. »Oh Gott, der schon wieder«, denkt Steffi. Angst, sagt sie, habe sie nie gehabt. Aber aufs Gemüt gehen Kerle wie zum Felde schon.

Boris Becker erregt derweil Amerika, weil durch seine verschwitzten Shorts das nackte Hinterteil schimmert: »Boris unten ohne«, titelt der *Indianapolis Star.* Steffi gewinnt einfach. Im Finale von Flushing Meadow fertigt die Brühlerin Helena Sukova 6:3, 6:3 ab. Steffis 77. Turniersieg.

Hans-Jürgen Pohmann sieht sie »der Perfektion im Spiel plötzlich wieder sehr, sehr nahe«: Endlich sei es »wieder Steffi Graf selbst, die entscheidet, wie lange ihre Spiele dauern, die ihre Bälle beschleunigt, wann immer sie die Punkte benötigt«. Steffi, fügt Mary Pierce an, werde »allmählich unheimlich«. Seit Seles pausiere, meint Anke Huber, sei Graf »wieder so selbstbewußt und überlegen wie zuvor, weil sie weiß, daß ihr von allen anderen Spielerinnen keine Gefahr droht«.

Der Sieg in New York sei etwas Besonderes, verrät die Nummer eins, »weil ich hier in den letzten drei Jahren immer schlecht gespielt habe«. Praktische Vergangenheitsbewältigung also. Und dann spricht Steffi den Namen des Phantoms aus: »Ich hoffe, daß Monica bald wieder dasein wird.«

Das Jahr ist fast gelaufen, und Steffi hat es rückblickend als Triumphzug erlebt. Über den Ausfall der Seles zu trauern ist ihre Sache nicht. Sie hat nicht zugestochen, und getroffen hat sie das alles auch. Aber vor allem: Sie hat gewonnen, was will die Welt noch von ihr? Der Rest ist Pflichterfüllung. Vaters Lieblingsturnier in Leipzig etwa (6:2, 6:0 gegen die noch immer geschockte Jana Novotna), ebenso wie das Masters (6:1, 6:4, 3:6, 6:1 gegen Sanchez), wo sie als beste Spielerin der Saison einen mit 2350 Diamanten besetzten Tennisball erhält.

Steffi begreift die Menschen nicht. Wenn sie spielt, hört sie von draußen wieder die Schreie: »Mensch, mach nicht so schnell.« – »Aber für was«, fragt sie, »trainierst du so hart? Damit der andere besser aussehen kann?« Sie, die »manchmal alles noch ernster nimmt« als früher, versteht die Leute nicht. Sie kapiert nicht, warum ihr Vater »nicht den Respekt bekommen hat, den er eigentlich verdient«. Ihr will nicht in den Kopf, warum die da draußen nicht einsehen, daß sie »ohne diesen Mann niemals die Nummer eins geworden« wäre. Jetzt sei er, erklärt die Tochter, »nicht mehr so oft bei Turnieren dabei, weil er zu Hause das Büro führen muß«.

Der Vater hat jetzt Zeit, in Büchern zu blättern. Ein Freund hat ihm die Beckenbauer-Memoiren (»Ich – Wie es wirklich war«) geschenkt, und auch der Kaiser, stellt der Graf befriedigt fest, hatte Probleme mit dem Fiskus. Eines Tages, im Januar 1977, klingelten morgens drei Steuerfahnder bei dem Kaiser. »Entschuldigen's Herr Beckenbauer... des nehma mit, des aa und des, gell.« 1,8 Millionen Mark, so erfährt Graf, hat Beckenbauer dem Finanzamt nachbezahlen müssen, weil er Gelder über dubiose Auslandsfirmen fließen ließ. Aber dem Kaiser hat das niemand übelgenommen. Nur er wird übel behandelt.

Sein Selbstmitleid wäre vermutlich noch größer, wenn er wüßte, daß sein holländischer Partner von Intertrust, Willem de Bruijn, in Amsterdam mit dem Beckenbauer-Partner Robert Schwan ebenfalls eine Firma unterhält. Auch sie residiert im Museumplein 11, aber Schwans Unternehmen bleibt vom Fiskus unbeanstandet. Die Firma, sagt Schwan, ist sauber. Doch auch Graf glaubt ja, davonkommen zu können, seitdem ihm sein Anwalt von der »tatsächlichen Verständigung« berichtet hat.

Lästige Fälle dieser Art, da sind sich die meisten Aktenverwalter auf dem Globus einig, hat man am liebsten in der Ablage – ordentlich aneinandergereiht und mit dem Stempel »Erledigt« versehen. Da ist eine Verständigung nur hilfreich. Doch hilft sie nur, wenn tatsächlich beide Seiten das Vergangene »erledigen« und die Zukunft nach geltendem Fiskalrecht gestalten wollen. Und zumindest Peter Graf verschwendet an den zweiten Teil keinen Gedanken. »Die Rechtsgrundlage für das Besprechungsergebnis von Schwetzingen«, sagt der Kölner Steuerprofessor Günther Felix, »muß die Sympathie, nicht das Gesetz gewesen sein«.

Noch einmal im Schnelldurchgang: Ende 1993 ist die letzte Steuererklärung der Grafs die für das Jahr 1988. Eine ordentliche Buchführung gibt es nicht, auch keine monatliche Umsatzsteuervoranmeldung. Alles ordinäre Steuerdelikte.

Aber noch immer passiert nichts, wie auch die Chronik des Steuerjahres 1993 beweist:

11. Januar: Das Finanzministerium teilt der OFD mit, daß die Referatsleiter für Außensteuern die Besteuerung von Spitzensportlern prüfen werden.

3. Februar: Das Finanzamt droht erneut mit Zwangsgeld, falls die Steuererklärungen für 1991 nicht bis zum 1. März 1993 abgegeben werden. Konsequenzen hat das nicht.

26. März: Das Finanzministerium fragt die OFD, warum im Fall Graf die Steuerfahndung nicht eingeschaltet worden ist.

15. April: Die Straf- und Bußgeldsachenstelle des Finanzamts Mannheim-Neckarstadt wird auf Veranlassung des Finanzministeriums erstmals informiert.

7. Juli: Die OFD fürchtet, daß die bislang ausschließlich im Inland versteuerten Werbeeinnahmen möglicherweise zur Hälfte ins Ausland verlagert werden.

5. November: Das Finanzamt erinnert an die Abgabe der Steuererklärungen für das Jahr 1992.

10. November: Bei einer Besprechung bei der OFD Karlsruhe berichtet Oberamtsrätin Heltge über ein Gespräch mit dem Betriebsprüfer von Michael Stich: »Danach haben die Betriebsprüfung und das Finanzamt die Werbeeinnahmen großzügig aufgeteilt, obwohl Michael Stich im Gegensatz zu Steffi Graf keinen zweiten Wohnsitz im Ausland unterhält.«

28. Dezember: Schaumburg teilt dem Finanzamt mit, die Werbeeinnahmen seien doch noch nicht geklärt.

1994

1. Ein verschenktes Jahr

Das Jahr 1994 ist ein Jahr sportlicher Superlative. Ein Oldtimer und Außenseiter aus Schliersee, Markus Wasmeier, gewinnt zwei Goldmedaillen bei den Olympischen Winterspielen in Lillehammer. Fünf Monate später werden die Favoriten aus Brasilien, angeführt von ihrem Wundersturm Romario/Bebeto, in den Vereinigten Staaten Fußballweltmeister.

Für Steffi aber ist 1994 ein tristes, ein verschenktes Jahr. Sie sei dumm gewesen, so erzählt sie es später einem Freund, und erstaunlich naiv: Sie habe schlicht alles falsch gemacht und »richtig bescheuert trainiert«. Daß ihr Rücken im Herbst immer öfter streikt, hält sie für eine Strafe, die sie verdient hat.

Dabei erscheint jene Steffi Graf, die sich im Januar in Melbourne präsentiert, von anderem Kaliber. Neu, stark, unbesiegbar. Denn die konservative, stets vorsichtige Steffi hat sich getraut, hat gleich zwei Veränderungen zugelassen. Und beide lohnen sich.

Die Schlägerfirma Wilson hat sie nach langen Jahren endlich vom Nutzen moderner High-Tech-Rackets überzeugt. Ein gutes Jahrzehnt lang hat Steffi mit ihrer guten, alten Dunlop-Kelle gespielt. Nun ist sie erstaunt: Das Wilson-Racket ist deutlich härter und hat einen größeren Schlägerkopf – eine Revolution für jemanden, der die Entwicklung nicht mitmachen wollte. Das neue Gerät erhöht die Trefferquote bei Volleys und beschleunigt den Ball bei Aufschlag und Grundschlägen.

Und Helmut Müller, dem Fitneßtrainer am Olympiastützpunkt Rhein-Neckar in Heidelberg, gelang es, Steffi in den Kraftraum zu locken. Was ebenfalls nicht einfach war. Bisher, sagt sie, »habe ich Krafttraining immer mit mehr Muskeln verbunden«. Muskeln aber hat sie noch nie gemocht, an sich selbst am wenigsten. Diese Einstellung, erzählt ein Trainer aus dem Graf-Umfeld, liege wohl an Vater Graf und seiner eher eingeschränkten Kenntnis moderner Trainingslehre: Daß Krafttraining nicht nur bedeutet, wie die Bodybuilder immer mehr Gewichte auf die Hanteln zu packen und folglich immer dickere Arme und Beine zu bekommen, war zu ihm noch nicht vorgedrungen. Der Begriff »Schnellkraft« sagte ihm nichts.

Müller jedenfalls versprach Steffi, daß ihre weiblichen Formen erhalten blieben und »daß ich kein Muskelpaket werde«. Das moderne Krafttraining wirkt sofort. »Ich war noch nie fitter«, sagt sie schon nach wenigen Tagen. Müller arbeitet mit einer Methode, mit der schon der Trainer Josef Schnell den Gewichtheber Rudolf Mang zum Olympiazweiten gemacht hat – Schnell selbst, bis dahin Tankwart, wurde durch das Patent Millionär. »Desmodromisches Krafttraining« heißt das Zauberwort: Motorbetriebene Maschinen üben einen Gegendruck aus, sanft und vom Computer gesteuert. 70 000 Mark kostet das Gerät.

Jede Faser und jeden Muskelstrang ihres Körpers kann Steffi nun formen. »Vor unserem Training«, berichtet Müller,

»zogen sich ihre stärksten Muskelstränge von links unten am Fuß diagonal hoch bis zur rechten Schulter.« Sie sei, gewissermaßen, aus dem Gleichgewicht geraten, eben zu einseitig belastet worden. Das läßt sich nun korrigieren. Außerdem leide Steffi an »einer brutalen Fußeinwärtsstellung. Das wirkt sich aus bis zu einer Schrägstellung des Beckens«. Dieses Ungleichgewicht, glaubt Steffi nun, habe über die Jahre all die Beschwerden und Wehwehchen ausgelöst, deshalb habe sie »Injektionen bekommen und Medikamente geschluckt«.

Endlich, so denkt Steffi in jenen Tagen, weiß sie wieder, was sie zu tun hat – und nun wird alles gut werden. Sie ist bester Dinge, besiegt in Melbourne eine Gegnerin nach der anderen und schwärmt vom süßen Leben »down under«, freut sich »tierisch« auf Sonne, Wellen und Sandstrand. Den ersten Grand Slam des Jahres erledigt sie beinahe nebenbei: Fünfeinhalb Stunden nur braucht sie für ihre sechs Matches bis zum Finale.

Die Szene tuschelt. Ist die außergewöhnlich starke Graf dem Tennis noch zuträglich? Wer will so einseitige Spiele sehen? 1993 schon ist der Sponsor der Damen-Tour, der Nahrungsmittelkonzern Kraft, vorzeitig ausgestiegen, und noch immer gibt es keinen Nachfolger. Der »Hurrikan Steffi Graf« (*Gazzetta dello Sport*) sei, so kommentiert *The Age* (Melbourne), »eine Bankrotterklärung für das gesamte Damentennis«.

Auch Pam Shriver, Präsidentin der WTA, hat »eine bedrohliche Entwicklung« wahrgenommen – nur könne Steffi am allerwenigsten dafür. Die sei »mental so stark, wie noch keine vor ihr war, und wenn sie sich diese Willenskraft erhält, ist sie unschlagbar«. Es liege eben an jungen Spielerinnen wie der Amerikanerin Lindsay Davenport, von der Melbourner *Herald Sun* »Dicke Berta« getauft, ihre Fitneß zu verbessern und Steffi künftig vor sich her zu jagen.

Fromme Wünsche. Steffi selbst sieht nur noch »Angst« in den Augen ihrer Gegnerinnen. Die hätten »mehr bringen können, als sie es getan haben«, würden aber immer wieder verkrampfen: »Soll ich deshalb aufhören?« Sie siegt lieber. Im Finale ist Arantxa Sanchez Vicario hilflos wie nie zuvor. 6:0, 6:2 Graf. »Ich habe sie noch nie besser spielen sehen«, stammelt die Spanierin fassungslos. Drei Gewinnschläge im ersten, fünf im zweiten Satz, das ist alles, was ihr die Gräfin gestattet hat: »Ich habe alles versucht, und sie hat mich trotzdem gekillt.«

Für Steffi, die sich beklagt, daß dieses Grand-Slam-Turnier »mein leichtestes« gewesen sei – 575 000 Mark Preisgeld ergeben einen Minutenlohn von 1730 Mark –, ist es gleichwohl ein seltener Moment: Sie ist zufrieden. Vielleicht zum ersten Mal in ihrer Laufbahn ist ihr das perfekte Match gelungen, ihr »bestes Tennis«, wonach sie immer gestrebt hat. »Wenn ich so spiele, ist mir das Ergebnis egal«, sagt sie, dann »ist es egal, ob es das Finale oder die erste Runde ist«. Dann zählt nur noch die Kunst des Tennisspiels.

Steffi ist oben angekommen. Ganz oben, höher geht es nicht. Sie hat vier Grand-Slam-Events in Serie gewonnen – einen »non-calendar Grand Slam«, wie die Briten das nennen. Und sie ist allen Konkurrentinnen entrückt. »Das waren ihre stärksten Wochen«, sagt Bundestrainer Hofsäss später im Rückblick.

In Tokio schlägt sie die Navratilova. In Indian Wells, in Kalifornien, kommt ihr Tracy Austin, die nach langen Jahren ein Comeback versucht, gerade recht – 6:0, 6:0. Nie hat Steffi verziehen, was die Austin 1982 in Filderstadt gesagt hatte: Es gebe in Amerika Hunderte wie die Graf. Nach ihrem Debakel (Steffi: »Bis auf meinen Aufschlag war es ganz gut«) muß die Amerikanerin loben: »Steffi ist eine Klasse für sich.« Und dann verschwindet das einstige US-Wunderkind wieder im Tennis-Niemandsland.

»Tennis vom Mars« spiele die Deutsche, schreibt die *Los Angeles Times* im Februar 1994 nach Steffi Grafs Lehrstunden von Indian Wells. Die »Einführung eines Abbruchsieges durch technischen K.O., ausgesprochen durch den Stuhlschiedsrichter«, empfiehlt die *FAZ*. Steffis erste Gegnerin Gigi Fernandez flachst, sie habe als einzig vielversprechende Taktik gegen die Graf auch nur die Methode des Clans der Eiskunstläuferin Tonya Harding anzubieten gehabt: »Ich hatte einen Bodyguard engagiert, der ihr aufs Knie schlagen sollte, aber er ist leider nicht erschienen.«

Das letzte, was ihr gefehlt habe, sagt die Brühlerin, sei »verletzungsfrei zu sein, und das habe ich jetzt erreicht«. Sie sei wieder »sehr glücklich mit meinem Leben«. Ein neuer Freund komplettiert das Idyll: Joshua, ein Golden Retriever, wird in den Clan aufgenommen. »Unheimlich süß« sei das Hündchen. Es wird nach Florida gebracht, wo es künftig auf Frauchen warten wird.

Es sind schöne Zeiten für die Grafs. Auf dem Tennisplatz jedenfalls. Und auch die deutschen Medien erfreuen sich nun wieder mächtig am Darling der Nation. Das Deutsche Sportfernsehen kündigt eine Übertragung so an: »Seien Sie hautnah dabei, wenn die Brühlerin mit ihrer gefürchteten Vorhandpeitsche ihre Gegnerin züchtigt.«

Sie jettet von Amerika zurück nach Deutschland und funktioniert wieder so, wie sie funktionieren will; alles andere blendet sie aus. Einen typischen Tag schildert sie so: »Acht Uhr aufstehen, Frühstück. Ab zwanzig vor neun ausgiebige Dehnübungen. Dann fahre ich eine halbe Stunde nach Ludwigshafen. Ab halb zehn Tennistraining – rund eindreiviertel Stunde. Dann wieder nach Hause zum Essen. Ab Viertel nach eins erneut gründliche Dehn- und Rückenübungen, dann geht's wieder nach Ludwigshafen, fast zwei Stunden Tennistraining. Im Anschluß daran fahre ich in den Olympiastützpunkt Heidelberg zum Krafttraining. Danach geht es wieder heim. Abends wird noch schnell gegessen, anschließend ist Massage – und dann bin ich mausetot.«

In ganz seltenen Momenten nur grübelt sie, ob das alles nicht ein bißchen zuviel ist. Müde sei sie, erzählt sie Freunden, sie brauche eine Pause. Dann aber denkt sie wieder, daß es doch so gut klappe wie schon lange nicht mehr – jetzt auszusetzen wäre »Sünde«. So unterläuft der Weltranglistenersten Steffi Graf, seit zwölf Jahren Profi, ein Anfängerfehler. Sie trainiert zuviel, ignoriert die Signale, die ihr Körper aussendet. Heinz Günthardt, ihr Coach, ist in diesen Wochen im Urlaub, und niemand bremst sie. Sie rackert, läuft, stemmt Gewichte und peitscht die Bälle derart übers Netz, daß sie zwei Jahre später noch davon überzeugt ist, in jenem Sommer 1994 ihren Rücken endgültig ruiniert zu haben.

Eine ausgelaugte Steffi Graf trifft am Hamburger Rothenbaum ein. Begrüßt wird sie mit einem anonymen Brief »von Seles-Freunden«, den die *Hamburger Morgenpost* abdruckt: »Sollte Steffi in Hamburg spielen, gibt es ein neues Attentat.« Sie spielt zwar, aber es geht ihr nicht gut. Mürrisch schleicht sie über die Anlage, von finsteren Kerlen bewacht, die dreinblicken, als nähmen sie Maß für einen Sarg.

Nicht einmal über einen Erfolg vor dem Oberlandesgericht Karlsruhe kann sie sich so recht freuen: Zu schmierig ist die Angelegenheit. Die Osnabrücker Popgruppe »Die angefahrenen Schulkinder« hatte einen Song geschrieben: »I wanna make love to Steffi Graf just like her father did a thousand times before«. 60 000 Mark Schmerzensgeld werden ihr zugesprochen. Immerhin.

Hamburg aber wird ein Reinfall. 6:4, 5:2 führt die Graf im Finale gegen die Sanchez, der sie doch »normalerweise in fast allen Belangen überlegen« ist. Doch ein vergebener Matchball führt zum Blackout. 6:4, 6:7, 6:7. Den Grund für ihre Passivität kennt sie nur zu gut: »Ich war einfach übertrainiert.«

Nach 36 Siegen eine Niederlage – nur Zufall? Steffi Graf, sie ahnt es selbst, ist aus dem Tritt geraten. »Hoffentlich haben jetzt viele Spielerinnen zugesehen«, meint Sanchez – mit Netzattacken und langen Bällen auf die Rückhand ist die seltsam unbewegliche Deutsche auszuhebeln. Wie immer in Krisenzeiten reagieren Grafs auch diesmal nervös. Peter Graf sieht wieder fremde Göttinnen neben seiner Steffi aufsteigen. Opel wirbt mit der 16jährigen Franziska van Almsick. Wütend ruft der Vater den Opel-Aufsichtsrat Hans Wilhelm Gäb an: »Braucht ihr uns überhaupt noch?« Van Almsick dürfe ja noch nicht einmal den Führerschein machen – Steffi war 15 Jahre alt, als der erste Vertrag mit Opel unterschrieben wurde.

Berlin, Steffis Lieblingsturnier in deutschen Landen, bietet Trost, wenn auch nur schwachen: Ein 7:6-6:4-Finalsieg gegen Brenda Schultz, 1,88 Meter lange Niederländerin mit eher durchschnittlichen Begabungen, beweist nicht viel mehr, als daß das Turnier auch schon einmal besser besetzt war.

Steffi sorgt sich auch um ihren Freund Michael Bartels. Jeder Rennfahrer kenne das Berufsrisiko, und das akzeptiere sie auch. Andererseits aber sind in der Formel 1 gerade der Brasilianer Ayrton Senna und der Österreicher Roland Ratzenberger tödlich verunglückt. Und ausgerechnet Bartels ist ein Kandidat für Ratzenbergers Nachfolge im Simtek-Team. »Es ist ziemlich fürchterlich«, klagt Steffi mit leiser Stimme und besorgtem Blick, »daß sich seit der Tragödie nichts geändert hat.«

In Paris hat sich Steffi wie immer ein Apartment in Versailles, nicht weit vom Schloß, gemietet. Aber irgendwie will es nicht wohnlich werden in diesem Jahr. In einem *Stern*-Interview beschäftigt sie sich auch mit Jung-Ehemann Boris Becker. Dem gehe es sicher ziemlich gut: »Es ist etwas Wunderbares, einen Partner gefunden zu haben, mit dem man leben will, zu heiraten und ein Kind zu bekommen. Das gibt bestimmt sehr viel Sicherheit.« Für sie selbst aber, so liest sich das zumindest, kommt das nicht in Frage.

Am Tag nach Erscheinen des Interviews steht Steffi im Halbfinale von Paris Mary Pierce gegenüber. Die Amerikanerin mit französischem Paß habe im Grunde »nichts Sensationelles drauf«, hat Steffi vorher behauptet. Dann wird sie vorgeführt. Pierce hetzt sie die Grundlinie entlang, lockt sie mit Stopp-Bällen ans Netz, um sie dann mit einem Lob lächerlich zu machen. Und die Gegnerin, auch das mußte Graf noch nie erleben, wirkt körperlich überlegen: stärker, schneller, wendiger. »Einfach platt« sei Steffi gewesen, meint Günthardt. Immer wieder mal, urteilt die *Süddeutsche Zeitung* am Tag danach, habe die Königin Steffi das Reich teilen müssen – »aber unterworfen, wie beim 2:6, 2:6 gegen Pierce, hat sie sich noch nie«.

Ob ihre Niederlage nicht zumindest als Belebung des Tennis gut sei, will ein Reporter wissen. Es sei wohl »sehr gesund« für das System, meint Steffi fast tonlos, »besonders für die französischen Zuschauer ist es aufregend, auch fürs Fernsehen. Ja, es ist wohl eine gute Sache.« Aber sie selbst sei damit »nicht so sehr glücklich«.

Den Federation Cup spart sich Steffi, weil sie »größere Phasen der Erholung braucht, um nicht, wie in den vergangenen Wochen, überspielt zu wirken«. Das allein ist es aber nicht. Die Pleite des letzten Jahres und die anschließenden Spekulationen über das Antrittsgeld schmerzen noch. »Wie aus der schmerzlichen Erfahrung des letzten Jahres abzuleiten«, schreibt Graf in einer Erklärung, »erntet man neben der sportlichen Enttäuschung auch noch allerlei Mutmaßungen und Unterstellungen in den finanziellen Bereichen.«

Am 21. Juni, dem ersten Tag in Wimbledon, erlebt Steffi noch eine Steigerung der Demontage durch Pierce. Das

Match gegen Lori McNeil wird zu ihrem größten Debakel auf den Courts dieser Welt. Denn noch nie in 110 Jahren Wimbledon ist eine Titelverteidigerin in der ersten Runde ausgeschieden. An jenem Tag betritt Steffi Graf um 14.06 Uhr den Centre Court. Die Nummer 22 der Weltrangliste aus den USA hat bislang nichts Nennenswertes gewonnen. Doch gegen Graf sah sie schon immer ganz gut aus, und einmal hat sie sogar schon gesiegt, 1992 beim Masters. Auf Rasen kommt sie gut zurecht – kein leichtes Los für Steffi, unter den ungesetzten Spielerinnen gibt es keine stärkere.

McNeil hat sich unkonventionell vorbereitet auf das Match ihres Lebens. Sie hat eine Freundin mit nach London gebracht: die Schauspielerin Robin Givens, die einst durch eine acht Monate lange Ehe mit dem Boxer Mike Tyson eine Million Dollar eingenommen hat. Givens trug McNeil am Morgen auf, den gesamten Abwasch zu erledigen – zur Entspannung. Es hat offenbar gewirkt.

Die Chronologie der Sensation liest sich so:

14.30 Uhr: Wind in Wimbledon. Steffi, die beim Aufschlag den Ball besonders hoch wirft, kommt nicht ins Spiel.

14.44 Uhr: Regen, die erste Unterbrechung. 5:5 im ersten Satz.

16.11 Uhr: Es geht weiter. Steffi verschlägt leichte Bälle von der Grundlinie. Doch sie schafft es nicht, ihre Taktik umzustellen. »Ich hätte nach vorne kommen sollen«, sagt sie später, »aber es ist so schwierig, sich zu überwinden; man bleibt lieber dort, wo man sich wohl fühlt.« Mit einem Doppelfehler verliert sie den ersten Satz 5:7.

16.37 Uhr: 3:3 im zweiten Satz. Es regnet. Michael Bartels schlägt sich auf der Tribüne mit dem australischen Fotografen Andrew Murray. »Bartels hat mich in den Unterleib getreten«, behauptet der.

18.20 Uhr: Es ist kalt geworden. Im Pullover spielt Steffi weiter.

18.49 Uhr: Tie-Break. 3:2. Graf vergibt einen leichten Überkopfball, 3:3. Die Zuschauer johlen, Graf eilt an die Grundlinie, serviert allzu hastig: Doppelfehler, 3:4. Martina Navratilova rennt zum Centre Court: »Das muß ich sehen.« 3:5, 3:6. McNeil vergibt den ersten Matchball, den zweiten auch, dann gibt Graf ihr die Chance zum leichten Volley. Game, Set and Match Miss McNeil. 7:5, 7:6.

Als Boris Becker 1987 in der zweiten Runde gegen den australischen Qualifikanten Peter Doohan verlor, sagte er lakonisch: »Es war nur ein Tennismatch. Niemand ist gestorben.« Steffi Graf meint nun: »Ich werde mich nicht umbringen.« Als Trainer Günthardt kritisiert, daß »Steffis Spiel seit Wochen so dahinplätschert«, faucht die zurück: »Das finde ich nicht.«

Es ist im Profitennis ein ungeschriebenes Gesetz, daß Trainer öffentlich nichts zu kritisieren haben: Der Spieler zahlt, der Spieler ist der Boß. Im Haus, das die Grafs unweit der Anlage gemietet haben, soll es deshalb zum Krach gekommen sein, was beide allerdings bestreiten. »Hau ab«, habe Steffi gebrüllt, berichten englische Journalisten, und Günthardt habe das Haus fluchtartig verlassen.

Ohne Steffi, die pausieren möchte, trifft sich die deutsche Federation-Cup-Mannschaft in Frankfurt. Und die Gelegenheit zur üblen Nachrede wird natürlich genutzt. »Angenehmer« sei alles ohne Steffi, sagt Anke Huber, »es gibt keinen Trubel.« Den gibt es doch, als aus Mahwah/New Jersey die Nachricht nach Germany dringt, daß die Graf dort einen Schaukampf bestreite. Die Nation ist empört und der Deutsche Tennis Bund blamiert. Haben es die Grafs darauf angelegt? Steffi: »Ich bin erwachsen genug, um selber zu entscheiden, wo und wann ich spiele.« Die seltsame Aktion hat wahrscheinlich einen ganz praktischen Grund: Den Veranstaltern in Mahwah hatte Vater Graf 1990 die Rechte an jenem WTA-Turnier abgekauft, das er dann in Leipzig veranstalten ließ. Er habe, so heißt es, bei dem Deal versprechen müssen, daß seine berühmte Tochter innerhalb von fünf Jahren einmal in Mahwah vorbeischaut. Dazu ist 1994 die letzte Gelegenheit.

Steffi hat den wiedergefundenen Spaß am Tennis erneut verloren. Der Kitzel ist weg, die Freiheit auch, die sie noch Anfang des Jahres auf dem Platz gefühlt hatte. Im Moment ist Tennis wieder wie Knast. Freiwillig tut sich das doch niemand an, meint Steffi – und spricht vom Rücktritt. »Wenn ich ein anderes Leben außer Tennis will, muß ich darüber sehr bald nachdenken. Ich will noch jung sein, bevor es diese Änderung in meinem Leben geben wird. Und das wird mit Sicherheit nicht mehr lange dauern.« Sofort korrigiert der Papa: »Es ist klar, daß Steffi auch in den nächsten Jahren weiter Tennis spielen wird.«

In Montreal krümmt Steffi sich vor Rückenschmerzen. Sie trägt ein Stützkorsett und schluckt Tabletten. Sie verliert 5:7, 6:1, 6:7 gegen Sanchez Vicario. Bei den U.S. Open scheint dann zunächst alles wieder ganz anders zu sein. New York, das ist für Steffi das Leben an sich. Groß, anonym, leidenschaftlich und fremd. Sie fühlt sich zu Hause, sie mag Patrick Ewing, den Center der New York Knicks, und sie beginnt wie in besten Zeiten: 6:2, 6:2 gegen Anne Mall, 6:0, 6:2 gegen Sandra Cacic, 6:2, 6:3 gegen Radka Bobkowa, 6:1, 6:2 gegen Zina Garrison, 6:0, 6:2 gegen Amanda Coetzer. Ihr Aufschlag, fast 170 km/h schnell, habe offenbar »eine Menge Schaden angerichtet«, befindet sie kühl.

Aber nichts ist wirklich wie früher. Im Finale, wieder gegen Sanchez Vicario, führt die Graf 6:1; dann rutscht sie aus, der Rücken tut höllisch weh. Sie läßt sich behandeln, schluckt Tabletten und verliert die nächsten Sätze 6:7 und 4:6. »Ich werde niemandem erzählen, wie es jetzt in mir aussieht«, sagt sie danach, »ich mache Pause. Wie lange, das müssen die Ärzte entscheiden.«

Phil de Picciotto, Steffis Manager, muß nun die Absagen durch die Welt faxen. Doch als das Masters ansteht, setzt der Vater die Tochter wieder unter Druck, behauptet, »die Steffi brennt. Die Steffi ist gierig. Sie wartet ungeduldig darauf, wieder spielen zu können.« Steffi fährt zum Masters – und wird von Mary Pierce bereits im Viertelfinale 6:4, 6:4 besiegt. »Die Patientin«, verkündet ihr Arzt, der Essener Professor Hartmut Krahl, »leidet wieder unter Kreuzschmerzen, die eine Belastung im erforderlichen Trainings- und Wettkampfniveau nicht erlauben.« Der Grund der Leiden sei »eine Streßreaktion des rechten Kreuz-Darmbein-Gelenkes, die mit einer Knochenwucherung einhergeht«.

»Rostig, unbeweglich« habe sie am Ende gewirkt, urteilt Günthardt. Seine Chefin ist ganz unten, wieder einmal. Verzweifelt, traurig und fast schon depressiv klagt sie, daß die Verletzung »eigentlich meine Karriere nicht vorzeitig beenden soll«. Ob sie nun zur Pflege von Körper und Seele nach Hause fliege, fragt ein Reporter. Da schaut die Multimillionärin drein wie ein Waisenkind: »Wo ist mein Zuhause?«

Was nun, Steffi Graf? Die Millionärin schwankt zwischen allerlei Möglichkeiten. Aufhören, Kinder kriegen, zur Schule gehen oder doch durchhalten und einfach weitermachen mit dem, was sie immer getan hat? Mal verkündet sie, »alles erreicht« zu haben und »mehr Zeit für mein Privatleben« zu brauchen, weil »alles zuviel« sei. Dann wieder liebt sie »diesen Sport, ich genieße es zu spielen«. Ihr früherer Trainer Pavel Slozil hat ihr einmal eine Liste mit 30 möglichen Berufen vorgelegt. »Nein, unmöglich«, hat Steffi geantwortet, »ich bin nicht gut genug für eine dieser Sachen.« Sie sei schließlich »nur eine Tennisspielerin«.

Also macht sie auch diesmal einfach weiter.

Einfach ist schon lange nichts mehr bei Grafs. »Was meinen die da oben?« fragt der Tennisvater besorgt. Die da oben sollen's richten. »Fragen Sie oben nach«, drängt er Eckardt, wenn die Probleme nicht mehr lösbar scheinen.

Die da oben, das weiß der Steuerfachgehilfe Eckardt, sind die Manager von Intertrust in Amsterdam, und der wichtigste Ansprechpartner ist der Schwan-Partner de Bruijn, ein Hansdampf in allen Kassen.

De Bruijn kümmert sich um die Graf-Verträge, um die Schmitt-Abfindung, um die passende Geldanlage. Seit den Anfängen von Sunpark taucht er in Graf-Unterlagen auf. »Den Bank«, berichtet er im Juli 1987 in noch holprigem Deutsch nach Brühl, hat »den US$ 10000 Montag morgen früh überwiesen. Am nächsten Morgen ist der Betrag weitergeleitet worden. Wann ist es am Ziel geraten?«

Sieben Jahre später sind ein paar Nullen hinzugekommen. Mit Hilfe de Bruijns jongliert Graf inzwischen mit Millionen. De Bruijn empfiehlt die ABN Amro-Bank, wohin die rund 33 Millionen aus Liechtenstein überwiesen werden sollen, de Bruijn weist den Weg zur Société Générale, die nebenan am Museumplein residiert. Dort gab es zeitweise fast neun Prozent Zinsen.

Es gibt Büchermenschen, und es gibt Zahlenmenschen – wie Peter Graf. Seine Welt reicht von Wall Street bis Hongkong – die Umwertung aller Werte sind für ihn Börsenwerte. Ob Tokio nervös ist oder der Dollar spinnt – das interessiert ihn wirklich. »In Gelddingen«, sagt Steffi stolz, »macht meinem Vater keiner was vor.« Aber Peter Graf pflegt, wie so viele reiche Leute, eine für Außenstehende abstruse Angst: Er fürchtet, in Armut zu sterben. Zwangsläufig wird diese Vision verstärkt, seit es hörbar in seinem Imperium knirscht und der Fiskus nicht mehr so lammfromm ist.

Auch sitzt ihm der Schock über Schmitt noch in den Gliedern. Niemals mehr will er in eine solche Abhängigkeit geraten. Niemals mehr soll ein Fremder totalen Einblick in seine Finanzen bekommen – nicht einmal de Bruijn. Graf läßt sich für wichtige Gelddepots mit Vollmachten ausstatten. Er verschiebt Gelder, er schichtet um – immer schneller, immer undurchsichtiger. Ein Labyrinth aus Papier.

Im März etwa läßt de Bruijn einen Scheck über 920 750 Mark von der Société Générale in Amsterdam an die Société Générale in Frankfurt schicken. Die deutsche Filiale tritt nur als Zahlstelle auf. Konto 141 803 101 gehört nicht einem Kunden Graf, sondern ist lediglich ein bankinternes Verrechnungskonto. Als Begünstigter ist »Mr. J. Eckardt« ausgewiesen – nirgendwo taucht zunächst der Name Graf auf. Die Spur endet bei der Bezirkssparkasse Schwetzingen. Andere Transaktionen laufen so: Der Steuerfachgehilfe reicht Schecks bei der Wiesbadener Volksbank ein und wechselt sie peu à peu in Bargeld um. Dabei geht er vorsichtig vor, denn bei Bareinzahlungen oder -abhebungen ab 20 000 Mark sind die Banken nach dem Geldwäschegesetz verpflichtet, die Identität der Kunden in einer speziellen Liste festzuhalten. Selbst der Trick, in mehreren Raten jeweils knapp unter 20 000 Mark abzuheben oder einzuzahlen, ist riskant. Auch solche Kunden können auf die schwarze Liste kommen. Aber Eckardt ist umsichtig.

Gelegentlich wird auch die Sekretärin Malinowski zwischengeschaltet, die ansonsten das Hauskonto der Grafs führt. Sie paßt auf, daß die AOK (2605,88 Mark) oder die DAK (1612,50 Mark) jeden Monat pünktlich ihr Geld bekommen. Aber manchmal fallen auch für sie größere Transaktionen an. Im Juli etwa reicht die Malinowski einen ursprünglich für Eckardt ausgestellten Scheck über 1 985 412 Mark bei der Bezirkssparkasse Schwetzingen ein, wo die Grafs ein Festgeld- und ein Girokonto unterhalten.

Die Sekretärin hat sich »generell zunächst mal an diese Summen gewöhnen müssen«. Aber sie hat sich gewöhnt. Wenn nur noch etwa 50 000 Mark auf dem Girokonto mit der Nummer 1865591 sind, wird sie so nervös, als schabe das Konto an der Null herum. »Hoffentlich gewinnt die Steffi wieder«, sagt sie dann, »wir brauchen Geld.«

Aber in die ganz großen Manöver wird sie natürlich nicht eingeweiht. Immer wieder fahren Graf und Eckardt zur Commerzbank nach Hockenheim. Dort ist der Tennisvater mit dem Leiter des Geldinstituts, Manfred Lips, gut bekannt. Lips hat ihm schon früh signalisiert, daß Grafs »Vorstellungen ohne weiteres realisierbar« seien. Ein »ausländischer Fachkollege« könne helfen. Der Weg ist einfach: Graf und/oder Eckardt zahlen Schecks oder Bargeld in Portionen von 500 000 Mark und mehr ein, aber ein Konto Graf wird in Hockenheim nicht geführt. Das Geld wird gleich weiter an die Commerzbank International S.A. Luxemburg (Cisal), eine 100prozentige Tochter der Commerzbank, transferiert. Im Sommer 1994 haben sich allein dort 15 Millionen Mark angesammelt.

Am 12. August läßt Graf, wie von de Bruijn empfohlen, das Geld auf ein Konto der Internationalen Nederlanden Bank (ING) in Genf überweisen. Als Zahlungsgrund wird bei der Cisal »Golfconsult« geführt. Bei der ING bleibt das auf einem Durchgangskonto gelagerte Geld nicht sehr lange. Am 25. August wird bei der Deutschen Bank in Genf, Rue de la Pélisserie, eine Gutschriftsanzeige über »DEM 15 000 000« gefertigt. Empfänger ist die Costa Esmeralda Worldwide Inc., mit der die Genfer Niederlassung der Intertrust Management im Juni einen Mandatsvertrag abgeschlossen hat.

Graf erkundet 1994 neues Terrain. Mit einem Firmenflugzeug der Wiesbadener IC Bau- und Beratungs GmbH beispielsweise fliegt er zunächst nach Lyon. Dann düst er nach Genf und zurück nach Mannheim. Es geht um Geld, frische

Projekte und einen neuen Hund für Steffi. Denn der ehemalige Gebrauchtwagenhändler hat durchaus eine Witterung für Gefahren.

In jenen Wochen schwappt noch immer massenweise Bares nach Luxemburg, wo Banken mit dem Versprechen »Zweitwohnsitz für Ihr Geld« werben. Wegen der Quellensteuer haben Zehntausende ihre Bankdepots in Deutschland geräumt, um sie steuerfrei im Herzogtum anzulegen. Allein die Cisal hat rund 1600 Kunden aus Deutschland, doch Peter Graf ahnt früh, daß der Fiskus bald die Oase Luxemburg enttarnen wird.

3. Alarm im Hause Graf

Sicher ist in diesen Tagen, daß nichts mehr sicher ist – nicht einmal das. »Kommt die Steuerfahndung?« fragt Graf ängstlich. »Eigentlich müßten die schon lange da sein«, antwortet Schaumburg. Die Alarmsignale mehren sich.

Sponsor Südmilch hat sich wegen des Streits mit Barilla zurückgezogen. Die heruntergewirtschaftete Firma mußte Vergleich anmelden. Die Tochtergesellschaft Sachsenmilch meldete Konkurs an. Die Staatsanwaltschaft wirft dem Patriarchen Wolfgang Weber Steuerhinterziehung und Bilanzfälschung vor; der hat sich auf der Flucht vor deutschen Ermittlern auf seine Hazienda in Paraguay abgesetzt. Beim Stöbern in alten Südmilch-Verträgen stößt ein Beamter von der Zentralen Konzern- und Großbetriebsprüfungsstelle für den Oberfinanzbezirk Stuttgart auf den alten geheimen Vertrag zwischen Südmilch Holland und Sunpark Sports B.V.

Der Beamte schickt eine Kurzmitteilung an die Schwetzinger Finanzbeamtin Heltge. »Von Südmilch Holland B.V. wurden die Kosten an die Südmilch AG und andere Schwestergesellschaften weiterberechnet (Werbekostenumlagen).

Das Auskunftsersuchen an die Südmilch AG wird von dieser direkt beantwortet.« Maier entdeckt auch ein Schreiben von Südmilch an Eckardt. »Über die Vereinbarung sowie alle Interna der Familie Graf sowie der Südmilch AG wurde beiderseitig strikte Vertraulichkeit zugesichert.« Aber das Splitting-System, die Geldverschiebung über ausländische Töchter, ist enttarnt.

Auch die Liaison mit Barilla geht zu Ende. Es war eine enge Beziehung, sie endet mit einem unschönen Finale. Peter Graf beklagt sich bei Eckardt, daß die Nudelkocher Stefanie »ausgepreßt und abgelegt« hätten. Plötzlich sei sie fallengelassen worden. Mit dem Briefkopf »Steffi Graf« und der Signatur von Steffi erhält Luca Barilla ein Schreiben aus Brühl:

Lieber Luca,

auch ich darf mich für die Zusammenarbeit mit Barilla während der vergangenen vier Jahre bedanken. Es erfüllt mich natürlich mit großem Stolz, daß es durch mein Engagement gelungen ist, Barilla zu einem außergewöhnlichen Durchbruch auf dem deutschen Markt verholfen zu haben.

Wenn die Firmenstrategie nun andere Wege beschreiten will, um diesen Erfolg zu festigen und sicherlich noch auszubauen, so stimmt mich das natürlich ein wenig traurig, aber ich kann es verstehen, da auch ich andere Ideen verfolgen will.

Die Verbindung zwischen beider Namen verlief auf solch hohem Niveau, daß ich deshalb auf ein weiteres Zusammenarbeiten verzichten muß. Kritik nur dahin, daß gerade der Level unserer Verbindung eine andere Vorgehensweise der Information verdient gehabt hätte.

Ich wünsche Dir und der gesamten »Barilla-Familie« auch im Namen meiner Familie und meiner Mitarbeiter das allerbeste Gelingen in der Zukunft.

Steffi Graf

Noch vor dem Ende der Beziehung Graf/Barilla trifft eine Kontrollmitteilung des Finanzamts Köln-Altstadt in Schwetzingen ein. Danach hat Steffi Graf 1993 zwar nur 500 000 Mark von der Barilla Deutschland GmbH erhalten. Aber ein Beamter hat erfahren, daß es noch geheime zweite Verträge geben soll. Oberamtsrätin Heltge schickt an die Kölner Adresse der Firma ein Auskunftsersuchen:

Nach den hier vorliegenden Informationen bestehen zwischen der Steuerpflichtigen und/oder Herrn Peter Graf und Ihrem Unternehmen Werbeverträge (Barilla Deutschland GmbH/Barilla Italien etc.).

Ich bitte um Mitteilung, welche Zahlungen aufgrund dieser Verträge an Frau Graf oder Peter Graf insgesamt in den Jahren 1991 bis 1993 (aufgeschlüsselt Inland/Ausland) geleistet worden sind.

Sollten Verträge mit Barilla Italien oder anderen Niederlassungen nicht zur Verfügung stehen, wird um vollständige Angabe des Firmensitzes in Italien gebeten.

Dieses Auskunftsersuchen ergeht aufgrund des § 93 Abs. 1 der Abgabenordnung – AO –. Danach haben die Beteiligten und andere Personen der Finanzbehörde die zur Feststellung eines für die Besteuerung erheblichen Sachverhaltes erforderlichen Auskünfte zu erteilen. Andere Personen als die Beteiligten sollen erst dann zur Auskunft angehalten werden, wenn die Sachverhaltsaufklärung durch die Beteiligten nicht zum Ziel führt bzw. keinen ausreichenden Erfolg verspricht. Diese Voraussetzungen liegen hier vor.

Es wird um zeitnahe Beantwortung gebeten.

Geschäftsführer John Karakadas schickt schon nach elf Tagen die Antwort:

Die Barilla Deutschland GmbH hat am 19.04.1993 mit Frau Stefanie Graf einen Vertrag geschlossen, aufgrund dessen vertragsgemäß im Jahre 1993 DM 575.000,00 (DM 500.000,00 zuzüglich 15 % Umsatzsteuer) in zwei Teilbeträgen an Frau Stefanie Graf überwiesen worden sind. Kopien der Rechnungen haben wir beigefügt. In den Jahren 1991 und 1992 sind seitens der Barilla Deutschland GmbH keine Zahlungen an Frau Stefanie Graf geleistet worden. An Herrn Peter Graf sind seitens der Barilla Deutschland GmbH in den Jahren 1991 bis 1993 keine Zahlungen geleistet worden. Zwischen der Barilla Deutschland GmbH und Herrn Peter Graf lagen in den Jahren 1991 bis 1993 auch keine vertraglichen Vereinbarungen vor. Verträge mit Barilla Italien oder anderen Niederlassungen stehen uns nicht zur Verfügung. Daher teilen wir Ihnen die erbetene vollständige Anschrift des Firmensitzes in Italien mit: Barilla G.e.R. Fratelli SpA, Via Mantova 166, 43100 Parma, Italia. Als Ansprechpartner empfehlen wir Ihnen Herrn Marco Bussinello. Herr Bussinello ist verantwortlich für Internationale Marketing Aktivitäten und für Sponsoren-Verträge.

Unerwähnt bleibt, daß Barilla International B.V. 1991 und 1992 jeweils zwei Millionen Mark im Jahr an Grafs Sunpark Sports B.V. überwiesen hat. Aber muß Karakadas das wissen? Auch der Deutsche Tennis Bund trägt in diesen Wochen wenig zur Aufklärung bei. Elisabeth Heltge setzt sich wieder einmal an die Maschine und schreibt an den DTB nach Hamburg:

Nach hier vorliegenden Unterlagen ist Frau Graf beim Federation Cup 1993 in Frankfurt angetreten. Der DTB hat für den Auftritt ebenfalls eine Zahlung geleistet. Es wird um Mitteilung der Vergütung sowie Name und Anschrift des Sponsors dieses Turniers gebeten.

Dieses Auskunftsersuchen ergeht aufgrund des § 93 Abs. 1 der Abgabenordnung – AO –.

Ängstlich fragen die DTB-Manager bei Graf nach, was zu tun sei. Eckardt setzt sich hin und hackt einen »Textvorschlag wie besprochen« herunter.

Sehr geehrte …

die Zitierung des § 93 Abs. 1 AO erscheint uns zumindest zweifelhaft, weil die Formulierung der Anfrage sehr gewichtig darauf hindeutet, daß nähere Sachverhaltsanfragen bei der Steuerpflichtigen nicht gestellt wurden. Inwieweit Sie hiermit die Reputation der Steuerpflichtigen ohne Not in Zweifel ziehen wollen, überlassen wir Ihrer Gedankenkombination.

Zur konkreten Anfrage: Ausrichter des Fed. Cup ist nicht der DTB, sondern die ITF (International Tennis Federation) mit Sitz in London. Sponsoren gibt es im Verhältnis zum DTB nicht. Antrittsgelder (– nicht Auftrittsgelder –) werden von der ITF gezahlt. Diese richten sich nach dem Ranking (Plazierung auf der Weltrangliste der WTA) nachrichtlich, da nicht vom DTB gezahlt, betrug das Antrittsgeld für den Platz 1 – wie von Steffi eingenommen – US Dollar 100 000. Der DTB zahlt seinen Spielerinnen entsprechende Siegprämien für jeweils gewonnene Runden. Da die Mannschaft bereits in der 1. Runde scheiterte, wurden hierfür keine Beträge an Steffi geschuldet und auch nicht geleistet. Wir hoffen, Ihnen mit diesen Angaben gedient zu haben und verbleiben …

Mit freundlichen Grüßen

Handschriftlich bittet Eckardt Generalsekretär Sanders noch »dringend« um zwei Karten für das ATP-Finale – »VIP-Verbindung wäre phänomenal«. Das mit den Karten geht in Ordnung – doch der Textvorschlag geht Sanders zu weit. Schließlich weiß er noch genau, daß der DTB 450 000 Mark

Antrittsgeld für Steffi gezahlt hat. Sanders läßt sich fast zwei Monate Zeit. Dann schreibt er an Frau Heltge:

Betr.: Auskunftsersuchen nach § 93 AO

In obiger Angelegenheit nehmen wir Bezug auf Ihre Anfrage vom 15.09.94, die Sie unter Hinweis auf § 93 Abs. 1 AO an uns richten. Sie erklären darin, daß die Voraussetzungen für die Auskunftserteilung durch uns gegeben sind. Dies können wir nicht nachvollziehen, da Sie keinerlei Angaben darüber machen, ob und welche Anfrage Sie mit welchem Ergebnis an Frau Stefanie Graf im Zusammenhang mit Ihrem Auskunftsbegehren selbst gestellt haben. Eine Zahlung der DTB Holding GmbH an Frau Stefanie Graf ist nicht erfolgt.

Sanders' Antwort zielt haarscharf an der Frage vorbei. Denn das Geld hat ja nicht Steffi, sondern der Vater erhalten. Die Behörde nimmt die knappe Replik klaglos hin.

Im August gibt Steueranwalt Schaumburg das lukrative Mandat auf. Kühl stellt er fest, daß »Herr Graf nur in beschränktem Maße beratungsfähig« sei. Auffällig ist, daß Schaumburg nur die Grundzüge der Holland-Anlage erfahren haben will. Zu genaue Details hat er sich erspart, von den Splitting-Verträgen habe ihm Graf nicht berichtet.

Dem sind die Tricksereien derart in Fleisch und Blut übergegangen, daß er von ihnen ebensowenig lassen kann wie von der Flasche. Selbst die leidige Geschichte mit Tiriacs Nokia Cup geht in eine neue Runde. Steffi erscheint wieder nicht in Essen. Daraufhin schreibt der Tiriac-Vertraute Markus Günthardt aus Stuttgart – pikanterweise ein Bruder von Steffis Trainer – einen Brief:

Sehr geehrter Herr Graf,

als Geschäftsführer von World Sport Marketing (WSM) möchte ich mich auf die am 22.09.92 zwischen WSM und Ihnen geschlossene Vereinbarung berufen, in der Steffi ihre Teilnahme am Nokia Grand Prix '94 zugesagt hat. Wie Sie sich sicher erinnern mögen, haben wir Ihnen 300 000 US $ für Steffis Teilnahme am Nokia Masters '89 bezahlt. Wegen einer Verletzung konnte Steffi dieser Verpflichtung nur teilweise nachkommen. 1990 und 1991 hat Steffi ebenso ihre vereinbarte Teilnahme abgesagt. Wie Sie ja wissen, wollten wir eine Versicherung für den Fall der Nichtteilnahme von Steffi am Nokia Grand Prix '94 abschließen. Anläßlich Ihres Anrufes vom 27.07. d. J. haben Sie aber jegliche Kooperation abgelehnt. Es bleibt mir darum keine Alternative, als Sie um die Rückerstattung der 300 000 US $ an WSM zu bitten, da Steffi ihrer Verpflichtung nicht nachgekommen ist und es darum weder einen rechtlichen, moralischen oder ethischen Grund gibt, dieses Geld von Ihrer Seite zurückzuhalten ... Als Entgegenkommen unsererseits verzichten wir auf Inrechnungstellung der angefallenen Zinsen, behalten uns aber das Recht vor, jedwelche rechtlichen Schritte bei Nichteinhaltung der vorgegebenen Frist zu unternehmen ...

Graf ist gereizt. Am 17. November antwortet er:

Sehr geehrter Herr Günthardt,

den Erhalt des Schreibens vom 10.11.94 bestätige ich hiermit. Gestatten Sie mir gleich zu Beginn, es als anmaßend, wahrheitswidrig und schnöselhaft zu bezeichnen. Anmaßend deshalb, da Sie Unterstellungen und Mutmaßungen, die schon in früherer Zeit formuliert wurden, einfach wiederholen. Auch die Passage mit dem rechtlichen, moralischen oder gar ethischen Grund steht Ihnen in keinerlei Wertung zu. Wahrheitswidrig ist es in zumindest zwei überaus wesent-

lichen Punkten. 1. Versicherungstechnische Vorkehrungen hat es doch wohl auf Ihrer Seite gegeben; wozu hätten Sie sonst entsprechende Ausführungen im Schriftverkehr zu der erbetenen Erlaubnis von Steffi zur Einholung eines medical reports gemacht und 2. ist in der Vereinbarung vom 22.09.92 eindeutig formuliert: Falls Steffi Graf aus anderen als verletzungsbedingten Gründen nicht antritt. Schnöselhaft ist es, unabhängig vom gesamten Inhalt, insbesondere im Absatz mit dem Entgegenkommen, das ich nun wahrlich von Ihnen nicht benötige. Im übrigen darf ich Ihnen zum Abschluß mitteilen, daß mich nur der Respekt vor dem Namen, den Sie als Geschäftsführer tragen, davon abgehalten hat, nach noch treffenderen Formulierungen zu suchen, die diesem Schreiben entgegenzubringen waren. Mit freundlichen Grüßen.

So ist er, der Graf. Immer feste drauf und bloß keinen Fehler einräumen. Das hat auch Anwalt Schaumburg lernen müssen. Dennoch rät er Graf und Eckardt zum Abschied, künftig alle Steuererklärungen »pünktlich und korrekt« abzugeben. Aber er spürt, daß sein »Rat wohl in den Wind geschlagen« wird.

Die Chronik des Steuerjahres 1994:

25. Januar: Schwetzingen droht wieder einmal mit Zwangsgeld. Diesmal geht es um die Einkommensteuererklärung für 1992.

3. Februar: Das Finanzamt drängt Schaumburg zur Eile. Bis zum 21. Februar soll die Graf-Seite mitteilen, ob sie die am 1. Dezember getroffenen Vereinbarungen auch einzuhalten gedenkt.

22. Februar: Schaumburg hat Einwendungen bezüglich der Werbeeinnahmen von Adidas und Opel.

3. März: Das Finanzamt korrigiert sich.

22. März: Schaumburg ist einverstanden.

25. April: Die Einkommensteuerschuld wird neu festgesetzt. Für 1987: 2 162 191 Mark (bisher 2 330 936). Für 1988: 2 191 753 Mark (bisher 2 445 589). Für 1991: 1 748 728 Mark (bisher 1 811 554).

28. April: Weitere sogenannte Änderungsbescheide werden fertiggestellt. Für 1989: 1 512 302 Mark (bisher geschätzt 2 156 713). Für 1990: 1 369 683 Mark (bisher geschätzt 2 144 438). Für 1992: 1 705 319 Mark (bisher geschätzt 1 750 719). Bis zum 31. Mai soll, so das Finanzamt, die Einkommensteuererklärung 1993 vorgelegt werden.

20. Mai: Vermögensteuerbescheid zum 1. Januar 1990 über 33 260 Mark.

27. Mai: Vermögensteuerbescheid zum 1. Januar 1991 über 36 355 Mark.

3. Juni: Vermögensteuerbescheid zum 1. Januar 1992 über 41 685 Mark.

13. Juni: Vermögensteuerbescheid zum 1. Januar 1993 über 44 255 Mark.

16. Juni: Das Finanzamt beziffert die Aussetzungszinsen zur Einkommensteuer 1985 bis 1992 auf 523 792,50 Mark.

20. Juni: Schaumburg nimmt alle noch offenen Einsprüche zurück.

29. Juni: Das Finanzamt schätzt die Einkommensteuer 1993 auf 3 034 388 Mark. Dabei wird ein Gewinn aus Gewerbebetrieb von 5,1 Millionen Mark zugrunde gelegt. Die Einkünfte aus Kapitalvermögen werden auf 750 000 Mark geschätzt.

11. Juli: Die Betriebsprüferin Groß schickt dem Finanzamt Schwetzingen eine Pressenotiz. Daraus ergibt sich, was in der Branche jeder weiß: Granini war Werbepartner von Steffi. Das ist dem Fiskus rätselhafterweise vorher nicht aufgefallen.

25. Juli: Die Steuererklärungen für 1993 gehen ein. Der

Gewinn aus Gewerbebetrieb wird mit 2 686 876 Mark angegeben. Nicht aufgeführt werden 2,145 Millionen Mark von Adidas, 412 500 Mark von Dunlop, 2 Millionen Mark von Barilla und 895 000 Mark vom DTB. Die Kapitalerträge werden mit 736 718 Mark beziffert. Tatsächlich sind sie mindestens doppelt so hoch.

26. Juli: Das Finanzamt setzt weitere Aussetzungszinsen in Höhe von 71 232 Mark fest.

27. Juli: Schwetzingen teilt Mattiacum mit, daß nicht alle Werbeeinnahmen deklariert worden seien. Schaumburg schickt die mit Barilla Deutschland und Elida-Gibbs (Rexona) abgeschlossenen Werbeverträge. Einen zweiten Werbevertrag mit Barilla Italien, so der Anwalt, gebe es nicht.

5. September: Eckardt beschwert sich bei Frau Heltge:

In Beantwortung des im Betreff näher bezeichneten Schreibens vom 27.07.94 dürfen wir allgemein ausführen, daß auf die Abgabe einer Steuererklärung bzw. einer ernsthaften Vorausberechnung, was das Jahr 1994 angeht, nicht in solch »mediengefärbter« Art geantwortet werden kann. Wir sind unsererseits deshalb so enttäuscht, weil wir offensichtlich vermuten müssen, daß sich die Finanzbehörde in die Reihe der höchst zweifelhaften Presseorgane einfügen läßt. Sehen Sie diesen Hinweis in dem Zusammenhang, daß wir täglich mit unqualifizierten Angriffen und Unterstellungen aus diesem Bereich konfrontiert sind, und Sie dürfen uns abnehmen, daß in deren Geschäft ganz andere Überlegungen maßgebend sind, als wahrhaftige Informationen zu verbreiten.

Der dreiste Brief schließt mit der Hoffnung »auf eine konstruktivere Zusammenarbeit«.

19. September: Granini schickt den Finanzbehörden Unterlagen über die Zahlungen aus den Jahren 1988 und 1989 an Sunpark. Die Summe, etwa 1,4 Millionen Mark, ist den Finanzbehörden nicht bekannt.

5. Oktober: Südmilch weigert sich, Schwetzingen Auskunft über die Holland-Connection zu geben. Das Finanzamt habe nicht umfassend dargelegt, ob und wann Stefanie Graf selber zur Erteilung von Auskünften aufgefordert worden sei.

7. Oktober: Das Finanzamt setzt die Vorauszahlungen für das dritte und vierte Quartal 1994 auf null Mark fest. Für die beiden ersten Quartale sind 747 329 Mark gezahlt worden.

24. Oktober: Neun Finanzbeamte aus Schwetzingen, Mannheim und Karlsruhe kommen bei der OFD zusammen. Nachdem die Werbeverträge mit Granini und Südmilch Holland bekannt geworden sind und die DTB-Angaben zweifelhaft erscheinen, wird das Steuerfahndungsreferat der OFD zur Prüfung der Unterlagen eingeschaltet.

13. Dezember: Das Finanzamt Schwetzingen wird darüber informiert, daß Eckardt bei Mattiacum ausgeschieden sei. Alle Steuersachen sollen künftig nach Brühl geschickt werden.

1995

1. Verletzungen und dunkle Ahnungen

Für den 4. Januar 1995 meldet »Stern TV« einen absoluten Rekord in seiner fünfjährigen Geschichte. 6,64 Millionen Leute gucken 80 Minuten mit Steffi Graf. Jeder dritte, der an diesem Abend fernsieht, hat die Sendung mit der Tennis-Lady eingeschaltet.

Einfach ist es nicht gewesen, die Weltranglistenerste vor die Kamera zu bekommen. 15 Monate lang hat sich Moderator Günther Jauch um eine Zusage bemüht – in Monte Carlo und anderswo. Steffi war skeptisch. »Längere Interviews«, sagt sie immer, »sind nicht mein Ding.« Sie hat Angst, sich zu verhaspeln.

Zur Lockerung der Verkrampfung darf Steffi Nudeln kochen und über einem Tennisschläger ausschütten. Bei Barilla freut man sich – Jauch liefert den idealen Werbespot. Aber dann zieht sich Steffi wieder in die äußerste Ecke des Sofas zurück. Mund und Blick meist schmal und gerade – wie am Lineal gerichtet, sitzt Steffi da. Manchmal vibriert die Stimme im Unterton, aber dann wird Steffi auch mal locker und lacht. Doch was soll sie sagen? Seit Jahren variiert

Steffi Graf monoton das Thema Steffi Graf. Daß sie keine hellen Farben mag, dem Vater »wahnsinnig viel zu verdanken hat« und ihr Alltag »etwas härter ist, als man sich's vielleicht vorstellt«. Die Antworten winden sich durch die Relativsätze, und dem Interview haftet eine seltsame Hilflosigkeit an. Moderator Jauch ist nett, sehr nett sogar, man duzt sich auch, aber Steffi hat wieder einmal das Gefühl, »nicht locker genug zu sein«. Ihr Lebensmuster, das läßt der Beitrag immerhin ahnen, hat sich weiter verfestigt: Durchhalten gegen die Widerstände, irgendwie.

Etliche der Finanzbeamten aus Schwetzingen, Mannheim und Karlsruhe haben an diesem Abend auch die Sendung eingeschaltet. Die Kenner der Grafschen Verhältnisse sind ziemlich verblüfft, als die Tennisspielerin plötzlich in schwarzrotgoldenem Patriotismus schwelgt: »Ich würde Deutschland niemals wegen der Steuern verlassen. Ich bin hier groß geworden. Ich kann teilen und abgeben.« Dabei haben die Beamten am Vortag schon mal überlegt, wie die Graf überredet werden kann, dem Fiskus zu geben, was des Fiskus ist. Und teilen soll nicht länger nur ein Wort sein. Die Experten diskutieren erneut, wer von welchen Vorgängen in der Sache Graf wann Kenntnis hatte. Von Interesse ist auch, ob Peter Graf an Besprechungen mit der Finanzverwaltung beteiligt war. Ein paar Tage später setzt das Finanzamt die Vorauszahlungen für 1995 auf vierteljährlich 367 353 Mark fest.

Über Gesundheitsprobleme, die Malaise mit dem Rücken, hat die Graf bei Jauch auch geredet. »Nach 20 Jahren Berufssport sind dies Abnutzungserscheinungen, mit denen man leben muß.« Aber es wird immer schlimmer.

Weil sie nur noch mit Schmerzen aufwacht, denkt sie über eine Rückenoperation nach. Ärzte haben ihr dazu geraten. Ohne Eingriff, das weiß sie, wird sie nie mehr völlig schmerzfrei sein. Aber bei den vielen Konsultationen mit den Doctores hat Steffi auch begriffen, daß der Eingriff recht aufwendig wäre, und dafür fühlt sie sich »zu jung«. Außerdem ist die Mutter mal am Rücken operiert worden, und viel besser ist es auch nicht geworden.

Anfang Februar beschließen die Finanzbeamten, den Fall Graf noch einmal einer besonderen Prüfung zu unterziehen. Die Oberfinanzdirektion fordert das Finanzamt auf, Stefanie Graf oder ihren Steuerberater zum Termin zu laden. Vielleicht, so mutmaßt eine gütige Seele, sei ja die Zahlung von Südmilch Holland an Sunpark in den Niederlanden ordnungsgemäß deklariert worden. Die Auskunft des DTB sei auch nicht schlecht für Steffi ausgefallen. »Voreilige Maßnahmen«, orakelt ein Beamter der OFD, »machen uns angreifbar.« Normalerweise nehmen Finanzbeamte einen solchen Fall gleich bei den Hörnern und suchen die Aufklärung vor Ort. Aber soweit sind die Beamten im Ländle auch nach achtjähriger Provokation durch Peter Graf noch nicht.

Sie sichten am 16. Februar wieder mal Post vom Bundesamt für Finanzen, das schon früh eine Visite bei den Grafs empfohlen hat. Diesmal schicken die Bonner Kollegen Kontrollmitteilungen der französischen Steuerverwaltung über die Einnahmen bei den French Open. Steffi hat Ärger mit dem Fiskus der Grande Nation. So soll sie zwischen 1990 und 1993 insgesamt 913 104 Francs zuwenig gezahlt haben – das sind umgerechnet gut 260 000 Mark.

Auch Picciotto ist alarmiert. »Wie Sie wissen«, schreibt er in jenen Tagen Eckardt, »verfolgt die französische Verwaltung Steffi wegen ihrer Steuererklärungen in Frankreich. Wir haben diese Erklärungen gefertigt, indem wir die besten Schätzungen für ihre Ausgaben benutzten, die wir finden konnten. Bitte geben Sie uns Rat.« Eckardt macht das, was Steuerfüchse gern empfehlen – er produziert Kosten. Mit feinem Strich notiert er ein paar Punkte auf Picciottos Fax: »Aufstellung aller ›Mitarbeiter‹ analog den Zusammenstellungen für Wimbledon. Ebenso Liste für Unterbringung und Verpflegung beifügen... Die Flugkosten, soweit mit Privatmaschinen durchgeführt, zusammenstellen... Allgemeine Bürokosten in Brühl als Pauschale in Ansatz bringen.«

Eckardt stellt eine Liste auf. Das gesamte Team Graf taucht da auf:

Peter Graf – Manager; Heidi Graf – Allgemeine Betreuung; Michael Graf – Sicherheitsbeauftragter; Heinz Günthardt, Pavel Slozil (bis 1990) – Trainer; Uwe Capellmann – Masseur; Joachim Eckardt – Betreuung, Steuern; Carola Rudolph – Ernährungsberaterin; Markus Schur – Trainingspartner; Michael Schneider – Physiotherapeut.

Und eine solche Mannschaft kostet natürlich Geld. Die angeblichen Gagen während des England-Aufenthalts:

Peter Graf: 8,5 Prozent der jährlichen Zuwendungen = DM 25 500; Heidi Graf: keine Bezahlung; Michael Graf: 19 Tage x DM 300,– = DM 5700,–; Heinz Günthardt: 19 Tage x 1000 Dollar zuzügl. Grand Slam Bonus 30 000 Dollar = 49 000 Dollar; Uwe Capellmann: 19 Tage x DM 400,– = 7600,–; Joachim Eckardt: 8,5 Prozent der jährlichen Zuwendungen = 1950,–; Carola Rudolph: 19 Tage x DM 200 = 3800,–; Markus Schur: 19 Tage x DM 400,– = 7600,–; Michael Schneider: 19 Tage x DM 400,– = 7600,–

Dazu kommen Kleinigkeiten. 15 270 Mark für die Ernährung des Clans und 41 250 Mark für Hotelzimmer beispielsweise. Oder auch 15 000 Mark für Steffis Haus.

Sorgen abseits des Platzes sind mit Siegen auf dem Platz zu bekämpfen – so kennt Steffi das, und so hat sie das immer gemacht. Durch einen großen Sieg ist bislang noch jedes Problem zum Problemchen geworden. Aber Anfang 1995 fällt diese Methode aus. Steffi ist noch immer nicht fit. Zwar hat sie »erst zum zweiten Mal seit meiner Kindheit« Weihnachten in Brühl gestrichen und sich eisern in Boca Raton vorbereitet, aber was hilft's? Eine eigentlich läppische Zerrung in der Wade mag nicht schnell genug abklingen, und darum muß Steffi die Australian Open absagen.

Sie hat ja auch die letzten Monate der vergangenen Saison noch im Kopf, »die waren für mich sehr frustrierend«. Deshalb will sie es nun »verhaltener« angehen lassen. Sie wirkt kühl, abgeklärt und ein wenig fatalistisch in diesen Wochen. Bisher, meint sie, habe sie zwar »sicherlich nicht zu viele Turniere gespielt«, aber in den Pausen doch zu hart trainiert und darum »meinen Körper nicht genügend geschont«.

Ein Physiotherapeut paßt jetzt auf. »Ich will wieder fit auf dem Tennisplatz sein«, so die Graf, »ich will wieder das Gefühl haben, daß ich mich frei bewegen kann.« Der Rücken verlangt nach Pflege. Am unteren Ende der Wirbelsäule, im Iliosakralgelenk, hat sich eine Wucherung gebildet. Die habe ständig Entzündungen verursacht, »und dadurch hatte ich beim Spielen stets Beschwerden«. In solchen Momenten, zuletzt gehäuft, habe sie nicht gewußt, »ob ich einfach aufhören sollte, ob nicht alles umsonst ist«.

Trübe Gedanken. Und triste Kunde auch aus der Ferne. Martina Navratilova bohrt in einer alten Wunde, geißelt Steffis Egotrip. Seit sie als Star gilt, fühlt sich die Deutsche im Scheinwerferlicht unwohl; Erwartungen, die andere haben, machen sie seit jeher nervös. Sportpolitik etwa ist ihr grundsätzlich zuwider, und die Versammlungen der WTA schwänzt sie gern; wer ihren Namen für eine gute Sache einspannen will, holt sich immer wieder Absagen. Sie wolle nur Tennis spielen, sagt sie dann, mehr könne niemand verlangen. Das aber tut Navratilova. »Steffi hat ihre Rolle als Führungspersönlichkeit nicht ernst genommen«, sagt sie. »Vielleicht hat sie gedacht, daß sie nicht gebraucht wird, weil Chris und ich da waren. Aber sie muß mehr tun. Monica Seles und Steffi waren die ersten Topspielerinnen, die sich nicht besonders für ihren Sport eingesetzt haben.«

Der gelernte Jurist und Anthropologe Picciotto steigt in den Ring und übernimmt die Verteidigung. Steffi fehle die Zeit, Tennis im Krisengebiet Amerika zu unterstützen, »weil sie nicht in den USA lebt. Aber sie ist eine vorzügliche internationale Botschafterin.« Daß das nicht stimmt, weiß er selbst. Steffi ist nett und beliebt. Mehr will sie nicht sein. Wenn sie nur ein wenig offener wäre, selbstbewußter und lebenslustiger, das sagt auch Picciotto in kleinem Kreis, hätte das Damentennis keine Probleme bei der Suche nach Sponsoren. Aber die Graf kann nicht aus ihrer Haut. »Die einzige Form, wie ich mich in der Öffentlichkeit zeige, ist auf dem Platz«, meint Steffi, »ansonsten will ich meine Ruhe. Das ist mein Leben, das sind meine Gefühle.«

Auch das Turnier in Tokio streicht Steffi aus ihrem Kalender. »Ihre Wadenverletzung ist immer noch nicht ausgeheilt«, verkündet der Papa. Normalerweise, sagt Steffi, sei sie sehr ungeduldig, aber diesmal werde sie sich wirklich Zeit lassen: »Ich möchte richtig gesund werden, nicht nur für ein paar Jahre, sondern für mein ganzes Leben.« Die Pause kostet sie Platz eins in der Weltrangliste. Arantxa Sanchez hat zwar das Finale von Melbourne gegen Mary Pierce verloren (3:6, 2:6), aber am 6. Februar besteigt sie dennoch den Thron. »Ein historischer Moment«, sagt sie.

Steffi gibt sich gelassen: Auf die Rangliste schaue sie schon seit langem nicht mehr. Sie könne nicht erwarten, Nummer eins zu bleiben, ohne zu spielen. Und außerdem: »Arantxa hat's verdient.«

Ist das nun das Ende einer Ära? Solche Spekulationen heizen die Grafs immer wieder mal selbst an. Dem französischen *Info Matin* gibt Steffi ein Interview, das Schlagzeilen in der Heimat macht. Natürlich, sagt Steffi, überlege sie, »mit Tennis Schluß zu machen. Das ist eine Möglichkeit für 1995.« Aber Angst vor dieser Möglichkeit hat sie auch, vor »dem großen schwarzen Loch«. Dem Loch, in das Sportler fallen, wenn die Karriere zu Ende ist. Wenn sie einmal aufhöre, werde sie die Hilfe ihrer Eltern brauchen. »Das Schlimmste, was ich mir vorstellen kann«, sagt Steffi, »ist, daß ich von heute auf morgen keinen Sport mehr treiben kann.«

Noch kann sie. Beim Hallenturnier in Paris St. Germain feiert sie ein glänzendes Comeback. Mama und Papa sind da, als sie das Finale gegen Mary Pierce 6:2, 6:2 gewinnt und wieder die Nummer eins wird. Das sei, meint sie, »als wäre ich nach Hause gekommen. Dieser Finalsieg ist genau der Augenblick, auf den ich in den letzten Wochen und Monaten hingearbeitet habe.« Trainer Günthardt ist hingerissen. Diese »große Zähigkeit«, diese »unwahrscheinliche Moral« seiner Chefin hätten nur wenige: Die meisten Spielerinnen »hätten in einer vergleichbaren Situation gesagt: Schluß, aus, diese Quälerei mache ich nicht mehr mit«.

Steffi jedoch, schreibt *L'Equipe,* beginne nun wohl wieder, »in ihrem eigenen Orbit zu kreisen«. Wie zur Bestätigung gewinnt sie das Turnier von Delray Beach quasi im Vorbeifliegen. 6:2, 6:4 heißt es im Finale gegen Conchita Martinez.

2. Die letzte Chance wird vertan

Noch gilt Peter Graf als honoriger Mann. Anfang März bekommt er Post von Heinz Bentler, einem alten Bekannten von Granini und nun Vorstandsmitglied von Mineralbrunnen Überkingen-Teinach. Der Manager bittet »aus einer alten Verbundenheit heraus« um Karten für das Wimbledon-Finale 1995 in London. Die Anrede ist »Lieber Herr Graf«, und der Ton entspricht den gediegenen Regeln der feinen Gesellschaft.

Das soll sich bald ändern. Die Spürnasen von der Steuerfahndung machen ernst. Am 1. März sitzt Erwin Maurer, einer der Leiter der Steuerfahndung Mannheim-Neckarstadt, mit am Tisch, als wieder mal über den Fall Graf diskutiert wird. Der Jurist ist ein eher schweigsamer Mann. Man könnte manchmal sogar denken, er lutsche die Worte wie Halstabletten, ehe er sie ausschlüpfen läßt. Aber er ist in der Regel kein Zauderer und Zögerer. Maurer ist deshalb kein Anwalt geworden, weil er Fahnder sein will.

Nach dem Gespräch greift Konrad Vetter von der OFD Karlsruhe zum Hörer. Er informiert den Mannheimer Oberstaatsanwalt Hubert Jobski über die Lage. Der Strafverfolger empfiehlt, erst einmal das Gespräch mit den Grafs abzuwarten. Aber danach könne der Akte ein Aktenzeichen verpaßt werden. Fortan läßt sich Jobski laufend über den Fall unterrichten.

Am 17. März erscheint Eckardt und weist seine Vollmacht mit der Signatur von Steffi Graf vor. Sechs Beamte erwarten ihn – darunter Frau Heltge und ein neues Gesicht: der Maurer-Kollege Thomas Frischmann, Sachgebietsleiter der Straf- und Bußgeldsachenstelle. Merkwürdigerweise irritiert Eckardt nicht, daß einer von der Strabu, wie das im Amtsjargon heißt, mit am Tisch sitzt. »Wir haben den Eindruck«, eröffnet der Leitende Regierungsdirektor Günther Heger von der OFD den Fight, »daß nicht alle Einnahmen angegeben« worden sind. Als Beispiel nennt er Granini, Südmilch Holland und die French Open in Paris. Zu diesem Turnier lese er mal die Einnahmen der Stefanie Graf vor. Eckardt ist baff.

Statt einer schlauen Erklärung hat er nur wirre Stellungnahmen parat. Für ihn sei es schwierig, die Einnahmen zu ermitteln, das könne die Finanzverwaltung doch viel besser. Bei Granini könne es sich allenfalls um ein Versehen handeln. Südmilch Holland B.V. sei ihm völlig unbekannt, und die Angaben zu Paris müsse er erst überprüfen. Ob die Beamten denn wüßten, schwindelt er, daß die Sunpark-Einnahmen auch noch mit anderen Agenturen geteilt werden müßten? Die Beamten wissen es nicht und glauben es auch nicht. Aber Heger bittet darum, die Punkte zu klären und die Einnahmen ab 1988 korrekt aufzulisten.

»Kein Problem«, sagt Eckardt; aber die Steffi spiele noch in den USA und sei nicht vor dem 18. April ansprechbar. Heger: »Dann sollte die Stellungnahme am 21. April vorliegen.« Immer noch hat Graf also die Möglichkeit, den Fall geräuschlos zu beenden. Die Nachzahlungen für Granini und Südmilch Holland wären vergleichsweise Beträge aus der Haushaltskasse, und bei der OFD drängelt sich niemand, einen solchen Prominenten in den Schwitzkasten zu nehmen. Bei einer Steuernachzahlung von rund drei Millionen Mark, sagen Insider, wäre der Fall erledigt. Doch Graf vertraut seiner Macht.

Pünktlich trifft am 21. April die mit Spannung erwartete Erklärung von Eckardt ein. Im Briefkopf steht: »Steffi Graf«. Der Ton des Schreibens ist gereizt, der Verfasser hat vergebens versucht, seinen Grimm zu dämpfen. Da ist kein Zweifel, er begreift offenbar immer noch nicht den Ernst der Lage:

Bevor auf die im Besprechungstermin am 17.03.1995 erbetene Aufforderung zu kommen ist, sind vorab noch ein paar grundsätzliche Bemerkungen zu formulieren, die insbesondere die Vorbereitung und Durchführung des besagten Termins hinterfragen lassen. In der Ankündigung des Termins war als Thema die Lösung bzw. die Besprechung der noch offenen Fragen beschrieben. Dies war sehr naheliegend, da aus Einsprüchen heraus tatsächlich noch Beantwortungsbedarf von Seiten des FA Schwetzingen bestand und noch immer besteht. Nichts davon war Thema des Termins, statt dessen wurde dieser Fakt nur in einem der Schlußsätze, nach meinem nochmaligen Nachfragen, als wohl zur Zeit nicht zur Klärung anstehend abgetan. Um so mehr versuchte man, mit zum Teil erst durch Zusatzfragen von mir für mich erkennbare »Sachverhaltsbeschreibungen«, auf angeblich bislang bei den Veranlagungen »Versäumtes« hinzudeuten. Verbunden war diese Vorgehensweise mit immer wieder betonten Hinweisen, daß die Mitarbeit bei der Durchführung der Veranlagungen äußerst mangelhaft oder gar destruktiv gewesen sei. Ich hatte schon damals die Gelegenheit, diese Meinung zumindest zu relativieren, und muß sie heute auch insbesondere in der Meinung von Herrn Prof. Dr. Schaumburg als nicht angemessen bezeichnen.

Wenn ich richtig informiert bin, und ich zweifele hieran nicht, so kamen diese Veranlagungen im Wege einer tatsächlichen Verständigung zu Papier. Im Rahmen und im Wesen einer tatsächlichen Verständigung liegt es aber doch gerade, daß sich die Sachverhalte im Auswirkungsverständnis so ausgeglichen haben, daß es letzendlich zu einer »passenden« Veranlagung gekommen ist. All diese Abwägungen und Auswirkungen stellten sich dann in einer abschließenden Vereinbarung und den dann folgenden Veranlagungen für die einzelnen Kalenderjahre dar.

Ich sehe deshalb keine Möglichkeit, diese tatsächliche Verständigung durch »vollständigere und richtigere« Angaben – was wären dies für welche? – in irgendeiner Weise zu beeinflussen.

Da all diese Abläufe vollumfänglich von Herrn Prof. Dr. Schaumburg bearbeitet wurden, dürfen wir beide Sie darum bitten, daß bei noch weiteren Rückfragen mit ihm direkt Kontakt zu nehmen wäre.

Unterschrieben ist der Brief von »Joachim Eckardt in Vollmacht«.

3. Die Steuerfahndung rückt an

Frechheit siegt nicht immer. Die Zeit des Taktierens und Lavierens ist endlich vorbei: Am 25. April wird in der sogenannten Steufa-Liste, dem Arbeitsplan der Steuerfahndung, die Nummer 34 angelegt. Maurer zeichnet einen »Ermittlungsauftrag« ab. Die Steuerfahnder Gerhard Schollmeier und Markus Scholl werden von ihm beauftragt, »die steuerlichen Verhältnisse der Stefanie Graf, Tennisspielerin«, zu prüfen, und zwar »hinsichtlich sämtlicher Besitz- und Verkehrsteuern, soweit die Festsetzungsverjährung noch nicht eingetreten ist – hinsichtlich Einkommen-, Umsatz-, Gewerbe- und Vermögensteuer ab 1989«.

Der jüngere Scholl und der ältere Schollmeier gelten ebenfalls als gewiefte Fahnder. Der 1,85 Meter große Scholl hat sich in der Region auch als Handballtorwart einen Namen gemacht. Einmal ist er mit TV Eppelheim sogar badischer Pokalsieger geworden. Scholl ist Funktionär in der Deutschen Steuergewerkschaft. Schollmeier tut gern arglos und heißt deshalb bei Kollegen nur »Colombo«. Wie der gleichnamige Detektiv mit dem zerknautschten Mantel täuscht er Arglosigkeit vor, aber er ist ausgebufft.

Am 26. April wird formell ein Strafverfahren eingeleitet. Es richtet sich nur gegen Stefanie Graf. Auszug aus dem Aktenvermerk:

Steffi Graf (geb. am 14.06.1969) ist von Beruf Tennisspielerin. Steuerlich wird sie beim Finanzamt Schwetzingen unter der St. Nr. 43125/04051 geführt. Einkommen- und Umsatzsteuererklärungen liegen vor für die Kalenderjahre 1982 bis 1988 sowie für 1993; für die Jahre 1989–1992 wurden trotz mehrfacher Aufforderung keine Steuererklärungen abgegeben. Gewerbesteuererklärungen liegen vor für den Zeitraum 1985–1988 sowie für 1993. Vermögensteuererklärungen wurden lediglich zum 01.01.1986 sowie zum 01.01.1988 abgegeben. In 1991/1992 fand bei Steffi Graf eine Betriebsprüfung statt, der Prüfungszeitraum umfaßte die Kalenderjahre 1985–1988. Diese Prüfung führte zu Steuernachforderungen in Höhe von rd. 8,2 Mio DM, die im wesentlichen auf der Nichtanerkennung von Zahlungen an zwei Domizilfirmen auf den Niederländischen Antillen beruhen.

Nach den Feststellungen der Steuerfahndung sind die Schätzungen der Werbeeinnahmen in allen Jahren erheblich zu niedrig ausgefallen. Nach den der Steuerfahndung vorliegenden Unterlagen fehlen zumindest folgende Werbeeinnahmen: Firma Granini 1,4 Millionen, Südmilch Holland 2,95 Millionen Mark. Es besteht weiter Grund zu der Annahme, zumindest die geschätzten inländischen Turniereinnahmen für 1989 seien um einen Betrag in Höhe von rd. 450.000,– DM zu niedrig. Nach den hier vorliegenden Unterlagen wurden im Zusammenhang mit einem Turnier in Essen am 22.11. 1989 in Genf an einen Horst Hans Schmitt, wohnhaft in Brühl, ein Betrag in Höhe von 300.000 US-Dollar in bar übergeben. Hierüber gab es einen Rechtsstreit beim Landgericht Mannheim, der mit einem außergerichtlichen Vergleich endete.

Oberstaatsanwalt Jobski übernimmt den Fall. Ihm wird ein schmaler Aktenband mit Ermittlungsunterlagen zugestellt. Der »hinterzogene Betrag«, so steht es in einem Amtspapier, liege »wahrscheinlich über einer Million Mark«. Einen Durchsuchungsbeschluß gibt es auch.

Aber der Fall ist kein Routinefall. Die Fahnder überlegen, wie die Feste in Brühl zu knacken ist. Oberstaatsanwalt Peter Wechsung, Leiter der Schwerpunktstaatsanwaltschaft für Wirtschaftsstrafsachen, hat eine Idee. Es gebe doch den Kriminaldirektor Krauth aus Karlsruhe. Vielleicht könne der Sicherheitsberater der Grafs helfen. Seit den Thust-Tagen ist Krauth im Hause Graf nichts mehr fremd. Steffi duzt ihn, die anderen schätzen ihn. »Haben Sie Loyalitätsprobleme, uns zu helfen?« fragt ein Fahnder. »Nein.« Bevor es richtig losgeht, sagt ein Chefbeamter den schönen Satz, der fast Literatur ist: »Meine Herren, es geht um das Wohl Deutschlands.«

Am 23. Mai, gegen 8.30 Uhr, rücken die Fahnder vor der Festung in Brühl an. Nur Krauth fehlt. »Wenn der nicht kommt, gehen wir wieder«, sagt einer. Hat die Loyalität zu den Grafs doch gesiegt? Doch dann taucht der Kriminale auf. Ab 9 Uhr wird durchsucht. Zunächst betreten Jobski, die Staatsanwältin Bettina Krenz, drei Beamte der Landespolizeidirektion Karlsruhe und Maurer die Villa. Draußen warten noch sieben weitere Fahnder, darunter Scholl und Schollmeier. Nach 20 Minuten dürfen sie auch kommen. »Haben Sie auch die Schuhe abgetreten?« fragt einer. Ein Beamter trägt Sandalen. Peter Graf wird erklärt, daß sich das Verfahren nur gegen seine Tochter richte.

Graf hat sich mit dem Handy ins Wohnzimmer zurückgezogen und telefoniert eifrig. Mit seinem Anwalt Himmelsbach und wohl auch mit anderen noch. Schon beim ersten Blick in die Akten stellen die Beamten fest, daß Graf Einzelvollmacht über etliche Konten hat und quasi als Vermögensverwalter seiner Tochter fungiert. Gegen 10.45 Uhr winkt ihn deshalb die Staatsanwältin kurz beiseite. »Herr Graf, gegen Sie wird jetzt auch ein Steuerstrafverfahren eingeleitet.« Sie belehrt ihn über seine Rechte als Beschuldigter; ein Registervermerk wird angelegt: »Das Verfahren wird auf den Beschuldigten Peter Graf ausgedehnt« – Beihilfe zur Steuerhinterziehung lautet der Vorwurf.

Dann die Frage: »Wo ist Ihre Tochter?« – »In Heidelberg.« Bettina Krenz ruft bei Steffi in der Ziegelhäuser Landstraße an und bittet sie, nach Brühl zu kommen. Um 12 Uhr trifft die Tennisspielerin ein. Die Strafverfolgerin erklärt der Graf, daß gegen sie ein Steuerstrafverfahren eingeleitet worden sei. Steffi wirkt verwirrt, aber das wäre wohl auch anderen so gegangen. Sie bekommt mit, daß »ungefähr 15 Personen in Zivil« alles durchsuchen. Mit der Staatsanwältin und dem Steuerfahnder Scholl fährt sie in ihr Heidelberger Penthouse. Scholl findet nichts, was ihn beruflich interessiert. Die Geldgeschäfte regle der Vater, sagt Steffi. »Ich habe eine Kreditkarte.« Das reiche.

Emsig sichten die Fahnder derweil Akten, beschlagnahmen Ordner mit Korrespondenzen und Notizen, packen Kassenbelege ein. Im Wohnhaus finden sie zwei Schließfachschlüssel, zu denen sie vergebens das passende Loch suchen. In einem Schuhkarton stecken Kontoauszüge. Auch kleine Schätze, die mit dem großen Fall nichts zu tun haben, entgehen den Fahndern nicht. Das Kassenbuch aus der Wohnküche mit den Kassenzetteln für die Zeit Oktober 1984 bis Dezember 1987 beispielsweise wäre für Andenkensammler ein wertvolles Stück.

Gegen 16 Uhr drängen die Herren zum Aufbruch. Die Fahnder packen 59 Leitz-Ordner sowie Hängemappen und Umschläge ein. In Serie hat inzwischen Haftrichter Bauer, der wie ein Ermittlungsrichter auftritt, vor Ort Durchsuchungsbeschlüsse gegen Geldinstitute erlassen. Auch bei

Verwandten des Tausendsassas Schmitt in Fürth im Odenwald wird an diesem Tag die Wohnung gefilzt. Mit Erfolg.

Nur bei Eckardt in Taunusstein verliert sich zunächst die Spur. Das Haus, stellen die Beamten fest, wird gerade total renoviert. Handwerker bauen Marmorfußböden ein, ein Schwimmbad wird angelegt. Das Haus ist komplett leer geräumt. Eckardts wohnen seit April im Hotel »Aukamm« in Wiesbaden. Als die Fahnder dort aufkreuzen, staunen sie. Die Eckardts belegen die Zimmerflucht 1005–1008. Die Logis beträgt pro Tag 700 Mark. Im Hotelzimmer wird eine Zwischenrechnung vom 16. Mai über mehr als 24 000 Mark gefunden. Im Hotelsafe befinden sich 16 500 Mark. Die Monatsabrechnung von American Express beläuft sich auf etwa 20 000 Mark. Ein Steuerfahnder vermerkt: »Die Herkunft der Mittel für diesen aufwendigen Lebensstil ist völlig offen. Aus den Steuerakten ergeben sich diese Mittel nicht.«

Die Beamten halten den Zipfel eines Krimis in der Hand. Bei Eckardt finden sie eine Gesprächsnotiz von 9.11 Uhr mit dem Vermerk: »Bitte rufen Sie ganz dringend im Büro in Mainz-Finthen zurück.« Der Anrufer ist Rechtsanwalt Peter H. Dinckels. Um 9.14 Uhr hat Dinckels auch ein Blatt an Eckardt gefaxt. »Eilt sehr.« »Bitte rufen Sie dringend in Brühl (Büro) an. Offensichtlich sind Ereignisse eingetreten oder zu erwarten, die dies erforderlich machen.«

Die Ermittler sind verblüfft. Um 9.14 Uhr hatten sie noch keinen Schimmer, wo Eckardt ist. Anhand der Telefonliste des Hotels stellen sie fest, daß Eckardt um 9.40 Uhr den Anschluß 06202/78146 gewählt hat: Peter Graf in Brühl.

Hat jemand die Aktion verraten? Und was hat die Notiz +1/115836 zu bedeuten, die auf der Visitenkarte eines Schweizer Bankiers steht? Auch gegen Eckardt wird ein Ermittlungsverfahren eingeleitet.

Die Schreckensmeldungen laufen in schneller Folge zusammen. Neugierige Fahnder tauchen bei Bezirkssparkassen, Volksbanken, der Commerzbank und der Bank für Gemeinwirtschaft auf und präsentieren Bauers Durchsuchungsbeschlüsse. Manches Geldhaus ist freudig die Bank an Grafs Seite gewesen. Im Ordner »B 3« beispielsweise haben die Fahnder die Offerte eines großen Geldinstituts entdeckt:

Sehr geehrter Herr Graf, ... Sie schilderten sich als konservativen Geldanleger, der an einer hohen Rendite bei risikoarmem Investment interessiert ist. Sie erkundigten sich in diesem Zusammenhang nach den Sätzen für eine Termingeldanlage in Höhe von DM 1,0 Mio. für 30 Tage.

Freibleibend hierzu nennen wir Ihnen einen Satz am Euromarkt von 9,25 % p.a. ... Für ein persönliches Gespräch, in dem eine strukturierte Vermögensanlageberatung unter steuerlichen Aspekten (steuerorientierte Anlagemodelle nicht nur im Immobilienbereich) im Mittelpunkt stehen könnte, steht der Unterzeichner zur Verfügung.

»Euromarkt« und »steuerorientiert« sind in der Branche keine Geheimsprache. Es sind die üblichen Synonyme für Schwarzgeldkonten in einer Steueroase. Es wird viel getuschelt in diesen Tagen. Die Besuche der Fahnder sind Gesprächsstoff in den Geldhäusern, aber – da sind sich Hauptakteure und Statisten einig – der Fall muß unbedingt unter der Decke gehalten werden.

4. Ein Thriller nach dem Sturm

Am 29. Mai beginnen in Paris wieder die French Open, und die dulden keine Störung.

Steffi ist skeptisch angereist. Der kranke Rücken hat eine normale Vorbereitung verhindert. Vor ein paar Wochen hat sie ihre letzten beiden Turniere gespielt. Da ging es ja nicht einmal schlecht; sie hat gewonnen in Key Biscayne und in Houston, und *Bild* konnte sogar die Wandlung »der einstigen Eis-Frau« zu einem »Vulkan« beobachten. Keck habe Steffi mit einem Linienrichter geflirtet und dann über den Platzlautsprecher mit ihrer Mutter gealbert: »Wenn du mir ein schönes Dinner machen willst, wäre das toll.« Aber dann mußte sie nacheinander Hamburg und Berlin absagen. Auf Sandplätze ist sie also nicht vorbereitet.

Auf der roten Asche in Roland Garros kommt sie entsprechend langsam auf Touren. 6:4, 6:3 gegen Petra Begerow, 71. der Rangliste – das ist nicht unbedingt Steffis Stil. »Viel zu viele Fehler« mache sie, schimpft sie in den ersten Runden. Die Stimmung steigt nur langsam. Im Viertelfinale trifft Steffi dann auf Gabriela Sabatini, und es wird eine Art Urknall. 56 Punkte macht die Deutsche, 30 die Argentinierin; zu 74 Prozent gelingt Steffi der erste Aufschlag, eine Quote von 41 Prozent schafft die Gegnerin; ein Doppelfehler hier, fünf dort. 55 Minuten dauert das Match, Steffi siegt 6:1, 6:0. Die könne wohl, murmelt Sabatini, wirklich »in Paris gewinnen«.

Es war so ein Spiel, wie Steffi es sich immer erträumt hat: das perfekte Match. Selten hat sie sich selbst so vorbehaltlos gelobt: »Ich war vom ersten Punkt an voll konzentriert. Ich habe extrem beständig gespielt, sie ständig unter Druck gesetzt. Ich habe perfekt serviert. Ich habe auf den richtigen Moment für den richtigen Schlag gewartet, und ich bin ans Netz vorgerückt, wenn ich es mußte.«

Nur mitgekriegt hat es kaum jemand. Die Veranstalter haben 1995 die Damen rüde abgeschoben: Erstmals findet keines ihrer Viertelfinalspiele mehr auf dem Court Central statt. Zu langweilig sei das, was die Frauen so treiben; echten

Sport böten nur die Herren. Steffi hat heftig und erfolglos protestiert. Lange hält sie sich mit dem Ärger jedoch nicht auf. Sie will ihre letzten Jahre im großen Sport schließlich auskosten. Tatsächlich wirkt sie unbeschwerter als in früheren Jahren.

Freiwillig schaut sie im Adidas Club vorbei; manch Zuschauer staunt, weil Steffi leibhaftig über die Anlage bummelt, mal hier und mal dort zuschaut. Die Jensen Brothers, die amerikanischen Doppelspieler mit den langen Haaren und den schlabbernden Hosen, mag sie. Lachend plaudert sie sich durch die Pressekonferenzen, wo den Journalisten auffällt, daß Steffi Graf ihnen erstmals während der Antworten in die Augen schaut. Und für die Fotografen posiert sie sogar.

Einmal wird Peter Graf eifersüchtig. Steffi plauscht angeregt mit Adidas-Chef Robert Louis-Dreyfus. Da zupft der Vater von hinten an ihrer Jacke. »Komm jetzt, komm jetzt, wir müssen gehen«, ruft er hastig. Ein peinlicher Auftritt; den Herrn, mit dem Steffi da spricht, erkennt er nicht. Immerhin, seine Tochter gehorcht noch. Steffi dreht sich um und folgt dem Papi zum Ausgang. Es gibt schließlich noch ein Turnier zu gewinnen.

Im Halbfinale wartet die Spanierin Conchita Martinez, die überragende Akteurin dieser Sandplatzsaison, seit vier Turnieren unbesiegt. Steffi gewinnt den ersten Satz 6:3 und führt schnell 3:0, wenig später 4:1, dann 5:3. Früher wäre das Match damit erledigt gewesen. Aber inzwischen spürt der Körper den Verschleiß. »Ich hatte Muskelprobleme im linken Oberschenkel«, erzählt sie hinterher, »konnte beim Aufschlag nicht richtig abspringen.« Sie gibt ihr Service ab, muß in den Tie-Break und verliert ihn mit 5:7.

Ein echter Thriller hat sich da entwickelt. Steffi genießt das. In der Vergangenheit hat sie oft Angst bekommen, wenn die Gegnerinnen wider alle Prognosen mithalten konnten –

diesmal ist alles anders. Nichts hat sie von diesem Turnier erwartet, außer Form und ohne Fitneß hat sie es schließlich in Angriff genommen. Tennis ohne Leistungsdruck, das ist eine neue Erfahrung für sie. Bei 3:3 im dritten Satz liegt Steffi Graf 0:40 zurück. Ein Break wäre wohl die Entscheidung. Aber sie läßt es nicht zu. Bei 5:3 hat sie Matchbälle. Und dann steht sie im Endspiel.

Dort wartet die zweite Sandplatzspezialistin aus Spanien. Die Sanchez. Auch sie hat sich durch das Turnier gekämpft, von Fieber und Durchfall geplagt. Und auch sie will noch einen Sieg mehr. Doch Steffi ist die Bessere. 7:5, 4:6, 6:0, da bleiben keine Fragen offen.

16 Grand-Slam-Veranstaltungen, 91 Turniere und 15 588 230 Dollar Preisgeld hat Steffi Graf nun gewonnen. An jenem Samstag, dem 10. Juni, aber steht sie weinend vor 16 500 Zuschauern auf dem Court Central und kann nicht glauben, »daß das möglich ist«. Es sei »einfach überwältigend, einfach wunderbar, diesen Sieg errungen zu haben«. Die French Open 1995 – der »unerwartetste Grand-Slam-Erfolg meiner ganzen Karriere«. Eines hat sie auf der roten Asche von Roland Garros erkannt: »Ich liebe das Spiel so sehr, daß ich noch eine Weile mitmischen will.«

Das Verfahren mit dem Aktenzeichen 616 Js 223/95 dümpelt – als hielten alle wegen Steffis Terminen die Luft an. Acht Tage nach der Durchsuchung geht Sunpark in Liquidation. Unter der Nummer 6644461 meldet sich nur noch eine Telefonistin. Sie weiß »gar nichts«. Holland Intertrust hat die Firma Fidmor Management beauftragt, die Formalitäten zu erledigen. Die Büros sind dieselben, die handelnden Personen sind dieselben – so ist eine geräuschlose Beerdigung jener Firma garantiert, die den Grafs so manchen Dienst erwiesen hat.

In Mannheim streiten sich Staatsanwaltschaft und Grafs Kanzlei Himmelsbach um die Herausgabe beschlagnahmter Unterlagen. Ein Revolver, den die Ermittler konfisziert haben, bleibt in Verwahrung, aber nach einigem Geplänkel rücken die Fahnder ein paar Scheckhefte von Michael Graf und eine alte Bürgschaftsurkunde über 300 000 Mark wieder heraus. Diese Asservate haben mit dem Fall wirklich nichts zu tun. Wo aber sind die vielen Millionen geblieben?

Die Grafs, so weisen Bankbelege aus, unterhalten eine Reihe von Auslandskonten. Die Maurer-Truppe vermutet in Aktenvermerken, daß sich »in der Schweiz bisher nicht bekannte nicht unerhebliche Vermögenswerte« befinden. Es »zeichnet sich schon jetzt ab, daß noch weitere Beweismittelerhebungen bei Dritten erforderlich sind«. Auf die Fahnder kommt noch viel Kleinarbeit zu, und von Peter Graf erwarten sie keine Unterstützung bei der Aufklärung. Der Tennisvater reagiert wie ein beleidigter Potentat. Die Beamten von der Fahndung sind für ihn keine Gesprächspartner. Den rüden Eingriff empfindet Graf als Putsch von unten. »Wissen die eigentlich, wer ich bin?«

5. Ein Anruf im Büro des Ministers

Wenn Peter Graf über »unten« spricht, schwingt manchmal jene Mischung aus leutseliger Achtung und leiser Verachtung mit, wie man sie Feldherren auf sicheren Hügeln nachsagt. Die da unten sollen Steffis »einmalige Leistung für Deutschland« endlich anerkennen. Die da unten sollen, verdammtnochmal!, dankbar sein.

Grafs etwas enge Weltsicht hat sich früh gezeigt. Aus den vergleichsweise friedlichen Tagen im Jahr 1985 ist das Video einer privaten Feier in Brühl überliefert. Festlich hebt ein Sprecher an: »Das möchte ich mal sagen, nachdem sie vor eineinhalb Jahren in Wimbledon war...« Peter Graf unterbricht. »Ich möchte mal einhaken. Erzählen Sie nimmer von der Steffi Graf, sondern einfach von unserer Steffi. Und das ist das, was wir an sich als Brühler erhoffen.« Der Sprecher verbessert sich: »Die Steffi hat vor eineinhalb Jahren, damals« – Peter Graf unterbricht wieder: »Schon besser, schon besser.« Gönnerhaft schaut er in die Runde. Auf der Oberlippe ist ein Klecks Sahne zu sehen.

Zehn lange Jahre danach läßt sich einer wie Graf natürlich nicht mehr auf die Spielchen kleiner Ermittler ein. Er greift zum Hörer und ruft »Oben« an, 0711/2793500, Büro Finanzminister Gerhard Mayer-Vorfelder in Stuttgart. Natürlich wird der Steuerzahler aus Brühl zum Minister durchgestellt – man kennt sich schließlich. »Wenn er anruft«, sagt Mayer-Vorfelder, »habe ich überhaupt keinen Grund, ihn nicht durchstellen zu lassen.« Graf hat schon immer auf »Hilfe von oben« vertraut. Er entrüstet sich über die Steuerschnüffeleien und verweist auf die »tatsächliche Verständigung«, die Schaumburg am 1. Dezember 1993 mit den Finanzbeamten vereinbart habe.

Mayer-Vorfelder beschwichtigt den aufgebrachten Steuerbürger. Verständnis für die armen Reichen im »Hochsteuerland Deutschland« hat der Minister mit dem Sinn für die große Geste schon häufiger geäußert. Die Beamten im Finanzministerium müssen einen Vermerk für den Minister fertigen. Ein paar Tage später bekommt Peter Graf Post aus dem Hause Mayer-Vorfelder. Der Brief ist unterschrieben von Ministerialdirigent Märkle, Chef der Abteilung 3, Steuern:

Im Auftrag von Herrn Finanzminister Gerhard Mayer-Vorfelder kann ich Ihnen in der Steuerangelegenheit Ihrer Tochter Stefanie folgendes mitteilen: Sie haben unter Bezugnahme auf das von Herrn Steuerberater Eckardt an das Finanzamt Schwetzingen gerichtete Schreiben vom 21.04.1995 die An-

sicht vertreten, daß aufgrund der Besprechung vom 01.12. 1993 zwischen Herrn RA Dr. Schaumburg und Vertretern der Finanzverwaltung im Besteuerungsverfahren Ihrer Tochter von einer tatsächlichen Verständigung über die Höhe der Besteuerungsgrundlagen für die Jahre 1989 bis 1993 auszugehen sei; eine spätere Änderung sowohl der Betriebseinnahmen als auch der Betriebsausgaben sei ausgeschlossen.

Die Überprüfung der Angelegenheit durch die Oberfinanzdirektion Karlsruhe, die an der Besprechung am 01.12.1993 mit zwei Beamten vertreten war, hat ergeben, daß nach übereinstimmender Ansicht der Teilnehmer seitens der Verwaltung eine tatsächliche Verständigung über Besteuerungsgrundlagen weder über Betriebseinnahmen noch über Betriebsausgaben zustande gekommen ist. Bezüglich der pauschalierten Betriebsausgaben, der Einkünfte aus Kapitalvermögen und der Besteuerungsgrundlagen für die Vermögensteuer wurde allenfalls ein Vertrauenstatbestand geschaffen...

Nach den im Zuge der Veranlagung 1993 durch das Finanzamt Schwetzingen erfolgten Ermittlungen und durch zwischenzeitliche Erkenntnisse in der Steuerfahndung ist davon auszugehen, daß Werbeeinnahmen nicht bzw. nicht vollständig erklärt wurden. Im Besteuerungsfall Ihrer Tochter Stefanie ist daher nach den verfahrensrechtlichen Bestimmungen eine Änderung der Veranlagungen unter Berücksichtigung nicht erfaßter Einnahmen möglich. Das Verfahren des Finanzamts Schwetzingen erfolgte im Einklang mit den gesetzlichen Bestimmungen und ist sachlich und rechtlich nicht zu beanstanden. Falls Sie wegen der Frage der tatsächlichen Verständigung eine weitere Klärung für erforderlich halten, ist das Finanzministerium gern bereit, diese steuerliche Frage in einer mündlichen Besprechung bei der Oberfinanzdirektion Karlsruhe mit Ihnen bzw. Ihrer Steuerberatung zu erörtern.

Das Schreiben ist für den Außenstehenden pures Finanz-Chinesisch, aber der Duktus des Briefes klingt Eingeweihten vertraut. So sehen Vermerke aus, mit denen Akten für spätere rauhe Zeiten umgedeutet werden. Wenn der Weg zum Richter führt, kassieren kundige Beamte fix Unangenehmes ein.

6. Ein Stück Tennisgeschichte

In Wimbledon erlebt Steffi »die Geschichte meines Lebens« an einem Tag. Sie hat über drei Stunden trainiert, ist gelaufen und hat Gymnastik gemacht, aber dieses ewig plagende Gefühl ist wieder da. Schlimme Zweifel. Hat sie wirklich genug getan? Sie marschiert auf den Platz und übt Aufschläge. Einen, zwei, einen zuviel. Sie verletzt sich am rechten Handgelenk.

»Um das Extreme zu tun«, sagt Trainer Heinz Günthardt, »muß man extrem sein.« Es gehöre einfach zu den wichtigsten Eigenschaften eines Champions, daß alles, was er erreicht, »für ihn selbst nie genug ist«. Doch zum echten Champion gehört eben auch, im Laufe der Karriere zu wachsen. Günthardt: »Mit der Zeit wird diese Einstellung aber destruktiv. Wenn man es mit 26 noch genauso ernst nimmt wie mit 16, brennt man aus.«

Solche Worte hört Steffi nicht gern. Tadeln darf ihr Vater; Trainer haben sie immer gelobt. Sie wisse sehr wohl, blafft sie, »daß manche Dinge für meinen Körper nicht mehr möglich sind, manche aber eben doch«. Ursprünglich hat Steffi Graf sich ja Lockerheit verordnet. Schlimmer als im Vorjahr könne es nicht werden, sie habe nichts zu verlieren. Sie wolle Spaß haben – wie in Paris.

Doch die Verletzung läßt sofort wieder diese Unsicherheit aufkommen. Immerhin können sich Graf und Günthardt auf eine gemeinsame Strategie verständigen: kein Wort mehr über die Schmerzen. »Wenn man in Steffis Situation beschließt weiterzumachen«, erklärt der Schweizer, »dann hilft es nicht, wenn man immer über die Probleme spricht. Ich werde sie nicht alle 30 Minuten nach ihrem Rücken fragen. Wenn es so schlimm wird, daß sie nicht mehr trainieren kann, wird sie es mir schon sagen.«

Selten hat es soviel zu überlegen, zu analysieren und zu besprechen gegeben vor einem großen Turnier. Normalerweise diskutiert Steffi nicht gern. Sie haßt lange Besprechungen, Videostudien, Analysen. Aber da sind auch noch Lori McNeil und die Katastrophe in der ersten Runde im Vorjahr. Das zehrt immer noch.

Graf und Günthardt sitzen auf der Terrasse des gemieteten Hauses in Wimbledon und fachsimpeln. Sie spiele zu hektisch, meint Steffi selbst. »Ich will jeden Ballwechsel sofort beenden, müßte mehr Geduld haben.« Und mehr taktieren, das vor allem. In heiklen Situationen, wenn es knapp wird, im Tie-Break zum Beispiel, tendiere sie dazu, »die Sachen zu machen, die ich kann«. Genau dann aber müsse man variieren. »Ich mache das zuwenig.« Es sei schwieriger als früher für sie, enge Matches zu spielen: »Man beginnt zu grübeln, man denkt mehr nach.« Da gebe es noch etwas, ergänzt Günthardt. Etwas sehr Fachliches. Steffi habe die Neigung, viel herumzuhüpfen. »Wenn sie in der Luft ist und der Ball überraschend aufspringt, stimmt ihr Timing nicht mehr. Es ist wie bei Fred Feuerstein. Wenn du in der Luft bist, kommst du nirgendwohin.«

Aber die schweren Gedanken lassen sich nicht einfach so vertreiben. Es sind sonnige Tage in London SW 19, »nur Steffi guckt wie drei Tage Regenwetter«, hat die *tageszeitung* beobachtet. Denn Steffi wird von Journalisten immer wieder nach ihrem Rücken gefragt. Und für solche Fragen fehlt ihr jegliches Verständnis: »Ich möchte nicht dauernd darüber sprechen. Warum akzeptiert man das nicht?« Ihr gehe es gut, fertig.

Das Doppel, das sie gemeinsam mit Martina Navratilova spielen wollte, sagt sie dennoch ab. Eine Vorsichtsmaßnahme, heißt es. Die große alte Dame des weißen Sports ist pikiert (»Steffi hat so spät abgesagt, daß ich keine neue Partnerin finden konnte«), ein Reporter fragt bei Steffi nach, und die wird wütend: »Ihr schreibt doch auch oft nur Mist.« In der letzten Reihe sitzt Klaus Hofsäss und schüttelt den Kopf. Öffentlichkeitsarbeit, meint er, würden die Grafs wohl nie mehr lernen.

Es ist eine triste erste Turnierwoche, lauter Pflichtsiege, und um so erstaunlicher ist Steffis Verwandlung. Als sie im Achtelfinale steht, scheint sie auf einmal Spaß zu bekommen. Als sie das Viertelfinale gewonnen hat, ist sie bei sich angekommen. Es sind diese Momente, nach denen sie strebt: die Augenblicke, wo sie aufgeht in einem Tennismatch wie der Rocksänger in einem grandiosen Konzert, die Minuten im Spielrausch. Das ist Glück für Steffi Graf.

Steffi hat Mary Joe Fernandez 6:3, 6:0 geschlagen, und es war jener zweite Satz, 21 Minuten kurz, der sie in Ekstase versetzt hat: »Diesen Satz werde ich immer lieben.« Perfektes Tennis ist seit jeher ihr Anspruch. An diesem Tag ist es ihr wieder einmal gelungen; es war »eine Freude, da draußen zu sein. Wenn ich so spiele, kann mich niemand schlagen«. Ob es noch etwas anderes gebe, will ein Reporter wissen, was ihr ähnliche Hochgefühle gebe? »Denken Sie an etwas Bestimmtes«, fragt Steffi zurück, »Ihr Gesicht wird gerade ziemlich rot.« So schlagfertig hat sie auch noch nie reagiert.

Im Halbfinale bekommt sie ein paar Probleme. Jana Novotna, die Frau mit den schwachen Nerven, gewinnt den ersten Satz 7:5, aber wieder einmal kann sie die Spannung nicht halten. Vor ein paar Wochen, in Paris, hat sie durchgemacht, was bis dahin als schlichtweg unmöglich galt: Gegen die Amerikanerin Chanda Rubin führte sie im dritten Satz 5:0, 40:0 – klarer kann man nicht führen. Aber Novotna vergab neun Matchbälle und verlor. Diesmal, gegen die Graf, geht es vergleichsweise undramatisch ab. 5:7, 6:4, 6:2 für Steffi. Und wieder einmal steht das Wunderkind im Finale.

Das bietet, so sieht es der *Independent,* »the greatest game of them all«, das beste aller Spiele. Ein Stück Tennisgeschichte; wer dabei war, wird es nicht vergessen. 1980 haben Björn Borg und John McEnroe einmal einen 20 Minuten langen Tie-Break gespielt; 18:16 hat McEnroe ihn gewonnen. Was Graf und ihre Gegnerin Arantxa Sanchez im elften Spiel des dritten Satzes durchmachen, hat die gleiche Qualität.

4:6, 6:1, 5:5 steht es. Das Protokoll: Sanchez' Vorhand geht ins Aus – 0:15. Grafs Vorhand-Return landet im Aus – 15:15. Grafs Vorhand im Netz – 30:15. Sanchez' Vorhand zu lang – 30:30. Vorhand-Punkt Sanchez – 40:30. Vorhand-Punkt Graf – Einstand. Vorhand-Passierschlag – Vorteil Sanchez. Sanchez' Rückhand im Aus – Einstand. As – Vorteil Sanchez. Rückhand-Return Graf – Einstand. Sanchez' Rückhand im Netz – Vorteil Graf. Grafs Vorhand-Return zu lang – Einstand. Rückhand-Punkt – Vorteil Sanchez. Schmetterball Graf – Einstand. Vorhand-Punkt – Vorteil Graf. Rückhand-Punkt Sanchez – Einstand. Sanchez' Vorhand im Netz – Vorteil Graf. Grafs Vorhand zu lang – Einstand. Vorhand-Punkt – Vorteil Sanchez. Rückhand-Passierball Graf – Einstand. Grafs Rückhand im Aus – Vorteil Sanchez. Sanchez' Rückhand im Aus – Einstand. Grafs Return zu lang – Vorteil Sanchez. Vorhand-Punkt Graf – Einstand. Vorhand-Passierball – Vorteil Sanchez. Sanchez' Rückhand im Aus – Einstand. Sanchez' Vorhand im Aus – Vorteil Graf. Vorhand-Passierball Sanchez – Einstand. Sanchez' Rückhand im Aus – Vorteil Graf. Rückhand-Dropshot Sanchez – Einstand. Vorhand-Volley – Vorteil Graf. Vorhand cross gespielt, Sanchez kommt nicht mehr heran. Spiel Graf, 6:5.

20 Minuten hat das Spiel gedauert, dieses Break entscheidet das Match. Wenig später ist Steffi Graf beinahe am Ziel. Sanchez hat drei leichte Fehler gemacht, 40:0, Matchbälle. Steffi kann kaum noch ihren Schläger halten, und sie sagt sich: »Okay, okay, bleib cool, jetzt hast du es.« Steffis Aufschlag kommt lang, sie rückt ans Netz vor. Sanchez' Return ist mäßig, Graf spielt einen Rückhand-Volley, der kaum noch zu erreichen ist. Sanchez kommt doch heran, aber der Ball geht weit ins Aus. »So etwas habe ich in meiner ganzen Karriere noch nicht erlebt«, sagt Steffi. »Ich bin stolz auf dieses Match«, meint ihre Gegnerin. Steffi weint.

Selten erlebt Steffi Graf Freiheit. Fast ständig, hat sie einmal verraten, fühle sie sich unter Beobachtung und unter Druck. »Man kann sich nicht frei fühlen, wenn man immer an Turniere denken, sich vorbereiten und trainieren muß. Und man muß sehr viel arbeiten.« Um frei zu sein, glaubt sie, dürfe man »überhaupt keine Ziele vor sich haben«.

Vielleicht wirkt sie deshalb am Ende dieses Wimbledon-Turniers entspannt wie selten zuvor. Die Erwartungen waren gering. Zum ersten Mal in ihrer Karriere ist Steffi im Sommer 1995 zu Turnieren angereist, um nur mal zu gucken, was möglich ist. In Paris war das schon so, nun ist es ähnlich. Sie gewinnt eine Runde nach der anderen, und das genießt sie. Sie leckt sich in Pressekonferenzen kokett die Lippen, sie schreit ihre Freude in Richtung Himmel, und sie wirft die Arme in die Luft.

In all den Jahren zuvor drückte ihr Körper etwas anderes aus. Meist hat sie, selbst im Augenblick des Sieges, die Fäuste geballt und den Rücken gekrümmt – eine verschlossene Siegerin. Auch der Mannheimer Oberstaatsanwalt Wechsung, der sich das Finale im Fernsehen anschaut, bemerkt die Verwandlung: Die Wimbledon-Siegerin 1995 ist eine aufgeschlossene Frau.

An ein Totschweigen des Falls ist nicht mehr zu denken. Schon Ende Mai hat Horst Koppelstätter, 38, stellvertretender Chefredakteur der Tageszeitung *Badische Neueste Nachrichten,* Auflage 170 000 Exemplare, einen Tip bekommen, ein Informant rief ihn im Urlaub in Florida an: Nach Wimbledon solle bei den Grafs in Brühl das Haus durchsucht werden. Koppelstätter, auch Chef der Landespolitik, weiht nur den Chefredakteurskollegen Gottfried Capell, 55, ein. Beide wittern den ganz großen Coup. Aber die Sache hakt, weil der Tip-Geber den falschen Termin genannt hat.

Koppelstätter bleibt dennoch dran. Zwei Tage nach dem Wimbledon-Finale korrigiert sich der Unbekannte. »Die Sache war schon.« Koppelstätter ruft die Staatsanwaltschaft Mannheim an. Wechsung bestätigt die Geschichte. Am 12. Juli bringt die in Karlsruhe erscheinende Zeitung die Story, über die sofort die ganze Republik sprechen wird: »Steuerfahndung im Haus von Steffi Graf.« Steffi sagt einen Fototermin in München ab. Vorsorglich stellt *Bild* die Frage, ob sie jetzt »ins Gefängnis muß«.

Fernsehteams aus aller Welt und Dutzende von Journalisten belagern das Haus der Grafs in Brühl. Sie rücken mit Sende- und Kranwagen an, blockieren Bürgersteige und den Luftschiffring. Peter Grafs Jugendfreund, der Polizist Adolf Brandenburger, schüttelt den Kopf. »Die Press machet, was sie wollet. Gestern schreiet sie: Steffi, Steffi. Heute schreiet sie: Nieder, nieder.« Peter Graf ruft die Polizei mit ihrem Chef Brandenburger an der Spitze zur Hilfe. Als die nicht einschreitet, werden zwei Schäferhunde aufs Gelände gebracht.

Was da im kleinen Brühl passiert, geht Bürgermeister Günther Reffert »nicht in den Kopf«. Steffi, sagt er stolz, ist »die mit Abstand wichtigste Gewerbesteuerzahlerin in

Brühl«. Das gilt für 1994 tatsächlich. Denn im Vorjahr hat sie kräftig Steuern nachzahlen müssen. Für neun Jahre beläuft sich die Gewerbesteuer auf 3 677 589 Mark. »Ich hätte volles Verständnis«, sagt Reffert, »wenn die Graf jetzt sagt, ich habe die Schnauze voll und gehe ins Ausland.« So sehen es auch die Graf-Anwälte: »Wir glauben nicht«, drohen sie, »daß dieser Fall für den deutschen Fiskus folgenlos bleiben wird.« Alle »festgesetzten Steuern in Millionenhöhe« seien bezahlt worden. Deutsche Spitzensportler mit internationalem Tätigkeitsfeld würden sich »in Zukunft sehr sorgfältig überlegen müssen, ob sie ihren Wohnsitz in Deutschland behalten«.

Ziemlich verschüchtert tritt Steffi bei Günther Jauch im »Aktuellen Sport-Studio« auf. Fünfundzwanzigmal benutzt sie das Wort »absolut«, zwölfmal fährt sie sich durch die Haare, zweimal sagt sie »absolut total«. Immer wieder preßt sie die Lippen zusammen, obwohl sich Jauch bemüht, seine Gesprächspartnerin reinzuwaschen.

Frage: »Steffi Graf hat steuerlich ein absolut reines Gewissen?« – »Absolut, total. Das kann ich ganz klar sagen.« Sie habe »absolutes Vertrauen«, daß mit den Steuern alles ganz richtig gelaufen ist.

Frage: »Ist es möglich, daß vielleicht die Berater oder das Umfeld Fehler gemacht haben, von denen Sie aber nichts wissen?« Antwort: »Das bezweifle ich, absolut, total. Ich bin absolut der festen Überzeugung, das alles richtig gelaufen ist.« Jauch hakt vorsichtig nach, ob »bei großen Tennisturnieren ... Startgelder unterderhand gezahlt werden?« – »Das ist absolut nicht korrekt.«

Ist Steffi total ahnungslos oder eine absolute Mimin? »Wenn Fräulein Graf jetzt allerdings nach Amerika übersiedeln würde«, schauspielert die *Süddeutsche Zeitung,* »wäre sie der erste deutsche Steuerflüchtling, für den wir ein gewisses Verständnis eventuell aufbringen könnten.«

Drei Tage nach dem Fernsehauftritt findet in der Berliner »Universal Hall« in Moabit die Weltpremiere der Modekollektion »Steffi Graf« statt. Mit viel Improvisation werden Kreationen der Weltranglistenersten vorgestellt. »Steffi ist schon hinter der Bühne und legt letzte Hand an die Knöpfe«, sagt Moderator Werner Bauch. Und dann laufen doch zwei Models mit offenem Reißverschluß über den Laufsteg. Präsentiert wird Jeansmode zwischen altem C&A-Schick und ehemaligem Quelle-Look. Der Mann hinter der Kollektion ist David Harilela, ein aus Hongkong stammender Inder. Er ist der weltweite Lizenznehmer für die Jeans. Steffi selbst hat den Vertrag unterzeichnet. Rund 800 000 Dollar Honorar sind, soviel sie weiß, als Grundbetrag vereinbart. Aber das sagt sie natürlich in Berlin nicht.

Überhaupt sagt sie wenig. Ihre Jeansgröße ist 30/34, und Nähen hat sie in der Schule gelernt. Sie trägt ein weißes Satinkostüm. Doch die vielen hundert Journalisten interessieren sich mehr für die Unschuld der Steuerbürgerin als für die Jeansdesignerin Graf, aber dazu schweigt sie ganz. Abends erhält sie den »Victor«-Preis des Deutschen Sportfernsehens. Peter Graf droht Moderator Jörg Wontorra: »Wenn Sie nur ein Wort übers Private fragen, geht die Steffi.«

8. Schnauze halten, Zeit gewinnen

Am 20. Juli telefoniert Peter Graf mit dem SPIEGEL, der erste Details des Steuerschwindels enthüllt und über die »Operation Goldfinger« in Holland berichtet hat. »Also der Südmilch-Vertrag und das, der war ja 1992« – lang her. Frage: »Aber warum wurde Sunpark in Holland eingeschaltet?« – »Des sin Sachen, ich kann des jetzt so schlecht im Liegen berechnen. Der Masseur is da. Aber so dumm sind wir eigentlich nicht, daß wir solche Sachen machen.«

Es wird vereinbart, daß Graf einen Fragenkatalog beantwortet. »Sie müssen mir aber auch einen Fakt liefern«, sagt er. Gut ein Dutzend Fragen und einige Cognac später erklärt Graf, daß seine Anwälte antworten werden. Bis Freitag, 17 Uhr. »Ihr Dreckskerle«, sagt er noch. Am Freitag, Punkt 16.53 Uhr, meldet sich, wie verabredet, Graf-Anwalt Kurt Himmelsbach. Es sei »nicht nachvollziehbar, was den Mandanten im Detail vorgeworfen wird«. Eine »Widerlegung der Vorwürfe« sei deshalb unmöglich. Antworten seien von Herrn Graf nicht zu erwarten.

Graf hat die Parole ausgegeben: Schnauze halten und Zeit gewinnen. Aber das hilft nicht. Jede Woche kommen neue Details ans Licht. Steffi erfährt davon in ihrer Penthouse-Wohnung in Heidelberg, wohin sie sich zurückgezogen hat. Vor einem Jahr, im August 1994, hat sie das Penthouse angemietet. Sie kauft nicht, »weil die Zeit, die ich in Heidelberg leben möchte, aus meiner Sicht jetzt begrenzt ist«. Der Umzug – ihr Vater »hat erst am Ende davon mitbekommen« – ist ein Versuch der Emanzipation. Zuletzt hatte Peter Graf auch versucht, den Freund Michael Bartels bei ihr madig zu mache, hatte den Rennfahrer »ein Weichei« genannt. Deshalb zieht sie – wissend, »daß es für meinen Vater, der mich gerne um sich herum hat, relativ schwierig ist« – mit Bartels in das Haus auf dem Haus: Die beiden residieren auf 200 Quadratmetern inklusive Whirlpool und Fitneßraum auf zwei Ebenen, die durch eine Holztreppe verbunden sind. Marmor ziert den Eingang, zwei Topfpflanzen können dem Portal das Sterile nicht nehmen. Ein Dr. Spiegel wohnt hier, ansonsten ein Anonymus neben dem anderen – gutsituierte Leute unter sich. »G. + Bartels« hat irgendwer als Hilfestellung für den Postboten in die Ecke des Briefkastens geritzt.

Der Blick auf Königstuhl und Schloß ist, wie man so sagt, unbezahlbar, aber es ist ein Leben auf dem Präsentierteller. Paparazzi, die noch ein Bild schießen wollen, lauern vor dem Haus an der Ziegelhäuser Landstraße 59 oder auf der anderen Seite des Neckar. Keine Sekunde werden die Jalousien aus dem Blick gelassen. Mal geht das Licht gegen 0.50 Uhr aus, mal wird ein Fenster kurz nach 10 Uhr geöffnet. Es ist, als führe ganz Heidelberg Buch über das Leben der Steffi Graf. »Immer ist einer hinter mir her«, hat sie mal gesagt.

Die weltbeste Tennisspielerin wirkt in diesen Tagen verwirrt, verstört. Stundenlang sitzt sie in ihrer Wohnung und wälzt schwere Gedanken. Jahrelang habe sie »loyal zu Deutschland« gestanden, doch jetzt sei ausgerechnet sie »das Ziel einer Kampagne«. Das Interesse der Öffentlichkeit empfindet sie nicht mehr nur als wach, sondern längst auch als lüstern.

Ein Medienstar fühlt sich umzingelt von Feinden. Eigentlich gibt es nur einen Ausweg aus dem Dilemma: die Flucht in die USA. Dort ist auch normalerweise das Aufbautraining für die Ende August stattfindenden U.S. Open geplant. Aber da ist die Sache mit dem Ilio-Sakralgelenk. Steffi Graf wird wieder einmal von unerträglichen Rückenschmerzen geplagt. Im Heidelberger Olympiastützpunkt absolviert sie ihre Krankengymnastik. Auf dem Platz kann sie sich »nicht mehr konzentrieren«. Sie macht sich »konkrete Gedanken für die Zukunft. Tennis ist nicht unbedingt mein erster Gedanke.«

Dabei mangelt es an Beistand nicht. Die Werbepartner springen ihr zur Seite. Manfred Gotthard, PR-Manager von Elida-Gibbs, hat »von einem möglichen Imageverlust bei den Verbrauchern noch nichts gemerkt«. Opel, so Konzernsprecher Karl Mauer, werde seine Anzeigen weiter schalten und »erst reagieren, wenn wir Erkenntnisse haben«.

Die Manager des Autokonzerns wissen nicht, wohin sie das Geld für Steffi überweisen sollen. Sunpark existiert nicht mehr. Ein Fax an die Brühler Adresse bleibt unbeantwortet. Opel stellt die Zahlungen vorläufig ein. Der Vize von General

Motors Europe, Hans Wilhelm Gäb, lädt Vater und Tochter nach Rüsselsheim. Ein Fahrer holt am 27. Juli die Grafs ab. Das Gespräch findet in einem kleinen Konferenzsaal der Autofirma statt. Gäb hat eine Erklärung vorbereitet. Peter Graf muß sie nur noch unterschreiben:

Im Zusammenhang mit den bekannten Ermittlungen der Steuerbehörden gebe ich die folgende Erklärung ab:

1. Als Vater, Betreuer und fachlicher Berater meiner Tochter Steffi habe ich jederzeit dafür Sorge getragen, daß Steffi sich ausschließlich auf ihren Sport konzentrieren konnte. Steffi hat mir seit dem Start ihrer Karriere die Regelung aller finanziellen und steuerlichen Fragen überlassen. Ich selbst habe alle finanztechnischen Fragen nach bestem Wissen und Gewissen mit meinem ständig verfügbaren Steuerberater geregelt und bin mir keiner unkorrekten Handlungen bewußt.

2. Im Interesse meiner Tochter und bis zur Klärung von öffentlichen Vorwürfen, die ich für unberechtigt halte, werde ich das Management meiner Tochter niederlegen und einem in dieser Materie erfahrenen Fachmann übertragen. Ich werde den Namen dieses Managers in Kürze bekanntgeben.

3. Ich bitte die Öffentlichkeit, nicht meine Tochter mit Mutmaßungen oder Verdächtigungen zu belasten, für die, wenn sie zuträfen, allein ich die Verantwortung zu tragen hätte.

Ich hoffe auf das Verständnis zumindest all derjenigen, die wissen oder die sich vorstellen können, daß eine jahrelang ohne Unterbrechung zur Weltklasse gehörende Profisportlerin sich voll auf ihren Beruf konzentrieren und sich in finanziellen und steuerlichen Fragen auf ihre Berater und Experten verlassen muß.

Peter Grafs Wangenmuskeln spannen sich. Er ist erregt. Der Vorschlag sei inakzeptabel, er sei unschuldig. Für ihn stehe außer Frage, daß gegen ihn eine Verleumdungskampagne laufe. Um Geld »habe ich mich nicht gekümmert«. Gäb kontert, man habe sich doch vor drei Monaten noch über Steffis Vertrag unterhalten. Fast bitter klagt Peter Graf: »Die Trennung von Steffi, das wollen alle meine Feinde.«

Schweigsam hat Stefanie Graf die meiste Zeit dabeigesessen, manchmal den Vater beruhigt: »Der Herr Gäb meint das doch gar nicht so.« Das Gespräch ist nach anderthalb Stunden beendet. Ein paar Tage später meldet sich Peter Graf telefonisch bei Gäb: Er werde die Erklärung nicht abgeben.

9. Der Schlüssel zur Affäre

Je weiter sich die Fahnder durch die Akten arbeiten, desto besser verstehen sie die Abläufe im Imperium Graf. Am 26. Juli suchen sie den Mannheimer Anwalt Pabst auf, der Schmitt 1992 bei den Abfindungsstreitigkeiten zur Seite stand. Staatsanwältin Krenz will die Handakte mitnehmen. Pabst weigert sich. Allenfalls könne sie in seinem Beisein durchgesehen werden. Die Fahnder machen den Vorschlag, die Akte zu versiegeln und zunächst dem Amtsrichter zu geben. Pabst weigert sich wieder. Die Akte sei nicht da.

Die Situation spitzt sich zu. »Ich habe da eine Ihrer Vorzimmerdamen weggehen sehen«, sagt Steuerfahnder Schollmeier. »Die kommt wieder«, meint Pabst. »Hoffe ich auch«, nuschelt Schollmeier. Nach einer halben Stunde ist die Büroangestellte wieder da. »Wo waren Sie?« fragt die Staatsanwältin. Sie habe beim Landgericht das Gerichtsfach geleert, antwortet die Frau. Ein Steuerfahnder wird zur Behörde geschickt und erkundigt sich beim Wachtmeister. Das Fach ist nicht geleert worden. Es werde erwogen, sagt die Strafverfolgerin streng, ein Ermittlungsverfahren gegen Pabst wegen Verdachts der Strafvereitelung einzuleiten. »Möglicherweise finde ich die Akte doch noch«, sagt Pabst zu Maurer. Tatsächlich, die Angestellte hat sie aufgetrieben und spazierengefahren. Schollmeier hat das gleich gewußt. Pabst remonstriert noch, aber das ist nur ein Rückzugsgefecht.

Was die Ermittler mitgenommen haben, läßt sie durch die Zähne pfeifen. Das war der Schlüssel. Den Strafverfolgern ist eine Art Analyse der Firma Graf in die Hände gefallen. Sorgfältig hat Pabst darin die Wege der Gelder über Holland, Liechtenstein und wieder Holland nachgezeichnet. Eben alles, was ihm Schmitt damals gebeichtet hat. Etwas undeutlich steht in den Aufzeichnungen auch die Zahl »30 Millionen«. Im Mai waren die Fahnder noch von rund einer Million Mark ausgegangen.

Pabst aber ist ein Kämpfer. Beim Landgericht Mannheim erreicht er, daß seine Akte in versiegeltem Zustand auf Eis gelegt werden muß. Hinter den Kulissen wird viel telefoniert in diesen Tagen, und ganz langsam nähern sich die Parteien an. Am Ende verzichten die Steuerfahnder offiziell auf die Beschlagnahmung der Handakte. Pabst bekommt das Original zurück, muß dafür aber eine Kopie herausrücken und auf weitere Rechtsmittel verzichten. Sein Mandant Schmitt, auch dies ist ein Verhandlungserfolg von Pabst, wird nun als Zeuge aussagen, darf aber anschließend zurück nach Mallorca fliegen. Das Versprechen der Fahnder wird später andere Akteure ärgern, die Schmitt für eine der Schlüsselfiguren der Affäre halten.

Maurer legt einen neuen Aktenvermerk an. 23 Seiten umfaßt das Schriftstück. Erster Satz: »Die bisherigen Ermittlungen haben den ... Verdacht erhärtet.« Die Beamten begreifen allmählich die Feinheiten des Millionenspiels, auch den Deal mit Adidas:

Für die Steuerfahndung ist nicht nachvollziehbar, daß im Dezember 1988 (bestes Turnierjahr von Stefanie Graf: Gewinn der vier Grand-Slam-Turniere und der Olympischen Goldmedaille) ein erst seit eineinhalb Jahren bestehender verbindlicher Vertrag mit einer Restlaufzeit von ca. vier Jahren aufgehoben wird und in einem neuen Vertrag... Vergütungen vereinbart wurden, die um mind. US-Dollar 1 Mio. pro Jahr niedriger waren. Im Klartext: Die Beschuldigte Stefanie Graf hat auf mindestens US-Dollar 4 Mio. freiwillig ohne erkennbare Gegenleistung verzichtet. Dieser Sachverhalt bedarf weiterer Aufklärung.

Die Erklärung ist ganz einfach: Damals kamen Adidas Schweiz und Hongkong ins Spiel.

Barilla, Dunlop, Springer – die staunenden Beamten können Punkt für Punkt nachvollziehen, wie die Geldquellen der Grafs sprudeln. Peter Graf, so das neue Zwischenergebnis, sei »dringend verdächtig, Steuern zum Vorteil seiner Tochter Stefanie Graf in Höhe von mindestens 4 029 332 Mark hinterzogen zu haben«. Die Steuerfahnder regen die Ausstellung eines Haftbefehls an. Sie wittern Flucht- und Verdunkelungsgefahr. Die Staatsanwälte diskutieren den Haftbefehlsantrag. Für Bettina Krenz, 34, ist das der erste große Fall ihrer Karriere. Die Strafverfolgerin kann Bilanzen lesen und versteht eine ganze Menge von Zahlen. Frau Krenz ist eine adrette Person, die gern reist: Australien und Neuseeland haben es ihr angetan. Nach dem zweiten Staatsexamen hat sie bei einer Bank gearbeitet und ist dann, 1991, zum Landgericht Stuttgart gewechselt. Zwölf Monate war sie bei der Schwerpunktstaatsanwaltschaft in Mannheim, zu der sie schließlich nach einem Gastspiel beim Amtsgericht Weinheim zurückkehrt.

Der verantwortliche Staatsanwalt Peter Wechsung, 54, Leiter der Schwerpunktstaatsanwaltschaft für Wirtschaftsstrafsachen, hat schon eine wechselvolle Karriere hinter sich, die aber noch vor dem Höhepunkt steht: Leiter einer wirklich großen Behörde möchte er werden, am liebsten in Heidelberg. 1967 fing er dort als Assessor an, bei der örtlichen Staatsanwaltschaft hat er sich um Drogenfälle, aber auch um Verfahren gegen Terroristen gekümmert.

Seit 1978 ist Wechsung schon Oberstaatsanwalt. Nach der Wende hat er 26 lange Monate in Dresden eine Staatsanwaltschaft mit 80 Beamten aufgebaut. Im August 1994 ist er zurückgekommen. Wechsung geht der Ruf voraus, in heiklen Fällen heftig hinter den Kulissen an den Strippen zu ziehen. Beim Ermittlungsverfahren gegen Jürgen Hippenstiel-Imhausen wegen der Giftgasfabrik im libyschen Rabita hat er etwas jäh das Verfahren verkürzt. Es sei schließlich egal, tönte er auf einer Weihnachtsfeier, ob man beim Skat mit 61 Punkten oder mehr gewinne. In gerade mal elf Verhandlungstagen bewältigte denn auch das Gericht den Fall, der weltweit wie kein anderes Wirtschaftsverbrechen der Nachkriegszeit für Aufregung gesorgt hatte. Das ausgekungelte Strafmaß von fünf Jahren stand schon vor Prozeßbeginn genauso fest wie der Verzicht auf eine eventuelle Revision.

Ein eifriger Staatsanwalt, der legendäre Hans-Heiko Klein, fiel bei der Aktion in Ungnade und wurde versetzt. Geflügeltes Wort in Mannheim ist seither der Wechsung-Spruch: »Man kann sich auch zu Tode ermitteln.« Mancher argwöhnt deshalb, daß der hochgewachsene Strafverfolger nach kurzem Blendfeuerwerk die Akte Graf schließen werde. Selbst wenn er es vorgehabt hätte, immer neue Fakten lassen das schon bald nicht mehr zu.

10. Die Verhaftung

Am letzten Julitag werden die Grafs noch einmal zusammen gesichtet. Peter, Heidi und Steffi speisen am Montag abend im Mannheimer Lokal »Augusta«. Fröhlich. Natürlich gibt es von den anderen Gästen Beifall für Steffi und Lob für den Vater, der es den Pressebengels gezeigt habe. Am nächsten Tag stellt Haftrichter Johannes Jülch den Haftbefehl gegen den »ehemaligen Gebrauchtwagenhändler deutscher Staatsangehörigkeit«, Peter Graf, aus. Ein vierseitiges Sistierpapier. Der Zeitpunkt für die Festnahme ist gut gewählt. Stefanie Graf kann den Beamten nicht in die Quere kommen.

Am Morgen des 2. August hat sie sich auf den Weg nach Frankfurt gemacht. Um 10 Uhr will sie mit der Lufthansa nach Atlanta fliegen, um sich auf die nächsten Turniere in Toronto und New York vorzubereiten. Die Heimsuchung des Peter Graf beginnt aber erst um 11.15 Uhr. Drei Mannheimer Kriminalhauptkommissare der Inspektion Ermittlungen 2 wollen Graf festnehmen. Die Steuerfahnder, die auch mitgekommen sind, suchen nach weiteren Unterlagen.

Sie finden Vereinbarungen zwischen dem DTB und Sunpark, die beim ersten Besuch übersehen worden sind. Ein Ausgabebeleg über 425 000 Mark wird eingepackt und Unterlagen des DTB bei der Deutschen Bank mit der Kontonummer 1282/133113. Dann eine filmreife Szene. Kriminalhauptkommissar Scheck erklärt dem verdutzten Graf, daß er verhaftet werde. An dem Herd im Konferenzraum brut-zelt ein Koch das Mittagessen. Perlhuhnbrust in Morchelrahmsauce steht auf dem Speiseplan. Aufgeregt läuft die Sekretärin Malinowski, die bei Grafs nur Halina heißt, zwischen Stube und Büro hin und her.

Kurz vor 12 Uhr klingelt es an der Tür. *Welt am Sonntag*-Chefredakteur Manfred Geist kommt zum Interview, mit dem Peter Graf eigentlich zum großen Befreiungsschlag ausholen wollte. Geist ist dafür der ideale Partner. Er mag die Grafs noch mehr als die sich selbst. »Ich weiß nicht, ob ich Sie hereinlassen darf«, sagt die Sekretärin. Aus dem Hintergrund knurrt eine Stimme: »Ist in Ordnung.« Geist kann seinen Lesern später mitteilen: »Ich weile im Auge des Taifuns, der über Firma und Familie Graf hereingebrochen ist.« Den Fahnder, der ihn nach seinem Namen fragt, beschreibt er so: »Blaß, Nickelbrille, ungefähr einssiebzig groß, schlank, Mitte 30, buntgewürfeltes kurzärmeliges Hemd, Popelinehose, dazu unpassende Sandalen.« So einer hat doch von vornherein das Recht verwirkt, Freund Graf anzupinkeln.

Gegen 12.50 Uhr trifft Peter Graf beim Amtsrichter Zülch ein. Der liest ihm dem Haftbefehl vor. Peter Grafs Unterkiefer schiebt sich vor und zurück. Es arbeitet in ihm. Er verschränkt die Arme. Er will damit nichts zu tun haben. Auch nach der Festnahme spielt er seine Lieblingsrolle, den leidenschaftlichen Rechthaber. Er hat sich nichts vorzuwerfen, er hat, sagt er, sieben Millionen Mark Steuern nachgezahlt. Von Einlenken oder Einsicht, wie es alle erfahrenen Steuerstrafverteidiger bedrängten Klienten empfehlen, ist bei ihm nichts zu entdecken.

Die anderen sind es wieder gewesen: Schmitt habe 1987 die Sunpark gegründet. Das Finanzministerium habe das Modell gekannt. Die Oberen im Lande hätten gefleht, daß Steffi in Deutschland bleibe. Advantage habe gesagt, daß die Sunpark-Konstruktion in Ordnung sei. »Einzelheiten über die Gründung von Sunpark und welche Personen mitgewirkt haben, weiß ich nicht. Entweder Herr Schmitt oder Advantage fungierten als Geschäftsführer. Genau kann ich das nicht sagen.«

Zudem habe sich Eckardt um die steuerlichen Angelegenheiten gekümmert. Er habe sich auf ihn verlassen. Total. »Es war ein großes Vertrauensverhältnis gegenüber Herrn Eckardt.« Er habe »mehr oder weniger« alles »blind unterschrieben«. Er habe geglaubt, daß der Steuerfachgehilfe ein echter Steuerberater sei. Graf tut, als sei er in eine Talmi-Welt voll falscher Freunde und falscher Berater geraten. Nach seiner nicht gerade sonnenhellen Erinnerung habe schon »1989 die Verständigung« begonnen. »Deswegen haben wir von 1989 bis 1992 keine Steuererklärung abgegeben.« Verblüffung bei den Fahndern.

Dann klagt der Kaufmann über seine Malaisen. Er sei »gesundheitlich stark angeschlagen«, leide »an fünf Magengeschwüren« und habe einen »Cholesterinspiegel von circa 1000 gehabt«. Das überlebt normalerweise niemand. Probleme mit Alkohol und Tabletten gebe es auch – der Streß. Graf nippt an seinem Lindenblütentee. Doktor Adolf Herrmann vom Mannheimer Gesundheitsamt wird gerufen. Er untersucht Graf und empfiehlt die Einlieferung in ein Vollzugskrankenhaus.

Der herbeigeeilte Rechtsanwalt Himmelsbach unternimmt einen letzten Versuch. Er bietet eine Kaution von vier Millionen Mark, doch Haftrichter Jülch bleibt hart. Graf bekommt die Buchnummer 918/5 und wird in das Vollzugskrankenhaus Hohenasperg in der Nähe von Ludwigsburg eingeliefert. Feinde jeglicher Art sind von Staats wegen hinter die dicken Mauern dieser alten Feste verfrachtet worden: Der Dichter-Rebell Christian Friedrich Daniel Schubart wurde 1777 auf den Hohenasperg gebracht. Revolutionäre von 1848/49 wurden dort eingekerkert. Düstere deutsche Geschichte schrieben die zeitweiligen Asperg-Insassen von der Roten Armee Fraktion: Christian Klar oder auch Brigitte Mohnhaupt.

Kaum hat Graf seine knapp zehn Quadratmeter große Zelle bezogen, wird die Festung Hohenasperg von TV-Teams aus aller Welt belagert. Rund um den Globus schicken die Nachrichtensender CNN und Sky News die Nachricht vom Schicksal des berühmten Tennisvaters. In Deutschland ist der Fall Graf die Spitzenmeldung, noch vor dem Krieg in Bosnien. Die ARD bietet dem gemeinen Steuerzahler gar in einem »Brennpunkt« Erklärungen zum Fall an. Der unvermeidliche Mayer-Vorfelder jammert einmal mehr über die hohen Steuern hierzulande. Aus Washington meldet sich in einer Live-Schaltung der Amerikakorrespondent Werner Sonne. »Unser Team meldet, daß man in Boca Raton nichts über den Verbleib Steffis weiß. Auch in New York keine Spur.«

Gegen 14.00 Uhr Ortszeit ist Steffi in Atlanta gelandet. Sie wird von ihrem Bruder am Flughafen erwartet. Sie schaut ihn an und merkt, »daß irgend etwas nicht stimmt«. »Michael, was ist los?« Steffi ist auf Schlimmes gefaßt, aber diese Nachricht von der Verhaftung schockt sie »total«. Sie weint. Sie ruft ihre Mutter in Deutschland an. »Soll ich zurückkommen?« Steffi berät sich auch mit einem Anwalt. Sie erfährt: »Es ist besser, du bleibst drüben.« Sie fliegt zunächst nach Florida, dann verschanzt sie sich in New York. Von dort ruft sie Opel-Gäb in Zürich an. Er hilft mit einer alten Weisheit: »Steffi, das Leben liegt noch vor dir.«

Steffi Graf stellt sich Hans-Jürgen Pohmann von der ARD zu einem Exklusivinterview. Ihn kennt sie seit ihrer Kindheit, ihm vertraut sie. Er werde sie schon nicht bedrängen. Sie wirkt verzweifelt, die Stimme stockt häufig. »Ich weiß Bescheid, daß ich beschuldigt bin ... Ich habe sicherlich, auch das muß ich eingestehen, den Fehler gemacht, daß ich mich um meine finanziellen Dinge nicht gekümmert habe ... Ich werde die volle Verantwortung übernehmen ... Ich werde da sicherlich einige Schritte einleiten.«

Pohmann fragt, ob sie über einen Rücktritt vom Tennis nachdenke. Steffi, die genau das, wie sie später zugibt, in diesen Tagen wieder einmal und sogar so intensiv wie nie getan hat, behauptet kühn: »Rücktrittsgedanken habe ich überhaupt nicht.« Und: »Ich habe vor, in Deutschland zu bleiben.« Zu dieser Taktik haben ihr alle geraten – nur nicht die Fans verprellen. Zwei Tage später telefoniert sie wieder mit Gäb. »Das Interview war gut«, lobt der. »Die Germans und die öffentliche Meinung stehen hinter Ihnen. Sie werden an den Problemen wachsen.«

Auch diesmal wirkt sie nicht selbstsicher – Zweifel an der eigenen Identität sind ihr nicht fremd. Sie kommt auf den Vater zu sprechen. Gäb: »Sie dürfen jetzt den Vater nicht als Vater aufgeben, aber Sie haben an Loyalität bewiesen, was nur einer beweisen kann.« Er rät ihr noch, den Kontakt zu Pohmann nicht abreißen zu lassen.

Der Sportreporter des Senders Freies Berlin gilt als die Stimme des Clans, ist aber nie abhängig von der Familie Graf gewesen. Der ARD-Reporter empfiehlt Steffi auch einen Rechtsbeistand – den Berliner Peter Danckert, der im selben Tennisverein wie er das Racket schwingt. Gemeinsam mit Danckert war Pohmann gerade bei Klaus Hofsäss in Marbella, als die Nachricht von Grafs Verhaftung von Tennisplatz zu Tennisplatz weitergegeben wurde. Danckert, Vizepräsident der Berliner Anwaltskammer, ist ein Trumm von Mann mit vielen politischen Verbindungen. Im Gerichtssaal neigt er gelegentlich zur Rebellion. Viele Prominente hat der Strafrechtler schon verteidigt, zuletzt den früheren DDR-Devisenbeschaffer Alexander Schalck-Golodkowski – ein hervorragender Anwalt.

Aus dem Knast kümmert sich Peter Graf um eigenen Rechtsbeistand. Als der Hamburger Anwalt Johann Schwenn in Keitum auf Sylt den Anrufbeantworter abhört, hat er den Mann vom Hohenasperg auf Band. Graf kennt Schwenn aus dem Thust-Verfahren. Er bittet ihn, gleich zu kommen. Auch Schwenn ist ein Anwalt von Rang und Ruf. Der Sohn eines professoralen Berliner Zivilrechtlers ist einer der raren Revisionsspezialisten in Hamburg und gilt als Kapazität bei Wirtschaftsstrafsachen. Er hat auch Größen wie den ehemaligen Spionage-Chef Markus Wolf verteidigt.

Danckert und Schwenn wirken beide ziemlich gegensätzlich. Der Berliner schiebt seine Körperfülle durch die Saaltüren im Moabiter Kriminalgericht. Schwenn ist eher feingliedrig. Er schätzt den deutschen Prosaisten Arno Schmidt, in dessen wilden Sprachgarten sich nur selten ein Jurist verirrt. Als Schwenn den Mandanten erstmals auf dem Hohenasperg besucht, humpelt Graf ihm in Krankenhauskluft und auf Krücken entgegen. Er hat sich am Fuß verletzt und wirkt derangiert, die Stimme ist matt. Nichts mehr von der trompetenhaften Überlegenheit des einstigen Großmanagers von eigenen Gnaden. Grafs manchmal groteske Versuche, um jeden Preis recht behalten zu wollen, erhalten vor dieser Kulisse eine fast verzweifelte Erklärung.

Der Fall berührt die Deutschen auf die unterschiedlichste Weise. Dagmar und Michael Fritz aus Wiblingwerde im Sauerland schreiben am 6. August ans Mannheimer Amtsgericht: »Betr. Beugehaft für Peter Graf, Vater von Steffi Graf«. Sie fordern die sofortige Freilassung des Häftlings. »Der Schaden, der Steffi Graf durch die Beugehaft für ihren Vater zugefügt wird, übersteigt die Steuerforderungen bereits bei weitem.« Die »seelische und körperliche Unversehrtheit von Steffi Graf ist verletzt. Steffi Graf hat geweint. Sie kann sich nicht auf ihr Spiel (ihren Beruf) konzentrieren«. Ungerührt antwortet Richter Bauer den Fans: »Ich muß Ihnen leider mitteilen, daß Ihnen ein Antragsrecht nicht zusteht.«

Der medienerfahrene Anwalt Klaus Ulrich Groth betrachtet die Geschichte anders. »Haupttäterin ist Steffi Graf«, schreibt er der Mannheimer Staatsanwaltschaft. »Das Bild von der ahnungslosen Tennisprinzessin hier und dem bösen Vater da ist schlichtweg absurd.« Steffi müsse ebenfalls hinter Schloß und Riegel. Die sieht das anders. Nie habe sie mit ihren Finanzen etwas zu tun gehabt, erklärt sie in Toronto. Und dann verbittet sie sich alle Fragen zum Thema.

Steffi will wieder Tennis spielen. Sie hat eine neue Aufgabe. Die Rivalin ist wieder dabei. Monica Seles hat ein rauschendes Comeback hinter sich. Am 30. Juli hat sie in Atlantic City einen Schaukampf mit Martina Navratilova bestritten: 8000 Zuschauer haben sie gefeiert; weltweit wurde das Match übertragen; Seles hat 6:3, 6:2 gewonnen, gut gespielt, allerdings miserabel aufgeschlagen. »Es ist wie ein Traum«, hat sie gesagt, und: »Ich habe wieder Mut. Als ich aus der Kabine rauskam, hatte ich noch Angst. Ich spürte die Blicke der Sicherheitsleute in meinem Rücken. Es waren über 100 in der Halle. Vor lauter Nervosität begann ich mit einem Doppelfehler. Aber mit jedem guten Ball wurde ich sicherer. Martina und die Zuneigung der Menschen haben mir sehr geholfen.«

In Toronto, es ist Mitte August, kreuzen sich zwei Lebenswege: Seles ist hektisch und fröhlich; Graf ist hektisch und deprimiert. Die Vorzeichen haben sich umgekehrt, auf einmal hat die Seles wieder eine große Zukunft; Steffi ist die Frau mit der großen Vergangenheit. Auf dem Trainingsplatz der York-Universität treffen sich beide erstmals wieder. Eine kurze Umarmung, ein Küßchen. »Schön, daß du wieder da bist«, murmelt Steffi. Mehr bringt sie nicht heraus. Sie hat genug mit sich selbst zu tun. Und sie will beweisen, daß sie funktioniert – wie immer.

Aber das tut sie nicht. Zuviel ist passiert. In der ersten Runde trifft sie auf die Südafrikanerin Amanda Coetzer, die stärkste unter den ungesetzten Spielerinnen, die Nummer 27 der Weltrangliste. Eine, die in der Lage ist, Schwächen der großen Gegnerin auszunutzen. Und Steffi ist schwach: 54 leichte Fehler und 7 Doppelfehler unterlaufen ihr. Es ist heiß, 50 Grad Celsius. Nach dem zweiten Satz bekommen die beiden Damen zehn Minuten hitzefrei. Aber nach 144 Minuten hat Steffi 6:3, 2:6, 6:7 (6:8) verloren. Es ist nach 32 Siegen ihre erste Niederlage in diesem Jahr. »Ich kann nicht mehr«, hat sie ihrer Mutter, die, ganz in Schwarz, auf der Tribüne kauert, kurz vor Schluß noch zugerufen.

In der Pressekonferenz weigert sich die Deutsche, Fragen in ihrer Heimatsprache zu beantworten. »Das ist die schwerste Zeit meines Lebens«, sagt sie auf englisch, »ich habe alles versucht, dem Ganzen zu entkommen.« Sie werde sich nun ein paar Tage frei nehmen und dann »noch härter trainieren«. Denn auch die Welt auf dem Platz hat sich verändert: Monica Seles gewinnt das Turnier von Toronto leicht. Die U.S. Open nahen, und die Seles ist wieder die alte.

11. Der Kampf um Steffi

Hinter den Kulissen tobt längst ein erbittertes Gefecht. Es geht um Macht und Profit. Der Kampf ist Synonym für den Sport als Teil des beinharten Kapitalismus. Auf der einen Seite kämpfen Picciotto und Advantage International, das große Marketingunternehmen für Sportler. Mit Charme und sehr viel Einsatz versucht der Amerikaner, die Regie zu übernehmen. Nach übereinstimmender Meinung von Danckert und Gäb ist der smarte Picciotto, ansonsten ein Meister der eleganten Einflußnahme zu aufdringlich. Stundenlang beschwört er Steffi Graf am Telefon, sie solle ihm und Advantage weiter vertrauen. Eine umfangreiche Presseerklärung wird vorbereitet. Tenor: Seit zwölf Jahren sei Advantage eine »wertvolle und entscheidende Stütze für Stefanie Graf«. Im Finanzmanagement seien »entscheidende Veränderungen« notwendig. Künftig werde Advantage weltweit die Dinge regeln. Bislang war Picciotto praktisch nur in den Vereinigten Staaten aktiv.

Auf der anderen Seite agieren Gäb und Danckert. Sie widersetzen sich der Machtübernahme durch die Amerikaner. Diese Pressemeldung, ordnet Steffi an, darf nicht erscheinen. Danckert beklagt sich bei Gäb, daß Picciotto »in unerträglicher Weise« Druck ausübe. Gäb findet es problematisch, daß Steffis Neuer ausgerechnet der Alte sein soll. »Was ist mit Sunpark?« fragt er immer wieder. Picciotto: »Niemand wird einen einzigen Geschäftsvorgang finden«, an dem er oder seine Firma bei Sunpark mitgewirkt hätten.

Doch Gäb verweist auf die Pressemeldungen über Picciottos Unterschrift. Am 2. Januar 1989 wurde dem »Handelsregister van de Kamer van Koophandel en Fabrieken« in Haarlem ein Formular vorgelegt, das Picciotto als Direktor von Sunpark angibt; er sei seit Oktober 1988 im Amt. Und an der Stelle, wo die Unterschrift zu stehen hat, steht Picciottos schwungvolle Signatur. Diese Unterschrift, sagt Picciotto, sei für ihn »provisorisch« gewesen. »Nicht bindend« ohne eine weitere notariell beglaubigte Unterschrift. Er sei nie handelnder Direktor der Sunpark gewesen und bereits 1989 ausgeschieden. Aber bis zum 1. Januar 1994, so weist es wiederum das Handelsregister aus, ist Picciotto offiziell als einer von zwei Direktoren eingetragen gewesen. Und diese Mysterien machen Gäb den Mann suspekt. »Das ganze alte Umfeld«, sagt ein Gäb-Freund, »muß weg.«

Die Stimmung ist gereizt, der Kampf um Steffi wird härter. Picciotto teilt Danckert mit, daß er einen neuen Fonds mit Graf-Geldern angelegt habe. 859 451 Dollar und 63 Cents seien zusammengekommen. Der Berliner findet das »nicht üppig«. Aber wechselt er dennoch auf Picciottos Seite? Gäb erwartet »neue Enthüllungsgeschichten« über Picciotto. »Da kommt was«, warnt er Steffi. Ein Bericht über klebrige Geldgeschichten von Verwandten Picciottos kursiert in der Szene. Danckert soll ihn an Steffi weitergeben, doch als Gäb sie danach fragt, ist Steffi nur oberflächlich informiert. Advantage schickt eine Botschaft an General Motors. Picciotto sei enttäuscht vom Vorgehen Gäbs.

Vor dem Beginn der U.S. Open am 28. August soll sich

Steffi in New York der internationalen Presse stellen. Zwei Opel-Manager fliegen in die Staaten, um die Pressekonferenz vorzubereiten 25 000 Dollar kostet die Expedition. Der erfahrene Gäb will mit aufs Podium, um Steffi beizustehen. Doch worüber soll sie reden? Was ist noch sicher, was ist gewiß? Die Konferenz wird abgesagt. Am 24. August wird eine knappe Notiz verfaßt:

Steffi Graf zum Sportmanagement: Steffi Graf stellt klar, daß die Sportmanagement-Agentur Advantage international und Phil de Picciotto sie seit 12 Jahren erfolgreich betreut haben. Sie wird daher – entgegen anderslautenden Gerüchten – die vielfältigen Aufgaben des Sportmanagements im bisherigen Umfang von dieser im internationalen Damentennis weltweit führenden Sportmanagement-Agentur wahrnehmen lassen.

Vorläufig hat Picciotto gewonnen. Er setzt nun auf Danckert als Verbündeten.

12. Das neue Duell mit der Seles

Gebannt hat Steffi Graf auf die Auslosung der U.S. Open gewartet. Früher war es ihr eher gleichgültig, mit wem sie es in den ersten Runden zu tun hatte. Seit Lori McNeil aber sieht sie das anders; und seit der Schlappe von Toronto ahnt sie, daß sie doch nicht in der Lage ist, alles, was neben dem Platz passiert, einfach auszublenden. Eine nette Aufbaugegnerin, Platz 100 der Weltrangliste vielleicht, wäre willkommen. Das Los jedoch beschert ihr schon wieder Amanda Coetzer. Ausgerechnet.

Wieder hat die Graf Probleme. 1:7 verliert sie den Tie-Break des ersten Durchgangs. Aber dann kämpft sie. 6:1,

Satzausgleich. 5:1-Führung, wenig später 5:4, doch sie hält durch: 6:7, 6:1, 6:4 Graf. Coetzer attestiert Steffi eine »unwahrscheinliche Moral«. Nach dem Spiel gibt sich die Siegerin aufgeräumt und entspannt. »Ich will hinausgehen und mich wohl fühlen«, sagt sie, denn »du mußt genießen, was du tust, mußt dich darauf konzentrieren, was du tust, dann wird es dir gutgehen«.

Das klingt noch immer so, als sehe sie Tennis als Therapie und den Platz als Insel der Glückseligkeit an. »Dort kann ich viele Dinge hinter mir lassen. Sonst würde ich nicht mehr spielen.« Ihr hilft aber vor allem, daß die Worte »Vater«, »Steuer« und alle aus diesem Kontext (»Gefängnis« etwa oder auch »Anklage«) in Flushing Meadow politisch unkorrekt sind. Wer diese Worte sagt oder gar in der Pressekonferenz in eine Frage einbaut, wird als gefühllos abgestempelt und fortan geächtet. Spielt sie Tennis, wird Steffi Graf noch immer geschont. In dieser Scheinwelt gefällt es ihr naturgemäß besser als daheim, zwischen Schwetzingen und Mannheim.

Und der Sieg in Paris, der Triumph von Wimbledon, das waren ja wirklich die schönen Momente eines Jahres, das wie ein Alptraum daherkommt. »Ich konnte kaum glauben, wieviel Kraft ich aufzubringen hatte, um in Paris und Wimbledon zu gewinnen«, meint Steffi, »darauf bin ich wirklich stolz, und ich hoffe, daß ich das hier in mein Spiel mitnehmen kann.« Leicht ist das nicht. Natürlich denkt sie »immer wieder an andere Dinge«. Aber sie hat ein Ziel: Samstag, den 9. September. Das Finale gegen Monica Seles.

Coetzer war fürs erste die schwerste Gegnerin. Die Italienerin Rita Grande hat zwar zu Hause einen Kater namens Boris, aber mit Tennis auf höchstem Niveau doch ihre Mühe. Glanzlos siegt Graf 6:1, 6:3. Auch Chanda Rubin, amerikanisches Talent, hat keine Chance. 6:2, 6:2 für Graf. Die Deutsche laufe, beobachtet die *Daily News*, »mit ungekämmten

Haaren und zerknittertem T-Shirt rum«. Steffi, »die Tochter eines Steuerbetrügers«, sei »die Hexe, die das zweiwöchige Märchen U.S. Open zerstören kann, die schönste Geschichte im Sport: den Triumph von Monica Seles in New York«.

Steffi ist auf dem besten Weg, die gewünschte Story zu verhindern. »Irgend etwas«, stellt sie selbst fest, »ist in mir, was mich treibt. Kampfkraft, mein starker Wille.« Leicht spielt sie sich durch die Runden, bis ins Halbfinale. Dann hat sie ein Déjà-vu-Erlebnis. Gabriela Sabatini steht auf der anderen Seite. Zum 40. Mal schon. »Wir kennen uns schon seit zwölf Jahren«, sagt Graf, »haben Doppel gespielt und viel Spaß gehabt.«

Doch schon vor einiger Zeit haben sie sich aus den Augen verloren. Steffi hatte nicht mehr den Eindruck, »daß sie noch die Nähe suchte oder auch nur die Konversation«. Vielleicht sind auch die Matches zu einseitig geworden; vor dreieinhalb Jahren konnte Sabatini zuletzt gegen Graf gewinnen. Seit langem schon spielt sie sich defensiv und scheinbar lustlos durch die Turniere. Jetzt ist sie wieder zurück, aggressiver als zuletzt. Sie könne erst Graf und dann Seles schlagen, verkündet sie wacker. Kann sie nicht. Graf siegt 6:4, 7:6 und steht im Finale.

Auch Seles ist ohne größere Mühe durchgekommen. Es ist wieder wie vor dem Attentat: Das Endspiel zählt, alles andere war Aufwärmen. Lächelnd wie immer entert Seles die Arena. Hinter ihr geht Graf, nachdenklich und nervös. Noch in der Nacht war sie beim Arzt, weil sie fürchtete, ihr Mittelfußknochen könne gebrochen sein. Beim letzten Training hat auch nichts geklappt. »Es war ein seltsames Gefühl, als wir hinausgingen«, sagt sie, »ich dachte nicht, daß ich das Zeug habe, zu gewinnen. Aber so geht es mir oft.«

Es wird ein Match, das die Seles dominiert. Sie ist aggressiver, sie spielt druckvoller, sie bestimmt die Ballwechsel. Es gibt auf der Welt keine zweite Spielerin, die Steffi Graf so in die Defensive drängen kann. Aber Steffi hält mit. Immer wieder bringt sie ihren Aufschlag durch. Dann, es steht 5:5 im Tie-Break, macht sie einen Doppelfehler. Satzball Seles. Mit einem gewaltigen Aufschlag, 160 Stundenkilometer schnell, sucht die eingebürgerte Amerikanerin die Entscheidung. Der Ball rauscht an Graf vorbei, Seles jubelt, da krächzt ein Linienrichter: »Out.« Seles ist fassungslos, und mit drei leichten Fehlern verliert sie den Satz.

Das wäre ihr früher kaum passiert, da war sie stabil wie keine andere. Doch die Routine ist weg; die hat ihr Günther Parche geraubt. Statt dessen ist da Wut. Seles ist rasend vor Empörung. 6:0. Eine Demontage. Graf hat in diesem zweiten Satz nicht den Hauch einer Chance.

Im ersten Spiel des dritten Satzes schlägt Steffi auf – 0:30. Verliert sie dieses Spiel, das spüren alle im Stadion, dann wird sie überrollt werden. Aber sie hält gegen und geht 1:0 in Führung. Dieses erste Spiel, sagt sie später, ist der Wendepunkt. 2:1, 0:15 aus Grafs Perspektive steht es kurz darauf, als Seles sich ein zweites Mal aus der Fassung bringen läßt. Die Linienrichter geben einen Seles-Ball gut, der Schiedsrichter jedoch überstimmt sie. Out, 15:15. Mit drei Fehlern in Folge verliert Seles ihr Aufschlagspiel; es ist das einzige Break, das Steffi in diesem Match gelingt.

Es entscheidet dieses Duell. Denn Seles, um deren Hüfte sich unter dem engen Hemd Ringe abzeichnen, ist noch nicht in der Form, das hohe Niveau halten zu können. Steffi setzt ihren Rückhand-Slice ein; flach springen die Bälle ab. Seles kommt nicht mehr so flink hinter den Ball wie zuvor. Sie spürt die »Elektrizität« im Stadion, aber sie kann sich nicht mehr wehren. Und dann ist Schluß. 6:3 im dritten Satz. Die Rivalinnen umarmen sich kurz, das war es dann. Seles hat mehr Gewinnschläge als Graf (38:24), aber auch mehr Fehler (42:32) gemacht.

»Wir haben uns gegenseitig über den Platz gehetzt, und wenn sie einen Winner schlagen wollte, dann mußte sie das perfekt tun«, sagt Seles, »dasselbe galt für mich.« Steffi ist geschafft. Sie spricht vom »größten Sieg, den ich je errungen habe. Es gibt nichts, was dem auch nur nahekommt.« Sie weiß nicht, »ob ich eine solche Freude schon je hatte«. Als »irreal« erlebt sie diesen Abend. Ihre Mutter und ein paar Freunde sind da, und sie duschen die Siegerin mit Bier. »Heute«, spricht Phil de Picciotto, »hat Steffi auch bewiesen, daß all die Siege der letzten Jahren nicht zweitklassig waren, nur weil Seles nicht mitgespielt hat.« Steffi kann sich kaum noch vom Fleck rühren Ihre Mutter weint. »Übermenschliches« habe Steffi geleistet, sagt Bundestrainer Klaus Hofsäss.

Wenige Minuten später, in der Pressekonferenz, geht das wirkliche Leben weiter. Ein Reporter fragt, nett und höflich, ob es eine Chance für sie gebe, demnächst mit ihrem Vater zu sprechen. »Ich glaube nicht«, stammelt Steffi, »es sieht nicht so aus.« Sie dürfe ihn nicht besuchen und wisse nicht, »wann es mir erlaubt wird«. Dann bricht sie in Tränen aus und stürmt aus dem Raum.

13. Der Alltag hinter Gittern

44 Tage nach der Inhaftierung darf Peter Graf erstmals seine Tochter sehen. Durch eine Glasscheibe getrennt, reden sie 40 Minuten lang miteinander. Kein Wort über die Steueraffäre. Das ist verboten. Steffi erzählt vom Tenniszirkus und wie es bei den U.S. Open war. Der Vater bemüht sich, ruhig zu wirken, verfällt nicht, wie früher, dem Sog seiner eigenen, in sich geschlossenen Redeweise. Peter Graf erzählt, daß er joggt, abgenommen hat und an der Gefängnismauer Stretching-Übungen macht. Alkohol trinke er nicht mehr. Er sei trocken. Das ist ein bißchen geflunkert.

Aber ein paar Veränderungen hat es schon gegeben. Am Nachmittag des 21. August ist er in das Mannheimer Untersuchungsgefängnis, im Volksmund »Café Landes« genannt, verlegt worden. »Herr Graf«, schreibt die Mannheimer Anstaltsärztin Kilian, »hat sich mit den Gegebenheiten des Vollzuges arrangiert und akzeptiert die Einzelzelle im Haupthaus.« Flügel 1 im 3. Stock, Zelle 11. 2,50 Meter mal 3 Meter mißt seine neue Welt. Links das Bett mit den blauweißen Bezügen, in der Ecke ein brauner Spind. Daneben ein Farbfernsehgerät mit Wachsdeckchen.

Ausgehöhlt von tausend Widrigkeiten, zerrinnen die Tage. Am 30. August stellt der Gefangene »An das Haupttor« einen Antrag: »Ich bitte um Annahme einer Satellitenantenne, daß ich die Sender DSF + Eurosport sehen kann (Sportsender).« Um die Angelegenheiten zu beschleunigen, die U.S. Open haben da bereits begonnen, schreibt er auf Empfehlung der Anstaltsleitung an Haftrichter Bauer. Die Fernsehantenne habe »dieselbe Größe wie die jetzige und ist eine Zimmerantenne«. Radio Gredel aus Brühl werde die sogenannte Camping-Satelliten-Anlage beim Haupttor abliefern. Der hauseigene Fernsehmonteur könne sie aufbauen – am besten Richtung Süden. »Es würde möglich sein, mir die Spiele meiner Tochter anzuschauen.«

Doch die amtliche Antwort kommt erst neun Tage nach dem Finale in New York und vier Tage nach dem Besuch von Steffi. Der Antrag von U-Häftling Peter Graf wird abgelehnt. Es wäre, so die Begründung, ein »besonderes Privileg« gewesen. Privilegien hat Graf im Knast keine, eher das Gegenteil. Ausgesucht höflich schreibt er wieder an Bauer. »Ich bitte Sie recht herzlich, meiner Frau, die sich in den USA aufhält, ein wöchentliches Telefongespräch zu gestatten. Es sind wichtige Gründe, warum sie noch einige Zeit in den USA bleibt (Geburt).« Sohn Michael und Schwiegertochter Elaine erwarten ein Baby.

Der Graf-Filius hat seine Rennfahrerkarriere längst aufgegeben. Im Februar 1994 wird er noch Neuseeland-Meister in der Formel Atlantik – nicht gerade das Wimbledon des Motorsports, aber immerhin. Doch fünf Monate später rast er in die Leitplanken, wird mit Prellungen in die Klinik gebracht. »Man muß realistisch sein«, erklärt er noch im Krankenbett – und intensiviert sein Studium der Betriebswirtschaft. Auch hat er wieder mehr Zeit für seine zweite Vorliebe, die Models dieser Welt. In einem Restaurant in New York lernt er das Fotomodell Elaine Fuentes kennen, das schon bei den besten Agenturen, Elite und Metropolitan, unter Vertrag war. Elaine hat wie Michael Wirtschaft studiert, Business Administration heißt das in den Staaten.

»Es war Liebe auf den ersten Blick. Zum Glück bei uns beiden«, berichtet Michael. Es sei »doch herrlich, wenn man verliebt ist. Warum sollte man dann nicht den Schritt in die Ehe machen? Viele überlegen zu lange und heiraten nie.« Er tut es am 23. April 1995 und schenkt der Braut einen goldenen Ring. Acht Sicherheitsbeamte schützen 30 Gäste in Boca Raton. *Bild* weiß drei Dinge: »1. Steffi wird Tante. 2. Die Braut ließ ihren Mann eine Stunde warten. 3. Sie trägt auf ihrem Po eine Tätowierung – J. C. Wenn Michael da mal nicht eifersüchtig wird.«

Das junge Paar bleibt in Amerika. Michael überlegt sogar, wegen der Undankbarkeit der Deutschen gegenüber der Tennisfamilie Amerikaner zu werden. Gemeinsam mit dem Metropolitan-Chef Thomas Zeumer, »meinem Freund«, gründet Graf junior die Fernsehproduktionsfirma »GRAZE-TV«, die 13 Filme zu je 30 Minuten über die schöne, schrille Welt der Models nach Deutschland verkaufen will.

Doch die erste visuelle Botschaft in die alte Heimat ist ein Fax an den Häftling Peter Graf im Mannheimer Gefängnis. Es zeigt ein Neugeborenes, und mit Filzstift hat Michael Graf quer über das Foto geschrieben: »Hurra, Du bist Opa!«

Gerührt läßt Peter einen Blumenstrauß ins New Yorker Domizil seines Sohnes schicken, dazu eine Karte: »Schön, daß ihr mich zum Opa gemacht habt.« Das Enkelkind ist ein Junge, und er soll Torren heißen, »ein norwegischer Heldenname«, so Michael, denn »Zeiten wie diese verlangen nach Helden«. Erst am 28. September erhält der frischgebackene Großvater die Erlaubnis, »ein maximal fünfzehnminütiges Telefonat mit seiner Ehefrau Heidi« zu führen. Das stelle »eine absolute Ausnahme« dar und sei »nur aus dem Grund gewährt worden, da der Untersuchungsgefangene zum ersten Mal Großvater geworden sei«.

Jeder Brief an Graf wird – wie bei Gefangenen üblich – vor Zustellung gelesen. Auch dieses Schreiben von Sohn Michael:

Lieber Papa, ich bin gerade von Asperg nach Hause gekommen und wollte Dir noch ein paar Zeilen schreiben. Wir alle hoffen, es geht Dir verhältnismäßig gut, und hast trotz den Schei… umständen eine einigermaßen gute Zeit besonders in bezug auf den Alkohol- + Tabletten-Entzug. Wir denken, daß dies eine positive Seite ist, auch wenn wir Dich natürlich viel lieber unter uns hätten!! Ich werde morgen nach New York zurückfliegen und dort ungefähr 10 Tage bleiben. Dann komm ich natürlich direkt zu Dir zurück. Steffi geht es recht gut, sie hat im Augenblick keine Probleme mit dem Rücken. Wir denken sehr viel an Dich und hoffen, daß Du bald rauskommst, aber Du solltest auf keinen Fall unüberlegte Dinge tun, sondern nur mit Deinen Anwälten abgesprochene Vorgehensweisen. Ich bin sicher, sie werden Dich irgendwie herausboxen!

Bis dahin alles Gute. Wir lieben Dich alle SEHR!!

P.S. Falls Du noch eine Weile in U-Haft sein solltest, wirst Du garantiert einer der ersten sein, der das Baby Graf zu sehen bekommt.

Dem Schreiben ist ein schwer verständliches Beiblatt angefügt. Oben steht: »SCHUHE BLAU«, »RECHNUNG MASS«, in der Mitte: »AUSLOSUNG STEFFI«, dann: »DAUERAUFTRAG BEZIRKSPARKASSE OMA (ungefähr 1300 DM)«, ganz unten: »BÜRO/KLAVIER«.

Wieso »Schuhe blau« und vor allem: Warum »Büro/Klavier«? Die Beamten wittern Gefahr. Dann plaudert Peter Graf wieder einmal mit seinem Sohn Michael. Bei der Begegnung fällt schon wieder ein Satz, der den Steueramtmann Ziegler, der das Gespräch überwacht, stutzig macht. Das Klavier im Büro, fordert der Vater eindringlich, solle verkauft werden.

Ist das mit dem Klavier Rotwelsch der Marke Graf? Haftrichter Bauer fällt einen Beschluß. Vorläufig dürfe Michael seinen Vater nicht mehr besuchen. In den Schriftstücken handele es sich »offensichtlich um eine codierte Sprache«. Ein »derart läppisches Geschäft wie der Verkauf eines Klaviers« sei »in Anbetracht der derzeitigen Situation« der Grafs »derart von untergeordneter Bedeutung, daß nicht ersichtlich ist, weshalb hierüber bei einem Gefängnisbesuch gesprochen werden sollte«. Es handele sich »offenbar um eine Geheimsprache«. Bei den Durchsuchungen in den Büroräumen sei ein »Klavier nicht gesichtet worden«.

Peter Graf ist baff. Er hat sich, weil inzwischen Bares fehlt und das Klavier nur stört, überlegt, schon mal mit dem Möbelverkauf zu beginnen. Die Grafs besitzen zwei Klaviere. Das in Florida ist von vornherein unverdächtig. Auf ihm klimpert Otto Waalkes gern alte Beatles-Lieder. »Und wir singen dazu«, sagt Steffi. Das zweite steht in Brühl, und es steht tatsächlich im Büro. Die Trainer waren immer dagegen, daß Steffi zu Hause mit dem Unterricht beginnt. Beamte fahren an der Villa vor und untersuchen das dekorative Möbel genau. Doch auch hinter Hammerleiste und Mechanikbacke werden Steffis Millionen nicht gefunden.

Fahnder, Berater und Anwälte versuchen derweil, eine Inventur des Grafschen Reiches zu erstellen. Die Einnahmen liegen irgendwo jenseits von 120 Millionen Mark. Keiner kann es genau sagen, die Unterlagen bleiben unvollständig. Vor allem ist schwer zu sagen, wieviel verbotene Antrittsgelder Graf wirklich kassiert hat. Kenner der Szene, denen auch Grafs Raffke-Mentalität vertraut ist, errechnen 177,4 Millionen Mark Einnahmen. Aber davon sind nur ganze 6 Millionen Mark Festgeld bei einer Bank in Schwetzingen geortet worden. Wo ist der Rest?

Auf der Ausgabenseite stehen etwa 25 Millionen Mark Steuern, die in Deutschland bislang gezahlt wurden, acht Millionen Mark im Ausland. Rund 10 Millionen Mark für Immobilien in Brühl und den USA, einschließlich eines Anglerhäuschens in Rheinhausen; Graf angelte gern, einmal, da hatte er eine Büroklammer an der Schnur befestigt, fing er sogar eine Schildkröte.

Die Betriebsausgaben der Firma haben über all die Jahre höchstens 20 Millionen Mark betragen. Die Kosten für den Lebensunterhalt mögen bei 8 Millionen Mark liegen – großzügig geschätzt. Bleiben ein paar Millionen übrig. »Wissen Sie eigentlich«, fragt *Focus*-Chefredakteur Helmut Markwort die Tennisspielerin, »wieviele Millionen Sie haben, und wo die Millionen liegen?« – »Leider weiß ich beides nicht.« Aber »es darf nicht mehr so sein wie in der Vergangenheit, daß ich über die finanziellen Dinge nicht Bescheid weiß. Da möchte ich jetzt wirklich den Überblick bekommen.« Ganz leicht ist das nicht.

14. Das letzte Versteck der Millionen

Peter Graf mag aus der Zelle zur Aufklärung des Falles wenig beitragen. Wenn es um Geld geht, fehlt ihm stets die Erinnerung. Er hat in seinem chaotischen Finanzreich angeblich schon früh die Übersicht verloren. Er sitzt bereits in Untersuchungshaft, da melden holländische Geldwäschefahnder den deutschen Behörden verdächtige Geldbewegungen über 43 Millionen Mark. Die Transfers der Société Générale liegen allerdings schon eine Weile zurück: Am 14. Juli wurden bei der Amsterdamer Bank sieben Transaktionen von Sunpark N.V. Curaçao registriert. Mit Akkuratesse stellen die niederländischen Ermittler die Buchungen zusammen. Und das liest sich so:

Transaktion Nummer: Ot 16295: Umbuchung von US $ 1.875.871,27 von Konto Nummer 27.02.20.224 auf das Konto Nummer 801 bei der ING-Bank in der Schweiz (Genf). Der Name des Begünstigten ist nicht bekannt.

Transaktion Nummer: Ot 16296: Umbuchung von ndl. G. 935.211.04 vom Konto Nummer 27.02.20.224 auf das Konto Nummer 801 bei der ING-Bank in der Schweiz (Genf). Der Name des Begünstigten ist nicht bekannt.

Transaktion Nummer: Ot 16297: Umbuchung von DM 10.000.000 von Konto Nummer 27.02.36.414 auf das Konto Nummer 23048001 bei der Cantrade Private Bank Switzerland (CI) Ltd. in St. Helier Jersey (Kanalinseln), Union Street 24, begünstigt: Lernac International Associates Inc.

Transaktion Nummer: Ot 16298: Umbuchung von DM 10.000.000 von Konto Nummer 27.02.36.414 auf das Konto Nummer 296443111 bei der Liechtensteiner Landesbank in Vaduz (Liechtenstein), begünstigt: Domcaster Trade and Finance Ltd.

Transaktion Nummer: Ot 16299: Umbuchung von DM 9.641.663,09 von Konto Nummer 27.02.36.414 auf das Konto Nummer 10095350M bei der Crédit Foncier de Monaco in Monaco (Monaco), Bld. Albert I, Hausnummer 11, begünstigt: Banafsche Investment Ltd.

Transaktion Nummer: Ot 16352: Umbuchung von DM 7.500.000 von Konto Nummer 27.02.36.414 auf das Konto Nummer 80374652 bei der Barclays Bank PLC in St. Peter Port, Guernsey (Kanalinseln), begünstigt: Intertrust Guernsey Ltd.

Transaktion Nummer: Ot 16353: Umbuchung von DM 2.499.595 von Konto Nummer 27.02.36.414 auf das Konto Nummer 801 bei der ING-Bank in der Schweiz (Genf). Der Name des Begünstigten ist nicht bekannt.

Die deutschen Fahnder sind verblüfft. Bei der Aufklärung des Graf-Falles haben die Mannheimer Ermittler von Anfang an mit mancherlei Widrigkeiten und Absonderlichkeiten zu tun. Da fehlen plötzlich Originalverträge, da können sich die Zeugen an nichts mehr erinnern, da kann zu den beiden im Büro sichergestellten Tresorschlüsseln nicht das passende Loch gefunden werden – aber daß einer hingeht und ganz cool quasi unter ihren Augen noch den Zaster verschiebt, das wäre dann doch von ganz besonderer Qualität.

Als Peter Graf davon erfährt, reagiert er merkwürdig. Er habe nichts damit zu tun, »gar nichts«, sagt er. »Keine Ahnung.«

Die Ermittler versuchen ihr Glück bei Eckardt. »Was wissen Sie über die Transaktionen über 43 Millionen Mark im Juli dieses Jahres?« Eckardt kann sich erinnern. Zwischen dem 24. und 26. Juli ist er nach Amsterdam geflogen. Im Museumplein waren sie gerade mit der Auflösung der Sunpark beschäftigt. De Bruijn oder Eppe Gerard Koopmans – er weiß es nicht mehr genau – zeigten ihm ein Fax mit den Geldabflüssen. Jede Position war notiert. De Bruijn erzählte dem Steuerfachgehilfen, daß er beim Urlaub in der Schweiz von Grafs Problem mit dem Fiskus gehört und sofort die Überweisungen angeordnet habe. »Ich wollte retten, was zu retten ist.«

Die Fahnder können den Holländer dazu nicht befragen. Zwei Monate nach dem Sunpark-Ende hat de Bruijn einen neuen Job bei einer Bank auf den Niederländischen Antillen angetreten. Solche Dienstreisen sind den Fahndern nicht erlaubt. »Wie hat Peter Graf reagiert?« wollen sie deshalb von Eckardt wissen. »Peter Graf hat diese Mitteilung ruhig entgegengenommen. Er ist nicht, wie üblich«, wenn ihm etwas nicht behagt hat, »in die Luft gegangen. Aus meiner Kenntnis der Person Graf bedeutet dies, daß er Bescheid wußte.«

Wie in einem zünftigen Krimi hat sich Steffis Anwalt Danckert die Lösung des Falls vorgestellt. Der Berliner ruft die Staatsanwältin Krenz an. Er wolle im Auftrag von Stefanie Graf mit dem Vater über die verschwundenen Millionen reden. »Natürlich nur im Beisein der Steuerfahndung.« Mit den Ermittlungsbehörden werde »jeder Schritt« abgestimmt. Die Fahnder Scholl und Schollmeier sollen dabeisein. Aber Graf ist für Danckert am verabredeten Tag nicht zu sprechen. Zwei Tage später versucht es sein Kanzlei-Kollege Dr. Dr. Alexander Ignor.

Er kommt mit einer Vollmacht von Peter Graf zurück:

Hiermit bevollmächtige ich, Peter Graf, meine Tochter Stefanie Graf zur Ausübung sämtlicher Rechte, die mir gegenüber sämtlichen Firmen der Intertrust-Firmen-Gruppe zustehen.

Danckert treibt rasch einen Großteil des Geldes auf.

Auch Maurers Truppe ist inzwischen ein gutes Stück weitergekommen. Bei Adidas haben die Steuerfahnder fast sieben Millionen Mark entdeckt, die verdeckt über Auslandstöchter geflossen sind; auch die Zahlungswege von Dunlop und anderen Firmen werden geklärt. Graf gerät immer mehr unter Druck. Doch so souverän inzwischen das Urteil an den

Stammtischen ausfällt, für die Ermittler ist die Trockenlegung des Grafschen Sumpfgebietes weit diffiziler. Neue Einzelheiten über die Geldverschiebung wollen sie bei einem Besuch in Holland erfahren.

Gemeinsam mit holländischen Kollegen suchen sie Intertrust auf. Die Grafschen Geldverwalter rücken gleich die Bilanzen der letzten sieben Jahre heraus. Mehr als 40 Millionen Mark sind allein über die Sunpark-Konten geflossen.

Nach der Rückkehr weihen die deutschen Fahnder heimlich den Verteidiger Slania ein. Sie halten ihm Unterlagen vor die Nase, als handele es sich um einen schmackhaften Knochen für den Haushund. Slania soll Graf über den Fund unterrichten und sich von ihm die Zahlen bestätigen lassen. Das ist am Rande der Legalität, aber man kann es ja mal versuchen. Graf soll helfen, auf irgendeine Weise. Vergebens haben sie bisher auf »eine umfassende Stellungnahme zur Sache« gewartet, die Slania bereits 19 Tage nach der Festnahme Grafs angekündigt hatte.

Über die juristische Behandlung des Falles wird hinter den Kulissen heftig gestritten. Fünf Verteidiger mühen sich um Vater und Tochter Graf – selten miteinander, meist gegeneinander. Himmelsbach und Slania kommen zu Schwenn nach Sylt. »Hosen runter«, empfehlen die Mannheimer. Taktiker Schwenn ist dagegen. Warum solle man den Ermittlungsbehörden die Arbeit abnehmen? Eine offensive Strategie sei mit dem labilen Graf ohnehin nicht durchzuhalten. Außerdem fehle die vollständige Akteneinsicht. In fein ziselierten Schriftsätzen entwickelt Schwenn eine Verteidigungsstrategie, derzufolge Peter Graf nicht für die Nichtabgabe der Steuererklärungen seiner Tochter verantwortlich gemacht werden kann:

Nicht Peter, sondern Stefanie Graf war erklärungspflichtig. Folglich konnte Peter Graf auch nicht Täter sein: Wer zur Abgabe der Steuererklärung nicht verpflichtet ist, muß für deren Unterbleiben nicht als Täter einstehen.

Die Behörden, fährt er fort, hegten offenbar keinen dringenden Verdacht gegen Steffi. Das aber entziehe »jedem dringenden Verdacht gegen ihren Vater den Boden«. Schwenn hofft, mit dieser Argumentation vor höheren Instanzen Gehör zu finden. Er will damit notfalls bis vor den Bundesgerichtshof ziehen.

Aber Peter Graf blickt bei den Schachzügen seines Juristen nicht richtig durch. »Ich bin der Arsch«, sagt er. »Aber Steffi darf damit nichts zu tun haben.« Er will die einfache Lösung, aber die ist nicht einfach zu erreichen. Als Schwenn abends »Tagesthemen« schaut, sieht er zu seiner Verblüffung die Mannheimer Kollegen. Per TV bieten sie eine Kaution für die Freilassung von Peter Graf an. »Beträge zwischen 10 und 15 Millionen Mark« stünden zur Diskussion. Diese Summe könne den Finanzbehörden auch »als Sicherheit« für Steuernachzahlungen zur Verfügung gestellt werden. Schwenn hält die Offerte für »völlig falsch«.

Amtsrichter Bauer lehnt denn auch am 18. September das Angebot ab. Eine Kaution über 15 Millionen Mark übersteige »die hinterzogene Steuer nicht wesentlich«. Es bestehe weiterhin Fluchtgefahr. »Durch überproportionale Anstrengungen im sportlichen Bereich« könne Stefanie Graf »in kurzer Zeit erhebliche Einkünfte« erzielen. Deshalb sei »der Schluß zulässig, daß sie auch erhebliche Einbußen in Kauf nehmen wird, um ihrem Vater die Freiheit zu erkaufen«.

Steffi hat die Staatsanwälte gefragt, ob sie nach England fliegen dürfe. Sie müsse mal wieder raus und Tennis spielen. Sie darf. Das Turnier in Brighton steht an. Früher hat Steffi es einfach mitgenommen; es war nur ein Turnier auf dem Weg zu größeren Turnieren. Jetzt glaubt Steffi, in Brighton liege das Paradies. Denn daheim kann sie nicht mehr einfach fliehen. Kein Trainingsplatz ist weit genug entfernt.

Es ist offensichtlich, daß Steffi nicht recht begreifen kann, was in der Heimat eigentlich passiert. Dunkle Mächte sieht sie am Werk, ein schreckliches System hat sich gegen sie verschworen. Es scheint nicht so, als verstehe sie, was ihrem Vater und ihr da zur Last gelegt wird. In England sitzt ein schüchternes Mädchen, das ziemlich überfordert wirkt. Steffi sagt: »Die letzten Tage und Wochen waren die unglücklichsten und schlimmsten meines Lebens. Ich bin so froh, daß ich jetzt aus Deutschland weg bin. Die sind alle ganz verrückt geworden.«

Mariaan de Swardt, Nummer 54 der Weltrangliste, ist eine pummelige Südafrikanerin. Wuchtig kann sie schlagen, aber schnell laufen kann sie nicht. Keine Gegnerin für Steffi Graf, eigentlich. Aber Steffi verliert 2:6, 6:4, 1:6. »Ich hatte keine Chance«, sagt sie danach. Bleich sieht sie da aus, übernächtigt und einsam. »Steffi tut mir so leid«, sagt de Swardt, »ich könnte in so einer Situation mit Sicherheit nicht Tennis spielen.«

15. Der Vertraute packt aus

Der frühere Graf-Adlatus Horst Schmitt ist nach einigem Gezerre bei der Staatsanwaltschaft erschienen. Die Ermittler erhoffen sich von ihm wichtige Aufschlüsse – er kennt die Wege und Ziele im Hause Graf. Der Zeuge Schmitt kommt aus Mallorca. Er lebt mit seiner Familie auf der Sonneninsel.

In Paguera hat er ein »Tennis- und Golf-Center« übernommen. Überall Efeu und Palmen, die Anlage ist mit reichlich Holz und weißem und ockergelbem Stein in den Berg gehauen.

Keine Trophäe verrät etwas von Schmitts Vergangenheit an der Seite der Weltranglistenersten, kein Foto, kein Plakat, keine Unterschrift von Steffi Graf an der Wand. Ein paar Gäste wissen noch, wer Schmitt mal war. Über Profitennis wird jedoch nur gesprochen, wenn Pavel Slozil, Steffis alter Trainer und Schmitts Freund, vorbeischaut und ein paar Trainerstunden gibt. Allein der Name der »Grand Slam Bar« erinnert noch an große Zeiten, aber die Gäste interessieren sich mehr für Europacup-Auftritte der Fußballer von Borussia Dortmund.

Schmitt wird von Rechtsanwalt Pabst begleitet, die Vernehmung dauert, die Pause mitgerechnet, siebeneinhalb Stunden. »Wie war das Verhältnis zwischen Peter Graf und seiner Tochter Stefanie?« will Staatsanwältin Krenz wissen. »Sehr eng. Peter Graf hat seine Tochter nie aus den Augen gelassen. Er hat es nicht gerne gesehen, wenn jemand in ihrer Nähe war. Dies galt auch für mich. Stefanie Graf war stets ohne Widerrede. Ich kann mich daran erinnern, daß sie siebzehn war, als sie ihrem Vater zum erstenmal widersprochen hat.« Bei Gesprächen mit Werbepartnern sei sie »schüchtern, wenn nicht eingeschüchtert gewesen. Peter Graf versuchte sie stets als arbeitsam und fleißig darzustellen.«

Stockend kommt er dann auf jene Geschichte zu sprechen, die Peter Graf immer als »frei erfunden« abgetan hat. Als er der Krenz berichtet, daß Graf auf seine Tochter »einen sehr großen Druck ausgeübt« hat, sind auch die dabeisitzenden Steuerfahnder Maurer und Schollmeier, die sich sonst eher für Zahlen interessieren, gepackt. Schmitt stehen die Tränen in den Augen: »Peter Graf hat sie geschlagen.«

Nach dem Tritt im Trainingslager bei Helga Masthoff auf Gran Canaria habe er Graf gesagt: »Das machst du nur einmal«, und in seinem Beisein habe er sie »dann nie mehr angerührt. Ich wollte schon vor meiner Trennung von Peter Graf einige Male zuvor mich lösen. Ich habe es dann aber doch nicht getan, weil ich dachte, ich könnte seine Tochter schützen.«

Frage: »Hat Peter Graf schon damals Alkoholprobleme gehabt?« – »Peter Graf hat, seit ich ihn kenne«, und das ist seit 1978, »dem Alkohol zugesprochen. Wenn er trank, wurde er meistens bösartig.« Frage: »Wie war das mit den Verträgen?« – »Ich konnte nicht unterschreiben, bevor Peter Graf den Vertrag gelesen und genehmigt hat.« – »Wo befinden sich die Originalverträge?« – »Ich habe sie nach Holland geschickt.« Seine Aktenordner habe Eckardt bekommen.

In einer Zigarettenpause nimmt der alte Fuchs Schollmeier von der Steuerfahndung Schmitt beiseite. »Eben ging es doch um Unterlagen. Sie haben angeblich Eckardt alles ausgehändigt«, aber er glaube das nicht. »Man macht sich doch immer eine Kopie.« Treuherzig schaut Schmitt drein – die Rolle des braven, netten Mannes von nebenan beherrscht er perfekt. »Ich habe die Ordner nicht mehr.« Schollmeier glaubt ihm zu Recht kein Wort, und auffällig ist auch, daß Schmitt heftig seine Marlboro Light pafft.

Dann geht es wieder um Peter Graf. Schmitt legt los: »Wie ich ihn kenne, will er alles sparen. Er war stets bemüht, laufende Verträge zu verbessern und aus jeglichen vertraglichen Verhältnissen das Bestmögliche herauszuholen.« Frage: »Was war der Grund, weswegen Sie sich von Peter Graf und seiner Familie getrennt haben?« – »Es waren seine Lebensweise und auch seine finanziellen Transaktionen. Ich wollte generell nur dabeibleiben, solange sich Steffi nicht wehren kann. Daß es so lange dauern würde, hätte ich nicht gedacht.« Frage: »Hat es Rivalitäten zwischen Ihnen und

Joachim Eckardt gegeben?« – »Nein.« Von steuerlichen Problemen habe er nie gehört.

Wenn es um seine Rolle geht, hat Schmitt die Fähigkeit, aus einem Elefanten eine Mücke zu machen. Er ist erleichtert, als ihn die Staatsanwälte unbehelligt wieder wegfliegen lassen. Das hatten sie Pabst inoffiziell zugesagt. Ganz im stillen hat Schmitt dennoch befürchtet, wegen seiner früheren Statthalterrolle inhaftiert zu werden. Später werden sich die Ermittler ärgern, ihn nicht festgehalten zu haben.

16. Haftbefehl für den Helfer

Am 26. September bekommt die Abteilung II des Mannheimer Polizeipräsidiums einen neuen Festnahme-Auftrag. Um 17.20 Uhr steht Kriminalhauptkommissar Hund beim Steuerfachgehilfen Eckardt in der Tür. Die Haushälterin bosselt in der Küche, Ehefrau Marita kauft mit den Töchtern ein. Die Festnahme ist nur Formsache. Gegen 19 Uhr rückt Maurer mit seinen Leuten an, um das Haus nach Beweismaterial zu durchsuchen.

Am nächsten Morgen wartet Haftrichter Bauer schon. Zunächst wird der Haftbefehl erörtert. Eckardt ist »dringend tatverdächtig«, als »faktischer Steuerberater der Beschuldigten Stefanie und Peter Graf« sowie »als deren kaufmännischer Berater« die geschwindelte Steuererklärung für das Jahr 1993 aufbereitet zu haben. Noch einmal zur Erinnerung: Das Schriftstück ging am 25. Juli 1994 beim zuständigen Finanzamt Schwetzingen ein und war mit dem deklarierten Gewinn von 2 686 876 Mark nicht gerade wirklichkeitsnah. Selbst in den Zeitungen war zu lesen, daß Steffi Graf 1993 rund 16 Millionen Mark verdient haben mußte.

In dem Gespräch bei Bauer geht es außerdem noch um Einnahmen Eckardts, die dieser dem für ihn zuständigen

Finanzamt Bad Schwalbach nicht erklärt haben soll. Doch das fällt noch nicht ins Gewicht. Die Beamten der Steuerfahndung werden hinausgebeten, als Amtsrichter Bauer seinen Beschluß verkündet:

Zu dem Haftbefehl vom 26. September wird klarstellend ergänzt, daß nach dem jetzigen Stand der Ermittlungen der Beschuldigte dringend tatverdächtig ist... mittäterschaftlich mit den Beschuldigten Stefanie und Peter Graf die im einzelnen aufgeführten Taten begangen zu haben.

Stefanie Graf wird also deutlich als mutmaßliche Mittäterin ausgewiesen. Und Mittäter müssen sich die Taten zurechnen lassen – egal wie berühmt sie sind.

Unterschiedlich bleibt den Beteiligten ein Dialog in Erinnerung, den Amtsrichter Bauer mit der Staatsanwältin Krenz führt. Es ist ein eher privates Gespräch, das nicht ins Protokoll aufgenommen wird. Zunächst geht es wieder um Eckardt, der »Beziehungen zu Banken in der Schweiz und in den Niederlanden« habe und bei dem angeblich Fluchtgefahr besteht. Doch dann kommt die Rede auf Stefanie, die nicht nur Banken kennt, sondern auch Häuser im Ausland unterhält. Bauer blickt die junge Staatsanwältin an und sagt: »Dann sehe ich einem weiteren Haftbefehlsantrag entgegen.« Ein Haftbefehl für Steffi?

Der Dialog wird öffentlich und ist Spitzenmeldung in den Nachrichten. Steffi reagiert verschreckt. »Ich habe Angst, daß das nie aufhört.« Vor britischen Tennisjournalisten klagt sie ihr Leid: »In Deutschland sitze ich im Auto und will Radiomusik hören. Alle fünf Minuten Nachrichten und immer bin ich drin. Im TV ist es genau dasselbe. Schalte ich mal eine TV-Show ein, muß ich zuhören, wie sie sich darüber unterhalten, ob ich ins Gefängnis komme.«

Danckert attackiert Haftrichter Bauer in der Sat. 1-Sendung »Talk im Turm«: »Der Mann hat seinen Beruf verfehlt. Der ist so befangen, wie man überhaupt nur befangen sein kann. Das ist nicht in Ordnung.« Erschrocken dementiert der Richter. Eckardt habe in der Anhörung die Schuld auf Peter und Steffi Graf abgewälzt. Deshalb habe er die »ironische Bemerkung« gemacht, daß der Festgenommen, »wenn dies so richtig sei, wie er es sage, zu Unrecht festgenommen worden sei und daß ich ja dann eigentlich einem weiteren Haftbefehlsantrag, nämlich dem gegen Steffi Graf, entgegensehen müsse«. Die Anwesenden hätten geschmunzelt und gelacht.

Doch die haben nicht einmal gegrient. Bauer ist in Mannheim als harter Jurist gefürchtet. Neben dem Büro des Haftrichters hängt ein ziemlich geschmackloses Plakat: »Wer sitzt, steht nicht rum.« Aber im Fall Steffi sagt er pflichtschuldigst: »Mit der Freiheit anderer Menschen pflege ich auch nicht ansatzweise zu spaßen.«

Danckert geht auf Nummer Sicher. Der Anwalt mit den vielen wichtigen Beziehungen sucht oben im Ländle Schutz für Steffi, damit »kein wildgewordener Staatsanwalt und kein geltungssüchtiger Haftrichter« seine Klientin nach Belieben festnehmen können.

In zwei klugen Schriftsätzen hat Danckert bislang das Steuergeheimnis seiner Mandantin verteidigt, als das Finanzministerium in Stuttgart öffentlich über die Steuerakte Graf reden wollte.

17. Polit-Gezänk im Landtag

Doch der Fall Graf ist längst zum Politikum in Baden-Württemberg geworden. Die Opposition im Landtag – und auch die mitregierende SPD – steuert einen Parlamentarischen Untersuchungsausschuß an, um die Rolle der Finanzbehörde zu klären. Also schlägt Danckert eine Volte. Während der Sat. 1-Sendung überreicht der Anwalt dem baden-württembergischen Finanzminister Mayer-Vorfelder die Einwilligung von Steffi zur teilweisen Aufhebung des Steuergeheimnisses.

Der begnadete Vereinfacher Mayer-Vorfelder geht in die Offensive. Er liebt kurze Sätze. »Graf wurde nicht bevorzugt.« Die »Diffamierung der Steuerverwaltung muß ein Ende haben«. Während nebenan im Staatstheater »Emil und die Detektive« auf dem Programm steht, arbeitet im Landtag der Ausschuß für den lauten Christdemokraten. Die Grünen wollen den totalen Triumph, sie zielen direkt auf den Minister, doch ein Steuerfall ist ein verfilztes Knäuel. Da braucht es Zeit, den richtigen Faden zu finden. Zeit aber hat dieser Ausschuß nicht. Spätestens im Februar 1996 muß die Arbeit beendet sein, am 24. März finden in Baden-Württemberg Landtagswahlen statt. Die Beamten, die intern über das Graf-freundliche Klima im Ländle klagten, trauen sich nicht auf die Bühne. Sie fürchten um die Karriere.

Ein paar Wochen zuvor hat Mayer-Vorfelder von seinen Untergebenen sogenannte dienstliche Erklärungen gefordert. Fiskalexperten vom zuständigen Finanzamt in Schwetzingen, von der Steuerfahndung Mannheim-Neckarstadt, Beamte der Oberfinanzdirektion Karlsruhe und des Stuttgarter Finanzministeriums sollten zu folgenden Fragen Stellung nehmen:

1. Wurde auf Sie bei der Bearbeitung des Steuerfalls von Frau Stefanie Graf von irgendeiner Seite, insbesondere von seiten des jetzigen Finanzministers Mayer-Vorfelder oder des früheren Finanzministers Dr. Palm, des jetzigen Ministerpräsidenten Teufel oder des früheren Ministerpräsidenten Dr. Lothar Späth, direkt oder indirekt politischer Einfluß ausgeübt oder ist eine derartige Einflußnahme versucht worden?

2. Haben Sie sich bei der Sachbehandlung des genannten Steuerfalls von einem wie auch immer gearteten vorauseilenden Gehorsam leiten lassen?

Vierzig »dienstliche Äußerungen« erhält der Minister bei seiner Befragungsaktion, die dienstintern als »Aktion nacheilender Gehorsam« bespöttelt wird. Fazit: Alles in Ordnung. Drei der Antworten im Auszug:

Mein vorauseilender Gehorsam hat in meiner über 30jährigen Dienstzeit bei der Finanzverwaltung darin bestanden, die Besteuerung ohne Ansehen der Person zutreffend durchzuführen. Das gilt auch für den Fall Stefanie Graf.

Ich wäre dem Finanzministerium als vorgesetzter Dienstbehörde dankbar, wenn sie gegenüber den Vertretern von Medien und Parteipolitik, soweit diese ohne Kenntnis des Sachverhalts zu Lasten der Finanzverwaltung unqualifizierte Erklärungen in der Öffentlichkeit abgegeben haben, hierzu ein klares Wort sagen würde.

Während meiner gesamten 46 Dienstjahre in der Finanzverwaltung habe ich mich stets bemüht, nach bestem Wissen und Gewissen im Rahmen der geltenden gesetzlichen Bestimmungen meine Dienstgeschäfte ordnungsgemäß abzuwickeln. Irgendwelche Unterstellungen oder Verdächtigungen, daß ich mich bei der Sachbehandlung des Steuerfalles Stefanie Graf oder eines anderen Steuerfalles von einem wie auch immer gearteten ›vorauseilenden Gehorsam‹ habe leiten lassen, weise ich auf das entschiedenste zurück.

Leider hat auch der Finanzrichter Nieland, der als Referatsleiter beim Bundesamt für Finanzen 1988 die Brand-Vermerke anlegte, an wichtige Papiere keine Erinnerung mehr.

Alles sei doch normal gelaufen. Aufklärung ist von den Beamten Theo Waigels kaum zu erwarten; sie suchen statt dessen nach vermeintlich undichten Stellen in Bonn. Und Peter Graf weigert sich, vor der Hauptverhandlung zu reden. Einer wie er, verrät er Knastkollegen, werde im Landtagswahlkampf nicht Rot-Grün helfen. Ein Emporkömmling wie Peter Graf ist doch kein Sozi.

18. Die Vernehmung

Steffi Graf wird vom Ausschuß gar nicht erst geladen – ihr wird unbesehen geglaubt, daß sie erst in diesen Tagen gelernt hat, »daß es Einkommen-, Gewerbesteuer, Umsatzsteuer und Kirchensteuer gibt«. Die Staatsanwaltschaft dagegen hat Fragen. Begleitet von den Rechtsanwälten Danckert und Ignor erscheint Steffi bei Bettina Krenz. Zunächst wird ihr von der Strafverfolgerin der Tatvorwurf erläutert. Für die Jahre 1989 bis 1992 seien keine Steuererklärungen abgegeben worden. Mindestens 10 555 417 Mark Steuern seien nicht gezahlt worden. Außerdem seien 1993 fast vier Millionen Mark Steuern hinterzogen worden.

Danckert setzt zur Gegenrede an. Es geht um steuerliche Finessen, dann macht er eine überraschende Erklärung. Die Unterschrift unter der Einkommensteuerklärung für 1993 stamme offenbar von einem Automaten. Die Steuerfahnder kramen die anderen Unterschriften hervor. Die Heidelbergerin mustert jedes Signum wie eine Wissenschaftlerin, die ein seltenes Insekt unter dem Mikroskop betrachtet. Vorn ein »S« wie eine Acht, hinten ein »F«, das lang ausläuft. »Das stammt vom Automaten. Sie erkennen das am Nachnamen.« Dort sei eine Lücke im Aufschwung »typisch für den Automaten«. Sie habe niemandem erlaubt, dafür den Automaten zu nehmen.

Erst dann macht sie Angaben zur Person. Als Beruf gibt sie »Tennisspielerin« an, bei den Wohnsitzen erwähnt sie noch New York und Boca Raton. Die Befragung beginnt ganz harmlos. »Wie war Ihr beruflicher Werdegang?« »Wann haben Sie erstmals eine größere Geldsumme mit Tennis verdient?« »Kennen Sie Ihre Werbepartner.« – »Ja.«

»Haben Sie definitiv keine Kenntnis gehabt, was mit Ihrem Geld passiert ist?« – »Das ist korrekt, und dies gilt auch bis heute.« Sie wisse nur, daß sie genug Geld verdient habe. So viel, »daß ich es nach meiner Mentalität gar nicht ausgeben konnte«. »War Ihnen bewußt, daß Ihre Familie an Ihren Einnahmen partizipiert?« – »Ja, das war mir bewußt. Man hat mich nicht gefragt, wenn eine größere Ausgabe getätigt wurde. Es hat mich auch nicht gestört... Mein Vater hat sich schnell ein Auto gekauft, weil das ihm zunächst gefiel. Dann hat er es wieder verkauft. Mir ist aber bewußt, daß diese Sachen von meinem Geld finanziert wurden.«

Dann werden ihr 34 Papiere, Verträge mit großen Firmen und renommierten Veranstaltern sowie Quittungen und Vollmachten, vorgelegt. Immer wieder wirft sie einen Blick auf ihren Namenszug. »Nein, das ist nicht meine Unterschrift.« Dann wieder: »Diese Unterschrift ist meine Unterschrift«. 20mal ja, 12mal nein, zweimal kann sie sich nicht entscheiden. Selbst der so persönlich klingende Brief an Luca Barilla vom 10. November 1994 trägt »eine Unterschrift des Automaten«. Auch Steffis Vollmacht, die Eckardt im März für die Besprechung beim Finanzamt vorwies, stammt von einer automatischen Goldfeder.

»Wie finden Sie das?« will die Staatsanwältin wissen. »Erstens bin ich bestürzt, daß so viele Unterschriften von mir nicht stimmen. Andererseits bin ich davon ausgegangen, daß ich immer etwas unterschrieben habe, was für mich in Ordnung geht. Ich habe meinem Vater vertraut, daß er mich das Richtige unterschreiben läßt.« Ein Protokoll wird aufgenommen. Steffi paraphiert alle 44 Seiten. Acht Tage später wird die Beschuldigte Graf noch einmal vernommen.

Der Fall wird für die Fahnder juristisch immer diffiziler. Wenn die Version mit dem Automaten stimmt, können durchaus Untreue, Urkundenfälschung oder Betrug ins Spiel kommen. Ganz kompliziert wird es mit der Steuererklärung 1993. Paragraph 150 der Abgabenordnung (»Form und Inhalt der Steuererklärung«) verlangt, »daß der Steuerpflichtige die Steuererklärung eigenhändig zu unterschreiben hat«. Wenn ein Automat signiert, gilt die Erklärung als nicht abgegeben – und kann folglich nicht falsch sein.

Schon einmal spielte ein Schreibautomat eine Rolle in einer prominenten Affäre. 1976 hatte das Büro des damaligen CDU-Schatzmeisters Walther Leisler Kiep Dankschreiben von seinem stummen Diener unterzeichnen lassen. Als die Briefe in einem Parteispendenverfahren als Beweismittel auftauchten, half Kiep der Automat nicht. Er habe schließlich, so das Landgericht Düsseldorf, »Durchschriften zur Kenntnis bekommen«. Genau das bestreitet Stefanie Graf in ihrer Angelegenheit.

Die Ermittler mühen sich, die Automaten-Geschichte zu klären. Steuerfahnder Scholl holt bei Steffi in Heidelberg Originalunterschriften ab. Vier signierte Autogrammkarten und zwei weiße DIN-A4-Bögen mit insgesamt 25 Unterschriften. Steffi hat ihr »Steffi Graf« mit verschiedenen Stiften gemalt: einem blauschreibenden gewöhnlichen Kugelschreiber, einem schwarzschreibenden Faserschreiber, einem blauschreibenden breiten Faserschreiber und einem blaueinfärbenden Tintenkugelschreiber. Der Steueramtmann bringt die Blätter zum Kriminaltechnischen Institut des Bundeskriminalamtes. Der Wissenschaftliche Oberrat Gottfried Bloos übernimmt den Fall. Die Kriminaltechniker legen für die Handschriftenuntersuchung eine Vorgangsnummer an: KT 53/02944/95.

19. Das Ende einer langen Partnerschaft

Mittlerweile sind Privatdetektive unterwegs; sie wollen für Firmen die Hintergründe des Falles herausfinden, während im Beraterkreis weiter heftig taktiert und gestritten wird. Opel-Manager Gäb empfiehlt dem Unternehmen Graf eine Art Aufsichtsrat mit Herren wie dem ehemaligen Bundesbankchef Karl Otto Pöhl und dem Adidas-Vorstandsvorsitzenden Robert Louis-Dreyfus. Je mehr er sich in den Fall eingräbt, um so klarer wird ihm, daß ein Neuanfang nur ohne Picciotto möglich ist.

Im Frankfurter Airport-Club diskutiert er mit Steffi die Lage. Gäb sieht seine Überzeugung von Steffis persönlicher Integrität bestätigt, als er erkennt, daß sie keine Vorstellung vom finanziellen Volumen des Opel-Vertrages hat. Von Picciotto mag sie sich aber nicht lossagen. Nach dem Gespräch schreibt Gäb der Tennisspielerin einen Brief: Aufgrund fehlender Informationen sei eine kurzfristige Trennung von Advantage offenbar nicht herbeizuführen, aber die Rolle der Agentur bleibe klärungsbedürftig.

Gäb schlägt vor, den Vertrag vorerst nicht zu verlängern und neue Verhandlungen zurückzustellen. Opel werde keine andere Tennisspielerin verpflichten, Steffi mit keiner anderen Automarke werben. Eine Option für die Zukunft. Aber Steffi mißversteht das Ansinnen, glaubt, daß Opel sie loswerden wolle. Gäb macht einen letzten Versuch. Via Interview empfiehlt er Steffi indirekt, sich von dem Amerikaner zu trennen.

Die Achse Danckert/Gäb bricht endgültig. Der Anwalt wirft dem Automanager intern vor, gegen Absprachen verstoßen zu haben. Das Statement zu Advantage sei »skandalös«. Gäb habe durch seine Recherchen in Sachen Picciotto viele Fragen der Presse für die »öffentliche Diskussion aufbereitet« und Steffi ein »neues Problem beschert«. Diese »Haltung ist unverantwortlich«. Eine Abschrift seines Briefes schickt er dem Opel-Chef David Herman.

Danckerts Position wird schnell klar: Er will von Picciotto Informationen über den Verbleib der Graf-Gelder erhalten. Auch die Weltranglistenerste ist unsicher, ob sie sich wirklich von dem Amerikaner verabschieden soll. »Im Laufe der letzten Jahre«, hat sie der Staatsanwältin Krenz erzählt, habe sie zu dem Amerikaner »einen besonderen Kontakt bekommen. Er ist auch öfter bei Turnieren dabei.« Gäb findet Danckerts Haltung »merkwürdig«. Der Anwalt ergreife jetzt Partei für Picciotto, obwohl er selbst mündlich und schriftlich erklärt habe, daß er dem Amerikaner nicht traue. Ziemlich »albern« sei der Versuch, einen Keil zwischen Opel und ihn zu schieben. Es gebe »nur eine Firmenlinie«, aber er »nehme die Herausforderung an«. Offenbar sei er, Gäb, zum »Störfaktor« in Danckerts Strategie geworden.

Opel erklärt die Zusammenarbeit mit Steffi zum Jahresende 1995 für beendet. Der zuletzt mit jährlich 1,9 Millionen Mark dotierte Vertrag wird nicht verlängert. Das ist auch deshalb bitter, weil der Konzern Steffi ursprünglich selbst nach deren Karriereende halten wollte; als eine Art Botschafterin oder Generalvertreterin sollte sie ihr zweites Leben beginnen. Als Begründung für den Sinneswandel nennt Gäb auch die Rolle Danckerts. »Er unterstützt offensichtlich Opels Forderung nach einer völligen Aufklärung der Affäre im Gegensatz zu früher nicht mehr«, sagt Gäb. Der Anwalt habe das Team, das Steffi helfen wollte, gesprengt. Die Begründung Opels sei falsch, stellt Danckert lapidar fest. Man habe zahlreiche Recherchen zur Aufklärung unternommen und die Ergebnisse den Ermittlern zukommen lassen. Es wäre »nicht sachdienlich, den Opel-Aufsichtsrat Hans Wilhelm Gäb zu informieren«.

Der Streit legt sich Peter Graf in seiner Zelle schwer auf die Seele. Auf gefängniseigenem, liniertem Papier schreibt er einen Brief an Gäb und steckt ihn heimlich seinem Anwalt Himmelsbach zu. Der leitet ihn per Fax und ohne Autorisierung der Anstaltsleitung an Gäb weiter. Als der antwortet, fliegt Grafs Geheimaktion auf, beschäftigt Staatsanwaltschaft und Gericht. Der Briefwechsel:

Sehr geehrter Herr Gäb!

Ich habe mit großem Bedauern feststellen müssen, was für ein Problem zwischen Ihnen (Opel, GM) und Steffi bzw. Dr. Danckert auftrat. Leider bin ich, wie Sie wissen, in Untersuchungshaft und daher ziemlich hilflos. Das ist auch der Grund, weshalb ich keinen Einfluß auf Steffi nehmen konnte. Gehen Sie bitte davon aus, daß ihr im Augenblick, durch die derzeitige Situation bedingt, jeglicher Überblick fehlt. Auch darf sie als Mitbeschuldigte mit mir nicht sprechen und ist somit H. Dr. Danckert vollkommen ausgeliefert. Gerne hätte ich gesehen, daß die Kontrolle über die geschäftl. Aktivitäten Steffis in Ihrer Hand wäre. Das hätte mir eine innere Ruhe verschafft. Jetzt ist genau das eingetreten, was ich schon befürchtet habe.

Ein Rechtsanwalt, der möglichst alles an sich reißen möchte und einen schon so lange bewährten Vertrag auch im Hinblick auf die Zukunft (Botschafterin etc.) wegen eines Phil de Picciotto aufs Spiel setzte, dem es nur um das Geld geht und der durch meine Situation schalten und walten kann, wie er will. Schon viele nicht astreine Geschäfte mußte ich ihm vorwerfen. Aus diesem Grund durfte er nur Schaukämpfe mit Steffi anbieten. Selbst hier wurde viel gelogen und auf gut deutsch beschissen. Hoffentlich habe ich die rechten Zeilen an Sie, lieber Herr Gäb, gefunden. Übrigens ein Gutes hat die Zeit hier für mich gebracht. Ich habe wieder zu mir gefunden, bin in bester körperlicher und geistiger Verfassung. Täglich zw. 6 und 8 km joggen etc. und war schon nach 3 Wochen vom Trinken geheilt; überraschenderweise ohne jedes Problem, obwohl man auch im Gefängnis an jede Art von Alkohol kommen kann. Vielleicht gibt es irgendeine Gelegenheit, sich zu treffen. Ich habe von Steffi einmal gehört (schriftl.), daß Sie mich besuchen und etwas Positives für mein Image tun wollten. Das war vor ca. 7–8 Wochen. Aber inzwischen muß soviel Negatives passiert sein, von dem ich nichts weiß.

Sie wissen, was ich jetzt alles sagen möchte. Nur soviel. Ich habe selten einen ähnlich wertvollen, ebenso sensiblen Menschen kennengelernt.

Danke.

Ihr Peter Graf

Gäb antwortet ein paar Tage später:

Lieber Herr Graf,

über Ihr Schreiben habe ich mich gefreut. Auch mir tut es sehr weh, daß die Verbindung zwischen uns und Steffi nun unterbrochen ist, aber unter den gegebenen Umständen hatte ich leider keine Alternative mehr. Sie werden verstehen, daß ich mich hier über Herrn Dr. Danckert nicht ausführlich äußern möchte, aber in jedem Fall hat er es nicht verstanden, eine Atmosphäre von Vertrauen aufzubauen und mir seine Argumente klarzumachen. Und ganz unverständlich war natürlich, daß er die sich anbahnenden Meinungsverschiedenheiten zwischen ihm und uns dann plötzlich öffentlich machte und unsere Haltung in einem Interview der Bild-*Zeitung kritisierte.*

Damit war natürlich das Tischtuch zerschnitten, zumal Steffi in der jetzigen Situation naturgemäß an ihren Anwalt gebunden ist. Als ich das letzte Mal mit Ihrer Tochter und Dr. Danckert (auch Michael Bartels war dabei) zusammensaß, habe ich mich im übrigen sehr gewundert, daß Dr. Danckert Steffi duzte. Ich meine, zwischen Mandant und Anwalt sollte immer ein Quentchen Distanz bleiben.

Im übrigen habe ich mich darüber gefreut, daß Sie in dieser schwierigen menschlichen Situation, die ich natürlich juristisch überhaupt nicht bewerten kann und bewerten möchte, die Kraft finden, sich zu sammeln. Ich drücke Ihnen alle Daumen, daß Sie mit den nun entstandenen und vielleicht noch entstehenden Problemen fertig werden. Sie sind jung genug, um Rückschläge zu überwinden, auch jung genug, um Erfahrungen zu gewinnen und dann irgendwo Ihr Leben in vielleicht positiverer Form weiterzuführen.

Dr. Himmelsbach hat für mich bei Ihnen eine Besuchserlaubnis erwirkt, aber ich möchte im Augenblick davon noch keinen Gebrauch machen. Die Gefahr, daß ein solcher Besuch publik und sein Sinn von den Medien mißinterpretiert würde, ist sicherlich zu groß. Wir sollten da noch ein wenig Zeit ins Land gehen lassen.

Lieber Herr Graf, ich wünsche Ihnen weiter gute Kondition und die seelische Kraft, mit den Realitäten fertigzuwerden.

Mit freundlichen Grüßen
Hans Wilhelm Gäb

20. Das Schweigen des Vaters

Die Aussichten sind düster, zappenduster würden die Kumpel im Revier sagen. Auch die 4. Wirtschaftsstrafkammer des Landgerichts Mannheim lehnt die Haftbeschwerde des Hamburger Anwalts Schwenn ab. In seinem Schriftsatz ging dieser noch einmal auf die Mysterien der tatsächlichen Verständigung mit dem Fiskus und auf die Gehilfen-Theorie ein – die Richter interessierte es kaum. Der Vorsitzende Richter Horst Köhler wertet den Transfer der 43 Millionen Mark als »massiven Verdunkelungsakt, der weit über das übliche Beiseiteschaffen von Geldern im Vorfeld von Steuerhinterziehung hinausgeht«. Denn leergeräumte Konten seien »nicht so auffällig wie Konten mit Millionenguthaben. Diese Gelder bilden auch die finanzielle Basis für ein sorgenfreies Leben des Beschuldigten in einem Land, das wegen Steuerhinterziehungen vorliegender Art nicht ausliefert.«

Wieder einmal rücken die Steuerfahnder in Brühl an. In allen Winkeln des Hauses suchen sie nach einem Tresor. Schollmeier hat die Idee, daß jemand den Geldschrank zugemauert haben könnte. Auch im Keller ist kein Tresor hinter Mauern versteckt. Die beiden Schlüssel, die bei der ersten Durchsuchung mitgenommen wurden, werden wieder in die Asservatenkammer zurückgebracht. Auf Umwegen erfahren die Fahnder, daß Graf ein paar Minuten vor der Durchsuchung in den Garten gerannt ist und mindestens einen weiteren Schlüssel weggeworfen hat. Später hat er ihn gemeinsam mit Eckardt gesucht, aber nicht mehr gefunden. Die 27 000 Quadratmeter große Anlage ist auch den Ermittlern zu unübersichtlich. Sie ersparen sich eine Suchaktion.

Statt dessen wird Graf von den Staatsanwälten zur Vernehmung vorgeladen. Beim Addieren der Zahlenkolonnen sind die Fahnder inzwischen bei 44 550 193 Mark Einnahmen angelangt, die nicht dem Fiskus gemeldet worden sind. Wegen der dubiosen Signaturen unter den Steuererklärungen für 1993 drohen sie Graf mit einem Verfahren wegen Urkundenfälschung. Graf müsse auch damit rechnen, daß das Finanzamt Schwetzingen den Familienbesitz pfände. Eine solche Entscheidung liege »nicht im Einflußbereich der Ermittlungsbehörden«; dafür sei der Fiskus zuständig. Graf soll jetzt endlich etwas zur Sache sagen.

Aber der gibt lediglich zu Protokoll, daß er mit dem Transfer der 43 Millionen Mark »weder direkt noch indirekt« etwas zu tun habe. Er bietet ein Bild des Jammers. Der Rücken ist krumm, und den Kopf hat er zwischen die Schultern gezogen. Die Augen peilen unruhig durch den Raum. Früher hat er lästige Frager mit Nichtachtung bestraft. Servile Verehrung hat er erwartet – jetzt soll er parieren. Die Vorführung des Gefangenen, tadelt Schwenn, sei »eine unnütze Veranstaltung« gewesen. Sie hätte Graf »nicht zugemutet werden« müssen. »Übereinstimmend« hätten die Anwälte vorher mitgeteilt, daß ihr Mandant »keine Angaben zur Sache machen« werde. Ehefrau Heidi Graf wird auch vorgeladen, macht aber nicht einmal Angaben zur Person.

Unter den Anwälten kriselt es. Slania ist zwar mit den örtlichen Gegebenheiten vertraut, aber eher ein Haudegen. Mit der kunstvollen Verteidigungsführung Schwenns, die schon auf die Revision zielt, kann er wenig anfangen. Himmelsbach ist der geduldige Hausanwalt der Grafs und immer noch bemüht, dem Freund zu gefallen. Himmelsbach petzt der Staatsanwaltschaft, daß er – »entgegen der Beratung durch Schwenn« – »Herrn Peter Graf von Anfang an dahingehend beraten hatte, alles mögliche zu unternehmen, um den Sachverhalt aufzuklären«. Als Schwenn eine Haftbeschwerde an den 2. Strafsenat des Oberlandesgerichts Karlsruhe wegen mangelnder Erfolgsaussichten zurücknimmt, trennt sich Graf vom Hamburger Anwalt. Das ist Schwenn, der Klienten wie den Hamburger Millionenerben Jan Philipp Reemtsma vertritt, noch nicht häufig passiert.

Der Neue, der Ende Oktober ins Spiel kommt, ist von gewinnendem Wesen: Steffen Ufer, Partner des Münchner Anwalts Rolf Bossi. Den Zyankali-Dealer Hans Henning Atrott hat er erfolgreich vertreten, den Oetker-Entführer Dieter Zlof auch. Viele Prominente stehen in der Mandantenkartei Ufers.

Erst einmal stellt er den Frieden mit Himmelsbach und Slania her. Unter eher belanglosen Geschichten über den Graf-Fall in einschlägigen Gazetten finden sich jetzt regelmäßig die Konterfeis der Mannheimer Anwälte. Ufer ist kein Aktenfresser, aber im Gerichtssaal kann er notfalls ein Stück für drei Hände allein spielen. Der vorsichtige Graf jedenfalls schenkt ihm Vertrauen.

Von Woche zu Woche schwankt der Häftling mehr zwischen Allmachtsphantasien und tiefsten Depressionen. Graf spricht nicht, er läßt wissen – wie früher. Graf begrüßt nicht, er verteilt Huld – wie einst. Aber dann wieder wird er von der Angst gejagt, »aus diesem Knast gar nicht mehr rauszukommen«. »Weihnachten sind Sie frei«, versprechen ihm die Anwälte. Bei einem sogenannten Ersttäter wäre das auch nicht ungewöhnlich.

Jeder Schritt des Grafen wird registriert. Daß der Party-Service vom »Mannheimer Hof« ihn versorgt, sorgt draußen für Neid und Spott. »Wer hat, dem wird gegeben«, krittelt ein Münchner Blatt. Aber der Alltag im Gefängnis ist brutal. Kein Mensch ist für den Knast geboren – Graf schon gar nicht. Mit vielen Tricks versuchen Häftlinge, ein Bild vom Tennisvater zu schießen. Das bringt viel Zaster. Selbst unter der Dusche muß er fürchten, heimlich geknipst zu werden. Weil die Zahnprothese wackelt, möchte er von seinem alten Zahnarzt Wolfgang Hornig in Bammental behandelt werden. Früher sind Ärzte mit mobilem Bohrgerät zu Grafs nach Hause gekommen. Aber jetzt ist alles anders. Richter Bauer faßt einen seiner gefürchteten Beschlüsse:

Die Ausführung des Gefangenen Peter Graf zu einer zahnärztlichen Behandlung bei Herrn Dr. Hornig in dessen Zahnarztpraxis wird angeordnet. Bei der Ausführung ist der Gefangene zu fesseln und von drei Beamten zu begleiten. Bei Abnahme der Handfesseln sind Fußfesseln anzulegen.

Erhält Graf Besuch, sind zumeist zwei Steuerfahnder und ein Gefängnisbeamter im Raum. Graf empfindet das als »unmenschlich«. Unter »einer völlig unangemessenen Bewachung geht jede Intimsphäre verloren«.

Um die Kontakte zu Schnapsverkäufern im Knast zu kappen, wird Peter Graf sogar in die sogenannte Ausländerabteilung verlegt. Er muß sich ausziehen und wird nach Schmuggelgut durchsucht. Eine entwürdigende Prozedur.

Die Hamburger Zeitung mit den großen Buchstaben präsentiert eine Frankfurter Domina als geheimnisvolle Zeugin, die angeblich vor Jahren mit Graf in Marbella geschnäbelt hat. »Es ging um viel Geld und eine düstere Verstrickung.« Am hellichten Tag seien sie »mit einem Schnellboot aufs Meer« gefahren. »Peter Graf warf ein Paket über Bord, zum leichten Auffinden vertäut mit einer Boje.« Purer Unfug, aber einer wie Graf zermartert sich in der Zelle das Hirn, was die Domina wohl beabsichtigt. Sie will nur Schlagzeilen, ist einschlägig bekannt. Als der Baulöwe Schneider verschwand, erklärte sie, auch mit ihm ein Techtelmechtel gehabt zu haben.

21. Die Plauderstunden des Steuerfachgehilfen

Grafs einstiger Helfer Eckardt trat früher gern wie ein dynamischer Unternehmer in schlechten Filmen auf. Ständig unter Dampf verkündete er große Pläne und erklärte, daß er »ratz, fatz« immer »volle Pulle« fahre. Jetzt fügt sich der Steuerfachgehilfe erstaunlich still und geduldig in sein Schicksal. Er jammert nicht und studiert in der Zelle geduldig Tag für Tag die Akten. Er büffelt Englisch, spielt Schach und berät die Mitgefangenen. Keine Geschäfte mit »Bonds« und »Stocks«, doch wichtige Tips. Eckardt führt auch im Knast einen Terminkalender.

Die Fahnder versuchen, sich ein Bild von ihm zu machen. Sie stellen bald fest, daß die Berufsbezeichnung »Steuerfachgehilfe« den Häftling Eckardt nur unzureichend beschreibt. Als sie die Steuerberatungsgesellschaft Mattiacum besuchen, bei der Eckardt vorher angestellt war, erfahren sie ein paar Neuigkeiten. Einen schriftlichen Arbeitsvertrag habe es nicht gegeben. Außerdem habe die Firma »nie das Mandat zur Vertretung der Steffi Graf übertragen bekommen«. Alle Stempel auf Steuererklärungen der Grafs seien dort »nicht rechtmäßig angebracht« worden, Eckardt habe Stempel und Briefpapier sogar noch benutzt, als er mit der Mattiacum schon jeden Kontakt abgebrochen hatte. Beim Auszug habe er zehn Umzugskisten voller Akten mitgenommen, darunter auch die Graf-Papiere.

Nach seinem Ausscheiden in Wiesbaden bezog Eckardt eine Weile vor seiner Festnahme bei dem Mainzer Anwalt Peter H. Dinckels ein Büro. Das ist jener Advokat, bei dem am Tag der ersten Durchsuchung die Warnmeldung der Grafs einging. Seit der Steuerfachgehilfe bei ihm Quartier gemacht hat, findet sich auf Geschäftspapieren der Kanzlei der Hinweis »Steuerabteilung«. Unter der Dinckels-Adresse betreute Eckardt seine alten Mandanten weiter; nahm sich ihrer aber auch namens der Beraterfirmen Joma und Majo an, die er zusammen mit seiner Frau Marita betreibt. Eckardt setzte außerdem noch Karola Link ein, eine ehemalige Mattiacum-Mitarbeiterin, die mit ihm dort ausgeschieden war und nun die Firma Gewerbeservice betreibt. Bei den Durchsuchungen haben die Fahnder überall Spuren gefunden: In Eckardts Haus einen Mattiacum-Stempel, in Links Computer etliche Schreiben in Sachen Graf und bei Dinckels auf dem Dachboden mehrere Kartons mit Graf-Unterlagen – worauf Dinckels eilig versicherte, mit dem Mandat Graf habe seine Kanzlei nichts zu tun.

Vor allem der aufwendige Lebensstil Eckardts hatte die

Ermittler stutzig gemacht. Der Mann, der 1992 ganze 21 707 Mark an zu versteuerndem Einkommen erklärte, hatte ein Haus gekauft, es aufwendig renoviert und während der Bauzeit im Hotel logiert. Beim Tennis-Regionalligisten TSC Mainz war er als Förderer eingestiegen, und auch der Fuhrpark imponierte. Geschäfte hier, Geschäfte da, erklärte Eckardt den Beamten. So habe ihm auf dem Genfer Autosalon ein Bankier einen Ferrari aus der streng limitierten Serie F 50 angeboten. »Sie selbst haben doch einen Ferrari«, sagt ein Ermittler. »Nein, das ist nicht dieser Ferrari, mein Ferrari. Meiner ist viel billiger« – die Volksausgabe eben.

Die Ermittler halten ihm vor, er habe Südmilch-Zahlungen auf ein Konto seiner Firma Majo geleitet, dann über ein Anderkonto des Anwalts Dinckels nicht korrekt abgerechnet und so eine knappe halbe Million für sich abgezweigt. Solche Wege, antwortet Eckardt, habe das Geld im Reiche der Grafs oft genommen. Mal habe er so sein Honorar erhalten, mal verauslagte Gelder zurückerstattet bekommen. Wenn Peter Graf Geld für Weihnachtsgeschenke brauchte, habe er dem Chef schon mal rasch mit hundertausend Mark ausgeholfen. Bei solchen Transaktionen, vermuten die Fahnder, seien rund fünf Millionen Mark irgendwo versickert. In Eckardts Taschen? Ob er sich vorstellen könne, fragt die Staatsanwältin Eckardt in einer der fünf Vernehmungen, daß Peter Graf noch an einem bislang unbekannten Ort Geld untergebracht habe? »Ja«, tönt der eloquente Eckardt, immer auf dem Quivive. »Wie ich seine Depotbestrebungen kenne, ist das ein klares Ja.« Graf, erzählt er, habe sein Geld »auch immer mal angeguckt. Er hatte eine starke optische Ausrichtung zu Bargeld«.

Eckardt glaubt, Konstellationen schnell zu durchschauen und Leute rasch einschätzen zu können. Aber er unterschätzt die Ermittler gewaltig. In den ersten Vernehmungen beschwindelt er die Beamten. Sie wollen genau wissen, was er 1992 mit den vier Schmitt-Ordnern gemacht habe. Keine Ahnung. »Ich habe nie hineingeschaut.« Die Staatsanwältin Krenz nach der Sitzung: »Der lügt.« In weiteren Vernehmungen räumt er ein, vielleicht »mal alte Unterlagen« bekommen zu haben. Nichts Wichtiges, »unwesentlich«. Keine Geschäftspapiere jedenfalls. Die Fahnder werden ärgerlich.

Für den Nachmittag des 29. November laden sie Schmitt-Anwalt Pabst zum Gespräch und lassen sich die ganze Geschichte der Aktenschiebereien noch einmal haarklein erzählen. Am nächsten Tag sind sie wieder bei Eckardt, und der sagt noch immer nicht die Wahrheit. Jetzt sind die Fahnder vergrätzt. Wenn er so weitermache, gebe es ziemlichen Ärger. Sie erzählen ihm, was Pabst ihnen erzählt hat. Die Verhandlung wird unterbrochen. Nach einer Stunde erklärt Verteidiger Bernd Schneider, daß sein Mandant nun »abweichend von seiner bisherigen Aussage rückhaltlos alle Fakten, die ihm bekannt sind«, offerieren werde.

Schneider, ein ehemaliger Zehnkämpfer und Fußballer, gilt in der eitlen Verteidigerbranche als Naturtalent. Sehr behutsam geht er vor; er ist die ideale Ergänzung zu Schwenn, mit dem er häufiger gemeinsam auftrat – beispielsweise im Prozeß gegen die Frankfurter Rotlicht-Größe Hersch Beker. Tatsächlich kommt bei Eckardt das Erinnerungsvermögen zumindest partiell zurück. »Hat Ihnen Dr. Schaumburg gesagt, die Holland-Konstruktion sei grober Unfug, und hat er auch die strafrechtlichen Konsequenzen... erläutert?« – »Dies hat er sicher getan. Er hat gesagt, daß wir uns mit der Holland-Konstruktion sehr schlecht verteidigen könnten, wenn der Wohnsitz nicht nach Monaco verlegt würde. Dieser Fakt«, betont Eckardt zur Verblüffung der Ermittler, habe niemanden überrascht. »Bereits Ende der achtziger Jahre« habe man bei Grafs die Enttarnung befürchtet. »Die Problematik war seit damals bekannt.« Die Beteiligten müssen all die Zeit gute Nerven gehabt oder sich betäubt haben.

»Kennen Sie Unterschriftenautomaten im Hause Graf, und wenn ja, wie viele?« wird Eckardt gefragt. »Ja, ich kenne einen.« Der stand im Büro der Sekretärin Malinowski, hinter ihrem Schreibtisch, links an der Wand. Bei einer der Durchsuchungen haben die Fahnder die Maschine mitgenommen. Das Gerät mit dem Agentennamen »008« hatte die Familie Graf Mitte der achtziger Jahre für rund 16 000 Mark bei der Hamburger Firma Carl-Organisation gekauft. 008 hat die Ausmaße eines kleinen Schreibtisches und verfügt über einen sogenannten Variantengeber: Unter 1000 Unterschriften finden sich keine zwei, die identisch sind. Die Unterschriften sollen echt wirken.

»Es war so«, sagt die Sekretärin Malinowski, »daß ich stets darauf geachtet habe, daß mich niemand Fremdes bei der Handhabung des Automaten sieht. Nicht einmal der Coach sollte mich dabei sehen, da die Fans mit Sicherheit sehr enttäuscht gewesen wären, wenn sie gesehen hätten, daß eine Frau Malinowski diese Autogrammkarten fertigt.« – »Können Sie sich vorstellen«, fragt ein Ermittler die Sekretärin, »daß Stefanie Graf den Automaten bedient hat?« – »Nein.« Auch Peter Graf sei technisch zu ungeschickt. »Eckardt traue ich das eher zu. Dies ist lediglich eine kleine Vermutung.« Aber der Steuerfachgehilfe will mit der goldenen Feder nicht geschrieben haben. »Definitiv nicht.«

Oberrat Bloos vom Bundeskriminalamt hat den Grafschen Automaten zur Begutachtung ins Institut geholt. Das Zählwerk der Unterschriften zeigte 72 172 an. »Die Verbindung des Schreibkopfes mit den Schreibarmen war gelockert. Im Innern des Geräts lagen zwei Rändelmuttern, die zur Befestigung der Schreibschablone dienen.« Aber das Gerät war funktionstüchtig. 48 Unterschriften mit dem Signum Steffi Graf sollte Bloos begutachten. Zum Vergleich hatte ihm Steueramtmann Scholl 16 Originalunterschriften von Steffi besorgt.

Bloos erstellt eine Bilanz: Zwei Unterschriften stammen weder von Steffi noch vom Automaten. Bei zwei weiteren Unterschriften ist nicht zu klären, ob sie authentisch sind oder nicht. 28 stammen von Steffi, 6 vom Automaten im Büro und die restlichen 10 sind von einem anderen Automaten oder mit einer unbekannten Schablone erstellt worden. Bloos ist sich bei diesen zehn Unterschriften absolut sicher:

Eine aufwendige Versuchsreihe mit planmäßiger Variation aller auf die Schriftgestaltung einwirkender technischer Komponenten bewies, daß die zu verzeichnenden Formabweichungen niemals durch eine wie auch immer geartete Manipulation des beschlagnahmten Schreibautomaten erzielt werden könnten.

Die beiden kleinen »f« im Vornamen sind auffällig, das große »G« auch und der Abstrich des kleinen »f« im Familiennamen. Alle Steuererklärungen und die Vollmacht für Eckardts Gespräch beim Finanzamt sind mit dem unbekannten Gerät gefertigt worden – Verträge auch. Eine zweite Schablone, die möglicherweise ein geändertes Schriftbild ergäbe, ist aber nach Auskunft der Hamburger Firma Carl weder bestellt noch angefertigt worden.

Auf dem gesamten europäischen Markt gibt es keinen Automaten, der solche Signaturvarianten zeichnet. Die Fahnder hegen einen Verdacht. Möglicherweise würden die heißen Unterschriften auf den Steuererklärungen ja von einer goldenen Feder stammen, die in den USA steht. Die Grafs bestreiten das. Nur Eckardt ist böswillig: »Es liegt nahe, daß sie von einem Automaten in Amerika stammen.«

In Amerika beendet Steffi ihr Tennisjahr. In Philadelphia tritt sie bei ihrem zehnten Turnier 1995 an – es war ihr achter Erfolg. Mit 6:1, 4:6, 6:3 fertigt sie Lori McNeil im Finale ab. Das ist ihr 43. Sieg bei 45 Matches. Dieses Jahr 1995 sei das beste ihrer Karriere, bilanziert sie, »besser sogar noch als 1988, als ich den Grand Slam und Olympia gewonnen habe«.

Vor dem Masters wird sie wieder einmal als Spielerin des Jahres ausgezeichnet. Im schwarzen Abendkleid tritt Steffi im Madison Square Garden ans Netz, wo Martina Navratilova und Chris Evert ihr gratulieren. »We love you«, rufen die Zuschauer. »Thank you, I love you too«, ruft Steffi zurück. In New York wird selbst sie zum Popstar, in New York wird sie mutig. Immer schon, verrät sie, wäre sie gern frecher auf den Platz marschiert: sexy, im engen Kleid. Einmal, in Wimbledon, hatte sie schon eines ausgewählt, aber wenige Minuten vor dem Match zog sie sich doch wieder um: »Du willst keinen Rockteil, der ständig hochrutscht.« Seitdem fehlte ihr »der Mumm«.

Nun, im Garden, traut sie sich. Im hautengen weißen Kleid besiegt sie Amanda Coetzer 6:2, 6:2, und sie fühlt sich wohl: »Es hat mich nicht gestört.« – »Dressed for success«, schreibt die *New York Times*, während die *Daily News* wie gewohnt zünftiger kommentiert: »Steffi dressed to kill.« Die Deutsche ist tatsächlich nicht aufzuhalten. Leicht schiebt sie erst Mary Joe Fernandez (6:3, 6:4) und dann Natascha Zwerewa (6:4, 6:3) aus dem Wettbewerb.

Im Finale wartet dann, überraschend, die Karlsdorferin Anke Huber. Und, noch überraschender, es wird ein Krimi. Stets legt Steffi vor, immer wieder aber zieht die Huber nach. 6:1, 2:6, 6:1, 4:6, 6:3. »Am Anfang«, meint Huber, »war ich so nervös, daß ich den Schläger kaum halten konnte. Und zum Schluß wollte ich einfach zuviel.« Steffi muß wieder einmal weinen. Sie versteckt sich hinter einem riesigen Handtuch, als sie die ersten Interviews gibt. Dieses Endspiel sei »das unbeschreibliche Ende eines unbeschreiblichen Jahres«. Zunächst hätte sie geglaubt, »daß ich manche Hürden nicht nehmen kann. Doch ich habe mich auf sportliche Ziele konzentriert und die Probleme zur Seite legen können.« Sie sei wohl, fügt sie noch an, »als Mensch über meine Grenze gegangen«.

Steffi steht zu ihrem Vater, weil er ihr Vater ist. Aber sie offeriert ihm jetzt die Zahlung einer Art Abfindung von fünf Millionen Mark. Doch Graf lehnt zunächst ab. Er mutmaßt, fälschlicherweise, daß Danckert hinter der Offerte stecke. Am 28. November gibt Graf eine erste Erklärung ab, in der er noch mal seine Tochter von allen Vorwürfen reinzuwaschen versucht:

Zur Verantwortlichkeit für Steuerangelegenheiten meiner Tochter Stefanie Graf nehme ich wie folgt Stellung:

Aus meiner Stellung als Vater und gesetzlicher Vertreter meiner damals noch minderjährigen Tochter Stefanie ergab es sich, daß ich für sie auch alle wirtschaftlichen, finanziellen und damit auch steuerlichen Angelegenheiten erledigte. Meine Ehefrau Heidi Graf hat mir diese Aufgaben vollständig anvertraut und war praktisch damit nicht befaßt.

Nach Volljährigkeit meiner Tochter (14.06.1987) habe ich diese Aufgaben weiterhin fortgeführt, ohne daß wir hierüber eine ausdrückliche Regelung getroffen haben. Nach wie vor bestand ein gegenseitiges Einvernehmen, daß ich sie von allen geschäftlichen und steuerlichen Angelegenheiten entlaste und sie sich voll auf das Tennisspielen konzentriert. Da ich mich mit der sportlichen Betreuung (Training und Coaching rund um die Uhr) befaßte, wurde die wirtschaftliche und steuerliche Betreuung den Herren Schmitt und Eckardt übertragen.

Nach meinem Verständnis und wohl dem auch meiner Tochter wirtschafteten wir in einen »Topf«, das sog. Sunpark-Modell. Hieraus erhielt ich eine jährliche Festvergütung über Sunpark. Es bestand ferner grundsätzliches Einvernehmen mit meiner Tochter, daß ich am Ende ihrer sportlichen Karriere nach einer Gesamtabrechnung noch eine Erfolgskomponente in Höhe der üblichen Managervergütung gewissermaßen als Grundlage meiner Altersversorgung erhalten sollte. Auf diese habe ich im Bedarfsfalle, ohne Rückfrage mit meiner Tochter zu halten, à conto Abhebungen vorgenommen, wobei ich ihr stillschweigendes Einverständnis unterstellte.

Andererseits forderte ich von meiner Tochter unbedingtes Vertrauen, das sie mir auch schenkte. Sie hatte zu keinem Zeitpunkt vor meiner Verhaftung von mir Rechenschaft, Rechnungslegung oder Auskunft über Verbleib und Anlage der Gelder gefordert. Natürlich hatte sie aus Presseberichten, und soweit sie selbst Verträge unterzeichnet hatte, eine ungefähre Vorstellung über die Einnahmen. Darauf hat sie mich gelegentlich angesprochen, ohne daß wir dabei steuerliche Fragen diskutiert hätten. Meine Tochter wurde von mir dahingehend unterrichtet, daß aus steuerlichen Gründen ihre Werbeeinnahmen an die Sunpark zu fließen hätten und deshalb mit dieser Gesellschaft Verträge abzuschließen seien. Ich habe meiner Tochter erklärt, daß diese Gestaltung von vielen Künstlern und Spitzensportlern zum Zwecke der Steuerersparnis unbeanstandet genutzt werde. Die Unbedenklichkeit der mir vorgeschlagenen Gestaltung sei durch namhafte Steuerexperten und auch durch deutsche und holländische Finanzbehörden bestätigt worden. Darüber hinaus wache Herr Eckardt auf die Einhaltung der steuerlichen Anforderungen im Benehmen mit den ausländischen Steuerberatern.

Für mich bestand nicht der geringste Anlaß, gegenüber meiner Tochter irgendwelche Steuerfragen näher darzulegen oder solche zu problematisieren. Vielmehr ging ich selbst davon aus, daß der eingeschlagene Weg legal sei.

Diese Annahme wurde erst durch die strafrechtlichen Ermittlungen in Frage gestellt. Noch Ende März 1995 und auch nach der Durchsuchung hatte mir Herr Eckardt versichert, daß keinerlei Vorwürfe drohten und lediglich Zuschätzungen aufgrund von Gewinnabgrenzungsfragen in einer Größenordnung von maximal 700 000 Mark im Raume stünden.

Ich bedaure sehr, daß ich meine Tochter durch das Sunpark-Modell und meine Tätigkeiten der Gefahr der Strafverfolgung ausgesetzt habe.

Zehn Tage später gibt Graf eine weitere Erklärung zum Steuerfall ab. Sie umfaßt 18 Seiten, enthält aber wenig Neues. Vor allem weist er die Schuld seinen Erfüllungsgehilfen zu, er selbst habe sich nichts vorzuwerfen:

Nachdem die sportlichen Erfolge meiner Tochter immer größer wurden und nachdem sie damit auch als Werbepartnerin für große Firmen interessanter wurde, beauftragten wir Anfang des Jahres 1987 Herrn Horst Schmitt, der sich insbesondere um die kommerzielle Vermarktung der Werberechte von Stefanie Graf kümmern sollte, während ich dadurch mehr Zeit fand, mich auf die sportliche Seite des Managements zu konzentrieren. Unser Steuerberater war damals Firma Mattiacum GmbH, wobei Herr Joachim Eckardt dort beteiligt war und auch unsere Steuerangelegenheiten als Steuerberater erledigte. Nachdem es gelungen war, noch vor dem Erreichen der Volljährigkeit meiner Tochter interessante und hochdotierte Werbeverträge für sie abzuschließen, wobei die Werbeeinnahmen im wesentlichen an bestimmte Erfolge bzw. an ihre Plazierungen in der Weltrangliste geknüpft wa-

ren, wurde ich von vielen Seiten darauf hingewiesen, daß es bei Sportlern und bei Künstlern sinnvoll sein könne, die Werbeeinnahmen auf einen Lizenzträger zu übertragen, der die Einnahmen dann erst ausschüttet, wenn der Sportler seine Karriere beendet.

Gleichzeitig wurde mir von verschiedenen Stellen angeraten, daß wir unseren Wohnsitz in das Ausland, beispielsweise nach Monaco, verlegen sollten, um dadurch die besonders hohen deutschen Steuern zu sparen. Wir hatten auch für meine Tochter in Zusammenarbeit mit Advantage International, die eine Mitarbeiterin zur Verfügung stellte, bereits eine Wohnung in Monte Carlo angemietet und führten Anfang 1986 Gespräche mit Herrn Mayer-Vorfelder und Beamten der OFD, wobei mir und Herrn Eckardt erklärt wurde, uns bei der steuerlichen Gestaltung hilfreich zu sein. Ich besprach dann später diese Gedanken mit Herrn Horst Schmitt und bat ihn, für meine Tochter überprüfen zu lassen, ob eine derartige Gestaltung möglich sei. Herrn Schmitt wurde damals vorgeschlagen, die Rechte einer holländischen Lizenzfirma zu übertragen, da sich auf Grund des deutsch-niederländischen Doppelbesteuerungsabkommens völlig legale Möglichkeiten ergeben würden, daß die holländische Firma die Werbeeinnahmen sammelt, wobei lediglich ein relativ niedriger Steuersatz in Holland zu entrichten war, wobei die holländische Firma dann später die gesammelten Einnahmen ausschütten sollte. Herr Schmitt nahm Kontakt mit holländischen Firmen und Institutionen auf und geriet dabei auch in Verbindung mit Herrn Steuerberater A. P. Lier, der damals Mitarbeiter einer großen Steuerberaterkanzlei in Amsterdam war. Herr Steuerberater Lier wurde beauftragt, eine entsprechende steuerliche Konzeption für meine Tochter auszuarbeiten, was dazu führte, daß es zu der Gründung der sog. Sunpark-Firmengruppe kam. Er hatte vorgeschlagen, daß meine Tochter und ich weltweit alle Rechte an der Ausnützung des

Namens und des Rufes, bezogen auf Werbeaktivitäten, an eine holländische Firma namens Sunpark Sports B.V. übertragen, worauf am 01. Mai 1987 ein entsprechender Vertrag abgeschlossen wurde. Als Gegenleistung für die Übertragung der Rechte wurde zunächst vereinbart, daß Sunpark Sports B.V. meiner Tochter jährlich 500 000 Mark und an mich 300 000 Mark auszahlt, wobei diese Beträge später auf 700 000 Mark bzw. DM 400 000 erhöht wurden. Mir selbst wurde erklärt, daß diese Beträge hier in Deutschland zu versteuern seien, während die an Sunpark Sports B.V. gezahlten Werbeeinnahmen meiner Tochter erst im Zeitpunkt der Ausschüttung zu versteuern seien.

Damals war zunächst noch in der Diskussion, daß meine Tochter ihren Wohnsitz nach Monaco verlegen sollte, wohin die Erträge später ausgeschüttet werden sollten. Nachdem wir später davon abkamen, teilten wir dies Herrn Steuerberater Lier mit, der uns daraufhin vorschlug, die Sunpark-Gruppe umzugestalten und zwar dergestalt, daß an Stelle der zunächst agierenden Muttergesellschaft, Firma Avantage in Liechtenstein, die Muttergesellschaft Sunpark N.V. in Curaçao unter Beteiligung der großen und international anerkannten Managementfirma Advantage Inc. USA errichtet wurde, was schließlich nach den Vorschlägen von Herrn Steuerberater Lier geschehen ist…

Bereits 1986 und in der Folgezeit hatte Herr Lier die von ihm gewählte Konstruktion mit unseren Steuerberatern, Firma Mattiacum GmbH, und unserem Sachbearbeiter, Herrn Steuerberater Eckardt, besprochen, wobei uns mitgeteilt worden war, daß die vorgeschlagene Gestaltung absolut legal sei. Er wies darauf hin, daß Holland nicht als Steueroase einzuordnen sei.

So geht das Seite für Seite.

Bezüglich der Einkommensteuererklärung für das Kalenderjahr 1993 kann ich nur darauf hinweisen, daß ich nicht in der Lage war, den Automaten zu bedienen … und daß ich keine Anweisung gegeben habe, dieses Gerät für die Unterzeichnung irgendeiner Steuererklärung oder eines Vertrages zu verwenden.

Dann kommen ein paar nachdenklichere Töne:

Solange meine Tochter minderjährig war, habe ich als Vater und gesetzlicher Vertreter für sie gehandelt. Bei Abschluß von Verträgen habe ich mir keine besonderen Gedanken gemacht, ob ich in meinem Namen oder als gesetzlicher Vertreter auftreten soll. So bin ich auch bei Abschluß der Verträge mit der holländischen Gesellschaft Sunpark Sports B.V. ohne besondere Überlegungen – Stefanie stand an der Grenze zur Volljährigkeit – rein praktisch vorgegangen. Ich habe einfach als Inhaber der Rechte an Namen und Persönlichkeit meiner Tochter agiert.

Ich habe ihr bei dieser Gelegenheit die vorgeschlagene Gestaltung kurz skizziert und ihr versichert, daß alles ordnungsgemäß sei. Wir hatten uns auch über die Beträge unterhalten, die die Sunpark an jeden einzelnen von uns jährlich zahlen sollte. Das waren anfänglich 500 000 Mark für meine Tochter und 300 000 Mark für mich. Sie war damit einverstanden und hat dies nach Erlangung der Volljährigkeit auch formlos bestätigt, indem sie diesen Zahlungen nicht widersprach. Ich erklärte ihr, daß wir aus dieser Struktur nur die genannten Beträge zu versteuern hätten. Im übrigen vertraute sie meiner Aussage, daß ich zum Wohl der ganzen Familie agiere. Eine klare oder gar schriftliche Vereinbarung über die Vergütung meiner Tätigkeit habe ich mit meiner Tochter nicht getroffen.

Nur gesprächsweise habe ich geltend gemacht, daß meine

Leistungen ebenso zu bewerten seien wie die von Herrn Tiriac für Herrn Becker. Meine Tochter widersprach dem nicht. Aus unserer beider Sicht war noch lange Zeit, Festlegungen zu treffen. Zuerst ging die sportliche Karriere vor. Entscheidungen über meine wirtschaftliche Teilhabe an dem Erfolg meiner Tochter waren nicht eilbedürftig. Die laufenden Vergütungen von Sunpark reichten für jeden von uns aus, die laufenden Kosten und Lebensbedürfnisse zu decken. Meine Vorstellung war immer, daß erst mit Ende der Karriere meiner Tochter eine Gesamtabrechnung erfolgte und ich dabei Managementgebühren wie jeder andere in der Tennisbranche beanspruchen könne, die mir dann als Altersversorgung zufließen. Meine Tochter hielt die Zeit hierfür noch nicht für reif. Ich ebensowenig. Solange mir meine Tochter die Rolle des »Schatzmeisters« überließ, bestand für mich kein Handlungsbedarf. Andererseits erbat ich und erhielt ihr vollstes Vertrauen in allen Finanzangelegenheiten. Sie hat mich nie um Rechenschaft oder Auskunft über die Anlage oder den Verbleib von Geldern gebeten. Hatte ich ihr doch aus kleinen Verhältnissen heraus unter persönlichen und finanziellen Opfern erst die Entwicklung zur Spitzensportlerin ermöglicht. Andererseits sah ich die Gefahr, daß meine erwachsene Tochter in die Hände falscher Ratgeber fallen könnte. Um so mehr suchte ich ihren Einblick in die finanziellen Verhältnisse abzuschirmen. Dies ist mir bis zuletzt gelungen. Erst nach meiner Verhaftung kam ich nicht mehr umhin, die finanziellen Angelegenheiten zu offenbaren und ihr sämtliche verfügbaren Geldmittel anzuvertrauen.

24. Die Gefängnistore bleiben zu

Noch vor Weihnachten, so signalisieren die Anwälte, komme Graf frei. Auch Zeitungen machen mobil. Während *Bild* im hauseigenen Imperativ holzt (»Vater Graf: Holt mich raus«), übernimmt die *Süddeutsche Zeitung* den seriösen Part. Ein mitfühlendes Feuilleton (»Von Anfang an verdammt«) irritiert die Mannheimer Justiz beträchtlich. »Der Fall Peter Graf: Das erste Interview« ist zwar kein Interview nach herkömmlichen Maßstäben, weil nur ein paar lose Graf-Zitate eingestreut sind. Aber die Geschichte zeigt Wirkung.

Die Story erscheint am Tag des Haftprüfungstermins bei Richter Bauer. Und da ist soviel öffentliche Anteilnahme wenig hilfreich. 134 Tage nach der Festnahme steuert Graf zudem zur Sache weiterhin wenig bei. Er habe sich auf seine Berater verlassen, exzellente Fachleute. Bauer hört interessiert zu. Auch als Ufer betont, daß Graf »Verlierer des Jahres« sei und deshalb keine Fluchtgefahr bestehe.

Zunächst erläßt Richter Bauer einen neuen Haftbefehl. »Der Beschuldigte Peter Graf«, steht da, ist »dringend verdächtig, Steuern zum Vorteil seiner Tochter Stefanie Graf in Höhe von mindestens DM 21 093 902 Mark hinterzogen zu haben.« Der erfahrene Ufer hält dagegen, daß nichts mehr zu verdunkeln sei. 20 Millionen Mark lägen für die Steuerrückzahlung bereit. Darüber hinaus bietet der Anwalt zunächst eine Kaution über fünf Millionen Mark an, erhöht dann auf zehn Millionen Mark. Bauer erklärt, er werde in vier Tagen entscheiden. Schon nach drei Tagen ist es soweit. Er bespricht mit Ufer stundenlang die Kautelen einer Freilassung. Dann lehnt er die Haftbeschwerde ab:

Die Verteidigung hat in dem Termin bekanntgegeben, der Beschuldigte sei in den Medien sogar zum »Verlierer des Jahres« gewählt worden. Abwertender läßt sich die zu erwartende gesellschaftliche Diskriminierung kaum ausdrücken. Gleichzeitig wird seine Tochter nurmehr von dritter Seite gemanagt. Was also sollte der Beschuldigte, der beträchtliches Bar-

und Immobilienvermögen im Ausland hat, davon abhalten, sich diesem für ihn hochnotpeinlichen Verfahren zu entziehen?

Eine Kaution, wie sie von der Verteidigung nunmehr neben der Besicherung der Steuerfahndung mit weiteren 5–10 Millionen Mark in Aussicht gestellt wird, käme zur Beseitigung der Verdunklungsgefahr überhaupt nicht in Frage. Die Fluchtgefahr kann aber auch nicht ausgeräumt oder zumindest so sehr reduziert werden, daß es verantwortet werden könnte, den Beschuldigten unter Auflagen zu entlassen. Im Grunde genommen verfügt das Gericht über keinerlei exakte Erkenntnisse, wieviel Vermögen der Beschuldigte und seine Tochter besitzen. Weiter ist unbekannt, wie sehr seine Tochter bereit ist, in die Freiheit des Beschuldigten zu investieren. Von der angebotenen Kaution von 10 Millionen Mark soll die Hälfte von Steffi Graf beigesteuert werden. Diese könnte aber sehr wohl erwägen, sich erkenntlich zu zeigen, um ihrem jetzt 57jährigen Vater weitere Schmach und Inhaftierung zu ersparen. Schließlich dürfte Frau Graf sich dessen bewußt sein, daß der Beschuldigte sich im pekuniären Interesse der Familie strafbar gemacht hat. Daß Frau Graf schwer, aber schnell ihr Geld verdient, hat das Gericht a.a.O. bereits ausgeführt.

Im Keller der Justizvollzugsanstalt Karlsruhe kann auch vor Weihnachten keine Gemütlichkeit aufkommen. Es riecht sauer und muffig. Der Dunst der Küche scheint sich mit dem Mief der Zellen gemischt zu haben. Aber um dem Presserummel zu entgehen, ist Haftrichter Bauer zur Haftprüfung Eckardts in den Knast gefahren. Aus einer hohen, rötlichen Kanne wird, wie auf einem Campingplatz, Kaffee gepumpt.

Peter Graf, das erfährt Eckardt an diesem 19. Dezember, ist nicht mehr gut auf seinen einstigen Gehilfen zu sprechen. Er hat ihn sogar angeschwärzt. Vier Tage vor der Durchsuchung im Mai, petzte Graf den Ermittlern, sei Eckardt gewarnt worden. Der Buchhalter habe danach rasch ein paar Ordner verschwinden lassen. Eckardt fährt hoch. »Der spinnt.« Dann stößt er noch eine Warnung aus. Der Graf solle mal »ganz vorsichtig« sein. Aber zum Bedauern der Fahnder erläutert er seine Warnung nicht.

Gut eineinhalb Stunden lang wird wieder über die Fluchtwege der Graf-Gelder gefachsimpelt. Es geht jetzt auch darum, ob bei Eckardt vielleicht ein paar Millionen hängengeblieben sind. Denn die Ermittler können die rasenden Bewegungen auf Eckardts Konto in Wiesbaden nicht nachvollziehen. Aber der Häftling dementiert. »Keine Mark« habe er unrechtmäßig eingesackt. Er habe sogar Graf häufiger Geld vorgestreckt. Haftrichter Bauer sitzt dabei und macht sich ein paar flüchtige Notizen. Staatsanwältin Krenz schwankt zwischen Freundlichkeit und Strenge, und Fahnder Schollmeier wirkt ausgesprochen gut gelaunt.

Aber Rechtsanwalt Schneider macht sich keine Illusionen. Er zieht den Haftprüfungsantrag wegen Aussichtslosigkeit zurück. Schneider will auf ein Signal von Bauer im Januar oder Februar warten, doch große Hoffnungen machen sich der Anwalt und sein Mandant nicht.

Steffi Graf sondiert derweil den Finanzmarkt. Sie hat die Experten von Price Waterhouse, der sechstgrößten Wirtschaftsprüfungs- und Unternehmensberatungsgesellschaft der Welt, eingeschaltet, und die raten ihr, einen Teil der Gewinne aus den letzten Jahren in Ost-Immobilien anzulegen, für die es hohe Sonderabschreibungen gibt. Eine Immobilientochter der Deutschen Bank bietet für ein Gewerbeprojekt in der Leipziger Innenstadt eine Mietgarantie von mindestens zehn Jahren an. Aber das Projekt soll 43 Millionen Mark kosten – ein hohes Risiko. Was hilft der Steuervorteil, wenn die Immobilie im Jahre 2006 womöglich nicht mehr vermietbar ist? Auch der Kauf von Wohnungen in Berlin steckt voller Unwägbarkeiten. Steffi verzichtet – der Vater ist erleichtert. Als Bargeldfetischist ist er immer gegen solche Experimente gewesen.

Den Lesern der *Frankfurter Allgemeinen* werden zum Jahreswechsel exklusive Grüße zuteil. In einer ganzseitigen Anzeige bedankt sich Steffi bei den Fans so, wie sich früher Opel bei ihr für ihre Siege bedankt hat:

An meine Fans, Freunde und Familie. An alle, die mir nahe sind, auch wenn sie nicht bei mir sein können. An meine Sponsoren Adidas, Harilela, Opel, Rexona, Toa und Wilson. Danke für Ihre Unterstützung in einem gar nicht so leichten Jahr, das mich dennoch weitergebracht hat. Ich wünsche Ihnen allen ein gutes, erfolgreiches Neues Jahr. Danke. A friend in need is a friend indeed.

Die Kosten für die Aktion, 54 912 Mark plus Mehrwertsteuer, können als Betriebsausgaben von der Steuer abgesetzt werden.

1996

1. Hoffnung für Steffi

In den ersten Tagen des neuen Jahres sitzt Peter Graf in der Zelle und studiert die Post. »Verlieren Sie nicht den Mut, und lassen Sie sich nicht runterkriegen«, schreibt Frau A. Sheffer aus dem niederländischen Groningen, die schon lange Anteil am Leben der Tennisfamilie nimmt. »Ich wünsche Ihnen viel Kraft.« Als Trost zitiert sie den 1. Petrus-Brief, Kapitel 3, Vers 15. »Seid stets bereit, jedem Rede und Antwort zu stehen, der nach Hoffnung fragt, die euch erfüllt.« In der revidierten Lutherbibel der Evangelischen Kirche in Deutschland lautet die Petrus-Stelle ein wenig anders, und diese Version paßt noch besser zur gegenwärtigen Lage Peter Grafs: »Seid allezeit bereit zur Verantwortung vor jedermann, der von euch Rechenschaft fordert über die Hoffnung, die in euch ist.«

Peter Graf hat die Idee, einen Appell an das deutsche Volk zu richten. Er will öffentlich darum bitten, daß die Presse und das Fernsehen die Familie und seine Tochter unterstützen. »Nur mit aller Hilfe«, notiert der Häftling, »kann sie wieder zu einer der besten Botschafterinnen unseres Landes werden. Ich bitte um Fairneß für Steffi, meine gesamte Familie und letztlich auch für mich.«

Aber die Menschen draußen sind feindselig. Sie verstehen ihn einfach nicht. Er wird behandelt wie ein richtiger Ganove. Weil Peter Graf Anfang Januar vor dem Parlamentarischen Untersuchungsausschuß erscheinen soll, empfiehlt Anstaltsleiter Winkler besondere Sicherheitsvorkehrungen, die »Fesselung der Hände gegenläufig übereinander vor dem Körper«. Die Vorführung bleibt Peter Graf erspart, weil er vor dem Ausschuß nicht aussagen will.

Die Ermittler brüten auch über einer abgefangenen Postkarte an Peter Graf mit Poststempel Schwetzingen. Ein Ulli berichtet von »einer Kiste, die wir für dich gefertigt haben«. Und es ist die Rede davon, daß unter Mithilfe eines Beamten ein Telefon in den Knast geschmuggelt wird. Soll Peter Graf befreit werden? Vorsicht ist jedenfalls geboten.

Tochter Steffi nimmt inzwischen, so DTB-Präsident Claus Stauder, »ihre Angelegenheit beherzt in die eigenen Hände«. Eine langwierige Fußverletzung macht in den ersten Wochen des Jahres aus dem Tennisprofi Steffi Graf eine richtige Geschäftsfrau. Anfang Januar fliegt sie für zwei Tage in die deutsche Hauptstadt. Sie trifft sich mit ihrem Berliner Anwalt Danckert, um Probleme der vergangenen Woche zu diskutieren. Das steuersparende Investitionsmodell, der rund 43 Millionen Mark teure Immobilienkauf in den neuen Bundesländern, war reichlich riskant. Kurz vor Ultimo hatte Steffi den Anwalt mit allen Vollmachten ausgestattet, aber doch insgeheim einen teuren Fehlgriff befürchtet. Weil auch er sich bei den zu kalkulierenden Risiken nicht sicher war, blies Danckert den Kauf ab. Das erste große Geschäft der Steffi Graf ist damit gescheitert; immerhin ging kein Geld verloren.

Dafür sieht es an der juristischen Front, wie Danckert erkennt, ungleich besser aus. Von Anfang an hat der Anwalt auf Einstellung des Ermittlungsverfahrens gedrängt. Ein paarmal war es eng geworden, aber jetzt gibt es Hoffnung. Lediglich der grantelnde Steuerfahnder Schollmeier stänkert immer noch. Wenn die Steuerbürgerin Graf wirklich so arglos sei, wie sie tue, argumentiert der Beamte, müsse sie auf ihre Schuldfähigkeit untersucht werden. Steffi beim Psychiater – das wäre Gesprächsstoff allerersten Ranges. »Nicht mit mir«, sagt die Krenz barsch. Sie verhandelt bereits mit Danckert über die Einstellung nach Paragraph 153a der Strafprozeßordnung.

Der Paragraph 153a ist 1974 in die Strafprozeßordnung aufgenommen worden: »Einstellung nach Erfüllung von Auflagen« heißt sein Tenor. Damit wird der Paragraph 153 der StPO (»Einstellung wegen Geringfügigkeit«) ergänzt. Mit Zustimmung des zuständigen Gerichts und der Beschuldigten kann die Staatsanwaltschaft – nach Erfüllung von Auflagen – von einer öffentlichen Klage absehen. Der Paragraph ist 1993 geändert worden. Die Schwere der Schuld steht jetzt im Mittelpunkt. Geldzahlungen sind beim Paragraphen 153a die Regel. Sie können happig ausfallen.

Im Fall Steffi Graf wird gefeilscht wie bei Tarifverhandlungen. Die Staatsanwältin will 4,5 Millionen Mark, Danckert möchte eine Zwei vor dem Komma haben. Man nähert sich bei drei Millionen Mark an. Aber es ist noch nicht das letzte Wort gesprochen und, vor allem, Oberstaatsanwalt Wechsung muß zustimmen. Der sperrt sich. Und der Generalstaatsanwalt in Karlsruhe beobachtet die Aktivitäten der Mannheimer Ermittler genau.

Auch für das Tennismanagement scheint die neue Form gefunden. Am 5. Januar trifft Ion Tiriac mit Steffi zusammen. Er gilt in der Branche immer noch als Spitzenmann, obwohl ihm nach Boris Becker gerade erst Anke Huber ihr Vertrauen entzogen hat. Auf die Idee mit Tiriac ist der Journalist Pohmann gekommen, und Danckert hat zugestimmt. Bei den Grafs war zwischenzeitlich sogar mal Ricki Osterthun im Gespräch – ein früherer Daviscup-Spieler zwar, aber im Sportmanagement eher ein Neuling. Im Dezember hat die Weltranglistenerste schon einmal mit Tiriac beieinandergesessen, doch beide hatten wenig Zeit. Jetzt reden sie fast einen Tag lang miteinander.

Steffi will sich von der amerikanischen Agentur Advantage trennen. Eigentlich ist nichts Dramatisches passiert. Man hat sich, wie in einer angeknacksten Beziehung, entfremdet. Bei der letzten Begegnung mit Picciotto ist es Steffi aufgefallen. Sie wußte kein Gespräch anzufangen, und von dem Amerikaner kamen auch nur hastige Fragen. Außerdem hatte sie sich über ein paar Ungenauigkeiten bei der Anlage ihres Geldes geärgert. Richtigen Streit gab es nur um einen Sponsorenvertrag mit der japanischen Elektronikfirma Oki. Steffi hatte verlangt, daß die Abmachung auf ihren Namen laufe. Die Amerikaner, die den potentiellen Werbepartner vermittelt hatten, erklärten, daß die Japaner lieber mit Advantage abschließen wollten. Angesichts der noch laufenden Ermittlungen hielten die um ihr Image besorgten Asiaten dies für die eleganteste Lösung. Da mochte Steffi nicht mitspielen: »Dann unterschreibe ich eben nicht.«

Weltweit, so verabreden Steffi und Tiriac, soll jetzt der Rumäne für das Unternehmen Graf auftreten – auch in Deutschland, was Picciotto immer verweigert worden war.

Terminplanung, Pressebetreuung, Schaukämpfe – um alles sollen sich die Leute Tiriacs künftig kümmern. Neue Verträge soll der Rumäne besorgen und alte, brüchig gewordene Verbindungen reparieren.

Schon früher mal, in den Achtzigern, hatte Horst Schmitt eine Zusammenarbeit mit Tiriac angeregt. Das Dreamteam Graf, Becker, Tiriac wäre »unschlagbar«, schwärmte er Peter Graf vor. Der aber guckte nur angeekelt: »Warum sollen wir Boris und Tiriac helfen?«

An der Seite Steffi Grafs könnte Tiriac wieder zum Dominator des deutschen Tennis werden. Seine Turniere in Stuttgart und Essen gewinnen ständig an Bedeutung. International hat er sich mit Mark Miles, dem Präsidenten der Männer-Spielerorganisation ATP, einen starken Verbündeten an die Seite geholt: Tiriac organisiert die nächsten ATP-Finals in Hannover. Und mit der Vorzeigefrau des deutschen Tennis würde auch sein Einfluß auf den Verband wieder wachsen. Denn der DTB »verdient mit Graf Geld«, weiß Generalsekretär Sanders. Er fügt hinzu: »Ohne sie bekommt der Verband Prügel.«

Als Steffi ihrem Vater die Details des mit Tiriac verabredeten Vertragsentwurfs vorträgt, wirkt der Häftling zunächst gelassen, aber die Antwort fällt wie erwartet aus: »Unterschreibe nicht.« Er fühlt sich übergangen. Natürlich hat er im Gefängnis selbst mal den Namen Tiriac oder auch den des neuen Becker-Managers Axel Meyer-Wölden ins Spiel gebracht. Aber an eine Zusammenarbeit mit seinem rumänischen Erzfeind hat er nicht wirklich ernsthaft gedacht. Das Gerücht irritiert auch die Branche. Adidas-Vorstandsvorsitzender Louis-Dreyfus und Meyer-Wölden diskutieren über das geplante Tiriac-Engagement. Meyer-Wölden: »Warum ruft die Steffi nicht Boris an und fragt, weshalb die beiden auseinandergegangen sind?«

Tiriac und auch Steffi Graf bemühen sich, das Arrangement geheimzuhalten. Immer wieder dementiert Tiriac Gerüchte gegenüber Insidern. Schließlich hat ja Advantage noch einen gültigen Vertrag. Beim Streit um Becker hat Tiriac erfahren, daß so ein Wechsel gut vorbereitet sein muß, soll er denn auch klappen. Doch nach Steffis Besuch im Knast wird die neue Tennis-Liaison im SPIEGEL publik. »Ich kann nicht sagen, daß irgend etwas endgültig ist«, stottert der überraschte Tiriac. Eilig fügt er noch hinzu, daß »Steffi die größte Sportlerin aller Zeiten« sei. Und »natürlich wäre eine Zusammenarbeit interessant«.

Ein Profi muß ran. Im Unternehmen Graf geht es weiter zu wie in einem Kramladen. Nur daß im August vergangenen Jahres, als Peter Graf verhaftet wurde, der Mann hinter dem Tresen irgendwie abhanden gekommen ist.

Die Kundschaft jedenfalls ist schon sehr verblüfft. In den ersten Wochen des neuen Jahres spuckt ein Faxgerät in der Zürcher Europazentrale des US-Konzerns General Motors ein seltsames Blatt aus. Rechts oben auf dem einseitigen Schreiben prangt der Jungmädchenstempel der Stefanie Graf aus Brühl, Luftschiffring 8. Darunter hat jemand mit steiler Handschrift geschrieben, die Weltfirma möge doch die noch ausstehenden Opel-Werbegelder für die weltbeste Tennisspielerin zahlen. Man habe nun endlich ein Konto für die Überweisung gefunden. Der Betrag von mehr als einer Million Mark, so die höfliche Bitte, solle dem Konto 1862010 bei der Bezirkssparkasse Schwetzingen gutgeschrieben werden. Die Graf-Sekretärin Malinowski hat die dürren Zeilen, die so gar nichts von einer Rechnungsaufstellung haben, unterzeichnet.

»Chefin im Hause«, hat Sekretärin Malinowski den Ermittlern verraten, sei nun Steffi Graf. Der Tennisstar erteile jetzt persönlich die »Weisungen«. Aber das Rechnungschreiben konnte das neue Damendoppel aus Brühl offenbar noch nicht üben.

Steffi steht inzwischen wieder fast ausschließlich auf dem Trainingsplatz. Nach vier Monaten Wettkampfpause tritt sie Mitte März in Indian Wells (Kalifornien) wieder an. Sie siegt standesgemäß, und ihre Gegnerinnen sind schockiert. Für Halbfinalgegnerin Lindsay Davenport ist unbegreiflich, »wie Steffi schon wieder so fit sein kann«. Und Conchita Martinez stöhnt nach dem 6:7, 6:7 im Finale: »Steffi hat meine Chancen mit unglaublichen Schlägen zunichte gemacht.« Es gebe wenig Schöneres, als das Tennisjahr mit einem Turniersieg zu beginnen, antwortet Steffi.

Back on the court – Steffi möchte in diesen Frühlingstagen Tennis spielen und nicht reden. Aber wieder einmal, das Turnier in Key Biscayne läuft gerade, will die Welt eine Menge von ihr wissen, und wieder einmal spielt sie Versteck. Nein, nein, zu Ion Tiriac habe sie bisher nur »Guten Tag« gesagt, eine Entscheidung über ihren künftigen Manager sei noch keineswegs gefallen. Nein, nein, auch ein Kooperationsvertrag mit dem Deutschen Tennis Bund sei noch nicht reif zur Unterschrift. Alles »Gerüchte«.

Schließlich erklärt sie sich der Reporterin Robin Finn von der *New York Times*, zu der sie im Laufe der Jahre auch ein persönliches Verhältnis entwickelt hat. Steffi erzählt von ihrem neuen Leben und den »Business-Leuten«, die sie inzwischen kennengelernt und durchschaut habe: »Das, was die funktionieren läßt, ist Geld und ihr eigenes Ego. Mein Vater hat solche Typen immer von mir ferngehalten.« Sie spricht auch über ihren Papa: »Die einzigen Menschen um ihn herum sind Anwälte. Eine Stunde am Tag. Danach ist er 23 Stunden allein. Das ist hart für unsere Familie. Wenn das alles zum Geschäft gehört, dann mag ich kein Geschäft.« Und außerdem redet sie noch über den Tod: »Alles außerhalb des Tennisplatzes ist irgendwie mysteriös, undurchsichtig. Es macht mich betroffen, daß, wenn jemand stirbt, nach einem Jahr schon alles vergessen ist. Es ist dann so, als ob man nie auf der Welt gewesen wäre. Das ist das Schlimme am Tod – nicht das Sterben.«

Auf Steffis Tisch, das sieht man auf einem Foto, liegt ein Büchlein über Voodoo. Das elektrisiert die Blattmacher in der Heimat, jetzt endlich haben sie wieder jenes mysteriöse Gemisch zusammen, aus dem sich eine Schlagzeile pressen läßt.

»Schmerzen, Tod und Voodoo« titelt *Bild;* andere Blätter formulieren ähnlich. Fertig ist das Image der neuen Steffi. Und weil die immer noch nicht gelernt hat, der feindlichen Welt zu begegnen, ist sie geschockt. Sie läßt Toni Woods, die Sprecherin der Spielerinnengewerkschaft WTA, verkünden: »Frau Graf möchte mit deutschen Journalisten nicht mehr sprechen.«

Damit ist das 6:1, 6:3 im Finale gegen Chanda Rubin nicht viel mehr als dürres Zahlenmaterial für die Statistik: 55 Minuten Spielzeit, der 97. Turniersieg, 210 000 Dollar Preisgeld. Routine halt.

4. Der Gang zum Psychiater

Auch bei der Justiz nimmt das Verfahren seinen routinemäßigen Gang. Für Staatsanwältin Bettina Krenz, die Ende Januar vorläufig aus dem Graf-Verfahren ausscheidet, weil sie ein Kind erwartet, führt die Kollegin Gabriele Schöpf, die im Herbst mal am Fall Graf beteiligte Finanzbeamte vernommen hat, jetzt die Ermittlungen. Sie muß sich erst mal einarbeiten. Ungewöhnlich nur, daß Steffi Graf ohne Rat von Frau Krenz bei der Staatsanwaltschaft vorbeischaut. Wechsung tut zumindest überrascht. »Was wollen Sie denn hier?«

Die Anwälte von Peter Graf haben inzwischen die Hoffnung aufgegeben, ihren Mandanten aus der U-Haft freizubekommen. Sie hoffen, daß ihm wenigstens verminderte Schuldfähigkeit zugebilligt werden kann. Himmelsbach und Ufer schreiben an die Staatsanwaltschaft:

Soweit der Beschuldigte höchstpersönlich zur Verantwortung gezogen werden soll, wird ihm die jahrelange Überforderung in seinen vielfältigen Funktionen zugute gehalten werden müssen. Der sich daraus ergebende Dauerstreß hat den Beschuldigten bekanntlich veranlaßt, Entlastung im Alkohol sowie in der Einnahme von Tabletten zu suchen. Das Zustandsbild, das der Beschuldigte zum Zeitpunkt seiner Inhaftierung bot, hatte die Grenze zum Pathologischen erreicht. Hier wird ein eingehendes psychiatrisches Gutachten klären müssen, ob das Steuerungsvermögen des Beschuldigten nicht im Sinne von § 21 StGB deutlich reduziert war.

Gutachter wird Michael Schmidt-Degenhard, Privatdozent an der Psychiatrischen Klinik der Universität Heidelberg. Er ist Autor von Arbeiten wie »Betroffensein und Verstehen in der Begegnung mit dem psychotischen Menschen« oder »Wahn und Imagination«. Der Psychiater und der Häftling reden über den Tod der Mutter, das neue Leben des Vaters mit einer jungen Frau, die Trennung vom Vater, die nie mehr gekittet wurde. Was wäre gewesen, wenn Grafs Kindheit heil geblieben wäre? Auch im Knast hat sich Peter Graf von der Rolle des enttäuschten Sohnes nicht freimachen können. In vielen Gesprächen beschäftigt er sich immer noch mit dem alten Vater, der ihn früh allein ließ. Der Vater gewinnt gerade in der Distanz eine monumentale Größe, wird zu einer Überfigur, die zu den lebensechten Mitteilungen aus dem Hause Graf nur schwer passen will. Die Frage, ob er sich wenigstens noch einmal mit dem Erzeuger aussprechen soll, beschäftigt ihn in den langen Gefängnistagen wirklich. Er möchte nicht, er traut sich nicht. So ist er ein Monomane seines Fachs geworden, ein Parteigänger seiner selbst. Die ewige Angst zu versagen, so sieht es der Gutachter, hat Graf mit Alkohol und Tabletten betäuben wollen. Die Suchtkarriere des kranken Mannes führte von der Pille zur Pulle. Seit 25 Jahren schluckt Peter Graf Tranquilizer, seit seinem 40. Lebensjahr säuft er. All die Zeit hat er versucht, sein Selbstwertgefühl anzuheben und mit Promille und Geld die allgegenwärtigen Zweifel niederzudrücken. Detailliert will Schmidt-Degenhard seine Erkenntnisse im Prozeß vortragen.

Graf bleibt nach einer Entscheidung des 3. Strafsenats des Oberlandesgerichts Karlsruhe weiter in Haft. Es bestehe Fluchtgefahr, weil Graf »mit einer nachhaltigen und empfindlichen Freiheitsstrafe zu rechnen« habe, »deren Vollstreckung wegen ihrer Höhe nicht mehr zur Bewährung ausgesetzt werden könnte«. Im Beschluß heißt es weiter:

Der Senat verkennt nicht, daß sich die zunächst an der bloßen Schadenshöhe orientierte Straferwartung wegen verschiedener mildernder Faktoren, nicht zuletzt der erfolgten bzw. zu erwartenden Schadenswiedergutmachung, relativiert hat. Auch ist in Rechnung zu stellen, daß der Beschuldigte die Hoffnung hegen mag, im Falle eines umfassenden Eingeständnisses im Vereinbarungswege mit einer geringeren Freiheitsstrafe und – nach Rechtskraft einer etwaigen Verurteilung – mit günstigen Strafhaftbedingungen rechnen zu können. Auf der anderen Seite verfügt der Beschuldigte über weltweite Auslandserfahrung und hat – erforderlichenfalls über seine Tochter Stefanie – Zugriff zu immer noch erheblichen Vermögenswerten im Ausland. Es besteht daher für den Beschuldigten die reale Möglichkeit, sich, wenn nötig, über Jahre hinweg in einem der zahlreichen ausländischen Staaten, die in Steuerstrafsachen am Auslieferungsverkehr nicht teilnehmen, der Strafverfolgung durch die deutsche Justiz zu entziehen. Diese Gegebenheiten begründen bei dem Beschuldigten, der sich überdies in nachvollziehbarer Weise durch Mediennachstellungen bedrängt weiß und öffentlich vorverurteilt wähnt, die naheliegende Gefahr, daß er sich im Falle einer Haftentlassung – und sei es auch gegen Sicherheitsleistung in der angebotenen Höhe – dem Strafverfahren nicht stellen, sondern dem in der derzeitigen Situation besonders hohen Fluchtanreiz erliegen würde.

Die politische Dimension des Falles bleibt umstritten. Je nach parteipolitischem Standort wird der Wirrwarr gedeutet, den der Stuttgarter Untersuchungsausschuß in Sachen Graf hinterließ. Finanzminister Gerhard Mayer-Vorfelder sieht seine Beteuerung bestätigt, keine »Deckung von oben« gewährt zu haben. Die Beamten des Finanzministeriums verweisen auf ihre zahlreichen, wenngleich lange ergebnislosen Vorstöße. Und der frühere Leiter der Oberfinanzdirektion Karlsruhe, Dietrich Meyding, würde auch alles noch einmal so machen. Graf sei ein »sehr schwieriger Steuerpflichtiger« gewesen. Eine »Wildsau« eben. Für die markigen Worte erhält Meyding sogar Beifall.

Dagegen erklärt der ehemalige Referatsleiter beim Bundesamt für Finanzen, Friedrich Wilhelm Haug, er habe bereits 1989 die Behörden auf den Steuerfall Graf aufmerksam gemacht und sei nicht auf sonderliches Interesse gestoßen. Ihm wirft die CDU Falschaussage vor. Die Mehrheit im Ausschuß aus SPD, Grünen, FDP und Republikanern stellt dann fest, es habe eine »Vorzugsbehandlung« für die Tennisspielerin gegeben. Die Familie Graf sei »mit elender Geduld« behandelt worden, sagt der SPD-Abgeordnete Wolfgang Bebber. Das Votum hindert den CDU-Abgeordneten Gundolf Fleischer nicht an der schrägen Behauptung, im Ergebnis sei das Besteuerungsverfahren »optimal gelaufen«.

Steffi redet selbst mit den Steuerfahndern über ihren Fall. Sie ist sich ziemlich sicher, daß sie letztlich doch nur mit einer Geldzahlung aus der Affäre rauskommen wird. Ende März aber wird dem Graf-Helfer Eckardt ein neuer Haftbefehl eröffnet. Eckardt soll die Behörden um Einnahmen in Höhe von 40 638 433 Mark getäuscht haben – das ist exakt die Summe, die auch bei Peter Graf im Haftbefehl steht. Doch dann fragt Eckardt-Verteidiger Bernd Schneider den Haftrichter Johannes Jülch, ob denn nur gegen seinen Mandanten und Peter Graf ermittelt werde. Jülch bestätigt, daß ein Gerichtsbeschluß vom 27. September vorigen Jahres weiterhin Gültigkeit habe. Steffi sei also weiterhin Mitbeschuldigte. Schneider ist's zufrieden: »Es kann nicht sein, daß eine für Deutschland spielt und andere für Deutschland sitzen.«

Weil Schneider der Ansicht ist, die Fahnder hätten bei der prominenten mußmaßlichen Mittäterin Steffi »sich aufdrängende Ermittlungsansätze schlicht ignoriert«, signalisiert er, sein Mandant werde in der Hauptverhandlung über die Rolle Steffis reden. Soviel aber könne schon jetzt gesagt werden: Steffi habe in den Vernehmungen, in denen sie als unschuldige Naive auftrat, »unwahre Erklärungen abgegeben«.

Beispielsweise hatte die Weltranglistenerste auf die Frage, ob sie Antrittsgelder kassiert habe, Anzeichen von Amnesie gezeigt: »Das weiß ich nicht.« Inzwischen aber hat der neue Steuerberater von Peter Graf, Berthold Wipfler, den Fahndern mitgeteilt, daß im Laufe der Jahre wohl »bisher nicht bekannte« Antrittsgelder über zwei Millionen Dollar kassiert worden seien. An die Zahlungen hätten sich »teils Peter Graf, teils Steffi« erinnert – seine Mandantin aber erst nach Befragung ihres Managers Phil de Picciotto. Seitdem diskutiert die Nation eine Frage: Was wußte Steffi wirklich? Eingeweihte haben noch ganz andere Fragen: Waren da nicht die beiden Verträge mit dem Nudelimperium Barilla? Den einen, der mit zwei Millionen Mark dotiert war und der über die holländische Barilla-Tochter abgewickelt wurde, hatte Eckardt unterschrieben. Den anderen, über nur 500 000 Mark jährlich, signierte Steffi. Hat sie wirklich nicht gefragt, warum zwei Verträge und zwei Unterschriften notwendig waren? Ist wirklich nicht übers Steuersparen geredet worden?

Und hat Eckardt in seinen Vernehmungen nicht erzählt, daß der frühere Graf-Vertraute Horst Schmitt, der alle Tricks kannte und den Millionenschatz in Liechtenstein verwaltete, Steffi die verzweigten Wege des Geldes aufgezeigt habe? Wollte Schmitt nicht etwaigen Vorwürfen Peter Grafs vorbeugen, er habe das Graf-Vermögen beiseite geschafft? »Frei erfunden« nennt Schmitt diese Geschichte, »es hat dieses Gespräch nie gegeben.« Doch ein enger Vertrauter der Familie Graf weiß, daß Schmitts Dementi falsch ist, es habe dieses Aufklärungsgespräch tatsächlich gegeben. Schmitt wolle die von ihm verehrte Steffi auch 1996 noch schützen, außerdem müsse er sich an das Schweigeabkommen halten. Doch diese Gründe zählen vor Gericht nicht.

Der Fall Graf bekommt damit im Frühjahr eine dramatische Wende. Die Staatsanwaltschaft, die eigentlich nur auf einen günstigen Zeitpunkt wartet, um das Verfahren gegen Steffi geräuschlos gegen Zahlung der verabredeten drei Millionen Mark einstellen zu können, ist sich plötzlich ihrer Sache nicht mehr sicher. Vor allem warnt die Generalstaatsanwaltschaft in Karlsruhe vor einer vorschnellen Einstellung des Verfahrens. Was, wenn sie jetzt einstellt, und im Prozeß ergibt sich dann, daß Steffi doch mehr wußte? In ihrer Not versucht die Staatsanwältin Gabriele Schöpf den Steuerfachgehilfen Eckardt gegen Steffi aufzubauen. Sie steht am

10. April gegen 14 Uhr plötzlich vor Eckardts Zelle, will ihn zum Auspacken überreden. Doch Eckardt, der gerade mit Schneider seinen Fall bespricht, lehnt die große Beichte vor der Hauptverhandlung ab. Jetzt müssen die Ermittler in den Tie-Break. Als sie am 17. April die Anklage präsentieren, eine 237 Seiten lange Liste der Graf-Tricks, werden zwar nur Vater Peter und Joachim Eckardt angeklagt, rund 42 Millionen Mark am Finanzamt vorbeigeschleust und so in den Jahren 1989 bis 1993 19 871 045 Mark Steuern hinterzogen zu haben. Die beiden, behauptet die Staatsanwaltschaft, hätten den Fiskus »im bewußten und gewollten Zusammenwirken« und »jeweils motiviert von überdurchschnittlichem Gewinnstreben« betrogen. Der Prozeß soll im September 1996 vor dem Landgericht Mannheim beginnen. Der Vorsitzende Richter Joachim Plass will bei der Terminplanung Rücksicht auf Steffis Start bei den U.S. Open nehmen. Das Finale ist am 8. September. Steffi aber muß weiter mit der Ungewißheit leben. Oberstaatsanwalt Wechsung schickt seine Beamten noch einmal los, im Gestrüpp des Steuerfalls Graf nach Spuren für Steffis Mittäterschaft zu suchen. Werden sie fündig, werde Steffi zwar nicht festgenommen, müsse aber angeklagt werden.

Vergebens hat am Ende der treue Steuerfahnder Maurer für Steffi gekämpft. In einem internen Bericht wird er zum Samariter:

Ob die Beschuldigte vorsätzlich gehandelt hat, ist nicht mit letzter Sicherheit festzustellen. Hierbei ist aber zu berücksichtigen, daß sofern tatsächlich von Vorsatz auszugehen ist, dieser nicht die gesamte Höhe der nachzufordernden Steuern umfaßt. Für die Steuerfahndung bestehen keine Ermittlungsmöglichkeiten mehr, die eine weitere Sachaufklärung zu diesem Punkt erwarten lassen. Zwischenzeitlich hat die Beschuldigte den Schaden wiedergutgemacht. Sie hat alle Steuer-

schulden beglichen und im Rahmen ihrer Möglichkeiten an der Aufklärung der Taten mitgewirkt.

Für die Beschuldigte bedeutet das Ermittlungsverfahren eine besondere Härte. Neben dem sportlichen Können ist ihr guter Ruf wesentlich für ihre geschäftlichen Verbindungen. Solange dieser nicht bzw. zumindestens in wesentlichen Teilen wiederhergestellt ist, kann sie keine neuen Werbeverträge abschließen. Dies erscheint um so härter, wenn man bedenkt, daß sich ihre sportliche Karriere dem Ende zuneigt und sie, nicht zuletzt wegen der Steuernachzahlung und der Finanzeskapaden ihres Vaters, auf Einnahmen angewiesen ist. Aus Sicht der Steuerfahndung gebieten die nicht unerheblichen Beweisprobleme im Bereich des Vorsatzes und der Verhältnismäßigkeitsgrundsatz eine baldige Einstellung des Verfahrens gegen Zahlung einer Geldauflage.

Im Hause der früheren Multimillionärin wird tatsächlich das Geld knapp. Rund 46 Millionen Mark muß Steffi 1996 an Nachzahlungen, Auflagen und Anwaltskosten aufbringen. Dem steht ein liquides Vermögen von etwa 41 Millionen Mark gegenüber – da müssen die noch in irgendwelchen Oasen und Verstecken vermuteten Gelder schleunigst gefunden werden. So lange jedenfalls muß im Hause Graf mit jeder Million gerechnet werden.

Zwar fällt mit Vater Peter der Mann aus, der die Märker großzügig unters Volk brachte: Neben den 400 000 Mark pro Jahr von Sunpark erhielt er noch einen 100 000-Mark-Kredit per anno von Steffi – und bediente sich außerdem noch bei Barabhebungen von Steffis Konto bei der Bezirkssparkasse Schwetzingen. Aber es kommt auch nicht viel neues Geld in die Kasse. Der Vertrag mit Oki, die Verhandlungen waren noch einmal wiederaufgenommen worden, scheitert endgültig; Steffis Image ist den peniblen Japanern nicht mehr sauber genug. Und auch der Kooperationsvertrag mit dem

Deutschen Tennis Bund, den Ion Tiriac ihr versprochen hat, kommt für 1996 nicht zustande. Insider glauben noch an einen Trick des gewieften Tiriac. Der Rumäne habe den Vertrag zwar unter Dach und Fach, warte aber mit der Paraphierung so lange, bis Steffis Vertrag mit der US-Agentur Advantage abgelaufen sei. Doch Steffi Graf ist inzwischen wieder ein wenig auf Distanz zu Tiriac gegangen. Ihr scheinen, da ist sie ganz Tochter Grafs, die Provisionen zu hoch. Sie glaubt, die Geschäfte mehr oder weniger auch in Eigenregie und mit preiswerterem Personal führen zu können. Ihr Freund Michael Bartels bestärkt sie in dieser Ansicht.

Keine leichte Zeit für die Tennis-Lady. Auch die neuen Schreckensmeldungen will Steffi allein verarbeiten. Hilfe von außen bleibt ihr suspekt. Der Gang zu einem Therapeuten erscheint ihr als Anfang vom Ende. »Wenn du erst einmal dahin gehst, ist es schon zu spät, und du findest keinen Ausweg mehr«, sagt sie in Rom.

So bleibt es bei den hilflosen Fluchtversuchen, die sie seit dem Bekanntwerden der Affäre immer wieder in die alte Sackgasse treiben. Als beim Fed Cup in Japan – wo das deutsche Team mit Steffi und Anke Huber mit 2:3 verliert – ein Kamerateam die Tennisspielerin im Foyer überrascht und nach ihren Steuerkenntnissen fragt, schießen Steffi sofort wieder die Tränen in die Augen. Sie reißt eine Hand hoch und preßt etwas Knisterndes auf die Kamera. Es ist eine Plastiktüte – eines jener Behältnisse, in denen der Vater früher das Bargeld sammelte und in dem nun Steffi in Tokio eine kleine Aufmerksamkeit der Gastgeber nach Hause trägt.

Der Fall Graf, das steht schon jetzt fest, wird später Historiker beschäftigen. Der Archivdirektor des Generallandesarchivs in Karlsruhe, Konrad Krimm, schreibt an die Staatsanwaltschaft (»Betr.: Vormerkung archivwürdiger Unterlagen«): –

»Wir bitten, die Unterlagen im Verfahren gegen Peter Graf wegen Steuervergehens zur späteren Abgabe an das Generallandesarchiv vorzumerken und bei Abschluß des Verfahrens Aktenzeichen und Aussonderungsjahr mitzuteilen«.

6. Paris, London, New York

Siegen, wenn es wichtig ist – Big Points heißen diese Augenblicke für Steffi und Kolleginnen. Sie selbst hat das als Profi längst gelernt: Selbst wenn sie eigentlich verletzt oder müde ist, lustlos oder außer Form, so rettet Steffi sich in den großen Endspielen doch immer wieder als Siegerin ins Ziel.

1996 plagen Knie und Rücken sie immer wieder, häufiger muß sie aus laufenden Wettbewerben aussteigen. Aber bei den drei ausstehenden Grand-Slam-Turnieren gewinnt in diesem Jahr dennoch nur eine: Steffi Graf. Und als sie die 332. Woche auf Rang eins der Rangliste steht und mit diesem Rekord die Navratilova ablöst, möchte der Bundestrainer Klaus Hofsäss wieder mal »Haus und Hof verwetten«, daß es solch ein »Jahrtausendtalent nicht mehr geben« werde.

Bevor sie nach Paris fliegt, nimmt Steffi noch einen Turniersieg und 200 000 Dollar Preisgeld aus ihrem »Zuhause« Berlin mit. Und auch neues Sportzeug hat sie im Gepäck: Adidas hat einen Schuh entwickelt, der besser federn und damit die Rückenschmerzen lindern soll. Und Wilson hat einen High-Tech-Schläger entwickelt; aus 30 Prozent Glasfiber und 70 Prozent Graphit besteht die sogenannte Filament-Winding-Konstruktion.

Es werden einfache French Open mit einem rauschenden Finale. Nach drei Stunden und vier Minuten bezwingt sie Arantxa Sanchez Vicario 6:3, 6:7, 10:8. 16000 Franzosen klatschen gerührt, als die Deutsche zum Stadionmikrophon greift. »Ich bedanke mich bei meinen Freunden, bei meinem

Trainer, bei meiner Mutter und bei meinem Bruder«, sagt sie, macht eine Pause und fährt dann fort:»Und bei meinem Vater zu Hause.« Tage wie dieser, meint sie später, »lassen mich begreifen, warum ich immer noch hier bin«.

Doch Wochen wie die folgenden lassen sie wieder verzweifeln. Die Patellarsehne im linken Knie schmerzt, und Steffi, bereits in Wimbledon, fliegt heim nach Heidelberg, um sich behandeln zu lassen. Sie bittet den All England Lawn Tennis & Croquet Club um einen Bruch mit der Tradition: Die vornehmen Herren mögen doch bitte eine andere als die Titelverteidigerin das Damenturnier eröffnen lassen und Steffi dafür einen Tag Pause zusätzlich gönnen. Doch der Club lehnt ab – Steffi muß zum Auftakt spielen oder auf die Teilnahme verzichten.

Sie jettet zurück nach England und quält sich durch die ersten Matches. Erst im Achtelfinale (6:1, 6:4 gegen Hingis) kommt sie zurück auf Kurs. Und im Endspiel läßt sie der Sanchez keine Chance: 6:3, 7:5. »Ich bin so müde, ich will nur noch schlafen«, flüstert sie, als sie nach dem Matchball mit DTB-Präsident Stauder auf einer Stadiontreppe sitzt. Und noch etwas sagt sie da:»Nirgendwo empfindet man das Glück eines Sieges so intensiv wie in Wimbledon.«

Steffi schafft es noch immer, »den Alptraum«, wie sie die Geschehnisse daheim nennt, auszublenden. In stillen Minuten fassen ihre Mutter und ihr Bruder darum für sie zusammen, wie in Deutschland die Lage ist. In Mannheim hat die 24. Große Strafkammer die Anklage gegen Peter Graf und Joachim Eckardt zugelassen. Anfang September soll der Prozeß beginnen. Schon jetzt lassen Grafs Verteidiger Franz Salditt und Kurt Himmelsbach erkennen, wie ihre Strategie aussehen wird. Die Behörden, schreiben sie in einer gemeinsamen Erklärung, hätten zu einem »außerordentlich frühen Zeitpunkt« Informationen über das Steuermodell Graf gehabt – und mit Steffis Vater ein »rechtswidriges und unfaires Blinde-Kuh-Spiel« getrieben.

Die Tochter leistet im Juli auf ihre Weise Dienst am Vaterland: Sie fährt in die Provinz. Denn in Pörtschach am Wörthersee tritt sie mit Anke Huber im Federation Cup zum Abstiegsspiel gegen Österreich an. Das 4:1 verhindert den Absturz, aber auch Steffis Flug nach Atlanta. Weil die Patellarsehne sie schon wieder plagt, muß sie auf die Olympischen Spiele verzichten.

Statt dessen macht sie Ferien, und als sie Mitte August wieder zum Schläger greift, merkt sie, daß selbst eine Steffi Graf nicht ganz ohne Training gewinnen kann. Im Halbfinale von Manhattan Beach/Kalifornien ist sie ohne Chance gegen Lindsay Davenport und verliert 3:6, 3:6.

»Das Finale«, verkündet sie frustriert, als sie bei den U.S. Open eintrifft, »ist diesmal in weiter Ferne.« Aber das sagt sie immer zu Beginn eines Turniers. Selbst diesmal schafft es keine der Außenseiterinnen, die Nummer eins früh aus dem Wettbewerb zu drängen. Steffi schlägt die Russin Anna Kournikowa; und einen Tag bevor in Mannheim der Prozeß beginnt, bezwingt sie Judith Wiesner. Nach Siegen über Martina Hingis und Monica Seles (7:5, 6:4) hat sie ihr drittes Grand-Slam-Turnier 1996 gewonnen. Steffi ist erstaunt und wohl auch ein bißchen fasziniert von sich selbst. Es sei verrückt, meint sie, wenn man hinterher »erklären muß, wie man es geschafft hat: Ich habe keine Ahnung.« Nur eines stehe fest:Pete Sampras und sie gingen »bis zum Letzten und geben uns nicht auf. Das macht uns so stark«.

Ein Geheimnis der Erfolge Steffi Grafs war sicherlich die Trennung zwischen Sport und dem Leben: Anklagen, Knast und sonstige Probleme blieben immer zurück, sobald Steffi ihren Schläger packte und auf den Platz marschierte.

Diese Balance verliert sie ein wenig, als die Seite 129 der Anklage mit dem Aktenzeichen 616 Js 223/95 publik wird. Vor der sportpolitischen Brisanz dieses Punktes der Graf-Affäre hat sich die halbe Tenniswelt gefürchtet und gleichzeitig gehofft, niemand würde groß nachfragen. »V. Turniereinnahmen« steht da, und dann folgen verschiedene Zahlen und Begriffe aus dem ganz alltäglichen Tennis-Busineß. Antrittsgelder sind dort aufgelistet, die im Laufe der Jahre an die Grafs gezahlt wurden – quasi nebenbei sind diese verbotenen Zahlungen nun erstmals bewiesen und gerichtsnotorisch geworden.

Es geht so durch die Jahre. Unter »1990« steht da beispielweise:»Zahlungen des DTB für die Teilnahme an den Turnieren Hamburg und Berlin: 250 000 USD = 425 000 DM; Antrittsgeld Leipzig: 250 000 DM.« Oder auch: »Antrittsgeld Zürich: 98 895 USD«, »Antrittsgeld Montreal: 56 000 USD«.

In späteren Jahren wurde es nicht weniger. 1991: »Zahlung des DTB für die Teilnahme an den Turnieren Hamburg und Berlin: 150 000 USD = 247 500 DM«. Oder 1992: »Zahlungen des DTB für die Teilnahme an den Turnieren in Hamburg und Berlin: 250 000 USD = 398 750 DM«; »Antrittsgeld Leipzig: 250 000 DM«. 1993 gab es für Hamburg und Berlin 270 000 Dollar, umgerechnet 429300 Mark.

Die Anklage gegen Peter Graf und seinen Berater Eckardt, sagt Anne Person Worcester, liege ihr leider nicht vor. Die Dame drängt sich aber auch nicht gerade danach, einen Einblick in die Akte zu bekommen. Denn das dicke Dokument beschert der blonden Amerikanerin ein Problem, auf das sie durchaus verzichten könnte.

Anne Person Worcester ist Chief Executive Officer, eine Art Generalmanagerin des Weltverbandes der Tennisspielerinnen (WTA). Und der verbietet in seinem Regelwerk nun einmal genau das, was in der Graf-Affäre belegt wurde: Veranstalter zahlen Gagen für das bloße Erscheinen von Spielerinnen bei Turnieren.

Die Regel 4.6 im »Code of Conduct«, dem Ehrenkodex der WTA, ist klar formuliert, Schlupflöcher bietet sie nicht. »Keine Spielerin (oder ihr Manager, Trainer, Familienmitglied)«, heißt es da, »darf Geld oder Wertgegenstände annehmen, die, direkt oder indirekt, von einer Quelle stammen, die das Erscheinen bei einem Turnier der WTA-Tour beeinflussen oder garantieren will.« Mindestens 50 000 Dollar Geldstrafe und bis zu 90 Tage Sperre würden für jeden Verstoß fällig, die Gagen seien zurückzuzahlen; den Veranstaltern droht der Entzug des Turniers.

Doch wie die Women's Tennis Association mit diesen Erkenntnissen umgeht, ist erstaunlich. Ermittlungen habe sie nicht in Auftrag gegeben, sagt Worcester, »weil niemand offiziell Beschwerde eingelegt hat«. Wo kein Kläger, da eben auch kein Vergehen.

Daß Antrittsgelder gezahlt werden, ist ein offenes Geheimnis im Damentennis. Graf und ihre Gegenspielerin Monica Seles sollen, je nach Größe und Standort des Turniers, zwischen 50 000 Mark und 400 000 Dollar pro Auftritt verlangen können. Exakt 400 000 Dollar soll Steffi zum Beispiel 1990 in Tokio eingesteckt haben, immerhin 300 000 Dollar zahlte Ion Tiriacs Firma World Sport Marketing ihr 1994 in Essen.

Die Spanierinnen Arantxa Sanchez Vicario und Conchita Martinez, jeweils etwa halb so teuer, folgen in der nächsten Kategorie. »Bis hin zur Zehnten der Weltrangliste sind Veranstalter zu zahlen bereit«, sagt ein deutscher Manager. Die Akte Graf müßte darum eigentlich das Damentennis mit lautem Knall in die Luft jagen. Die weltbeste Tennisspielerin, der DTB, Sportmarketing-Agenturen und Veranstalter sind verstrickt – und gegen alle müßte die WTA vorgehen.

Doch nichts passiert, und auch das sagt einiges. Es ist ein grundsätzliches Phänomen des Sports, daß Verbände Regeln und Statuten aufstellen, die Sponsoren und Zuschauern den Glauben an einen sauberen Wettkampf erhalten – und daß dieselben Verbände eben diese Regeln und Statuten ignorieren, sobald sie den Geschäftsgang behindern.

Das kann auch im Sinne des Sports sein – etwa wenn die WTA Monica Seles beim Comeback nach dem Attentat als Nummer eins einstuft, um ihr die Mühen der Qualifikationsturniere zu ersparen. Weitaus häufiger allerdings werden die Funktionäre von niederen Motiven getrieben. Ohne größere Hemmungen nutzen sie alle Möglichkeiten eines Systems aus, in dem es, so der Dortmunder Anwalt Reinhard Rauball, »keine Aufsichtsorgane gibt und die Negierung selbstgesetzten Rechts keine relevanten Folgen hat«. Und darum wird geheuchelt.

Die Women's Tennis Association hatte Ende der achtziger Jahre allen Grund, Antrittsgelder offiziell zu untersagen. Zwei Jahre lang suchten ihre Agenten vergeblich einen Hauptsponsor, und die Langeweile war groß: In den ersten Runden spielten oft Untrainierte gegeneinander, und am Ende gewann Steffi Graf. Startgelder hätten in den mageren Jahren etwas sehr Anrüchiges gehabt: Athleten sollen schließlich für den Sieg kämpfen und nicht schon vor dem ersten Aufschlag satt sein.

Im wahren Leben steht dem Mangel an Superstars allerdings seit jeher ein Überangebot an Turnieren gegenüber. Die Manager bieten um die Wette, und darum sind die fetten Gagen de facto nicht zu verhindern: »Der Selbsterhaltungstrieb siegt fast immer«, hat der Filderstädter Gastgeber Dieter Fischer erfahren. So formte sich jene Gemengelage, in der das Verbotene so üblich gewesen sein muß, daß kaum noch jemand wußte, daß es verboten war.

In ihrer Zentrale in Stamford im U.S.-Bundesstaat Connecticut hetzt die WTA-Chefin Worcester schließlich von Meeting zu Meeting. Der Skandal ist da und wird öffentlich, als DTB-General Günter Sanders, nebenbei Mitglied im WTA-Board of Directors, die Zahlungen bestätigt. »Ich möchte nicht den Eindruck vermitteln, daß wir nur hier sitzen und abwarten, daß uns jemand Informationen bringt«, sagt Worcester nervös.

Genau diesen Eindruck aber vermittelt der WTA-Direktor Joe Favorito. »Niemand«, meint der, »hat uns bisher kontaktiert.« Der Verband hält sich weiterhin jene berühmten drei Affen als Maskottchen, die das Leben so angenehm machen: Nichts hören, nichts sehen, nichts sagen.

8. Der Prozeß beginnt

Am 5. September ist das Landgericht Mannheim bestens gerüstet. 35 Polizisten halten das Gedränge am ersten Prozeßtag in Grenzen und kontrollieren alle Taschen. An den Eingangstüren sortieren drei Schleusen die Besucher. Eine für die Gerichtsbediensteten, eine für Prozeßbeteiligte und Journalisten, eine für Zuschauer.

Volkes Stimme klingt diesmal seltsam dissonant. Die einen sagen, Peter Graf habe nur versucht, was alle versuchen. Sein Geld vor dem Fiskus in Sicherheit gebracht. Die anderen widersprechen. Der Vater der Tennisgräfin habe den Staat um Millionen betrogen, während der Normalbürger jede Mark abliefern muß. Sie verlangen eine drastische Bestrafung.

Zehn Minuten vor Verhandlungsbeginn taucht im Saal 1 ein Flugblatt auf. Eine »Anarchistische Pogo-Partei« fordert »Freiheit für Peter Graf« und »Zusammenlegung aller wirtschaftlichen Gefangenen in der BRD«. Gezeichnet »Müller«. Ein schöner deutscher Name für die Punks dieser Spaß-Guerrilla.

Der große schmuck- und fensterlose Sitzungssaal wird von 126 Neonröhren beleuchtet. 67 Journalisten aus aller Welt haben eine Akkreditierung bekommen. Sogar aus Japan ist ein Team angereist.

Die Anklage wird von der Strafverfolgerin Gabriele Schöpf und dem Oberstaatsanwalt Jobski vertreten, der in den Anfangstagen der Affäre mal dabei war. Auch die Verteidigung hat sich neu gruppiert. Der alte Fuchs Ufer ist im Hader mit Graf ausgeschieden. Das Kommando führt jetzt Professor Franz Salditt, der sich im Steuerrecht auskennt. Der Steuerberater Wipfler assistiert ihm, und Himmelsbach sorgt fürs Klima.

Nur die Eckardt-Seite ist eingeübt. Schneider, der seit den Anfangstagen dabei ist, hat seinen Kompagnon Friedrich Schultehinrichs mitgebracht. Gespräche oder sogar Absprachen über die Prozeßstrategie hat es zwischen den Graf- und den Eckardt-Juristen nicht gegeben.

25 Minuten lang rasselt die Staatsanwältin Schöpf die Litanei aus der Anklageschrift herunter. Endlose Zahlenkolonnen können ganz schön langweilen. »Was auf dem Papier steht«, sagt Plass, »muß nicht alles stimmen. Niemand hat die Wahrheit gepachtet.«

Salditt legt gleich zu Beginn seine Strategie offen: Peter Graf habe sich zwar schuldig gemacht, aber die Behörden trügen eine gehörige Mitschuld. Sie hätten den Tennisvater ins offene Messer laufen lassen. Sie hätten ihn frühzeitig über die mögliche Strafbarkeit seiner Steuerverhinderungsstrategie aufklären müssen.

Das Thema vom Täter, der ein Opfer ist, läßt er in allen Prozeßtagen in vielerlei Variationen wiederkehren. Seine Wirkung auf das Gericht verfehlt es nicht.

Dann redet Peter Graf. Eine Stunde und acht Minuten lang liest er eine sorgfältig konzipierte Erklärung ab. Er beginnt mit der Feststellung: »Es ist fast eine Schablone geworden, meine Person mit dem Begriff der Geldgier zu erklären.« Graf hat sich eine Brille aufgesetzt. Er redet leise, mit zunächst stockender Stimme. »Lesen Sie lauter, das ist eine öffentliche Sitzung, und alle wollen etwas hören«, ermuntert ihn Salditt.

Grafs Erklärung in Auszügen:

II. Schon als Schüler war ich fasziniert von sportlicher Leistung. Als die besondere sportliche Begabung unserer Tochter erkennbar wurde, hat mich das zutiefst berührt. Von damals an habe ich mich zusammen mit meiner Frau vollständig in den Dienst dieser Begabung gestellt. Unser Leben ist davon restlos ergriffen worden. Obwohl es seither keine Muße mehr gab, keine Stille, keine Zeit zum Nachdenken und keinen Abstand, bin ich dankbar geblieben für dieses Schicksal. Und ich bin dankbar, daß meine Tochter, die ihr Leben längst ohne mich meistert, in diesen schweren Zeiten zusammen mit der Familie zu mir steht. Ich weiß, welche Last damit verbunden ist.

III. Die Aufgabe, die wir uns seit der Kindheit unserer Tochter gestellt haben, hat einen hohen Preis gekostet. Ich war in keiner Weise darauf vorbereitet. In den Jahren ab 1988 – um diese geht es hier – war ich schon lange überfordert und erschöpft. An einen schrecklichen Fehler im privaten Bereich mochte ich nie erinnert werden, auch in diesem Gerichtssaal nicht. Aber immer blieb die Familie das Wichtigste in meinem Leben. Hier bin ich am meisten verletzbar.

IV. Je mehr ich über meinen Fall gelesen habe, desto stärker habe ich mir vorgenommen, den letzten verliebenen Rest meiner Privatsphäre zu schützen. Ich bitte das Gericht daher um Verständnis dafür, daß ich in der öffentlichen Hauptverhandlung vorläufig nur diese grundsätzliche Erklärung abgeben und keine Fragen beantworten möchte.

V. Ich erkläre hier in aller Form, daß unsere Tochter bis zu den Durchsuchungen des Jahres 1995 in keiner Weise mit den steuerlichen und finanziellen Angelegenheiten befaßt und vertraut war. Sie hat all dies mir und den von mir zugezogenen Beratern überlassen. Dabei hatte ich umfassende Vollmacht. Ich durfte Verträge abschließen, Konten errichten und über Vermögen disponieren, wie ich das für richtig hielt. Heute weiß ich, daß sich daraus für mich eine umfassende steuerliche Pflichtenlage ergab.

VI. Nachdem der sportliche Aufstieg begann, habe ich immer die gesundheitlichen Gefahren gesehen, die einer hochbeanspruchten Spitzensportlerin drohen. Die Zeit für solche Leistungen kann kurz bemessen sein. Es mußten wirtschaftliche Reserven für eine ungewisse Zukunft gebildet werden. Ich erfuhr schnell, daß das Steuerrecht darauf keine Rücksicht nimmt. Die Besteuerung unterstellt, daß ein einmal erzieltes Einkommen fortlaufend jedes Jahr erneut zufließen wird.

Sorgen machte es auch, daß die vielen Aufwendungen in der Hetze und Hektik buchhalterisch nicht exakt erfaßt werden konnten. Hinzu kamen offene Streitfragen. Werbeeinnahmen beruhten nämlich vielfach auf sportlichen Leistungen und Erfolgen im Ausland. Waren sie deshalb im Inland zu versteuern? Ich merkte bald, daß dieser Bereich nicht etwa als unwichtig abgetan werden durfte. Schon bevor es zur Durchsuchung und meiner Verhaftung kam, hatten wir für die Jahre bis 1993 längst mehr als 15 Millionen Mark an deutschen Steuern aufgebracht, außerdem ausländische Steuern in erheblicher Höhe. Aus meiner Sicht in den Jahren 1986/87 erwartete ich, daß die Spitzenbelastung durch Einkommen- und Kirchensteuer, Gewerbesteuer, Vermögensteuer sowie ausländische Steuern die Einnahmen fast aufzehren könnte. Gemessen an den ungeheuren Anstrengungen, denen sich meine Tochter unterwarf, und an den Zukunftsrisiken, erschien mir eine solche Entwicklung unverantwortlich. Deshalb fühlte ich mich verpflichtet, Erkundigungen darüber einzuholen, ob es steuerliche Möglichkeiten gab, die nutzbar waren. Daran hatte ich keine Zweifel. Berichten entnahm ich auch, daß die meisten gut verdienenden Deutschen zu solchen Praktiken greifen, um die eigenen steuerlichen Verhältnisse erträglich zu gestalten. Im Vergleich damit kam ich mir reichlich dumm vor. Natürlich gab es auch Vorbilder. Manche Spitzensportler hatten die Probleme durch Auswanderung gelöst. Die Vorbereitungen für einen solchen Umzug hatte ich schon getroffen. Doch setzte sich dann unsere Entscheidung durch, im Inland zu bleiben, wo wir die Wurzeln haben. Diese Entscheidung wurde durch Gespräche auf politischer und auf fachlicher Ebene erleichtert, die uns eine verständnisvolle steuerliche Behandlung in Aussicht stellten. Damals begriff ich noch nicht, daß es sich hierbei um sehr allgemeine Zusagen handelte, die üblicherweise ohne ernste Absicht gemacht werden und die ohne Konsequenz bleiben. Für mich erschienen die politische Seite und der Behördenapparat als Einheit. Mir war unbekannt, daß die Finanzämter nicht in der Lage sind, von den Steuergesetzen abzuweichen, wenn ein singulärer Einzelfall gegeben ist. Deshalb glaubte ich seinerzeit wirklich daran, die Finanzverwaltung sei gehalten, auf die besondere Lage unserer Tochter Rücksicht zu nehmen. Man hatte uns versprochen, eine Auswanderung werde nicht erforderlich sein. Ganz bewußt hatte ich erwähnt, daß zumindest geplant war, eine ausländische Promotergesellschaft einzuschalten, um einen erheblichen Teil der Werbeeinnahmen an diese fließen zu lassen. Dieses Projekt, das sogenannte

Holland-Modell, beruhte auf der Empfehlung ausländischer und inländischer Berater. Sie erteilten die erforderlichen Hinweise und fertigten die Verträge. Anders hätte ich die Sunpark-Gesellschaften nie ins Leben rufen können. Die gesellschaftsrechtliche Konstruktion wurde angeblich maßgeschneidert auf das deutsche Steuerrecht angepaßt. Ganz wohl habe ich mich mit dieser exotischen Gesellschaftsstruktur und der Verbindung nach Liechtenstein dennoch nie gefühlt. Entscheidend war offenbar, die Verhältnisse so zu regeln, daß man die ganze Gesellschaft wirtschaftlich besaß, ohne sie auch juristisch als Mehrheitsaktionär zu besitzen. Bis zu den Feinheiten habe ich das nie begriffen. Wohl aber begriff ich, daß es zu den Regeln solcher Wege gehört, sich bedeckt zu halten. Offenbar ist mir das nicht gelungen; vielleicht habe ich es damals auch nicht vollständig gewollt. Als ich 1988 mit dem Bundesamt für Finanzen wegen Sunpark in Verbindung trat, hat man dort den wirklichen Hintergrund schnell erkannt. Die Behörde hat als Resultat nach Baden-Württemberg durchgegeben, daß Sunpark unter meinem Einfluß stehe. Wie ich aus den Akten weiß, fiel schon 1988 das Wort, es handele sich um eine Strohmann-Konstruktion. Rückblickend kann ich mich heute selbst nicht mehr verstehen.

VII. Mir war bekannt, daß die Sunpark-Gelder irgendwann einmal durch förmliche Ausschüttung aus deren Bilanzen vom Ausland in die steuerliche Gesellschaftersphäre im Inland übergehen mußten. Als die Ungewißheiten und Unklarheiten größer wurden, habe ich auch dieses Problem vor mir hergeschoben und der Zukunft überlassen wollen.

VIII. Ich wußte keinen rechten Grund dafür, aber tief in meinem Innern gab es das Bewußtsein, daß ich mich irgendwann würde entscheiden müssen, ob die Verhältnisse der Sunpark-Gesellschaften und die Auslandskonten gegenüber dem Finanzamt vollständig offenzulegen seien oder nicht. Wie alles, was unbequem war, versuchte ich, die Klärung einstweilen hinauszuzögern. Die Neigung dazu beruhte zum Teil auf der Hektik der vielen Reisen und Termine. Zum wesentlichen Teil war diese Neigung jedoch auch von wachsenden gesundheitlichen Problemen beeinflußt, über die ich hier nicht sprechen möchte. Ich verdrängte die Fragen und wich ihnen aus. Das hat die Dinge nicht eben erleichtert. In der Zwischenzeit waren auf meine Veranlassung Verträge zwischen Sunpark und vielen Firmen geschlossen worden. Wie würden diese Firmen und deren deutsche Konzerngesellschaften auf steuerliche Auseinandersetzungen reagieren? Und welche Schwierigkeiten würden sich wegen der Kontenbewegungen im Ausland ergeben? Im Laufe der Jahre war ich zum Gefangenen der Entwicklung geworden, die mit dem Auswanderungsplan so zuversichtlich begonnen hatte.

IX. Das erste Anklagejahr ist 1989. Für dieses Jahr ist keine Steuererklärung abgegeben worden. Das zweite Anklagejahr ist 1990. Auch für dieses Jahr ist keine Steuererklärung abgegeben worden. Daß die Finanzbehörde unsere Untätigkeit lange duldete, zeigt sich am späten Ergehen des Schätzbescheides vom 17.8.1992, der mit dem Bescheid für 1989 zusammenfiel. Das dritte Anklagejahr ist 1991. Auch für dieses Jahr wiederum ist keine Steuererklärung abgegeben worden. Das Finanzamt verzichtete darauf, die Steuererklärungen zu erzwingen. Das vierte Anklagejahr ist 1992. Hier wurde – wie in den Vorjahren – keine Steuererklärung abgegeben.

X. Herr Schaumburg hielt die Bearbeitung des Steuerfalles Graf auf beiden Seiten – also auch innerhalb der Finanzbehörden – für chaotisch. Aus meiner Sicht gelang es ihm, das Chaos aus der Welt zu schaffen. Im Dezember 1993 teilte er nämlich mit, daß nach einer mit dem Finanzamt für die Jahre 1989 bis 1992 getroffenen Absprache Steuererklärungen insoweit nicht mehr abgegeben zu werden brauchten. Ich nahm das wörtlich und war erleichtert, daß die verschleppte Entscheidung endlich gegenstandslos geworden war. Heute versinken die Details im Nebel. Vielleicht habe ich 1993 überhaupt nur noch erfaßt und verarbeitet, was mir willkommen war.

XI. Was bleibt, ist das Anklagejahr 1993, für das am 25.7.1994 eine Steuererklärung abgegeben worden ist. Diese einzige formularmäßige Steuerklärung im Anklagezeitraum habe ich nicht vorbereitet. Damals habe ich mich mit dem Inhalt auch nicht mehr konzentriert und kritisch befassen können. Ich war gesundheitlich zusammengebrochen, hatte Gehschwierigkeiten und Magengeschwüre. Schon bald darauf befand ich mich viele Wochen in stationärer Behandlung, zunächst in einer Klinik in Schlierbach, danach in der Universitätsklinik Heidelberg. Seinerzeit zeigte sich das erste Mal eine beginnende linksseitige Gesichtslähmung. Mir war alles über den Kopf gewachsen. Ich hatte keine Kraft mehr.

XII. Zunächst geht es um Horst Schmitt, der für mich und meine Familie langjähriger Weggefährte und Freund gewesen ist. Von Horst Schmitt gab es 1991/1992 eine sehr schmerzliche Trennung, die auf ganz besonderen Gründen beruht. Sie sind bis heute streitig geblieben. Die Wunden wurden immer wieder aufgerissen und sind noch nicht vernarbt. Meine Familie und mich hat es zutiefst verletzt, daß Horst Schmitt den Versuch unternimmt, unsere Privatsphäre durch unwahre Darstellungen anzugreifen. Ja, es trifft zu – für solche Angriffe bin ich ein geeigneter Gegenstand geworden. Natürlich geht es in diesem Zusammenhang auch um Herrn Eckardt. Herr Eckardt war weder unser Weggefährte noch mein Freund. Darin unterscheidet er sich von Horst Schmitt. Ich habe Herrn Eckardt von Anfang bis zum Ende für einen Steuerberater gehalten und als unseren hauptamtlichen Berater in Steuerangelegenheiten gesehen. Ich habe ihm vertraut, und er hatte in alles Einblick. Herr Eckardt war es, der den laufenden Kontakt mit den Finanzbehörden übernommen hatte. Herr Eckardt und ich – wir sind uns gegenseitig zum Unglück geworden. Ohne mich befände er sich nicht vor Gericht. Ohne ihn, mit anderen steuerlichen Beratern, wäre es auch für mich nicht so weit gekommen. Ein professioneller Berater hätte längst vorher für Ordnung gesorgt.

Das ist es aber letztlich nicht, was ich ihm vorzuwerfen habe. Unsere Konflikte liegen in anderen Bereichen. Es gibt Streitigkeiten zwischen meiner Familie und Herrn Eckardt, die einen finanziellen Hintergrund haben. Mehr möchte ich hierzu im Augenblick nicht bemerken.

XIII. Ich bin kein Mensch, der leicht vertraut. Doch hat Herr Eckardt, der mir als erfahrener Steuerberater vorgestellt worden ist und den ich auch dafür hielt, immer eine große Sicherheit auf mich ausgestrahlt. Als es dann um die Abgabe der Steuererklärungen für die Jahre ab 1989 ging, engagierte sich Herr Eckardt sehr aktiv bei dem Versuch, die Problematik zu verschieben. In derselben Weise war er während der Betriebsprüfung tätig. Das alles wirkte auf mich ganz kompetent. Seit Jahren war ich zu den Gesprächen und Verhandlungen mit den Finanzbehörden nicht mehr selbst hinzugezogen worden. Auch die Kontakte zwischen Herrn Eckardt und Professor Dr. Schaumburg fanden fast ausnahmslos ohne mich statt.

XIV. Als meine Verteidiger mich während der Untersuchungshaft über den Inhalt der Akten der Finanzbehörden unterrichteten, bin ich aus allen Wolken gefallen. Wie ich erst bei dieser Gelegenheit erfuhr, hatte Herr Dr. Nieland vom Bundesamt für Finanzen schon Ende 1988 die Finanzbehörden in Baden-Württemberg darauf hingewiesen, daß Sunpark »nur eine Strohmannfunktion« wahrnehme und von meinen Weisungen abhängig sei. Die Finanzbehörden in Baden-Württemberg legten damals fünf Anhaltspunkte für eine gesellschaftsrechtliche Beherrschung von Sunpark durch die Familie Graf, insbesondere durch mich, in den Akten nieder. Sie notierten, daß es 1988 bei Sunpark einen Zufluß von Lizenzgebühren in Höhe von 7 bis 10 Mio. DM gegeben habe und daß Sunpark für die Zukunft mit »praktisch unbegrenzten Gewinnmöglichkeiten« rechnen könne. Falls der Beweis zu führen sei, so hieß es in einem Entwurf vom 30.12.1988, »läge tatbestandsmäßig eine Steuerhinterziehung durch Stefanie und Peter Graf vor«. Von meinen Verteidigern weiß ich heute auch, daß die Steuerfahndung gegen mich schon seit 1990 eingeschaltet gewesen ist. Am 6.8.1991 vermerkte die Steuerfahndung, Sunpark »sei wohl eine Briefkastenfirma«. Die Steuerfahndung hielt dies ausdrücklich für »steuerstrafrechtlich von einigem Gewicht«. Am 29.10.1991 wurde im Finanzministerium Stuttgart ein Entwurf erstellt. In dem Entwurf wurde ausgeführt, das Finanzministerium gehe davon aus, daß Familie Graf »Steuern in der Größenordnung von bis zu 50 Mio. DM durch die rechtsmißbräuchliche Einschaltung ausländischer Gesellschaften hinterzogen« habe. Ein späterer Entwurf vom 23.11.91 kam zunächst zu einer ganz konkreten Empfehlung: Ein Steuerstrafverfahren – so hieß es – sei einzuleiten. Die vom Strafverfahren befangenen Steuerforderungen wurden in diesem Vermerk mit circa 30 Millionen Mark beziffert. Davon hatte ich während all der Jahre nicht die geringste Ahnung. Hätte man mich darüber belehrt und auf die strafrechtlichen Aspekte der gegen uns betriebenen Untersuchungen hingewiesen, hätte ich darauf sofort durch Hinzuziehung eines Strafrechtlers reagiert. Noch 1991 hätte Zeit und Gelegenheit bestanden, alles zu ordnen. Hätte man mir strafrechtliche Warnungen erteilt, wäre dies ein Schock gewesen, auf den ich trotz meiner vielen Probleme ganz gewiß durch Konsultation professioneller Strafrechtler und mit deren Hilfe durch Ordnung der Verhältnisse reagiert hätte. Ich beklage nachdrücklich, daß ich durch Verschleierung um diese Chance beraubt worden bin. Welche Schlußfolgerungen sich daraus in rechtlicher Hinsicht ergeben, kann ich natürlich nicht beurteilen. Doch fühle ich mich zutiefst unfair behandelt. Mir wird immer wieder Unehrlichkeit und Täuschung vorgeworfen. Mit diesem Vorwurf lebe ich jetzt seit über einem Jahr in Untersuchungshaft. Aber auch ich hatte Anspruch darauf, daß man mich nicht täuschte und daß man mit mir ehrlich verfuhr.

XV. Um dies zu wiederholen: 1991 hätte ich alles noch folgenlos heilen können, was mir heute zum Vorwurf gemacht wird. Am Ende und fast 4 Jahre später – nämlich 1995 – war der Rückweg völlig versperrt. Trotzdem ist schließlich auch in dieser Lage die Neuordnung mit der Unterstützung neu hinzugezogener Berater ermöglicht worden. Obwohl ich schon in Haft war, bestand darüber völliges Einvernehmen zwischen meiner Tochter und mir. Die Kontenbestände wurden erfaßt und konzentriert. Es wurden Sicherheiten gestellt. Dies freilich betraf das Vermögen meiner Tochter. Bekanntlich entnehmen die Finanzbehörden meine Pflichten schon für die Vorjahre nur aus den Verfügungsbefugnissen, nicht aber aus mir zugeschriebenem eigenen Vermögen. Ich bin damit einverstanden, daß ich dort, wo mein Name eingesetzt worden ist, als Treuhänder für meine Tochter betrachtet werde. Ferner ist noch während der Haft dazu beigetragen worden, daß die Einnahmen der vorausgegangenen Jahre zusammengestellt werden konnten. Die Fahndungsbeamten haben dies wiederum mit der Unterstützung unserer neuen Berater unternommen. Ich erkläre hiermit, daß ich den Feststellungen der Fahndung über die Zahlungsflüsse, die in die Anklageschrift eingegangen sind, nicht entgegentrete. Das gilt auch für die in Bargeld durchgeführten Transaktionen. Eine Vollständigkeitserklärung mit dem Gewicht eines Wirtschaftsprüfertestats kann ich freilich nicht abgeben. Meine Situation und die Haft haben es nicht zugelassen, daß ich die Aufgabe eigenverantwortlich mit übernahm. Aus meiner Sicht bestehen rechtliche Meinungsverschiedenheiten nur noch darüber, ob die Einnahmen der Jahre 1989 bis 1993 Sunpark zuzurechnen sind. Dann wären sie mit deutscher Körperschaftsteuer zu bela-

sten. Die Anklageschrift geht ebenso wie die Finanzbehörden einen ganz anderen Weg und will alles im Rahmen der Einkommensteuer erfassen. Aus dieser juristischen Auseinandersetzung muß ich mich heraushalten, weil es mir an den nötigen Kenntnissen fehlt. Jedenfalls sind inzwischen alle von den Behörden errechneten Steuern bezahlt. Darüber hatten meine Tochter und ich uns schriftlich verständigt. In der gemeinsamen Erklärung, die meine Tochter und ich niedergelegt haben, heißt es ausdrücklich: »Wir streben beide im Verhältnis zu den Steuerbehörden Rechtsfrieden und eine abschließende Erledigung an.«

XVI. Ich verteidige mich nicht dadurch, daß die Gesellschaften, die Verträge, die Zahlungen und die Auslandskonten möglichst verborgen bleiben sollen. Ich verteidige mich auch nicht dadurch, daß ich meine steuerliche Pflichtenlage in Frage stelle. Ich verteidige mich auch nicht durch die Behauptung, immer nur das Richtige gewollt und alles so vorgenommen zu haben, daß es völlig unangreifbar war. Viele fragen mich, ob ich Anlaß sehe, mich unter Hinweis auf politische Zusagen zu verteidigen. Die Frage ist falsch, und die Antwort, auf die gewartet wird, kann so nicht gegeben werden. Verteidige ich mich mit dem Argument, mich steuerlich immer ehrlich verhalten zu haben? Jedenfalls war mir für 1989 bis 1993 daran gelegen, Steuererklärungen möglichst nicht abgeben zu müssen. Und außerdem glaubte ich, daß eine gewisse Abschirmung zu den allgemein befolgten Regeln gehört, wenn man Auslandsgesellschaften und Auslandskonten hat. Insoweit wollte ich nicht dümmer sein als viele andere. Wenn man mir Unehrlichkeit vorwerfen will, dann erhebe ich nachdrücklich Anspruch darauf, daß Ehrlichkeit keine Einbahnstraße ist. Heute weiß ich genau, daß die Finanzbehörden mich über den strafrechtlichen Charakter ihrer Nachforschungen spätestens seit 1991 massiv getäuscht haben. Während ich noch an ein harmloses steuerrechtliches Vorge-

hen glaubte, war längst die strafrechtliche Waffe gezogen und die Steuerfahndung eingeschaltet worden. Entgegen den Forderungen des Gesetzes und entgegen einem Entwurf des Jahres 1991 ist mir die strafrechtliche Warnung aber lange Zeit vorenthalten worden, bis es zu spät war. Hätte es eine solche frühe Warnung gegeben, säße ich heute nicht hier.

XVII. Ich bitte höflichst darum, mir keine Fragen zu stellen. Ob ich an künftigen Tagen der Hauptverhandlung um das Wort bitten werde, das kann ich derzeit noch nicht sagen. Jetzt mache ich erst einmal – vorläufig – von meinem Schweigerecht Gebrauch. Dies geschieht nicht, weil es mir an Respekt vor dem Gericht fehlt. Es geschieht auch nicht, weil ich die Aufklärung erschweren möchte. Letztlich geht es mir um zweierlei – um den Schutz unserer Privatsphäre, wobei ich damit auch meine Familie meine, und um die Konzentration meiner Verteidigung auf das Wesentliche. In zwei Jahren werde ich sechzig. Wenn ich das bedenke, wünsche ich mir eigentlich nur noch ein Stück Frieden. Ich bin jetzt reif dafür. Vor allem aber wünsche ich das meiner Frau, für die ich in den letzten Jahren eine große Last war. Mir liegt daran, daß diese Hauptverhandlung ein Schlußstrich wird und einen Neuanfang ermöglicht. Mehr kann ich auch für unsere Tochter und unseren Sohn nicht tun.

Salditt wertet die Erklärung seines Mandanten als »Nachdenklichkeit, Selbstkritik und ein Stück Versöhnungsbereitschaft«. Nüchterner sehen es einige Beobachter: »Schuld sind immer die anderen«, lautet die Überschrift in der *Stuttgarter Zeitung*.

Der Steuerfachgehilfe Eckardt, der für einen wie Graf weder Weggefährte noch Freund war, hat am zweiten Verhandlungstag seinen großen Auftritt. Scheinbar unbeeindruckt schaut Graf an ihm vorbei.

Eckardt schlüpft in die Rolle des Statisten. Er sieht sich als einen, der fortführte, was in Brühl längst gang und gäbe war. Er erzählt auch, wie er Akten verschwinden ließ und Kontoauszüge aus vier Leitz-Ordnern zu Schnipseln verarbeitete.

»Ich hatte keinerlei Verhandlungskompetenzen. Alle Dinge mußten von Graf abgesegnet werden. Wenn es zur Sache ging«, behauptet der Steuer-Mann, »fanden die meisten Gespräche unter vier Augen statt zwischen Graf und Firmenvertretern, Vorstandsvorsitzenden oder ähnlichen. Bargeld hat Herr Graf immer persönlich entgegengenommen. Ich habe dann die Quittungen abgezeichnet.« Im »Zuge der aktiven Steuerverminderungsstrategie« habe er keine »ordentlichen Belege« angefertigt.

Richter Plass hakt nach:»Haben Sie jemals strafrechtliche Konsequenzen in Erwägung gezogen?« Eckardt: »Wir durften der Meinung sein, daß alles stillschweigend akzeptiert würde. Die Finanzverwaltungen zeigten in ihrer Art extreme Geduld.«

Nur das Bundesamt für Finanzen sieht sich bestätigt.»Da saßen Leute am Tisch, die knirschten hörbar mit den Zähnen, die fühlten sich von Graf verhohnepipelt«, sagt ein Vertreter der Bonner Behörde. Daß im Steuerfall Graf nicht alles mit rechten Dingen zuging, ist schon Platitüde. Aber auch in dieser Hauptverhandlung bleibt unklar, ob es Deckung von oben oder vorauseilenden Gehorsam gab, oder ob die Bewunderung für eine so populäre Sportlerin frühe Aktivitäten ausschloß.

Der baden-württembergische Finanzminister Gerhard Mayer-Vorfelder wird nicht als Zeuge geladen. Die Verteidigung läßt es bei vagen Andeutungen über Unterstützung von oben – an politischen Turbulenzen ist keiner der Prozeßbeteiligten interessiert.

Mit hartem Strich zeichnet Ex-Berater Flick als Zeuge ein

Bild seines früheren Auftraggebers. Graf sei ein schwieriger Mandant gewesen, der »mit dem Kopf durch die Wand« wollte: »Insbesondere bei Emporkömmlingen ist es schwierig. Denn deren Einsichtsfähigkeit, Steuern bezahlen zu müssen, wenn man mit eigener Kraft nach oben kam, die ist immer beschränkt.« Eckardts Anwalt Schneider kritisiert diese »despektierliche und illoyale Beschreibung eines ehemaligen Mandanten«. Sie zeige das »ungewöhnliche Maß an Verachtung«, das Graf entgegenschlug. Auch das gehöre zur Biographie des Tennisvaters.

Hatte Flick getönt, daß allenfalls 10 bis 20 Personen in der Bundesrepublik des internationalen Steuerrechts mächtig seien, beläßt es sein Sozius Harald Schaumburg bei einer ungefähren Beschreibung: »Das internationale Steuerrecht ist wohl die schwierigste Materie in unserem Steuerrecht überhaupt.« Er klagt über Grafs Geheimniskrämerei, über sein extremes Mißtrauen, »auch mir gegenüber«.

Richter Plass setzt nach. »Haben Sie mal nach umfassenden Informationen gefragt? Oder wollten Sie das gar nicht, vielleicht weil Sie sich mit nicht ganz legalen Dingen nicht befassen wollten?«

Nach 17 Tagen Hauptverhandlung und nach vier Vernehmungen im Ausland fährt das Gericht die Steuerstrafsache Graf herunter. Die Finanzverwaltung – »insbesondere die Oberbehörden« – sei »von den Grundsätzen eines ordentlichen Besteuerungsverfahrens abgewichen«. Sie habe »den Angeklagten die Tatbegehung durch eine von Vorsicht geprägte und vorrangig an Gesichtspunkten der Zweckmäßigkeit des fiskalischen Verfahrens orientierte Handhabung allzu leicht gemacht«.

Bei vorläufiger Gesamtabwägung, so Plass, seien die vorgeworfenenTaten in einem deutlich milderen Licht und insgesamt nicht länger als besonders schwere Fälle anzusehen. Das würde eine Höchststrafe von bisher zehn auf fünf Jahre

Haft senken. Außerdem könne Eckardt statt wegen Mittäterschaft nur wegen Beihilfe verurteilt werden.

Beide Haftbefehle, so beschließt die Strafkammer, sollen außer Vollzug gesetzt werden. Graf soll eine Kaution in Höhe von fünf Millionen Mark zahlen, die Sicherheit für Eckardt wird auf 300 000 Mark taxiert.

Im Gegensatz zu einem Beschluß im ganz frühen Verhandlungsstadium stimmt das Oberlandesgericht Karlsruhe diesmal den Mannheimer Kollegen weitgehend zu. Am 15. November kommen Graf und Eckardt frei. Fast zeitgleich attackiert Steffi Graf die deutsche Justiz. Im Gespräch mit einer Reporterin der *New York Times* empört sie sich, daß an ihrem Vater ein Exempel statuiert werden solle. »Und in der Zwischenzeit werden Kinder vergewaltigt, und die Kerle, die das tun, laufen frei herum. Mörder kommen nach eineinhalb Jahren raus ... Jetzt fragen sich sogar Leute, die anfangs gegen meinen Vater waren – was für eine Gerechtigkeit haben wir denn in Deutschland?«

9. Steffis Firma

Steffi inhaliert nicht gerne. Darum macht ihre Mama ihr eine Wärmflasche, wenn sie krank ist. Steffi ißt am liebsten Pfannkuchen mit Pfälzer Spargel. Steffi liest John Irvings »Zirkuskind«. Steffi ärgert sich, weil sie Oliver Bierhoffs Tor zum 1:1 im Finale der Fußball-Europameisterschaft gegen die Tschechen verpaßt hat. Steffi steht am See und wundert sich, »wieviele Leute morgens joggen gehen«.

Will Deutschland das wissen? Offenbar, denn Michael Grafs Film »Steffi – ein Portrait« läuft zur besten Sendezeit bei Sat 1; er unterhält in der Adventszeit an einem kalten Sonntagabend 4,29 Millionen Deutsche.

Drei Monate lang hat Michael die große Schwester gefilmt. Nicht, daß er sich »herausnehmen würde, mich Kameramannn zu nennen« – eine Ausbildung hat er ja nicht. Produzent nennt er sich aber durchaus, denn ins Kino ist er schon immer »sehr, sehr gerne gegangen«.

»Steffi – ein Portrait« ist ein Mix aus 100 Stunden Rohmaterial, neu zusammengesetzt mit allem, was die Computer hergaben: Zeitraffer mündet in Zeitlupe, Schwarzweißes in Buntes, Rockmusik in Originalton Steffi, und wenn das Feuerwerk erloschen ist, bleibt ein wunderschönes Bild: Steffi ist lieb, Steffi ist lustig, Steffi ist klug.

Und privat ist die Tenniskönigin eine Frau, die »nicht nein sagen« kann; eine, die einen Knutschfleck am Hals hat und sich gerne mal »einfach ins Bett legen und Musik hören will«; und auch eine, die beim Shopping vor dem Spiegel ganz furchtbar erschrickt: »Habe ich so zugenommen?«

Selten kam das Publikum ihr so nah. Nach der Pressekonferenz im Pariser Stade Roland Garros legt sie sich im Auto auf den Boden, damit niemand ihr folge; auf der Massagebank sagt sie »Scheißknie« zu ihrem Knie. Und einmal fährt sie mit Michael und dessen Kamera zum Vater ins Gefängnis, wo sie das übliche Ritual erwartet: »Paß abgeben, Besucherkarte in Empfang nehmen, durchsucht werden«. Sie weint, zweimal.

Michaels Werk ist ziemlich voyeuristisch geraten, aber es hilft Steffis Image. Und darum geht es. Denn nach Monaten, in denen Steffi eher apathisch durch jenen Teil des Lebens lief, der aus der Steueraffäre bestand, wird sie aktiv. Sie gibt ein paar Interviews, nachdem sie sich vorher zusichern ließ, daß die Fragen »freundschaftlich« sein würden. Sie hat sich ein neues Tenniskleid schneidern lassen. Vor allem aber: Sie hat sich entschieden, wie ihre Geschäfte künftig geführt werden sollen.

»Am Anfang«, erzählt sie in der *FAZ,* »war es viel zuviel für mich. Es hat mich wahnsinnig belastet, vor allem zum Ende des letzten und zu Anfang dieses Jahres. Ich habe mich mit Dingen beschäftigen müssen, mit denen ich noch nie in Berührung gekommen war, und war teilweise total überfordert. Ich war den ganzen Tag nur noch mit Anwälten und Steuerberatern im Gespräch. Ich habe versucht, mich in diese Materie einzuarbeiten, doch Dinge selbst zu entscheiden, ist mir am Anfang ziemlich schwergefallen. Mittlerweile komme ich besser damit zurecht.«

So hat sie, erzählt sie später, zunächst die Büroräume im alten Wohnhaus, am Luftschiffring 8, renoviert; und dann rief sie Hans Engert, einen langjährigen Freund der Familie, an: »Schau's dir mal an.« Engert ist einer, dem sie traut: Er hat schon mit ihrem Vater Tennis gespielt, und die kleine Steffi hat ihm zugeschaut, wenn er in der Bundesliga mitmischte; zuletzt war er Verbandstrainer in Rheinland-Pfalz und sportlicher Leiter von BASF Ludwigshafen. »Er kennt mich von klein auf und hat meine Kariere von Anfang an miterlebt«, meint Steffi.

Als Engert in Brühl eintrifft, sagt sie nur: »Und dies ist dein Büro.« Engert ist perplex, sagt aber schnell zu. Es ist endlich eine Entscheidung, und für Steffi ist eine »gehörige Portion Freundschaft und Vertrauen« dabei.

Geschäftsführer Engert hilft seiner Chefin, die Steffi Graf Sport GmbH zu gründen. Das Duo will »die geschäftliche Situation ordnen« und zugleich »eine Perspektive für die Zukunft öffnen« (Steffi): Die Firma soll sich mit Nachwuchsförderung und Spielerberatung, vor allem aber mit der Organisation von Veranstaltungen befassen. Der erste Deal ist schnell perfekt: DTB-Generalsekretär Günter Sanders und Steffis Firma einigen sich auf eine neue, diesmal regelgerechte Form der Zusammenarbeit. Steffis Firma soll 1997 die Heimspiele im Federation Cup organisieren, dafür garantiert Steffi ihre Teilnahme – das ist für beide Seiten kein schlechtes Geschäft. 800 000 Mark Gewinn, kalkuliert Engert, seien pro Runde möglich.

Eine Wandlung zum »weiblichen Tiriac« *(Süddeutsche Zeitung)* ist das sicherlich nicht, denn auf dem freien Markt muß sich die Firma Graf noch nicht beweisen. Aber immerhin, der Laden expandiert: Bald sind sie zu dritt. Pascal Zimmer steigt ein. Er ist der Bruder des Photographen Paul Zimmer, der ebenfalls einer der wenigen Vertrauten der Nummer eins ist. Pascal Zimmer hat Erfahrung mit der Organisation von Veranstaltungen.

Damit hat sich Steffi auch gegen Picciotto entschieden. Advantage darf zwar weiterhin Angebote akquirieren und nach Brühl weiterleiten; ihr Manager ist der Amerikaner von nun an allerdings nicht mehr. »Phil wäre sicher glücklicher, wenn seine Kompetenzen umfangreicher beschrieben wären«, sagt Engert »es geht auch darum, daß er jetzt einen Imageverlust befürchtet.«

Aber ist der Neue nicht zu klein und schwach, um sich gegen Vater Graf zu behaupten, sobald der nach Hause kommt? Steffi selbst gibt sich kühl und entschlossen. »Ich weiß, daß Fehler gemacht worden sind«, sagt Steffi, »und es gibt Dinge, über die ich enttäuscht und verärgert bin«. Sie erwarte, daß er zu seinen Fehlern stehe, habe aber »mehr als genug den Eindruck, daß er auch selbst neu beginnen will«.

Hans Engert jedenfalls sei für sie in Zukunft der »Koordinator, Supervisor, der Geschäftsführer, die Anlaufstelle«.

Mit dem Gefühl, alles bestens geordnet zu haben, fährt Steffi Graf nach Leipzig, um »ihr« Tunier zu spielen. Natürlich ist auch hier die Aufregung groß – es geht darum, ob Steffi Graf in Leipzig auch Antrittsgelder kassiert hat, ob Vater Graf unerlaubterweise im Hintergrund die Fäden zog. »Steffi Graf erhielt nicht einen Pfennig« versichert der Turnierdirektor – und neben ihm steht der Graf-Freund Radosevic und nickt heftig.

Steffi spielt einfach Tennis und braucht für die Amerikanerin Kimberly Po 40 Minuten: 6:0, 6:1. Aber so richtig läuft es dann doch nicht: Gegen Judith Wiesner verliert sie den ersten Satz 1:6 (bevor sie die nächsten 6:3, 6:2 gewinnt), und vor dem Halbfinale gegen Anke Huber muß sie schon aussteigen: Ihr Knie stoppt sie, wieder einmal.

Wenig später ist es der Rücken. Beim Endspiel von Philadelphia quält sie sich gegen Jana Novotna noch durch den ersten Satz (4:6), aber dann ist wieder Schluß. Und das Masters steht bevor.

Das Abschlußturnier in New York zählt für Steffi wie ein Grand Slam, und irgendwie kommt sie wieder durch. Im Finale, über drei Gewinnsätze, wartet Martina Hingis – es wird ein Drama. Im vierten Satz führt Hingis 5:1, Steffi kann die Schmerzen kaum noch aushalten. Aber auf einmal legen Krämpfe die junge Schweizerin lahm. Advantage Steffi: 6:3, 4:6, 6:0, 4:6, 6:0. Leider, klagt die Hingis, habe auch die Politik hinter den Kulissen Einfluß auf das Ergebnis gehabt: »Ich hatte den schlechtesten aller Spielpläne: Montag, Freitag, Samstag, Sonntag. Steffi durfte Dienstag, Donnerstag, Samstag, Sonntag spielen.«

Das Jahr ist abgerundet, es war vor allem eine Demonstration der Willensstärke. Steffi und ihre Mutter bleiben noch ein paar Tage in Florida – obwohl in der Heimat Peter Graf schon seit Tagen aus der Untersuchungshaft entlassen ist und in Brühl wartet. Am 6. Dezember fliegen Mutter und Tochter nach Hause. Und *Bild* kann melden: »Die Familie ist wieder vereint. Steffi – Erster Kuß für Papa.«

1997

1. Lebensgefahr

Das Jahr beginnt, und Steffi hat Grippe. Den Hopman Cup sagt sie ab, zu den Australian Open aber reist sie dennoch an. Das ist nicht unbedingt ein weiser Entschluß.

Drei Runden steht sie durch, dann aber hat sich am linken Fuß ein Zehennagel entzündet. Es ist der Morgen vor dem Achtelfinale, und Steffi schluckt Tabletten. Sie trainiert, und als sie vom Platz geht, hat sie wieder Fieber. Tennis ist im Prinzip unmöglich, Tennis in Melbourne – bei 40 Grad im Schatten – ist unter diesen Bedingungen lebensgefährlich.

Die Gegnerin im Achtelfinale ist eine gute Bekannte: die Südafrikanerin Amanda Coetzer. 2:6 verliert Steffi den ersten Satz. Im zweiten, sie führt 5:4, ist dann alles vorbei. Sie ruft leise: »Ich kann nicht mehr«, taumelt über den Platz, läßt sich behandeln. Und dann wird sie abgeschossen: 5:7, wehrlos steht Steffi Graf an der Grundlinie.

Ein Hitzschlag, heißt es später, hat sie außer Gefecht gesetzt; ein Turnierarzt »überprüft die Lebenszeichen« (WTA-Bulletin). Steffi ist unfähig, eine Pressekonferenz zu geben und läßt sich ins Hotel fahren. Sie wollte Martina Hingis, in Australien auf dem Weg zum ersten großen Titel, unbedingt aufhalten – nun muß sie sich den Triumph der Rivalin im Fernsehen ansehen.

2. Das Urteil

Aus der Ferne bekommt Steffi Graf denn auch mit, wie sich die öffentliche Wahrnehmung der Steuersache verändert hat.

Die lange U-Haft ihres Vaters und die Empörung über den laschen Umgang der Justiz mit Sexualstraftätern führen zu vergleichender Betrachtung. Bei vielen macht sich der Eindruck breit, Graf werde wie ein Staatsfeind behandelt. »Es gibt einen Begriff, der aus der Mode gekommen ist«, empört sich die *TAZ*: »Er heißt Klassenjustiz«. Wenn einer so tief falle wie Peter Graf, sei die Schadenfreude groß. »Wird Peter Graf nur als Straftäter verfolgt, oder wird hier auch einer dafür bestraft, daß er von unten nach oben wollte und dabei den falschen Weg gewählt hat?«

Die Öffentlichkeit ist in ihrer Meinung über den Tennisvater so schwankend, weil sie selbst Probleme beim Umgang mit dem Fiskus hat. Wer trotz hoher Gewinne hierzulande wenig Steuern zahlt, gilt als gewieft. Und Hut ab vor dem, der trotz florierender Geschäfte noch Geld vom Fiskus zurückbekommt.

Selbst Finanzminister Mayer-Vorfelder signalisierte früh Verständnis für die vielen Schlaumeier, als sei es unerträglich geworden, nach dem geltenden Recht Steuern zu zahlen. Wenn schon die Urheber der Gesetze unsicher sind, wie hätte dann Peter Graf wissen können, was des Staates ist? In der Hauptverhandlung wächst das Verständnis für den Hauptbeschuldigten von Verhandlungstag zu Verhandlungstag – mitunter ist das Einfühlungsvermögen nicht leicht nachzuvollziehen.

Die Sensibilität von Richter Plass ist beachtlich. Als bekannt wird, daß auch der amerikanische Fiskus Anspruch auf einen Teil der Grafschen Steuerschuld erhebt, zeigt er sich nicht irritiert. Er hat schon angeregt, alle von Steffi im Ausland kassierten Siegprämien und Antrittsgelder auszuklammern. Der Richter ist sogar bereit, auch jene Gagen, die Sponsoren wie Adidas und Dunlop von Erfolgen bei ausländischen Turnieren abhängig gemacht haben, nicht zu berücksichtigen. Die Staatsanwaltschaft protestiert, verweist darauf, daß über die Höhe der hinterzogenen Steuer ja schon das von Steffi angerufene Finanzgericht in Karlsruhe zu entscheiden hat – und nicht der Strafrichter.

Doch Plass läßt sich nicht beirren. Vom Vorwurf der schweren Steuerhinterziehung geht er nicht mehr aus. Für ihn ist der Fall einfach geworden. Selbst die Verteidigung zeigt sich überrascht, Eckardts Anwalt Bernd Schneider ist sich aber sicher: »Die Anklage wackelt erheblich.« Plass rechnet nach eigenen Vorstellungen weiter – und so reduziert er die Summe der hinterzogenen und von Steffi inzwischen bezahlten Steuer von 19,4 Millionen Mark bei Prozeßbeginn auf knapp 16 Millionen bei der Urteilsfindung.

Anfang Januar drängt Plass die Staatsanwaltschaft zum Plädoyer. Er will noch in den Kurzurlaub, und für ihn scheint die Sache ohnehin klar. Die Reststrafe, die mit der U-Haft verrechnet werden muß, hat die Kammer angedeutet, werde »nicht exorbitant hoch« ausfallen.

Die Staatsanwaltschaft, deren Schmerzgrenze wohl bei fünf Jahren liegt, bleibt unerbittlich. »Herr Graf hat sich systematisch in einem lange geplanten Geflecht von Lügen selbst gefangen«, sagt Jobski. »Hauptmotiv war pures Gewinnstreben, getrieben aus zwanghafter Kapitalanhäufung. Er hat das Unternehmen Steffi Graf ganz auf Steuerhinterziehung angelegt.« Nach fünfstündigem Plädoyer folgt der

Strafantrag: Sechs Jahre und neun Monate Haft für Graf. Vier Jahre und neun Monate soll Eckardt in Haft.

Peter Graf zeigt sich von der Strafandrohung sichtlich geschockt. Sein Verteidiger Salditt ist weniger beeindruckt. Dieser »sensible Fall« sei »von der Staatsanwaltschaft vereinfacht und vergröbert dargestellt worden«.

In seinem Plädoyer hält Salditt mit einem ungewöhnlichen Bild an seiner Täter-Opfer-Theorie fest. Graf und Eckardt seien zwei Amateurwanderer gewesen, die zur Kletterpartie in der »Eigernordwand der Steuerersparnis« verführt worden seien. Bergführer (Berater und Sponsoren) hätten ihnen bis auf die Eisfelder weitergeholfen. Dann hätten sich beide bis zur Weißen Spinne allein weiterhangeln müssen, weil eine Umkehr den Absturz bedeutet hätte.

Auch habe das Stuttgarter Finanzministerium früh gewußt, daß die Einleitung eines Strafverfahrens auf der Tagesordnung gestanden habe. Die »Götter auf dem Olymp« hätten aber den strafrechtlichen Eklat hinausschieben wollen, und die unteren Finanzbehörden hätten sich danach verhalten. Eine Strafe sei zwar unausweichlich, sie müsse aber deutlich geringer als der Strafantrag der Staatsanwaltschaft ausfallen.

Als der Vorsitzende am 24. Januar das Urteil verkündet, lächelt Salditt: »Vieles an diesem Urteil erfüllt uns mit großer Zufriedenheit.« Graf wird zu einer Freiheitsstrafe von drei Jahren und neun Monaten verurteilt. Eckardt bekommt wegen Beihilfe zweieinhalb Jahre Haft.

Das Tandem zu seinem Füßen, urteilt Plass, habe »jedes Rotlicht überfahren« – Graf als Lenker, Eckardt als Helfer. Diese Enschätzung deckt sich vor allem mit Eckardts Aussagen. Der hatte die »aktive Steuervermeidungstrategie« so erklärt: Man habe versucht, keine Angaben zu machen, die nicht ausdrücklich angefordert wurden, auf Zeit zu spielen und die Behörden hinzuhalten. Dies sei zwischen ihm und

Graf »mehr als einmal« abgesprochen worden, sei »gemeinsames Gedankengut gewesen«. Ungeklärt bleibt in der Hauptverhandlung die Andeutung Grafs, »Streitigkeiten zwischen meiner Familie» und Eckardt hätten einen »finanziellen Hintergrund«. Zwar sind mindestens fünf Millionen Mark verschwunden, und der Verbleib des Geldes ist auch im Prozeß unklar geblieben. Wenn die Graf-Seite aber beweisen will, daß der einstige Helfer das Geld eingesackt hat, muß sie irgendwann gegen Eckardt antreten.

Das ist nicht ganz unkompliziert. Zum einen bestreitet Eckardt strikt jede Veruntreuung. Zum anderen hätte auch Steffi kein Aussageverweigerungsrecht mehr. Ein abgetrenntes Verfahren gegen Eckardt läuft seit langem bei der Wiesbadener Staatsanwaltschaft.

Auf der geistigen Klettertour in die Eigernordwand will das Gericht der Verteidigung nicht folgen. Graf habe seinen Beratern »bewußt falsche und unvollständige Informationen gegeben«, sagt Richter Plass. Er und seine Richterkollegen kommen zu dem Schluß, daß die Steueraffäre Graf, wie Eckardts Verteidiger Schneider es formuliert hat, kein »Zwei-Schurken-Stück« war, sondern daß auch die Berater verstrickt seien. Von einer direkten Mitschuld der Finanzbehörden mag Plass nicht sprechen. Allerdings sei bereits im Herbst 1991 die Einleitung eines Steuerstrafverfahrens geboten gewesen, das sei zu berücksichtigen.

Keinem der beiden Angeklagten legt das Mannheimer Gericht daher einen schweren Fall der Steuerhinterziehung zur Last, trotz »erheblich krimineller Energie« und »groben Eigennutzes« bei Graf.

Dann macht Plass einen Kniefall vor Steffi. Zwar hat Ex-Adlatus Schmitt – er ist inzwischen mit seiner Tennisanlage auf Mallorca gescheitert und verkauft in einer Gerry-Weber-Boutique Sportswear – vor Gericht die Unterrichtung der Grafs im Jahr 1991 bestätigt. Gleichzeitig aber hat er seinen

Eindruck wiedergegeben, Steffi habe damals kaum etwas davon begriffen. Plass glaubt deshalb, ein »aktiver Tatbeitrag von Steffi Graf» sei »weder nachgewiesen noch sonst ersichtlich«. Das immer noch laufende Ermittlungsverfahren gegen sie sei aus Sicht des Gerichtes einzustellen. Oberstaatsanwalt Jobski findet diese Äußerung entbehrlich. Schließlich sei immer noch die Staatsanwaltschaft Herr des Verfahrens. Dann legen Staatsanwaltschaft und Verteidigung Revision gegen das Urteil ein. Der Fall Graf wird damit in die zweite Runde gehen.

Das vorerst letzte Wort hat Peter Graf: »Ich werde diese Hauptverhandlung nie vergessen und werde sie auch nie vergessen wollen.«

Epilog

Lottie Dod hatte einen Vater, der alles richtig machte. Hinter seinem Haus ließ der Kaufmann mehrere Tennisplätze bauen, darunter einen, der auch bei Schnee und Regen bespielbar war. Als die Kleine neun Jahre alt war, gab ihr Daddy sie in die Hände eines Trainers. Als sie 15 Jahre und 285 Tage alt war, gewann Lottie Dod glatt in zwei Sätzen das Finale von Wimbledon. Das war im Juli 1887.

Papa Dod gilt als erster Tennisvater, sein siegender Sprößling als Vorbild aller Tenniskinder. Und doch blieb Lottie, die Vielseitige, lange eine Ausnahme. Sie spielte Klavier und Bridge, sie lernte Eislaufen und gewann bei den Olympischen Spielen die Silbermedaille im Bogenschießen.

Die Tenniskinder der Moderne erleben meist wenig von einer solchen Vielfalt des Lebens; erst Melanie Molitor, die Mutter von Martina Hingis, schien ein Jahrhundert nach Vater Dod zu erkennen, daß auch Spaß in den Trainingsplan gehört. Tochter Martina durfte ihre Turniere auch nach touristischen Gesichtspunkten auswählen; sie genoß es, über die Akropolis zu stapfen, sie ging einkaufen und reiten, wo immer sie antrat. »Es ist nicht schlecht, berühmt zu sein«, bilanzierte sie nach den ersten zwei Jahren als Profi. Steffi Graf und Monica Seles hingegen wurden auf Tennis pur getrimmt – und tun sich auch deshalb so schwer, mit den Unwägbarkeiten des Lebens fertig zu werden.

Im Tennis würden sie gern so tun, als sei nichts passiert. So, als habe kein Günther Parche der Monica Seles sein Ausbeinmesser in den Rücken gestochen. So, als habe Steffi Graf jeden Pfennig, der des Fiskus war, auch brav bei der Staatskasse abgeliefert. Die Branche brauchte die beiden früheren Wunderkinder ganz dringend fürs Geschäft – ohne sie herrschte Langeweile auf den Centre Courts dieser Welt.

Die Spannung hat das Damentennis nicht allein aus den Stunden und Minuten gewonnen, in denen sich Steffi Graf und Monica Seles auf dem Platz gegenüberstanden und die Vorhandschläge über das Netz peitschten. Fasziniert haben auch die unterschiedlichen Charaktere: Hier die stille, nachdenkliche Deutsche; dort die Jugoslawin, die während des Spiels lauter ist als eine Dampflok, deren Stöhnen bei jedem Schlag bis zu 91,7 Dezibel erreicht – und die vor und nach dem Match plappert und kichert, als sei sie gerade aus Disneyland entsprungen.

Bei allen Unterschieden – Monica Seles' Aufstieg in die Weltklasse wurde an der Karriere der Steffi Graf ausgerichtet. Und jetzt soll alle Welt endlich erfahren, wer das wahre Wunderkind ist, nachdem das Attentat den Abbruch des Duells noch vor einer Entscheidung erzwang.

Als Monica Seles am 11. März 1991 Nummer eins wird, ist sie 17 Jahre alt. Sie ist damit die jüngste Nummer eins aller Zeiten. Sie ist immer die jüngste: Bereits mit 16 Jahren hat sie mehr als eine Million Dollar Preisgeld eingespielt.

Der Shooting-Star transportiert etwas in die distinguierte Tennisszene, was vor Seles als irgendwie schräg und durchgeknallt galt. Show, Blitzlichtgewitter, Effekte. Die Serbin Seles stimmt Schweißband, Haarband, Söckchen, Ohrringe und Kleidchen farblich aufeinander ab; Pink ist ihr am liebsten. Schauspielerin möchte der Popstar des Damentennis einmal werden, jeden Film, in dem Marilyn Monroe mitmacht, hat die Seles mehrmals gesehen.

Die Diva, deren Familie ungarischer Abstammung ist, wird am 2. Dezember 1973 in Novi Sad/Jugoslawien geboren. Wie Steffi Graf, so fängt auch die Seles mit dem Tennis an, als sie gerade laufen kann. Bei einer Reise nach Monte Carlo, so geht die Legende, erhält die Kleine eine Münze für einen Spielautomaten geschenkt, knackt den Jackpot und kauft sich vom Gewinn einen Tennisschläger. Mit neun Jahren gewinnt Seles die jugoslawische Meisterschaft der Unterzwölfjährigen, mit zehn in Paris die Europameisterschaft und mit zwölf in Miami die Orange Bowl, die inoffizielle Jugendweltmeisterschaft. Der Teenager wird Sportlerin des Jahres in Jugoslawien.

Ihren ersten Vertrag schließt die Seles mit der Agentur SWF Marketing, dem späteren Deutschland-Partner von Advantage. Mit dem Ziel, »die Spielerin in ihrer weiteren internationalen Karriere zur internationalen Spitzensportlerin heranzubilden«, so heißt es im Vertrag, erhält die kleine Seles 500 Mark im Monat. Außerdem »eine Videoausrüstung sowie eine Ballmaschine zum Training in Jugoslawien«, »100 Tennisbälle monatlich« sowie »jährlich 5 Tennisschläger mit Bespannungen, ausreichende Tennisbekleidung«. 1985, die Seles-Familie ist inzwischen zu Mark McCormacks IMG gewechselt, überzeugt die Zwölfjährige in Miami einen prominenten Zuschauer: Nick Bollettieri, den berühmten Schleifer. Er habe, lobt Bollettieri, einen »kleinen Sumpffrosch, kaum größer als das Racket«, gesehen und gestaunt: »Die prügelte den Konkurrentinnen die Seele aus dem Leib, so aggressiv war sie«. Bollettieri offeriert seine Dienste, und die Familie verläßt Novi Sad – Bradenton in Florida wird die erste Station des gesellschaftlichen Aufstiegs in der Neuen Welt.

Monica ist schon bald amerikanischer als die Amerikaner:

Auf Kaugummi verzichtet sie so gut wie nie; soviel Ketchup wie sie verschlingen nur wenige; sie liebt Baseball und vergöttert die Los Angeles Dodgers; und einen derart breiten Südstaatenakzent wie den ihren gab es selten zu hören. Auch auf die Frage nach der nützlichsten Erfindung aller Zeiten hat sie eine recht amerikanische Antwort: »Die Mikrowelle.«

Mit dem Umzug hat sich die Familie entschieden: Sie setzt von nun an auf Tennis und auf die begabte Tochter. Bis dahin, und darauf ist Vater Karoly stolz, sei alles ein wenig anders gewesen als bei Grafs. »Ich habe Monica nicht gebraucht, um mich selbst zu definieren«, sagt Seles, »ich war in meinem Beruf erfolgreich. Ich war Universitätsprofessor für Sport und Pädagogik, habe auch eine künstlerische Ader und bin Cartoonist geworden.« In mehreren Ländern Europas sind seine Zeichnungen erschienen – es kommen noch Jahre später Tantiemen ins Haus.

Spätestens mit dem Umzug nach Florida unterscheiden sich das Team Seles und das Team Graf nur noch unwesentlich. Fehlt Monica die Lust, dann heitert der Vater sie auf seine Art auf: Er malt Comicfiguren auf die Filzbälle; mit Tom und Jerry spielt Monica am besten. Doch bald spürt auch sie die Defizite. »Das Leben meiner Freunde«, klagt sie, »ist ja auch weitergegangen. Die haben mich im Fernsehen gesehen, gelesen, was ich wieder alles gewonnen habe. Ich muß ihnen immer erst zeigen, daß ich mich trotzdem nicht verändert habe.«

Wie Steffi nimmt auch Monica viel in Kauf – schließlich will sie ja werden wie Steffi. »Ihre Karriere«, sagt Monica, »habe ich seit meinem siebten Lebensjahr verfolgt. Willst du ganz nach oben, mußt du die eines Tages schlagen, habe ich mir gesagt.« Als das gelingt, ist plötzlich auch die Seles »auf der Suche nach der totalen Perfektion«. Sie trennt sich 1990 von Bollettieri und leugnet fortan, daß der Amerikaner sie jemals ernsthaft trainiert habe: »Mein Trainer war immer mein Vater.«

Schon bald ist die exzentrische Ferrari-Fahrerin ebenso unbeliebt im Tenniszirkus wie die Deutsche. »Monica versucht dich so hart zu treffen, wie sie nur kann«, klagt die Amerikanerin Mary Joe Fernandez. »Ihr Hauptinteresse ist, soviel wie möglich zu kassieren, solange sie kann. Das macht sie schon sehr gut«, sagt Martina Navratilova. Die Konkurrentinnen erschreckt, daß Monica Seles buchstäblich Krieg führt auf dem Platz. Ohne Rücksicht. Nicht von ungefähr mag sie den Stil des Boxers Mike Tyson: »Er hat nur geboxt. Er hat alles vergessen – genau wie ich, wenn ich den Tennisplatz betrete.«

So sind sie, die Wunderkinder, diese Stars aus der Retorte. Wie Kampfhunde von ihren Vätern auf die Zerstörung des Gegners ausgerichtet, spüren sie kaum noch die seelische Verkrüppelung, mit der sie selbst ihren Erfolg bezahlen müssen.

Sie haben, meint Martina Navratilova, »kein Mitspracherecht, wenn es darum geht, was sie aushalten können«. Der Frankfurter Sportpsychologe Henning Haase glaubt, daß weniger »der Drill im Sinne einer militärischen Schleifaktion« die Kinder belaste; viel gravierender sei das Druckmittel des »elterlichen Liebesentzugs«.

Söhne trifft die harte Welle seltener, weil sie als eigenwilliger und weniger formbar gelten. Die Körper junger Mädchen aber, sagt die Marburger Sozialpädagogin Lotte Rose, würden von Vätern, Managern und den meist männlichen Trainern »schamlos ausgebeutet«.

Tracy Austin beispielsweise gewann 1979 als 16jährige mit Zöpfchen und Zahnspange die U.S. Open; sie war 1980 für 22 Wochen die Nummer eins der Weltrangliste. Als Steffi Graf im Oktober 1982 in ihrem ersten Match als Profi in Filderstadt gegen Austin verlor, war deren Karriere aber schon nahezu gelaufen. Wirbelsäule und Gelenke hatten die Torturen nicht ausgehalten, alle späteren Comeback-Versuche schlugen fehl.

Die meisten der jungen Karrieren scheitern, wenn die Tochter den Vater aus dem sozialen Abseits ins Rampenlicht transportieren soll. Roland Jaeger, ein deutscher Einwanderer, war in den Vereinigten Staaten als Boxer, Maurer und Barkeeper angetreten und doch nie in der Mittelschicht angekommen. »Er wollte, daß ich ein besseres Leben habe als er«, sagte seine Tochter Andrea; er wünschte sich wohl auch für sich ein bißchen Luxus. Sie blieb auch dann noch bei ihren Erklärungen, als er sie schlug und öffentlich eine schlichte Pädagogik pries: »Jeder braucht einen, der ihn in den Hintern tritt.«

Andrea Jaeger gewann mit 14 Jahren ihr erstes Profiturnier. Daddy lagerte an diesem Tag eine Flasche 70er Château Lafite ein, die er bei ihrem ersten Grand-Slam-Erfolg öffnen wollte. Im Wimbledon-Finale von 1983 aber unterlag Andrea Jaeger gegen Martina Navratilova, und ihr tobender Vater konnte sich nicht mehr beruhigen. Mit 19 Jahren erklärte eine gebrochene junge Frau ihren Rückzug aus dem Tennis.

Austin, Jaeger oder eher Unbekannte wie Kathy Horvath – als Teenager träumten sie alle vom Ruhm einer Chris Evert oder einer Billie Jean King; als Erwachsene schleppten sie sich zum Krankengymnasten.

Die drei Amerikanerinnen, da überschneiden sich die Biographien, waren im Kindesalter Nick Bollettieri anvertraut worden, dem als Schleifer gerühmten, stets sonnengebräunten Guru der Tennistrainer. Jeweils etwa 40 000 Mark mußten die Eltern des Trios für neun Monate Ausbildung in Bollettieris Akademie in Bradenton/Florida ausgeben. Eine persönliche Betreuung garantierte dieser Betrag allerdings nicht. Als Horvath in der Pubertät mit den körperlichen Folgen nicht zurechtkam, stand lediglich ein Camp-eigener

Psychologe bereit, der nur wenig mehr als »Du-mußt-es-nur-wollen«-Platitüden predigte. Carling Bassett, eine weitere Hochbegabte, die nie oben ankam: »Bei Nick lernt man nicht mal den Volley – wahrscheinlich, weil er ihn selbst nicht beherrscht.«

»So ist halt das Leben«, sagt Trainer Bollettieri zu solchen Kommentaren. Der einstige Fallschirmjäger, Mitglied der Eliteeinheit Green Berets, kennt nur Sieger und Verlierer – auch wenn sie zwölf Jahre alt sind. Die Helden kommen durch, die Versager müssen von ihren Eltern eben resozialisiert werden: »Es gibt schlimmere Schicksale.« Zumindest auf Disziplin wird bei ihm geachtet. In der Palmer Academy, wo Jennifer Capriati eine Weile ausgebildet wurde, reicherten Drogen, sexuelle Belästigung und Zockerei den schnöden Trainingsalltag an. Und als die einstigen Bollettieri-Zöglinge Monica Seles und Andre Agassi jeweils Nummer eins wurden, schossen weltweit andere Billig-Akademien aus dem Boden.

Seit im Damentennis Jahreseinkommen in Millionenhöhe üblich sind, verfallen immer mehr Funktionäre, Agenten, Trainer und Eltern dem sportiven Goldrausch. Ähnlich wie im Turnen oder im Eiskunstlauf – Disziplinen, in denen Goldmedaillengewinnerinnen meist minderjährig sind – entstand dadurch auch in der Tennis-Nachwuchsförderung eine fatale Mischung aus Hektik und Inkompetenz. »Jeder, der ein talentiertes Mädchen in Reichweite hat«, meint Bundestrainer Klaus Hofsäss, »will so lange mitspielen, bis das Geld hereinkommt.« Und selbst das macht nicht glücklich.

Im Herbst 1994 lebt Jennifer Capriati im Mission Hills Country Club in Rancho Mirage (Kalifornien). Die Klubmitglieder spielen Golf unter Palmen und lassen mexikanische Gärtner den Rasen vor ihren Villen stutzen – für eine 18jährige ist das Rentnerparadies eine Strafkolonie.

Die Firma Capriati, eine Art Dad, Mom & Jenny Incorporation, hat sich hier versteckt, um einen zweiten Anlauf zu nehmen. Sie sprechen nicht über die Vergangenheit, sondern sie spielen Tennis. Tennis, hat Vater Stefano, der ehemalige Stuntman, Immobilienmakler und zweitklassige Fußballtorwart, beschlossen, sei die richtige Therapie, weil es Jennifer damals, als sie erfolgreich war, doch »auch sonst gutging«.

In Wahrheit war alles schiefgegangen. Daddy gab bald nach der Geburt der Tochter seine Jobs auf, denn er war überzeugt, einer Mission dienen zu müssen, als sei ihm eine Tochter Gottes geboren worden: »Sie wird etwas Großes.« Schon die Dreijährige, das beweisen die Familienvideos, haute den Ball »mit der Schlägermitte« über den Zaun. Stefano verklärte seinen Wahn zum Liebesdienst, der von ihm ein persönliches Opfer erfordere: »Mein Leben ist lange vorbei.« Und das Leben verstand er, als sei er ein Zwillingsbruder Peter Grafs, als Dschungel, in dem jeder seiner Tochter, die so »verletzlich und sensibel« sei, schaden wolle.

Jenny-Baby, der amerikanische Sonnenschein, wurde mit 13 Jahren und einer Sondergenehmigung Profi. Da hatte die Kleine die Schule längst abgebrochen und Millionen eingesackt. Weder Papi (»Wenn der Apfel reif ist, iß ihn«) noch die Sponsoren, denen versichert worden war, das größte Talent aller Zeiten gesehen zu haben, hatten Zweifel am Gelingen des Unternehmens. Denn das All-American-Sweetheart, geboren im Bicentennial Year 1976, in dem die USA 200 Jahre alt wurden, war eine nationale Leitfigur. Chris Evert sah »endlich eine Nachfolgerin« für sich. Und die Veranstalter des Masters in New York änderten die Regeln, um 1990 die nicht qualifizierte Jennifer beim Saisonfinale dabeihaben zu können. Wenn die Capriatis anrückten, stiegen die TV-Einschaltquoten um 66 Prozent.

Jennifer gewann das Finale der Olympischen Spiele 1992 gegen Steffi Graf, aber mehr als fünf weitere große Siege gelangen ihr nicht. Anders als Graf oder Seles schaffte sie den Sprung an die Spitze nie. Jennifer bekam Akne, die Stimme piepste, und der Körper wuchs anders als gewünscht. Wie ein Pferdezüchter tadelte Daddy: »Ihr Unterteil ist ganz schön in die Breite gegangen.«

Nach einer Niederlage in der ersten Runde der U.S. Open 1993 verabschiedete Jennifer sich vom Tennis. Sie zog aus dem Haus in Saddlebrook (Florida) aus, um Abenteuer mit einer Freundin zu erleben, von der sie Jen und nicht Jenny genannt wurde. Sie hörte den Grunge von Nirvana und den Rap von Ice Cube, färbte sich die Haare schwarz, trug einen Nasenring, nahm zehn Kilogramm zu und schleppte Jungen ab. In einer Einkaufspassage in Tampa nahm sie einen Ring mit, ohne zu zahlen. Aus der Prinzessin des Profitennis, jammerte Steffi Grafs Freundin Rennae Stubbs, sei ein »Punk-Kid« geworden.

Am 16. Mai 1994 wurden die Cops in das Motel Gables Inn bei Miami gerufen, das in der Nähe des ersten Drogenmarktes der Stadt liegt. Jennifer habe nur eine »ganz normale Geburtstagsparty« gefeiert, sagte ihr Freund Mark Black. Doch die Polizisten fanden Marihuana, und andere Gäste der Party von Zimmer 109 sagten aus, sie hätten mit Capriatis Kreditkarte und in ihrem Auftrag Crack und Heroin gekauft. Sie wollten Capriati auf Schadensersatz verklagen. Ihr Leben lang, klagte »Jennifer d'Arc« *(Le Monde)*, sei ihre Berühmtheit ausgenutzt worden, »von allen, die etwas damit anfangen« konnten.

Nach Entzug und Therapie hat Stefano die Familie nach Rancho Mirage verpflanzt, ein 10 000-Seelen-Nest mit Kino und Supermärkten. In ihrer Luxuszelle, die im Monat 2700 Mark Miete kostet, kommt die Welt über 48 Fernsehprogramme zu Jennifer. Zweimal täglich muß sie trainieren, es ist eine Qual – Jennifer ist dick und träge geworden. Zwar erwartet die Tenniswelt die Rückkehr der Capriati, als wäre sie ein Popstar, der mit seinen Eskapaden Glanz und Glamour in die langweilig gewordene Szene bringt; selbst die *Frankfurter Allgemeine* ist fasziniert von der »schaurig-schönen Dimension«.

Nach der Erstrundenniederlage gegen Anke Huber beim Comeback verschwindet Jennifer wieder aus der Szene, ihre Familie zerbricht, die Eltern lassen sich scheiden. Monate später, beim Nokia Cup in Essen 1996, versucht sie einen dritten Anlauf. Doch niemand mag eine Prognose stellen. Bei den Australian Open 1997 jedenfalls scheiterte Capriati in der ersten Runde und weinte jämmerlich; selbst Steffi Graf, die Jennifer versteht, weil sie sich »in ihr wiedererkennt«, empfindet statt Zuversicht eher Mitleid.

Väter, die wie Offiziere herrschen, sind keine Ausnahme im Tennis. Sie werten die Leistung der Kinder wie die eigene – wenn sich die nötigen Fortschritte beim Medium nicht einstellen wollen, wird gedroht und geschlagen. So verbot Jim Pierce seiner Tochter Kino oder Strandbesuche; Freundinnen durften stets nur für eine Stunde kommen. Die Schule brach Mary Pierce auf seine Anweisung hin in der sechsten Klasse ab, der Unterricht stand dem Training im Weg. Bis Mitternacht dauerten die Übungen; und wenn Mary ein Trainingsspielchen verlor, setzte es Ohrfeigen.

Jim Pierce, der Kinderarbeit auf dem Tennisplatz, weil übertariflich bezahlt, für ganz normal hält, war 1954 unehrenhaft aus der Armee entlassen worden. 1960 verübte er einen bewaffneten Raubüberfall und saß vier Jahre Gefängnis ab. Ein Vater als Ballast seiner Tochter – verheerend endete es immer dann, wenn Mary zu Turnieren reiste. Pierce pöbelte Zuschauer an, er schlug sich auf der Tribüne mit seinen Nachbarn. »Mary, kill diese Hure«, grölte er über den Platz, wenn einer Gegnerin ein Spielgewinn glückte. Die

Sicherheitsbeamten von Roland Garros warfen ihn bei den French Open 1993 aus dem Stadion. Und als die Familie sich endlich von ihm lossagte, lauerte er Mary in Italien auf und verprügelte ihren Leibwächter.

Wie weit muß ein Vater gehen, bis seine Tochter ihm nicht mehr alles verzeiht? Amerikanische Gerichte untersagten Jim Pierce jede Annäherung an Ehefrau, Sohn und Tochter, doch Mary zahlt immer noch seine Miete und schickt ihm jede Woche 500 Dollar. »Er ist mein Daddy«, sagt sie, »ohne ihn wäre ich nie so gut geworden.«

Längst aber setzen nicht mehr nur die Eltern die Kleinen unter Erfolgsdruck. Inzwischen kümmern sich auch die großen Marketingagenturen um die Kinder und versuchen so, eine bis heute nicht vergessene Niederlage wettzumachen. 1984, Marktführer IMG hätschelte nur die Stars der Branche, waren der rumänische Manager Ion Tiriac und der Trainer Günther Bosch im Mercedes im badischen Leimen vorgefahren. Dort schwatzten sie den Eltern Elvira und Karl-Heinz Becker ihren Sohn Boris ab, damals 16 Jahre jung. Ein gutes Jahr später gewann der Wimbledon, und der bis dahin lukrativste Tennis-Deal aller Zeiten war an den großen Verkäufern des Sports vorbeigegangen. Seitdem schlagen die Imperien zurück. Es findet kaum noch ein Jungturnier statt, bei dem nicht Spione von IMG und der Konkurrenten von Advantage oder ProServ mit Diktiergeräten, Stenoblöcken und Blankoverträgen auf den Tribünen hocken. Advantage-Mann Patrick McGee instruierte seine Headhunter eindeutig: »Je jünger, desto besser.« Mark McCormack, oberster Boß von IMG, läßt inzwischen weltweit etwa 100 Angestellte wie Staubsaugervertreter nach den kleinen Kunden suchen. »Wenn einer von hundert nach oben kommt«, rechnet Tiriac vor, »haben sich alle Investitionen gelohnt.« Kein Grundschüler, »der irgendwie den Ball übers Netz kriegt« (Klaus Hofsäss), entgeht dem Spionagetrupp.

Die Hysterie wächst. Advantage und ProServ entdeckten Osteuropa als neuen Talentschuppen, in dem billig einzukaufen war. Die Eltern waren so unerfahren, daß sie schon nach einer Einladung zum Trainingslager in Florida zur Vertragsunterschrift zu bewegen waren. IMG, das auch diesen Trend verschlafen hatte, ging deshalb in Europa auf die Jagd nach noch jüngeren Talenten. Um als erste bei Martina Hingis in der Schweiz zu sein, charterten die IMG-Leute in New York eigens einen Jet. »Mit Zwölfjährigen zu verhandeln ist pädophil«, greinte Slade Mead, der Advantage-Agent, als er zu spät kam.

Die Verführung Minderjähriger funktioniert wie in der Fabrik. IMG etwa hat sich bei Bollettieri eingekauft und klont die Helden der Zukunft nun in einer konzerneigenen Plastikwelt: Fünf Stunden täglich wird geübt; IMG beschafft Startgenehmigungen für Turniere, die von IMG vermarktet werden; Therapeuten für Körper und Seele bezahlt die Firma; alles muß schnell gehen, denn mit Erreichen der Volljährigkeit können die Talente aus ihren Kontrakten aussteigen, und die Provisionen, in der Regel 25 Prozent der Werbeeinnahmen und 10 Prozent der Preisgelder, sind verloren. Nachwuchsförderung, kritisiert inzwischen selbst Tiriac, sei zur »mathematischen Frage« geworden, eine »Industrie« mit kleinen Menschen als Produktionsfaktor.

Zwar hat die Spielerinnengewerkschaft WTA mittlerweile gemerkt, daß die zahlreichen gescheiterten Kinderstars das Image der ganzen Disziplin zerstören – sie stellte Regeln auf, nach denen Minderjährige nur eine begrenzte Anzahl Turniere spielen dürfen. Doch wird wieder einmal ein Jahrhunderttalent entdeckt, gilt eine Sondergenehmigung als sicher.

Mitunter fällt es schwer, zu beurteilen, ob ein Talent behutsam gefördert wird oder die vermeintliche Entdeckung der Langsamkeit doch nur eine neue verkaufsfördernde Masche ist. Venus und Serena Williams, Schwestern aus

Compton, einem Stadtteil von Los Angeles, sollten, so verkündete Vater Richard, einfach nur »glücklich werden«. Das sei »wichtiger als alles andere«. Venus erzählte dann gerne, sie träume davon, als Astronautin zum Jupiter zu fliegen, und Daddy lächelte sanft.

Dann aber war es der Vater, der seinen schwarzen Mädels mit den Rastazöpfchen das verkaufsfördernde Etikett »Cinderellas aus dem Ghetto« verpaßte und sie den Agenturen anbot. Selbst Boxpromoter Don King, ein verurteilter Totschläger, machte eine Offerte. Den Zuschlag bekam IMG. Bald hatte Venus ihren ersten Millionen-Dollar-Vertrag mit der Sportartikelfirma Reebok in der Tasche, und die Familie siedelte nach Delray Beach in Florida um. Dort werden Venus und Serena von dem einstigen Capriati-Förderer Rick Macci trainiert, der noch immer nicht viel von Understatement hält. Venus sei so begabt wie ehedem Jennifer, meint Macci, aber zugleich sei sie weitaus mehr: »Sie ist eine Art weiblicher Michael Jordan. Sie hat einen einzigartigen Stil.«

Das ruhige Aufbauprogramm ist gewaltigem Leistungsdruck gewichen. Selbst Venus spricht inzwischen stereotyp davon, »mit 18 die Nummer eins zu sein«. Und damit auch Serena mit 14 Profi werden darf und nicht noch zwei Jahre wie ein Kind leben muß, will Vater Richard nun die WTA auf eine Sondergenehmigung verklagen. »Ich glaube immer noch, daß Mädchen mit 14 keine Profis werden sollten«, sagt er, »aber ich arbeite für meine Töchter. Sie bezahlen mich, und ich muß ja etwas essen.«

In Deutschland scheiterten zahlreiche Versuche, so reich und berühmt wie Becker und Graf zu werden. Huber, jahrelang von Breskvar betreut, wirkt stets etwas gequält, schaffte es aber immerhin in die Top ten. Der ehemalige Becker-Trainer Günther Bosch indes wollte gleich eine Reihe von Talenten zum »neuen Boris« machen. Alle gingen unter wie auch Dirk Dier aus Blieskastel im Saarland. Statt von Anfang an um die Welt zu düsen, meint Dier heute, wäre es wohl besser gewesen, »mich ohne Turnierstreß in Ruhe zu prägen«.

Die seltsamsten Projekte schlugen fehl. Peter Haas gründete eigens eine Firma: 15 Gesellschafter investierten jährlich jeweils 10 000 Mark, um die Karrieren der Haas-Kinder Sabine und Thomas zu fördern und dafür später an den Einnahmen zu partizipieren. Doch Sabine hat ihre Karriere längst beendet, Thomas hat es zwar bisher in die Bundesliga geschafft, weiter aber nicht. Einige Eltern haben immerhin aus den Fehlern ihrer Vorgänger gelernt. Auch Wolfgang Kiefer chauffiert seinen Sohn täglich zum Training; aber bevor er Profi werden darf, muß Nicolas erst das Abitur hinter sich bringen. Der Junge habe, erzählt sein Vater stolz, »noch nie wegen Tennis eine Klausur versäumt«.

Als zweifellos größtes Talent im Damentennis gilt Martina Hingis aus Trübbach in der Schweiz. Sie hat wenig von jenem Brachialtennis der Bollettieri-Schüler. Martina, lobt Klaus Hofsäss, spiele wie früher Miloslav Mecir: »Sie macht jeden Moment etwas anderes und hat einen Kopf wie eine 30jährige.« Auch Mutter Hingis mache »einen tollen Eindruck, weil sie nie aufgeregt ist«.

Zwar hatte auch Melanie Hingis, ehemalige tschechoslowakische Ranglistenspielerin, ihrer Tochter nie wirklich eine Wahl gelassen: Sie bekam ihren Vornamen nach Martina Navratilova, und schon im Alter von zwei Jahren mußte sie mit dem Training beginnen. Mutter Hingis setzt aber auf Vielseitigkeit. Martina fährt Ski, reitet ihr eigenes Pferd, und sie spielt vergleichsweise wenig Turniere. Diese Zurückhaltung entspringt wohl eher dem Kalkül als purer Elternliebe, aber sie greift. Kaum ein Mädchen reist ähnlich fröhlich um die Welt, niemand in ihrem Alter spielt frech wie sie.

Der kleinen Martina wurde – ähnlich wie dem jungen Boris Becker – erlaubt, Fehler zu machen. Die Schüchternheit und die Ängstlichkeit der Steffi Graf jedenfalls sind ihr gänzlich fremd. »Steffi«, das hat Martina sofort erkannt, »ist immer gestreßt und in Bewegung, sie muß immer irgend etwas machen. Wir haben keinen Kontakt, weil sie sich immer schnell umzieht, schnell gewinnt, schnell duscht und schnell verschwindet.« Sie selbst sei da anders, denn sie wolle »keinen Streit haben und keine Feindschaft«, sie wolle »mit den anderen Mädchen auf der Tribüne sitzen und diskutieren, wer der schönste Mann auf der Tour ist«. Das, übrigens, sei der Australier Mark Philipoussis.

So wirkt die Hingis wie ein Gegenentwurf zu gescheiterten Talenten wie Austin oder Capriati. Jene hatten lange Jahre fast ausschließlich auf dem Tennisplatz verbracht; Hingis hingegen spielt nur etwa eineinhalb Stunden täglich, »und dazu kommt jeden Tag etwas anderes: Velofahren, Rollerblading, Skifahren, Aerobic, Krafttraining, Reiten natürlich und Boxen«. Lustig findet sie dieses Leben und spannend das Berühmtsein, und so fliegt da ein fröhlicher Teenie-Star aus der Schweiz um die Welt und hat »nicht das Gefühl, daß ich leide. Mein Leben ist schön«.

Angst hat sie nicht. Nicht vor Niederlagen, nicht vor wütenden Eltern, da ihre Mutter ihre Freundin sei und sie nicht so brauche, »wie viele Väter ihre Töchter brauchen, wenn sie ihren Beruf aufgegeben haben«. Und auch die Rache der Kolleginnen fürchtet sie nicht; ganz offen fabuliert sie über sportliche Stärken und Schwächen der Größen des weißen Sports. Graf? »Die Zukunft gehört eher mir als ihr. Ihre Knie und ihr Rücken zwicken. Und ihre Rückhand ist angreifbar.« Seles? »Sie war sicher mal eine sehr gefährliche Spielerin, aber sie bringt diese Leistung nicht mehr, weil sie ein paar Kilo zuviel wiegt – und das Spiel ist schnell geworden. Monica ins Laufen zu bringen ist nicht so schwierig.« Sanchez? »Die spielt schon ein bißchen zu langsam. Gegen ihre Vorhand kann man viel machen, sie hat keinen richtigen Gewinnschlag.«

Ihre erste größere Krise hat Martina Hingis im Frühjahr 1996 durchgestanden. Da wollte sie nicht trainieren und nicht in die Schule gehen – sie wollte gar nichts mehr machen. Das sei wohl das, meinte sie hinterher, was man Pubertät nenne. Doch schon am 10. Mai bezwingt sie erstmals Steffi Graf. Die Deutsche verliert das Viertelfinale in Rom mit 6:2, 2:6, 3:6.

Als die Schweizerin anschließend wieder konzentriert arbeitet, ist sie nicht mehr aufzuhalten. Martina Hingis gewinnt das Turnier in Sydney. Und in Melbourne, wo Steffi Graf gegen Amanda Coetzer im Achtelfinale ausscheidet, holt sie sich ihren ersten Grand-Slam-Titel. Der Stil erinnert an den der Nummer eins: Hingis verliert keinen Satz, schlägt im Finale Mary Pierce 6:2, 6:2, rückt auf Platz zwei der Weltrangliste vor und sagt, sie träume nun vom Grand Slam.

So liegt Ende Januar 1997, beim nächsten Turnier, ein Hauch von Endzeitstimmung über Tokio. Graf und Hingis sind in Japan an Nummer eins und zwei gesetzt, und sie spielen sich leicht durch die Runden. Doch während die Jüngere immer stärker wird, steht die Ältere wieder einmal ein komplettes Turnier nicht mehr durch. Am Morgen vor dem Finale gegen Martina Hingis gibt eine weinende Steffi Graf wegen der Schmerzen im linken Knie auf.

»Ich hoffe«, sagt Martina Hingis, »ich werde Nummer eins, bevor Steffi aufhört.«

Anhang

Steffi Grafs Einzel-Turniersiege

1986 (8 Siege)		
Hilton Head Island	Chris Lloyd-Evert (USA)	6:4, 7:5
Amelia Island	Claudia Kohde (Saarbrücken)	6:4, 5:7, 7:6
Indianapolis	Gabriela Sabatini (Argentinien)	2:6, 7:6, 6:4
Berlin	Martina Navratilova (USA)	6:2, 6:3
Mahwah	Molly van Nostrand (USA)	7:6, 6:1
Tokio	Manuela Maleeva (Bulgarien)	6:4, 6:2
Zürich	Helena Sukova (CSSR)	4:6, 6:2, 6:4
Brighton	Catarina Lindqvist (Schweden)	6:3, 6:3
1987 (11 Siege)		
Boca Raton	Helena Sukova (CSSR)	6:2, 6:2
Key Biscayne	Chris Evert (USA)	6:1, 6:2
Hilton Head Island	Manuela Maleeva (Bulgarien)	6:3, 4:6, 6:2
Amelia Island	Hana Mandlikova (CSSR)	6:3, 6:4
Rom	Gabriela Sabatini (Argentinien)	7:5, 4:6, 6:0
Berlin	Claudia Kohde (Saarbrücken)	6:2, 6:3
Paris	Martina Navratilova (USA)	6:4, 4:6, 8:6
Manhattan Beach	Chris Evert (USA)	6:3, 6:4
Hamburg	Isabel Cueto (Stuttgart)	6:2, 6:2
Zürich	Hana Mandlikova (CSSR)	6:2, 6:2
New York (Masters)	Gabriela Sabatini (Argentinien)	4:6, 6:4, 6:0, 6:4
1988 (11 Siege)		
Melbourne	Chris Evert (USA)	6:1, 7:6
San Antonio	Manuela Maleeva (Bulgarien)	6:4, 6:1
Key Biscayne	Chris Evert (USA)	6:4, 6:4
Berlin	Helena Sukova (CSSR)	6:3, 6:2
Paris	Natalia Zwerewa (UdSSR)	6:0, 6:0
Wimbledon	Martina Navratilova (USA)	5:7, 6:2, 6:1
Hamburg	Katerina Maleeva (Bulgarien)	6:4, 6:2
Mahwah	Nathalie Tauziat (Frankreich)	6:0, 6:1
Flushing Meadow	Gabriela Sabatini(Argentinien)	6:3, 3:6, 6:1
Seoul*	Gabriela Sabatini (Argentinien)	6:3, 6:3
Brighton	Manuela Maleeva (Bulgarien)	6:2, 6:0

1989 (14 Siege)

Melbourne	Helena Sukova (CSSR)	6:4, 6:4
Washington	Zina Garrison (USA)	6:1, 7:5
San Antonio	Ann Henricksson (USA)	6:1, 6:4
Boca Raton	Chris Evert-Mill (USA)	4:6, 6:2, 6:3
Hilton Head Island	Natalia Zwerewa (UdSSR)	6:1, 6:1
Hamburg	Jana Novotna (CSSR)	ohne Spiel
Berlin	Gabriela Sabatini (Argentinien)	6:3, 6:1
Wimbledon	Martina Navratilova (USA)	6:2, 6:7, 6:1
San Diego	Zina Garrison (USA)	6:4, 7:5
Mahwah	Andrea Temesvari (Ungarn)	7:5, 6:2
Flushing Meadow	Martina Navratilova (USA)	3:6, 7:5, 6:1
Zürich	Jana Novotna (CSSR)	6:1, 7:6
Brighton	Monica Seles (Jugoslawien)	7:5, 6:4
New York (Masters)	Martina Navratilova (USA)	6:4, 7:5, 2:6, 6:2

1990 (10 Siege)

Melbourne	Mary Joe Fernandez (USA)	6:3, 6:4
Tokio	Arantxa Sanchez (Spanien)	6:1, 6:2
Amelia Island	Arantxa Sanchez (Spanien)	6:1, 6:0
Hamburg	Arantxa Sanchez (Spanien)	5:7, 6:0, 6:1
Montreal	Katerina Maleewa (Bulgarien)	6:1, 6:7, 6:3
San Diego	Manuela Maleewa (Schweiz)	6:3, 6:2
Leipzig	Arantxa Sanchez (Spanien)	6:1, 6:1
Zürich	Gabriela Sabatini (Argentinien)	6:3, 6:2
Brighton	Helena Sukova (CSFR)	7:5, 6:3
Worcester	Gabriela Sabatini (Argentinien)	7:6, 6:3

1991 (7 Siege)

San Antonio	Monica Seles (Jugoslawien)	6:4, 6:3
Hamburg	Monica Seles (Jugoslawien)	7:5, 6:7, 6:3
Berlin	Arantxa Sanchez (Spanien)	6:3, 4:6, 7:6
Wimbledon	Gabriela Sabatini (Argentinien)	6:4, 3:6, 8:6
Leipzig	Jana Novotna (CSFR)	6:3, 6:3
Zürich	Nathalie Tauziat (Frankreich)	6:4, 6:4
Brighton	Zina Garrison (USA)	5:7, 6:4, 6:1

1992 (8 Siege)

Boca Raton	Conchita Martinez (Spanien)	3:6, 6:2, 6:0
Hamburg	Arantxa Sanchez (Spanien)	7:6, 6:2
Berlin	Arantxa Sanchez (Spanien)	4:6, 7:5, 6:2
Wimbledon	Monica Seles (Jugoslawien)	6:2, 6:1
Leipzig	Jana Novotna (CSFR)	6:1, 3:6, 6:4
Zürich	Martina Navratilova (USA)	2:6, 7:5, 7:5
Brighton	Jana Novotna (CSFR)	4:6, 6:4, 7:6
Philadelphia	Arantxa Sanchez (Spanien)	6:3, 3:6, 6:1

1993 (10 Siege)

Delray Beach	Arantxa Sanchez (Spanien)	6:4, 6:3
Hilton Head Island	Arantxa Sanchez (Spanien)	7:6, 6:1
Berlin	Gabriela Sabatini (Argentinien)	7:6, 2:6, 6:4
Paris	Mary Joe Fernandez (USA)	4:6, 6:2, 6:4
Wimbledon	Jana Novotna (Tschechische Republik)	7:6, 1:6, 6:4
San Diego	Arantxa Sanchez (Spanien)	6:4, 4:6, 6:1
Toronto	Jennifer Capriati (USA)	6:1, 0:6, 6:3
Flushing Meadow	Helena Sukova (Tschechische Republik)	6:3, 6:3
Leipzig	Jana Novotna (Tschechische Republik)	6:2, 6:0
New York (Masters)	Arantxa Sanchez (Spanien)	6:1, 6:4, 3:6, 6:1

1994 (7 Siege)

Melbourne	Arantxa Sanchez (Spanien)	6:0, 6:2
Tokio	Martina Navratilova (USA)	6:2, 6:4
Indian Wells	Amanda Coetzer (Südafrika)	6:0, 6:4
Delray Beach	Arantxa Sanchez (Spanien)	6:3, 7:5
Key Biscayne	Natalia Zwerewa (Weißrußland)	4:6, 6:1, 6:2
Berlin	Brenda Schultz (Niederlande)	7:6, 6:4
San Diego	Arantxa Sanchez (Spanien)	6:2, 6:1

1995 (9 Siege)

Paris	Mary Pierce (Frankreich)	6:2, 6:2
Delray Beach	Conchita Martinez (Spanien)	6:2, 6:4
Key Biscayne	Kimiko Date (Japan)	6:1, 6:4
Houston	Asa Carlsson (Schweden)	6:1, 6:1
French Open	Arantxa Sanchez (Spanien)	7:5, 4:6, 6:0
Wimbledon	Arantxa Sanchez (Spanien)	4:6, 6:1, 7:5
US Open	Monica Seles (USA)	7:6, 0:6, 6:3
Philadelphia	Lori McNeil (USA)	6:1, 4:6, 6:3
Masters	Anke Huber (Heidelb.)	6:1, 2:6, 6:1, 4:6, 6:3

1996 (7 Siege)

Indian Wells	Conchita Martinez (Spanien)	7:6, 7:6
Key Biscayne	Chanda Rubin (USA)	6:1, 6:3
Berlin	Karina Habsudova (Slowakei)	4:6, 6:2, 7:5
French Open	Arantxa Sanchez (Spanien)	6:3, 6:7, 10:8
Wimbledon	Arantxa Sanchez (Spanien)	6:3, 7:5
US Open	Monica Seles (USA)	7:5, 6:4
Masters	Martina Hingis (Schweiz)	6:3, 4:6, 6:0, 4:6, 6:0

Die weiteren Einzelfinals

1984		
Filderstadt	Catarina Lindqvist (Schweden)	1:6, 4:6
1985		
Berlin	Chris Lloyd-Evert (USA)	4:6, 5:7
Mahwah	Kathy Rinaldi (USA)	4:6, 6:3, 4:6
Fort Lauderdale	Martina Navratilova (USA)	3:6, 1:6
1986		
Key Biscayne	Chris Lloyd-Evert (USA)	3:6, 1:6
Boca Raton	Chris Lloyd-Evert (USA)	4:6, 2:6
New York (Masters)	Martina Navratilova (USA)	6:7, 3:6, 2:6
1987		
Wimbledon	Martina Navratilova (USA)	5:7, 3:6
Flushing Meadow	Martina Navratilova (USA)	6:7, 1:6
1988		
Boca Raton	Gabriela Sabatini (Argentinien)	6:2, 3:6, 1:6
1989		
Amelia Island	Gabriela Sabatini (Argentinien)	6:3, 3:6, 5:7
Paris	Arantxa Sanchez (Spanien)	6:7, 6:3, 5:7
1990		
Berlin	Monica Seles (Jugoslawien)	4:6, 3:6
Paris	Monica Seles (Jugoslawien)	6:7, 4:6
Flushing Meadow	Gabriela Sabatini (Argentinien)	2:6, 6:7
1991		
Boca Raton	Gabriela Sabatini (Argentinien)	4:6, 6:7
Amelia Island	Gabriela Sabatini (Argentinien)	5:7, 6:7
1992		
Amelia Island	Gabriela Sabatini (Argentinien)	2:6, 6:1, 3:6
Paris	Monica Seles (Jugoslawien)	2:6, 6:3, 8:10
Barcelona*	Jennifer Capriati (USA)	6:3, 3:6, 4:6

1993		
Melbourne	Monica Seles (Jugoslawien)	6:4, 3:6, 2:6
Key Biscayne	Arantxa Sanchez (Spanien)	4:6, 6:3, 3:6
Hamburg	Arantxa Sanchez (Spanien)	3:6, 3:6
Philadelphia	Conchita Martinez (Spanien)	3:6, 3:6
1994		
Hamburg	Arantxa Sanchez (Spanien)	6:4, 6:7, 6:7
Montreal	Arantxa Sanchez (Spanien)	5:7, 6:1, 6:7
US Open	Arantxa Sanchez (Spanien)	6:1, 6:7, 4:6
1996		
Philadelphia	Jana Novotna (Tschechische Republik)	4:6, wegen Verletzung aufgegeben
1997		
Tokio	Martina Hingis (Schweiz)	wegen Verletzung nicht angetreten

(* Die Olympischen Tennisturniere in Seoul 1988 und Barcelona 1992 sind in dieser Aufstellung enthalten, obwohl sie nicht zur normalen Turnierserie zählen.)

Stand 3. 2. 97

Graf-Niederlagen seit Oktober 1985

Gegnerin	*verlorene Spiele*
Sabatini	11
Sanchez Vicario	8
Navratilova	7
Novotna	4
Seles	4
Coetzer	2
Evert	2
McNeil	2
Pierce	2
Capriati	1
Davenport	1
Garrison	1
Hingis	1
Mandlikova	1
Martinez	1
Provis	1
Shriver	1
de Swardt	1

Stand 3. 2. 97

Steffi Grafs Profi-Bilanz

	1982	1983	1984	1985	1986	1987	1988	1989	1990	1991	1992	1993	1994	1995	1996	1997	Gesamt
Turniere*	1	15	14	13	15	13	14	16	15	15	15	15	13	11	11	2	198
Turniersiege	0	0	0	0	8	11	11	14	10	7	8	10	7	9	7	0	102
Zweiter Platz	0	0	1	3	3	2	1	2	3	2	3	4	3	0	1	1	29
Halbfinale	0	1	0	4	2	0	2	0	2	3	2	1	1	0	2	0	20
Viertelfinale	0	1	1	1	1	0	0	0	0	3	1	0	1	0	1	0	11
Achtelfinale	0	9	10	5	0	0	0	0	0	0	0	0	0	0	0	1	25
vorzeitig ausgeschieden	1	4	2	0	1	0	0	0	0	0	1	0	1	2	0	0	12
Spiele gesamt	1	36	33	53	70	77	75	88	77	73	78	82	64	49	55	7	944
Siege	0	21	19	40	64	75	72	86	72	65	71	76	58	47	52	6	849
Niederlagen	1	15	14	13	6	2	3	2	5	8	7	6	6	2	3	1	95
Weltranglistenplatz am 31. Dez.	214	98	22	6	3	1	1	1	1	2	2	1	1	1	1	?	—

* ohne Olympia

Stand 3. 2. 97

Graf-Verletzungen

Datum	*Art*	*Körperteil*	*Anlaß*
01. 07. 81	Bruch	kleiner Finger links	Basketballspiel
20. 01. 85	Bänderriß	Daumen rechte Hand	Australian Open
24. 07. 86	Bruch	Zeh, rechter Fuß	Federation Cup in Prag
17. 07. 88	Hundebiß	rechte Hand, Mittelfinger	Spielt mit Hund Max
25. 01. 89	Reizung der Patellarsehne	linkes Knie	Australian Open
20. 08. 89	Verstauchung	Knöchel	Turnier Mahwah
23. 10. 89	Faserriß	Bauchmuskel	Turnierabbruch Nokia
09. 11. 89	Bänderdehnung	linker Knöchel	Training bei Ivan Lendl, Greenwich (Connecticut)
22. 11. 89	Kapselanriß, Knochenabsplitterung	linke Hand, Ringfinger	Training beim Nokia-Turnier
07. 02. 90	Knochenabsplitterung	Daumen rechte Hand	St. Moritz, Ausrutscher auf der Straße
24. 07. 91	Einriß der Rotatorenmanschette	rechte Schulter	Federation Cup, Nottingham
03. 10. 91	Sehnenscheidenentzündung	rechte Hand	Turnier Leipzig
30. 01. 93	Zerrung	Bauchmuskel	Australian Open
03. 04. 93	Bänderdehnung	linkes Knie	Hilton Head, Finalsieg gegen Sanchez
10. 06. 93	Kapsel- u. Knochenhautentzündung	rechter Mittelfuß	French Open
25. 06. 93	Kapsel- u. Knochenhautentzündung	linker Mittelfuß	Wimbledon
20. 07. 93	Schmerzen	Schulter	Federation Cup, Frankfurt
02. 08. 93	Kieferblockade	Kopf	Turnier San Diego
01. 10. 93	Knochenabsplitterung	rechter Fuß	Turnier Leipzig
26. 03. 94	Bänderdehnung	linkes Knie	Joggen in Boca Raton
05 .09. 94	Schmerzen	Rücken, Iliosakralgelenk	Flushing Meadow
05. 01. 95	Zerrung	rechte Wade	Training in Boca Raton
21. 06. 95	Verstauchung	rechtes Handgelenk	Training in Wimbledon
27. 06. 95	Schmerzen	Rücken	Wimbledon

08. 09. 95	Knochenablagerung	rechter Fuß	Flushing Meadow, Röntgen nachts vorm Finale
15. 12. 95	Knochenabsplitterung	linker Fuß	
12. 06. 96	Entzündung der Patellarsehne	linkes Knie	Vorbereitung auf Wimbledon
16. 07. 96	Entzündung der Patellarsehne	linkes Knie	Absage Olympia
05. 10. 96	Entzündung der Patellarsehne	linkes Knie	Ausstieg aus dem Turnier in Leipzig
17. 11. 96	Schmerzen	Rücken	Aufgabe Endspiel in Philadelphia
19. 01. 97	Entzündung	großer Zeh, rechts	Niederlage gg. Coetzer bei Australian Open

Graf-Erkrankungen, die zu Spielpausen führten

Datum	*Art*
08. 10 .85	Virusinfektion, 40,5 Grad Fieber
15. 05. 86	Herzmuskelentzündung
17. 06. 86	Virusinfektion
06. 08. 87	Zahnweh
14. 09. 87	Kieferhöhlenvereiterung, chronisch
16. 12. 87	OP an der Nasenscheidewand
13. 03. 88	Erkältung
20. 11. 88	Virusinfektion
12. 12. 88	Zahnschmerzen
28. 06. 90	Vereiterung Nasen- und Nasennebenhöhlen
09. 07. 90	OP Nasennebenhöhlen, Uni-Klinik Heidelberg
05. 10. 90	Virusinfektion, Nase
03. 10. 91	Magenkrämpfe
31. 12. 91	Kopfgrippe, Mittelohrentzündung
14. 01. 92	Röteln
04. 07. 93	Übelkeit, Kreislaufprobleme
26. 12. 96	Virusgrippe
19. 01. 97	Hitzschlag

Die großen Siegerinnen von 1974 bis 1995

Jahr	*Australien*	*Paris*	*Wimbledon*	*US Open*	*Masters*
1974	Goolagong	Evert	Evert	King	Goolagong
1975	Goolagong	Evert	King	Evert	Evert
1976	Cawley Goolagong	Baker	Evert	Evert	Goolagong
1977	(J) Reid	Jausovec	Wade	Evert	Evert
1977	(D) Cawley-Goolagong				–
1978	Neil	Ruzici	Navratilova	Evert	Navratilova
1979	Jordan	Evert-Lloyd	Navratilova	Austin	Navratilova
1980	Mandlikova	Evert-Lloyd	Cawley-Goolagong	Evert-Lloyd	Austin
1981	Navratilova	Mandlikova	Evert-Lloyd	Austin	Navratilova
1982	Evert-Lloyd	Navratilova	Navratilova	Evert-Lloyd	Hanika
1983	Navratilova	Evert-Lloyd	Navratilova	Navratilova	Navratilova
1984	Evert-Lloyd	Navratilova	Navratilova	Navratilova	Navratilova
1985	Navratilova	Evert-Lloyd	Navratilova	Mandlikova	Navratilova
1986	–	Evert-Lloyd	Navratilova	Mandlikova	Navratilova*
1986	–	–	–	–	Navratilova**
1987	Mandlikova	Graf	Navratilova	Navratilova	Graf
1988	Graf	Graf	Graf	Graf	Sabatini
1989	Graf	Sanchez	Graf	Graf	Graf
1990	Graf	Seles	Navratilova	Sabatini	Seles
1991	Seles	Seles	Graf	Seles	Seles
1992	Seles	Seles	Graf	Seles	Seles
1993	Seles	Graf	Graf	Graf	Graf
1994	Graf	Sanchez	Martinez	Sanchez	Sabatini
1995	Pierce	Graf	Graf	Graf	Graf
1996	Seles	Graf	Graf	Graf	Graf
1997	Hingis	–	–	–	–

* März   ** Nov.   J = Januar   D = Dezember

Die Damen-Weltrangliste

Chris Evert	Nov. 75 – 9. Juli 78
Martina Navratilova	10. Juli 78 – 13. Jan. 79
Chris Evert	14. Jan. 79 – 27. Jan. 79
Martina Navratilova	28. Jan. 79 – 24. Feb. 79
Chris Evert	25. Feb. 79 – 15. April 79
Martina Navratilova	16. April 79 – 24. Juni 79
Chris Evert	25. Juni 79 – 9. Sep. 79
Martina Navratilova	10. Sep. 79 – 6. April 80
Tracy Austin	7. April 80 – 20. April 80
Martina Navratilova	21. April 80 – 30. Juni 80
Tracy Austin	1. Juli 80 – 17. Nov. 80
Chris Evert	18. Nov. 80 – 2. Mai 82
Martina Navratilova	3. Mai 82 – 16. Mai 82
Chris Evert	17. Mai 82 – 13. Juni 82
Martina Navratilova	14. Juni 82 – 9. Juni 85
Chris Evert	10. Juni 85 – 13. Okt. 85
Martina Navratilova	14. Okt. 85 – 27. Okt. 85
Chris Evert	28. Okt. 85 – 24. Nov. 85
Martina Navratilova	25. Nov. 85 – 16. Aug. 87
Steffi Graf*	17. Aug. 87 – 10. März 91
Monica Seles**	11. März 91 – 4. Aug. 91
Steffi Graf	5. Aug. 91 – 11. Aug. 91
Monica Seles	12. Aug. 91 – 18. Aug. 91
Steffi Graf	19. Aug. 91 – 8. Sep. 91
Monica Seles***	9. Sep. 91 – 6. Juni 93
Steffi Graf	7. Juni 93 – 5. Feb. 95
Arantxa Sanchez Vicario	6. Feb. 95 – 19. Feb. 95
Steffi Graf	20. Feb. 95 – 26. Feb. 95
Arantxa Sanchez Vicario	27. Feb. 95 – 9. April 95
Steffi Graf	10. April 95 – 14. Mai 95
Arantxa Sanchez Vicario	15. Mai 95 – 11. Juni 95
Steffi Graf	12. Juni 95 – 14. Aug. 95
Steffi Graf und Monica Seles als Co-Nummer eins	15. Aug. 95 – 3. Nov. 96
Steffi Graf	4. Nov. 96 – 17. Nov. 96
Steffi Graf und Monica Seles	18. Nov. 96 – 24. Nov. 96
Steffi Graf	25. Nov. 96 –

* Steffi Graf war 186 Wochen ununterbrochen Nummer eins.

** Monica Seles war mit 17 Jahren, 3 Monaten und 19 Tagen die jüngste Nummer eins.

*** Nach dem Attentat am 30. April 93 in Hamburg trat sie bis 15. August 95 nicht mehr an. Sie wurde ab 15. August 1995 als Co-Nummer eins geführt.

Stand: 3. 2. 97

Die Gesamtzeit an der Spitze

Graf	370 Wochen
Navratilova	331 Wochen
Evert	262 Wochen
Seles	178 Wochen
Austin	22 Wochen
Sanchez Vicario	12 Wochen

Stand 3. 2. 1997

Preisgeldrangliste *(in Dollar)*

1	Navratilova, Martina	20 344 061
2	Graf, Steffi	19 929 917
3	Sanchez Vicario, Arantxa	11 682 676
4	Seles, Monica	8 960 490
5	Evert, Chris	8 896 195
6	Sabatini, Gabriela	8 785 850
7	Novotna, Jana	6 572 665
8	Martinez, Conchita	6 413 926
9	Sukova, Helena	5 978 286
10	Zvereva, Natascha	5 476 850
11	Shriver, Pam	5 454 372
12	Garrison Jackson, Zina	4 587 816
13	Fernandez, Gigi	4 280 543
14	Fernandez, Mary Joe	4 260 148
15	Mandlikova, Hana	3 340 959
16	Neiland, Larissa	3 278 378
17	Maleeva-Fragniere, Manuela	3 244 811
18	McNeil, Lori	3 201 941
19	Huber, Anke	2 780 897
20	Turnbull, Wendy	2 769 024

Stand 3. 2. 1997

Preisgeld Steffi Graf

Jahr	*(US$)*	*Karriere gesamt (US$)*	*Dollar-Jahres-Durchschn. Kurs DM*	*DM*	*Karriere gesamt DM*
1982:	4 433	4 433	2,42	10 728	10 728
1983:	13 120	17 553	2,55	33 456	44 184
1984:	47 644	65 197	2,84	135 309	179 493
1985:	168 212	233 409	2,94	494 543	674 036
1986:	612 118	845 527	2,17	1 328 296	2 002 332
1987:	1 063 785	1 909 312	1,79	1 904 175	3 196 507
1988:	1 378 128	3 287 440	1,75	2 411 724	5 608 231
1989:	1 963 905	5 251 345	1,88	3 692 141	9 300 372
1990:	1 921 853	7 173 198	1,61	3 094 183	12 394 555
1991:	1 468 336	8 641 534	1,66	2 437 438	14 831 993
1992:	1 691 139	10 332 673	1,55	2 621 265	17 453 258
1993:	2 821 337	13 154 010	1,65	4 655 206	22 108 464
1994:	1 487 980	14 641 990	1,62	2 410 528	24 518 992
1995:	2 538 620	17 180 610	1,43	3 630 227	28 149 219
1996:	2 665 706	19 846 316	1,50	3 998 559	32 147 778
1997:	83 601	19 929 917	1,60	133 761	32 281 539

Stand 3. 2. 97

Die Einnahmen des Tennisprofis Steffi Graf von 1982–1996 (in Mark)

Preisgeld	32 000 000
Schaukämpfe	9 000 000
Antrittsgelder	15 000 000
Ausrüsterverträge	45 000 000
Sponsoren	54 000 000
Klubgagen	3 000 000
Werbe- und Autogrammtermine	4 000 000
Gesamt	162 000 000

Die finanzielle Bilanz nach der Steueraffäre (in Mark)

Immobilienbesitz

Boca Raton	Ascot Bend*	793 829
	Royal Cove Way*	2 164 229
	Royal Cove Way*	457 600
New York	Center Street*	1 472 500
Brühl	Luftschiffring**	1 542 000

Geldvermögen

vorhandene Bestände	ca. 41 000 000
noch verschollene oder versteckte Gelder	ca. 20 000 000
	insgesamt ca. 61 000 000

* Kaufpreis ** Einheitswert

Die Steuerakte Steffi Graf

Jahr	*Zu versteuerndes Einkommen*	*Steuerart*	*Erklärte und veranlagte Steuer*	*Ermittelte Steuerschuld*	*Nachzahlung*
1987	4 639 788	Einkommensteuer	766 511	1 189 275	422 764
1988	5 200 848		1 049 440	1 756 374	706 934
1989	8 250 660		948 166	3 499 150	2 550 984
1990	8 217 342		1 050 473	3 637 457	2 586 984
1991	10 256 328		1 210 483	4 830 190	3 619 707
1992	9 444 600		1 418 983	4 644 937	3 225 954
1993	13 644 234		2 498 621	5 899 973	3 401 352
Ges.	59 653 800		8 942 677	25 457 356	16 514 679
1991		Solidaritätszuschlag	45 536	181 275	135 739
1992			56 873	177 847	120 974
Ges.			102 409	359 122	256 713
1987		Gewerbesteuer	578 250	689 775	111 525
1988			537 450	724 665	187 215
1989			351 045	1 093 980	742 935
1990			319 290	988 620	669 330
1991			425 520	1 226 235	800 715
1992			406 395	936 465	530 070
1993			750 600	1 209 870	459 270
Ges.			3 368 550	6 869 610	3 501 060
1987		Umsatzsteuer	25 385	25 385	0
1988			12 096	12 096	0
1989			23 628	91 050	67 422
1990			15 279	15 045	– 234
1991			36 483	89 755	53 272
1992			48 416	215 378	166 962
1993			247 400	293 689	46 289
Ges.			408 687	742 398	333 711
1987		Vermögensteuer	0	0	0
1988			8 135	8 135	0
1989			26 035	47 745	21 710
1990			33 260	89 350	56 090
1991			36 355	137 855	101 500
1992			41 685	198 430	156 745
1993			44 255	198 720	154 465
1994			44 255	247 065	202 810
Ges.			233 980	927 300	693 320
1987		Kirchensteuer	61 320	95 142	33 822
1988			83 955	140 509	56 554
1989			75 853	279 932	204 079
1990			84 037	290 996	206 959
1991			96 838	386 415	289 577
1992			113 518	371 594	258 076
1993			199 889	471 997	272 108
Ges.			715 410	2 036 585	1 321 175
Steuern Gesamt			**13 771 713**	**36 392 371**	**22 620 658**